Abkürzungen in Europa:

A. = Albanien
B. = Bosnien-Herzegowina
Bel. = Belgien
Bul. = Bulgarien
K. = Kosovo
(zzt. nur von 54 Staaten anerkannt)
Kro. = Kroatien
Lux. = Luxemburg
M. = Montenegro
Ma. = Mazedonien
Mol. = Moldawien
Ndl. = Niederlande
Öst. = Österreich
Rum. = Rumänien
S. = Schweiz
Sk. = Slowakei
Sl. = Slowenien
Srb. = Serbien
Tsch. = Tschechien
Ung. = Ungarn
Zyp. = Zypern

Abkürzungen in Afrika:

Ä.Gu. = Äquatorial Guinea
Be. = Benin
Bu. = Burundi
Ru. = Ruanda
To. = Togo

Abkürzungen in Amerika:

Dom. Rep. = Dominikanische Republik

Abkürzungen in Asien:

Arm. = Armenien
Aser. = Aserbaidschan
Ba. = Bahrain
Isr. = Israel
Jord. = Jordanien
K. = Katar
Ku. = Kuwait
Lib. = Libanon
Syr. = Syrien
V.A.E. = Vereinigte Arabische Emirate

Forum Geschichte kompakt 1

Nordrhein-Westfalen

Von den frühen Kulturen
bis zum Ende des Mittelalters

Herausgegeben von
Hans-Otto Regenhardt

Cornelsen

Forum Geschichte kompakt

Band 1 wurde erarbeitet von
Markus Bente, Franz Hofmeier, Dr. Alfred Kastning, Dr. Christoph Kunz, Hans-Otto Regenhardt, Claudia Tatsch, Ursula Winberger

Didaktische Beratung für die Nordrhein-Westfalen-Ausgabe: Christine Bruthier, Thorsten Jörger, Karin Laschewski-Müller, Jürgen Müller-Späth, Norbert Pabelick, Wolfgang Riechmann, Ralf-Rainer Schommartz, Frank Schweppenstette

Redaktion: Dagmar Scheich, Berlin
Bildassistenz: Dagmar Schmidt
Grafik: Peter Herlitze, Berlin
Karten: Carlos Borrell, Berlin
Layout und technische Umsetzung: L101 Mediengestaltung, Berlin
Umschlaggestaltung: Klein & Halm Grafikdesign, Berlin
(Umschlagbild: Antikes Theater in Leptis Magna, Libyen © Roger Wood/CORBIS)

www.cornelsen.de

Die Internetadressen und -dateien, die in diesem Lehrwerk angegeben sind, wurden vor Drucklegung geprüft. Der Verlag übernimmt keine Gewähr für die Aktualität und den Inhalt dieser Adressen und Dateien oder solcher, die mit ihnen verlinkt sind.

1. Auflage, 2. Druck 2009

Alle Drucke dieser Auflage sind inhaltlich unverändert und können im Unterricht nebeneinander verwendet werden.

Druck: CS-Druck CornelsenStürtz, Berlin

ISBN 978-3-06-064381-3

Inhalt gedruckt auf säurefreiem Papier aus nachhaltiger Forstwirtschaft.

1. Frühe Kulturen

2. Ägypten – eine frühe Hochkultur

3. Antike Lebenswelten – Griechen und Römer

4. Was die Menschen im Altertum voneinander wussten

5. Europa im Mittelalter

Anhang

Liebe Schülerin, lieber Schüler!

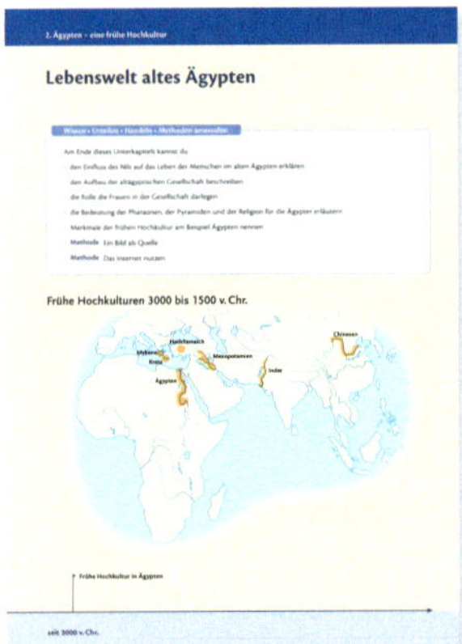

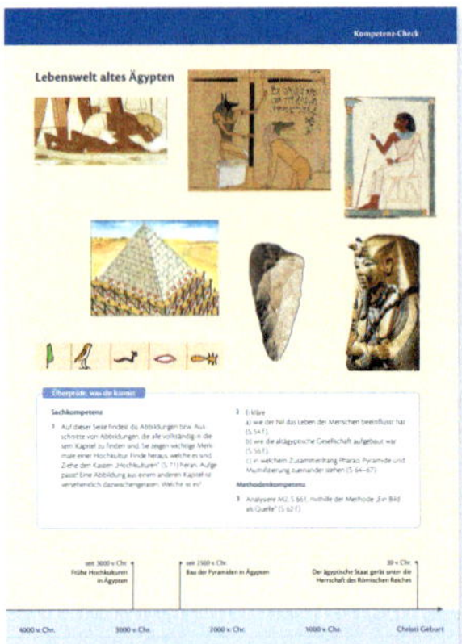

Vor dir liegt der erste Band von **Forum Geschichte kompakt**, mit dem du in der nächsten Zeit arbeiten wirst. Die Verfasserinnen und Verfasser des Buches haben für dich viele Quellen und Informationen zusammengestellt. Diese geben Auskunft darüber, was Menschen vor langer Zeit bewegt hat und womit sie sich heute noch beschäftigen.

Auftaktseiten

Jedes Kapitel beginnt mit einer Auftaktdoppelseite. Bilder und Leitfragen geben dir eine erste Vorstellung von den Themen und Fragen, um die es in den folgenden Geschichtsstunden gehen wird.

Kompetenz-Seiten

Jedes Kapitel teilt sich in Themenabschnitte, die mit einer **Orientierungsseite** beginnen. Du findest hier eine Übersicht über die Fähigkeiten („Kompetenzen"), die du in diesem Abschnitt erwerben und anwenden kannst.

Der Themenabschnitt endet mit der **Kompetenz-Check-Seite**, auf der du deine Fähigkeiten überprüfen kannst.

Themenseiten

Die Themenseiten bilden den Kern des Kapitels. Meistens kannst du auf einer Doppelseite eine Themeneinheit zu einem wichtigen Problem aus der Geschichte erarbeiten. Dazu findest du Materialien wie schriftliche Quellen, Bilder, Karten, Schaubilder und Tabellen, die du mithilfe von Arbeitsaufträgen befragst und auswertest. Der Darstellungstext am Beginn der Themeneinheit vermittelt dir einen Überblick über das Thema. Er gibt dir einen roten Faden in die Hand, der dich durch die Arbeit mit den Materialien leitet.

Die **Materialien** sind durch farbige Punkte gekennzeichnet: Gelb für Textquellen aus vergangener Zeit, Rot für Sachtexte, z. B. von Wissenschaftlern oder Journalisten, und Grün für erfundene Texte. Alle übrigen Materialien haben einen blauen Punkt.

Methoden- und Werkstattseiten

In jedem Kapitel findest du Werkstattseiten und Methodenseiten. Auf den **Methodenseiten** kannst du lernen, mit welchem „Handwerkszeug“ du aus den Materialien Erkenntnisse und Urteile gewinnst. Du findest hier Arbeitsschritte, mit deren Hilfe du zum Beispiel ein Bild, eine Karte oder eine schriftliche Quelle auswertest.
Auf den **Werkstattseiten** kannst du immer etwas selbst machen.

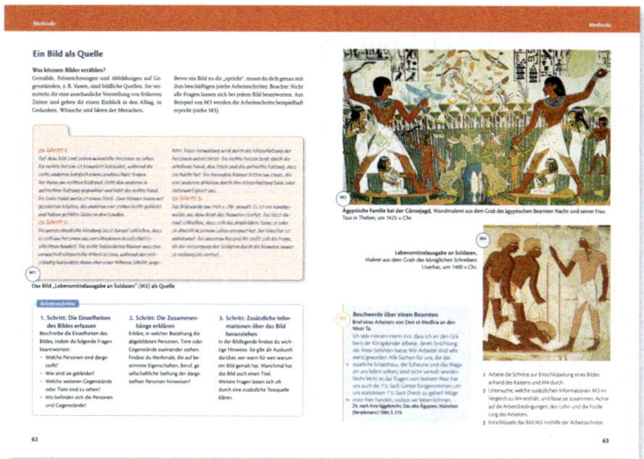

Überblick

Am Ende des Kapitels kannst du dir mithilfe eines längeren Darstellungstextes und eines Schaubildes noch einmal die wichtigsten historischen Zusammenhänge verdeutlichen.

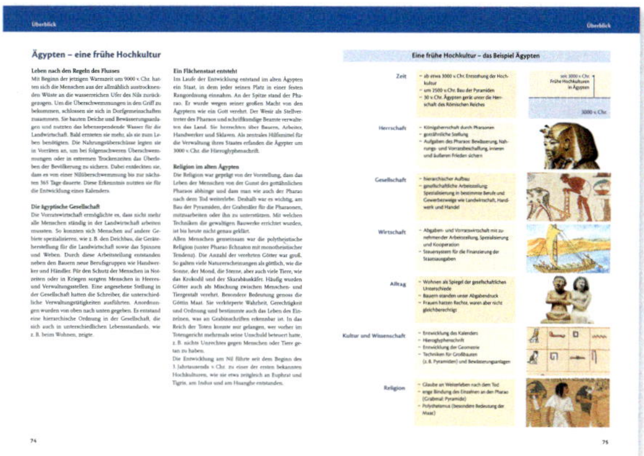

Anhang

- **Lexikon**
  Auf den Themenseiten sind manche Wörter mit einem * gekennzeichnet. Diese Begriffe werden im Lexikon erklärt.
- **Historische Sachverhalte darstellen** und **Operatoren: Erläuterungen und Beispiele**
  Hier findest du Anregungen und Hilfen für die Bearbeitung der Arbeitsaufträge.
- **Register**
  Das alphabetische Register am Ende des Buches hilft dir, Informationen über Personen, Ereignisse und wichtige Begriffe im Buch schnell zu finden.

Die **Kästen**, die mit einem blauen Balken gekennzeichnet sind, informieren dich über wichtige Personen, Begriffe oder Ereignisse. Sie geben dir aber auch Tipps für Bücher oder Internetseiten.

Die **Arbeitsaufträge** erkennst du an einer blauen Zahl. Wie die Materialien sind sie innerhalb einer Themeneinheit durchnummeriert. Einige Themen könnt ihr zu zweit oder in Gruppen erarbeiten. Darauf wirst du an entsprechender Stelle hingewiesen.

1
2
3

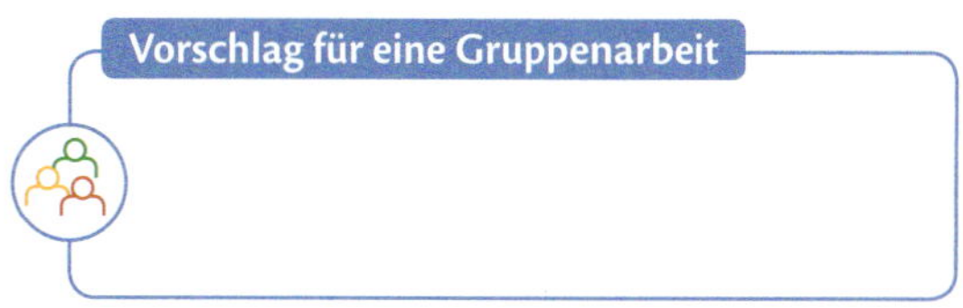

1. Frühe Kulturen

Die Wissenschaftlerin beugt sich vorsichtig über die Fußspuren. Wieder und wieder sieht sie sich an, was sie mit ihren Kollegen und Kolleginnen in Laetoli in Ostafrika ausgegraben hat: Fußabdrücke in erkalteter Vulkanasche von Menschen oder menschenähnlichen Wesen, die vor vier Millionen Jahren gelebt haben! Wer war hier entlanggegangen?
Der Faustkeil, wie du ihn auf dem kleinen Bild siehst, war das erste bekannte Werkzeug der Menschen in der Altsteinzeit, die vor etwa zwei Millionen Jahren im Vorderen Orient begann.
Die Begegnung mit Spuren und Überresten von Leben, das vor uns stattgefunden hat, macht uns neugierig und wir wollen möglichst viel darüber erfahren.

Folgende Fragen leiten dich durch das Kapitel:

- ***Woher kamen die ersten Menschen?***
- ***Wie haben sie in früheren Zeiten gelebt?***
- ***Welche Werkzeuge und Techniken hatten sie?***
- ***Wie sind sie mit der Natur und ihrer Umwelt umgegangen?***

1 Beschreibt die Abbildungen auf dieser Doppelseite und tragt eure Kenntnisse über die Geschichte der Menschen zusammen.

Älteste Spuren der Menschen

Wissen • Urteilen • Handeln • Methoden anwenden

Am Ende dieses Unterkapitels kannst du

- beschreiben, wie Menschen die Zeit wahrnehmen, messen und darstellen
- die Einteilung der Geschichte in Abschnitte (Epochen) erklären
- verschiedene historische Quellen benennen und erläutern
- darstellen, woher die ersten Menschen kamen und wie sie sich auf der Erde verbreiteten
- Stationen in der Entwicklung des Menschen unterscheiden
- **Methode** Ausgrabung – Geschichtsforschung mit Maurerkelle und Computer
- **Methode** Einen Lehrbuchtext erschließen

Ursprung und Verbreitung des Menschen vor 40 000 bis 11 000 Jahren

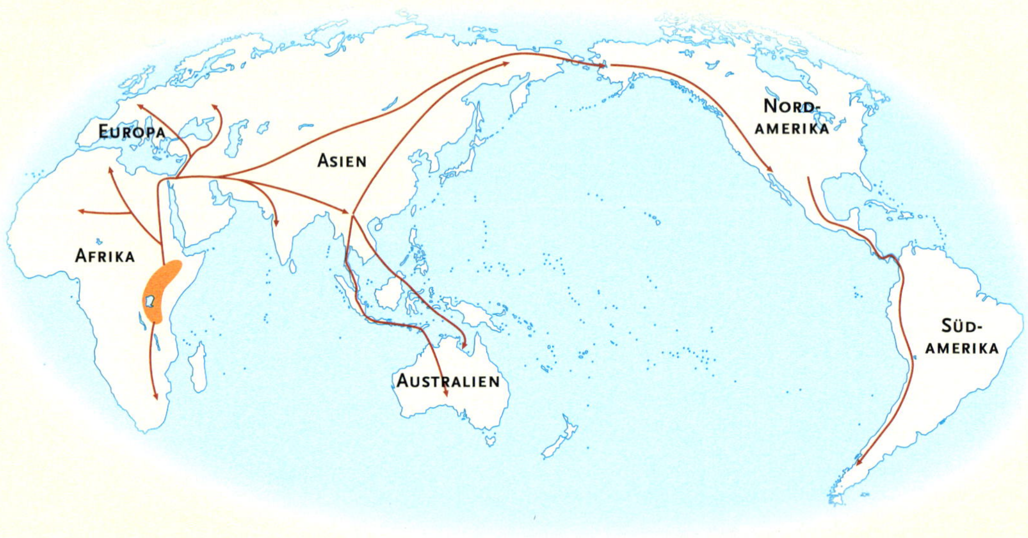

Vorgeschichte
bis 3000 v. Chr.

Antike
3000 v. Chr. bis 500

Die Menschen leben in der Zeit

Die Zeit wahrnehmen, messen und darstellen

Das Wahrnehmen der Zeit reicht bei uns Menschen zunächst nur in die Jahre des eigenen Erlebens zurück bzw. so weit, wie wir uns selbst an etwas erinnern können. Allerdings lernen wir schon in unserer frühen Kindheit, dass die Zeit „vergeht": vom Hellwerden bis zur Dunkelheit, beim Warten auf den Geburtstag oder in der Regelmäßigkeit des Tages- und Jahresablaufs. Wir lernen zunehmend, die Zeit einzuteilen, mit ihr zu planen und sie für uns zu nutzen.

Sich in der Zeit zu orientieren haben die Menschen vermutlich schon sehr lange versucht. Die frühesten Versuche, die Zeit einzuteilen, sie zu messen, gingen von astronomischen Beobachtungen aus. Nach dem Lauf von Sonne und Mond wurden Kalender aufgestellt, nach denen sich zum Beispiel sesshafte Völker bei der Aussaat richten konnten. Vieles über die Gründe und die Bedeutung solcher Anlagen wie der von Stonehenge in England bleibt aber noch im Dunkeln.

M1

Sonnenuhr an einer Hauswand im Bauernhofmuseum Illerbeuren, Foto, 2002

M2

Zeitmessung.

Die Steinkreise von Stonehenge in Südengland (errichtet 3100 bis 1500 v. Chr.) waren vermutlich eine Art Kalender. In ihnen liegen fünf hufeisenförmig angeordnete, jeweils aus drei Steinen gebildete Bögen. Der mittlere ist so ausgerichtet, dass er zum Sommeranfang am 21. Juni auf den Punkt am Horizont zeigt, wo die Sonne aufgeht, und zum Winteranfang am 22. Dezember in die Richtung weist, wo die Sonne untergeht. Ein kleinerer Stein, der „Heelstein", liegt nordöstlich außerhalb der Hauptkreise. Zur Sommersonnenwende geht die Sonne genau hinter ihm auf, wenn man ihn durch den mittleren Steinbogen betrachtet. Zur Wintersonnenwende geht die Sonne an der gegenüberliegenden Stelle unter.

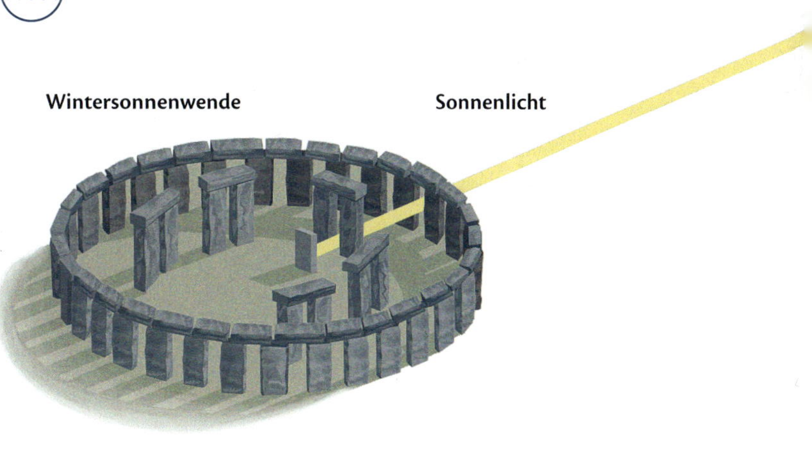

1 Erarbeite anhand des Darstellungstextes die Bedeutung der Zeit für die Menschen.

2 Erkläre mithilfe von M1 und M2, wie Menschen versucht haben, die Zeit zu messen.

3 Informiere dich über weitere Einrichtungen und Geräte aus Vergangenheit und Gegenwart, mit denen die Zeit gemessen werden kann, und berichte in der Klasse.

„Früher“ – wann war das?

Jahreszahlen und Epochen

Wer sich mit der Geschichte beschäftigt, muss das, was „früher“ war, ordnen. Die wichtigsten Ordnungshilfen sind Jahreszahlen und Epochen (= Zeitabschnitte).
Im christlichen Europa stellt die Geburt von Jesus Christus den Festpunkt dar, von dem aus gezählt wird: Wir rechnen in Jahren „vor Christi Geburt“ (v. Chr.) und „nach Christi Geburt“ (n. Chr.). Andere Kulturen* haben andere Festpunkte: Der jüdische Kalender beginnt mit der Weltschöpfung, die nach unserer Zeitrechnung in das Jahr 3761 v. Chr. gelegt wird. Im Islam beginnt die Zeitrechnung mit der Flucht Mohammeds aus Mekka 622 n. Chr.
Auf der Grundlage des christlichen Zählsystems haben die Forscher die Geschichte in vier große Epochen eingeteilt: Vorgeschichte, Antike, Mittelalter und Neuzeit. Die Millionen Jahre bis zum Auftauchen erster schriftlicher Zeugnisse – z. B. in Ägypten um 3000 v. Chr. – nennen wir Vorgeschichte. Die Vorgeschichtsforschung stützt sich deshalb vor allem auf Bodenfunde wie Grabanlagen, Siedlungen und Höhlen.

M1

Funde antiker Gefäße, Foto, 1998

M2

Blick in eine mittelalterliche Küche, Miniaturmalerei, um 1500

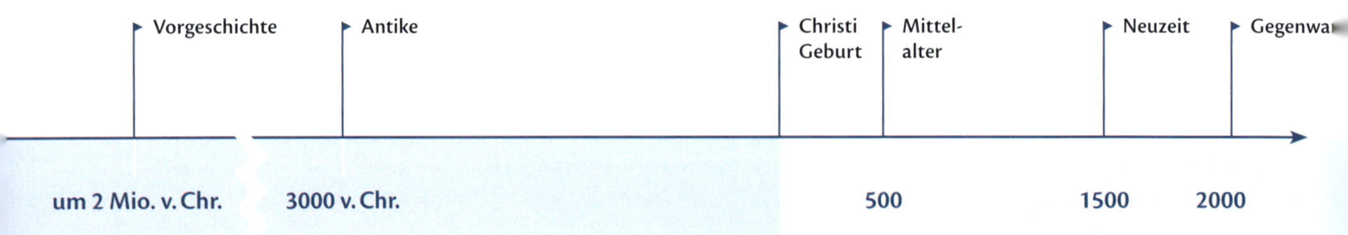

M3

Die Altstadt von Münster, Luftbild, 2006

M4

Arbeit in einer Maschinenbaufabrik, Stahlstich, 1849

M5

Mit dem Elektronenmikroskop das Unsichtbare sichtbar machen, Foto, 2003. Am Max-Planck-Institut in Göttingen werden der Aufbau und die Funktion von Molekülen untersucht.

1 a) Beschreibe das große Foto auf S. 8/9 und M1 bis M5.
b) Ordne die Abbildungen den verschiedenen Epochen der Zeitleiste zu. Zeichne den Zeitstrahl in dein Geschichtsheft und notiere die Nummern der Materialien zeitlich an der richtigen Stelle.

2 Stelle in einer Tabelle zusammen, welche Erkenntnisse sich aus M1 bis M4 gewinnen lassen.

3 Recherche:
a) Suche in deinem Wohnort nach Überresten aus der Geschichte (z. B. Gebäude, Stadtmauer, Denkmäler).
b) Stelle deren Alter fest und ordne sie ebenfalls den Epochen in der Zeitleiste zu. Hilfe kannst du im Museum finden.

Geschichte und ihre Quellen

Ein Streitgespräch

„Hey, Klara, schau mal, das alte Bild da vorne mit der Schulklasse!", sagt der zwölfjährige Selim zu seiner Mitschülerin und macht schnell ein Foto. „Scheint ja damals ein strenger Unterricht gewesen zu sein."
Klara interessiert das Schulmuseum, das sie heute mit der Klasse besuchen, überhaupt nicht. Auch geht ihr Selim mit seinem Fotografieren auf die Nerven. „Mein Großvater hat mir etwas ganz anderes erzählt", erwidert sie. „Er und sein Freund hätten den Lehrern immer Streiche gespielt und viele Hausaufgaben hätte es auch nicht gegeben. Außerdem, sagt mein Großvater, wäre er von jungen Lehrerinnen unterrichtet worden – und nicht von solchen Opas wie da auf dem Bild."
Klara und Selim können sich über ihre Ansichten zum Unterricht in früheren Zeiten nicht einigen. Wieder zurück in der Schule diskutieren sie ihre Fragen in der Klasse. Sie kommen überein, dass sie sich nach dem Museumsbesuch ein Buch besorgen werden, in dem Forscherinnen und Forscher Genaueres über die Geschichte der Schule geschrieben haben. Forscher, so erklärt die Lehrerin, sammeln und werten viele Quellen aus, bevor sie ihre Ergebnisse niederschreiben.

Historische Quellen

Die Überlieferungen, aus denen wir historische Erkenntnisse gewinnen, werden „historische Quellen" oder kurz „Quellen" genannt. Zu ihnen gehören beispielsweise Gemälde, Fotos und Urkunden, aber auch mündliche Überlieferungen wie die Erinnerungen von Klaras Großvater. Wir sind überall von Quellen umgeben, nicht nur im Gespräch mit älteren Menschen oder im Museum: auch Rathäuser, Denkmäler und Familienfotos sind Quellen aus der Vergangenheit.
Allerdings „verraten" uns Quellen nur dann etwas, wenn wir Fragen an sie stellen: Was erfahren wir aus den Materialien M1, M3 und M4 über Kinder in den vergangenen 150 Jahren?
Bei der Arbeit mit Quellen müssen wir auf der Hut sein: Zum einen, weil jede Quelle nur einen Ausschnitt aus der Vergangenheit vermittelt. Das Foto M3 sagt uns beispielsweise nicht, wer mit der Puppenküche gespielt hat und wer sie sich kaufen konnte. Zum anderen, weil Quellen unterschiedliche Zeitpunkte beleuchten. Das Gemälde M1 sagt etwas über Schule vor über hundertfünfzig Jahren, während die Erlebnisse von Klaras Großvater nur etwa fünfzig Jahre zurückliegen.

Unterricht in einer Dorfschule 1848, Gemälde von Albert Samuel Anker, 1896

M1

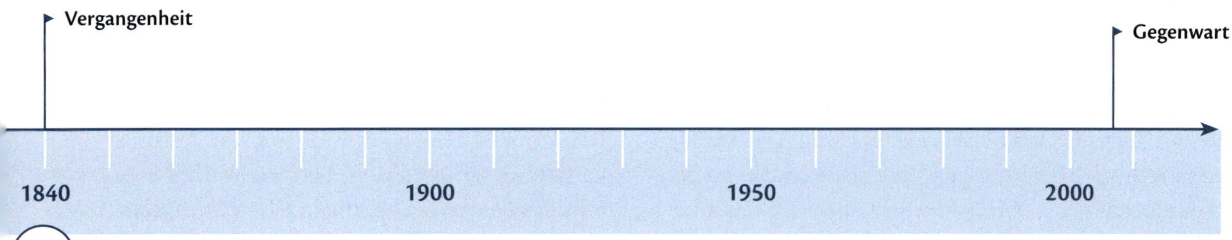

M2 **Zeitstrahl**

M3 **Puppenküche,** um 1890

M4

Lebenserinnerungen

Die Bäuerin Anna Wimschneider aus dem Landkreis Rottal-Inn musste nach dem Tod ihrer Mutter als Achtjährige Haus und Hof versorgen. Sie erzählte im Jahr 1984 über ihre Kindheit um 1927:

Um fünf Uhr war Aufstehen … Ich habe Feuer gemacht und die Milch gekocht, in die Schüssel gegeben, ein wenig Salz dazu und dann Brot eingebrockt … Die Buben hatten sich schon gewaschen und gekämmt, so konnten sie noch den Gottesdienst vor Schulbeginn erreichen. Ich dagegen musste erst die Kleinsten aus dem Bett holen … sie anziehen und füttern. Manchmal haben sie geweint, weil sie mit mir wohl nicht zufrieden waren. Großvater blieb noch im Bett. Ich konnte mich erst dann zur Schule fertig machen, wenn der Vater von der Stallarbeit hereinkam. Nun lief ich so schnell ich konnte die vier Kilometer zur Schule …, und oft kam ich erst an, wenn die erste Pause war. Da lachten mich die anderen Kinder aus.

Es dauerte nicht lange, da sagten die Buben, im Haus ist alles deine Arbeit, das ist Dirndlarbeit.

Anna Wimschneider, Herbstmilch, München (R. Piper) 1984, S. 102 f.

Begriffe und Daten

Sachtext

Ein Sachtext ist ein Text über eine Zeit, z. B. die Darstellungstexte und die Materialien mit einem roten Punkt in diesem Buch.

Quelle

Historische (geschichtliche) Quellen sind Überlieferungen aus einer Zeit. Wir können aus ihnen Kenntnisse über das Vergangene gewinnen. Es werden verschiedene Arten unterschieden:

- Textquellen, z. B. Urkunden, Akten, Briefe
- Bildquellen, z. B. Gemälde, Fotos, Filme
- Überreste, z. B. Gebäude, Werkzeuge, Schmuck
- mündliche Quellen, z. B. erzählte Lebenserinnerungen, Volkslieder
- Traditionen, z. B. religiöse Feste, Bräuche

1 Kläre mithilfe der Darstellungstexte und des Kastens, wie du etwas aus der Vergangenheit erfahren kannst.

2 Ordne M1, M3 und M4 den im Kasten genannten Quellenarten zu. Begründe deine Entscheidung.

3 a) Zeichne einen Zeitstrahl nach dem Muster M2 in dein Geschichtsheft und trage die Quellen zeitlich richtig ein.
b) Notiere zu jeder Quelle in Stichworten, was du über die Menschen und ihre Zeit erfahren kannst.
c) Ergänze deinen Zeitstrahl durch weitere Quellenarten, die du zu Hause findest.

4 a) Sammle Quellen zu einem Thema, das dich interessiert, z. B. die Geschichte der Verkehrsmittel (Eisenbahn, Auto, Flugzeug) oder der Mode (Kleidung, Möbel).
b) Schreibe auf, welche Erkenntnisse dir deine Materialien liefern.

Afrika – Wiege des heutigen Menschen?

Archäologen auf der Spur des Urmenschen

Archäologen träumen davon, einmal das vollständige Skelett eines Millionen Jahre alten Menschen zu finden. Doch was wie ein spannendes Abenteuer aussieht, ist harte Arbeit. Denn bei manchen Grabungsexpeditionen müssen die Wissenschaftlerinnen und Wissenschaftler auf die Annehmlichkeiten eines bequemen Lebens verzichten: Weit entfernt von einem gut ausgestatteten Labor suchen sie nach Überresten. Sie sind immer bestrebt, eine Antwort auf die Frage zu finden: Wie sind die Menschen zu dem geworden, was sie heute sind? Die Archäologen Richard und Meave Leakey hatten Glück. 1984 machten sie in Kenia einen Aufsehen erregenden Fund: die Überreste eines männlichen Urmenschen, der als „Junge vom Turkanasee“ bekannt geworden ist.

1987 gab es eine andere Meldung in den Medien: „Eva war Afrikanerin“. Archäologen hatten in Ostafrika weibliche Knochenreste entdeckt und herausgefunden: Nicht nur der Ur-, auch der Jetztzeitmensch (= Homo sapiens sapiens) stammt aus dem warmen Klima Afrikas. Er hatte sich dort vor 150 000 Jahren entwickelt und in der Welt ausgebreitet. Diese Vermutung (= Hypothese) wird „Out-of-Africa“-Hypothese genannt.

Leben mit Feuer und Faustkeil

Der Urmensch (= Homo erectus), zu dessen ältesten Vertretern der Junge vom Turkanasee zählt, nutzte bereits das Feuer. Das bezeugen Funde von Ascheresten. Mit dem Feuer konnte er heizen und Speisen kochen. In der Dunkelheit spendete das Feuer Licht und hielt wilde Tiere ab. Aus der Notwendigkeit, das Feuer zu erhalten und zu kontrollieren, schließen Forscher, dass die Urmenschen in Gruppen lebten.

Aus Funden von Steinwerkzeugen, Schnittspuren und Abfällen ziehen sie weitere Schlüsse: Die Menschen gingen zur Jagd und erbeuteten auch Großwild. Sie hatten feste Rastplätze, wo sie mit Steinwerkzeugen die Beute zerlegten und aufteilten. Faustkeile, die durch Abschlagen von Splittern scharfe Kanten erhielten, waren die wichtigsten Werkzeuge.

M1

Sortieren von Knochenfunden, Foto, 1984.
Meave Leakey mit Schädeln vom Homo sapiens und vom Schimpansen.

Begriffe und Daten

Archäologie

Die Archäologie (griech. Altertumskunde) ist eine Wissenschaft, die sich mit Überresten aus Ausgrabungen beschäftigt. Da wir erst seit etwa 5000 Jahren schriftliche Quellen haben, umfasst der Forschungszeitraum für die Archäologie den größten Teil der menschlichen Geschichte. In der Archäologie werden die Forschungserkenntnisse auch mithilfe naturwissenschaftlicher Methoden und moderner Technik gewonnen.

M2

Feuer entzünden wie die Urmenschen, Foto, 1989. Noch heute beherrschen einige Ureinwohner Australiens die Technik des Feuermachens mit einfachen Mitteln.

M3

Der Fund am Turkanasee

Richard Leakey schrieb 1997 in seinem Buch „Die ersten Spuren“:

Im Spätsommer 1984 ... erlebten meine Kollegen und ich, wie jener Traum [von der Entdeckung eines vollständigen Skeletts] allmählich Gestalt annahm ... Am 23. August erspähte Kamoya Kimeu, mein ältester Freund und Kollege, ein kleines Fragment[1] eines alten Schädels zwischen Kieseln auf einem Abhang in der Nähe der schmalen Rinne, die in der Regenzeit Wasser führte. Sorgfältig begannen wir mit der Suche nach weiteren Bruchstücken des Schädels und fanden bald mehr, als wir zu hoffen gewagt hatten ... Wir entdeckten, was sich schließlich als das praktisch vollständige Skelett eines Individuums[2] herausstellte, das am Ufer des alten Sees vor über 1,5 Millionen Jahren gestorben war. Von uns auf den Namen Turkanaknabe getauft, war es zum Zeitpunkt des Todes knapp neun Jahre alt; die Ursache des Todes bleibt im Dunkeln ... Noch nie war aus der Vorzeit des Neandertalers [s. S. 24] ... etwas so Vollständiges wie dieses fossilierte[3] Skelett gefunden worden.

Richard Leakey, Die ersten Spuren, München (Bertelsmann) 1997, S. 12.

[1] Bruchstück
[2] Einzelner
[3] Fossil: versteinerter Überrest aus der Frühgeschichte der Pflanzen, Tiere und Menschen

M4

Ein Vorgänger des modernen Menschen

Richard Leakey schrieb 1997 über die Einordnung des Turkanasee-Jungen in die Menschheitsgeschichte:

Der Turkanaknabe gehörte zur Art Homo erectus[1] – einer Art, die in der Geschichte der menschlichen Evolution[2] eine entscheidende Rolle gespielt hat. Aufgrund von Belegen ... wissen wir, dass sich die erste menschliche Art vor etwa sieben Millionen Jahren entwickelt hat. Als Homo erectus vor fast zwei Millionen Jahren die Bühne betrat, war die Vorgeschichte der Menschheit schon ziemlich weit gediehen. Die menschliche Vorgeschichte nahm vor zwei Millionen Jahren offenbar eine entscheidende Wendung. Homo erectus war die erste menschliche Spezies[3], die Feuer benutzte; die erste, welche die Nahrungsbeschaffung zu einem wesentlichen Teil durch die Jagd bestritt; die erste, deren Vertreter wie heutige Menschen laufen konnten und nach einem bestimmten gedanklichen Modell Steinwerkzeuge herstellten ... Wir können erkennen, dass der frühe Homo erectus hoch gewachsen war ..., knapp 1,80 Meter groß ..., athletisch und sehr muskulös. Selbst der stärkste Berufsringer von heute hätte gegen einen durchschnittlichen männlichen Homo erectus wenig ausrichten können.

Richard Leakey, Die ersten Spuren, München (Bertelsmann) 1997, S. 14 f.

[1] lat. der aufrecht gehende Mensch
[2] Entwicklung, kontinuierliche Veränderung
[3] Begriff aus der Biologie: Art, Gruppe gleicher Lebewesen

1 Richard und Meave Leakey wollen ihren Freunden von dem Fund vom Turkanasee berichten. Schreibe einen Brief. Ziehe M1und M3 mit heran.

2 a) Schlage in einem Atlas nach, wo der Turkanasee liegt. Beachte, dass er früher Rudolfsee genannt wurde.
b) Beschreibe seine Lage. Ziehe die Karte auf S. 10 hinzu.

3 Stelle fest, worin Leakey die „entscheidende Wendung“ in der menschlichen Entwicklung sieht (M4).

4 Feuer und Faustkeil: Fasse ihre Bedeutung für die Urmenschen zusammen (M2, M4 und Darstellungstext).

Ausgrabung – Geschichtsforschung mit Maurerkelle und Computer

Archäologen bei der Arbeit

„Bau der Straßenbahntrasse zunächst gestoppt! Ausgrabungen haben Vorrang!“ So oder ähnlich lauten oftmals Schlagzeilen in den Tageszeitungen. Manchmal heißt es aber auch: „Archäologen kamen zu spät! Bagger war schneller!“

Immer geht es dabei um die Arbeit der Archäologie. Ursprünglich stand in dieser Wissenschaft die Erforschung der Antike im Vordergrund. Heute suchen Archäologinnen und Archäologen auch nach Überresten aus der Vorgeschichte. An ihre Untersuchungsgegenstände gelangen sie vor allem durch Ausgrabungen. Aber: Woher sollen sie wissen, an welchen Stellen Überreste verborgen sind? Häufig ergänzen sich zufällige Entdeckungen und systematisches Suchen.

1 Beschreibe anhand von M1 bis M4 die unterschiedlichen Möglichkeiten der Archäologie. Bei welcher archäologischen „Aktion“ würdest du gerne mitmachen?

2 Erläutere die Möglichkeiten der Luftbildarchäologie (M1).

3 Erkundigt euch bei der Gemeindeverwaltung und im Museum nach Ausgrabungen und Funden in der Umgebung. Berichtet darüber.

Luftbildarchäologie. Der unterschiedliche Bewuchs des Feldes verrät Mauerreste einer Gebäudeanlage im Boden, Möckenlohe, Foto, 1993.

M1

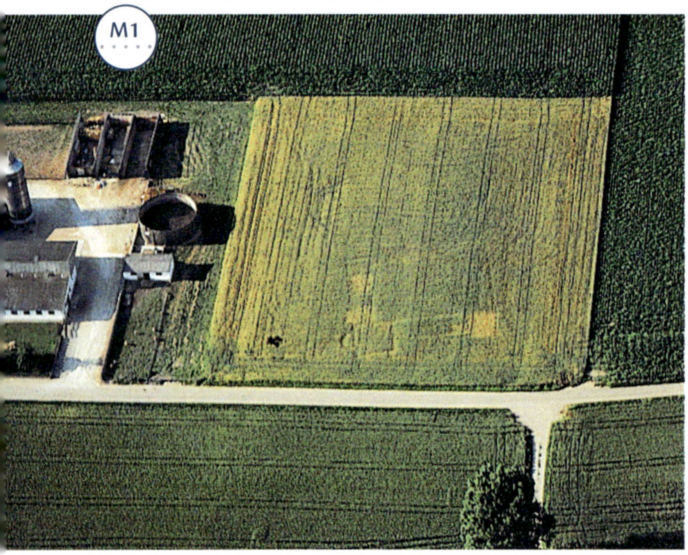

M2

Wie bestimmen Archäologen das Alter von Fundstücken?

Archäologen bestimmen das Alter von Fundstücken unter anderem mit naturwissenschaftlichen Methoden. Zu den wichtigsten Verfahren zählen:

Thermolumineszenz-Methode

Einige Minerale [Baustoff aller Gesteine] speichern die von radioaktiven Elementen und der kosmischen Strahlung ausgehende Energie. Je älter das Mineral ist, desto mehr Energie wird ... eingelagert ... Bei der Untersuchung einer Probe wird diese ... einer Temperatur von über 500 °C ausgesetzt. Die gespeicherte Energie wird dabei in Form eines Wärmeleuchtens (= Thermolumineszenz) abgegeben und gemessen, woraus sich das Alter der Probe bestimmen lässt.

14C – Die Radiocarbonmethode

Das in der Atmosphäre [gasförmige Hülle der Erde] vorkommende Kohlenstoffisotop 14C wird von allen lebenden Organismen aufgenommen. Sterben sie, endet dieser Prozess der Aufnahme und das radioaktive 14C beginnt zu zerfallen. Bei organischen Resten kann man daher über die Messung des noch vorhandenen 14C ... das Alter feststellen. Je geringer die Konzentration von 14C ist, umso älter ist die Probe. Die Radiocarbonmethode ist anwendbar bei Proben mit einem Alter zwischen 3000 und 50 000 Jahren.

Dendrochronologie – Kalender aus Holz

Der jährliche Wandel der Witterung schlägt sich beim Wachstum der Bäume in unterschiedlich breiten Jahrringen nieder ... Die so entstehenden Jahrringmuster verschieden alter Holzproben werden verglichen ... und in eine kalendarische Folge gebracht. Für die absolute [genaue] Datierung ist eine ununterbrochene Abfolge von Jahrringen bis in die Gegenwart nötig. Eine entsprechende Sequenz wurde für Mittel- und Westeuropa an Eichen erstellt, deren Jahrringe besonders deutlich ausgeprägt sind und die bis in das 18. Jahrhundert bevorzugt als Baumaterial verwendet wurden.

Zit. nach Menschen – Zeiten – Räume. Eine Ausstellung in der Kunst- und Ausstellungshalle Bonn, 2003. Texte der Wandtafeln 4 und 8. Im Internet unter http://www.kah-bonn.de/ausstellungen/archaeologie/wandtexte.pdf. Stand: Februar 2008.

M3 **Archäologinnen und Archäologen bei einer Ausgrabung,** Foto, 1989

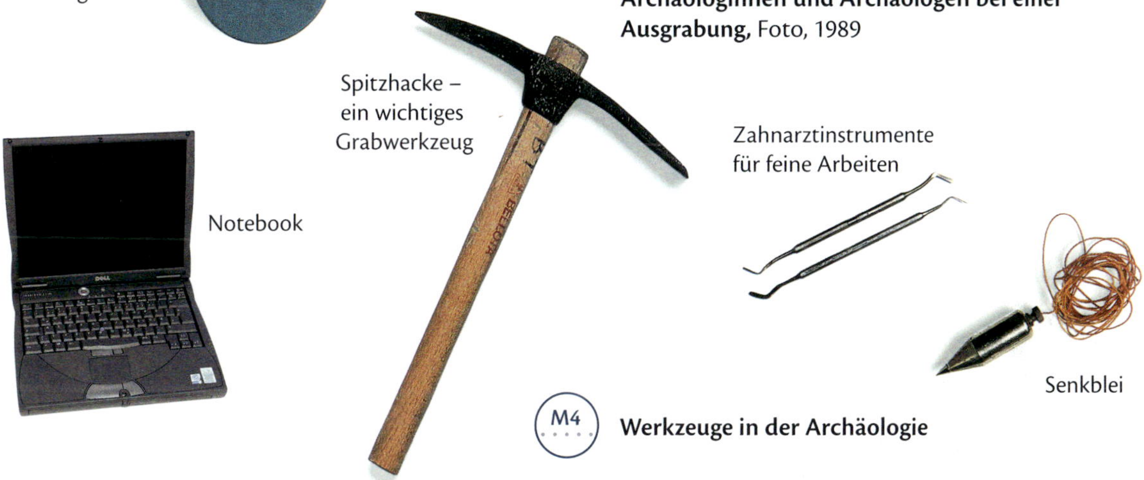

M4 **Werkzeuge in der Archäologie**

Arbeitsschritte

1. Schritt: Suchen und finden
Zunächst muss die Fundstelle festgestellt und beschrieben werden. Häufig geben Zufallsfunde beim Haus- oder Straßenbau erste Hinweise. Eine Ausgrabung wird dann systematisch vorbereitet (Personal, Werkzeuge usw.).

2. Schritt: Graben
Die Ausgrabung muss sehr vorsichtig durchgeführt werden: Grabungsgelände vermessen, Schicht für Schicht den Boden abtragen, vermessen, fotografieren, genaue Lage von Gegenständen eintragen (Grabungstagebuch, Fundprotokoll führen).

3. Schritt: Auswerten
Beschreiben, datieren, Funktion der Funde klären; eventuell Biologen, Geologen, Kunsthistoriker heranziehen.

4. Schritt: Bewahren und ausstellen
Funde reinigen, restaurieren, ergänzen; für Besichtigung (Ausstellung) vorbereiten.

Älteste Spuren in Ozeanien und Asien

Funde auf der Insel Java

Eugène Dubois (1848–1940), ein junger holländischer Arzt, war von der Idee besessen, das unbekannte Bindeglied in der Ahnenreihe von Mensch und Affe zu finden. Die Wiege der Menschen vermutete er auf den indonesischen Inseln. Diese Meinung hatte der deutsche Tierforscher Ernst Heckel vertreten, der den Gibbon als menschenähnlichsten Affen ansah. Er vermutete Reste des „Affenmenschen" auf diesen Inseln, dem heutigen Verbreitungsgebiet des Gibbons.
Nach vergeblicher Suche auf Sumatra lässt sich Dubois, als Militärarzt in der damals holländischen Kolonie Indonesien tätig, nach Java versetzen. Dort wird er 1891 tatsächlich fündig: Mit einer Schar Strafarbeiter entdeckt er einen menschenähnlichen Backenzahn, später eine Schädeldecke und einen Oberschenkelknochen, die offensichtlich weder zu einem modernen Menschen noch zu einem Affen gehört haben konnten. Der erhoffte Ruhm über den Fund bleibt allerdings aus. Den ausbrechenden Streit über die zeitliche Einordnung der Fossilien bricht Dubois um 1900 ab und versteckt die Funde in seinem Haus.

Funde in China

Seit den 1920er-Jahren lassen Aufsehen erregende Entdeckungen in China Dubois' Behauptungen in einem anderen Licht erscheinen: In einem Höhlenbereich südwestlich von Peking werden umfangreiche Funde gemacht, die mehr als 45 Individuen zugeordnet werden konnten. Da die Originale der Schädel, Unterkiefer und Skelettreste im Zweiten Weltkrieg verloren gingen, ist man auf Gipsabdrücke und Zeichnungen angewiesen. Gesichert ist aber, dass es sich um Reste der heute zum Homo erectus gezählten chinesischen frühen Menschen handelt. Die Fundstellen in China haben ein Alter von 600 000 bis 300 000 Jahren. An anderen Orten in jüngster Zeit gefundene Zähne sollen 1,5 bis 1,9 Millionen Jahre alt sein. Damit könnte in der zeitlichen Zuordnung ein Zusammenhang zu den Java-Funden angenommen werden, deren Alter auf etwa 1,8 bis 1,7 Millionen Jahre bestimmt wird. Bei diesen Menschenformen könnte es sich um eine ältere Vorform des Homo erectus handeln. Die Funde in Asien werfen die Frage auf, ob sich der moderne Mensch doch gleichzeitig in verschiedenen Teilen der Erde entwickelte.

M1 **Schädel des Java-Menschen.**
Er wurde 1891 auf der Insel Java entdeckt und stammt aus der Zeit des Peking-Menschen. Ähnlich alte Funde wurden in neuester Zeit auch in Indien und Vietnam gemacht.

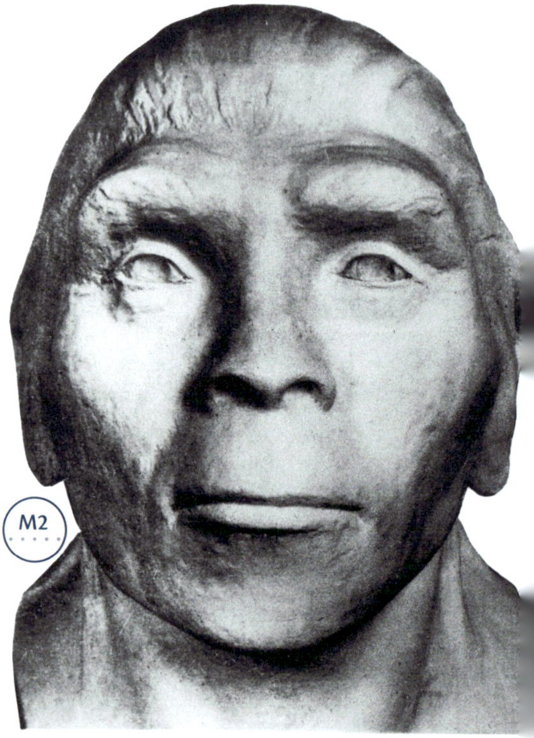

M2 **Nachbildung eines Peking-Menschen nach Fossilienfunden,**
Foto, 1996

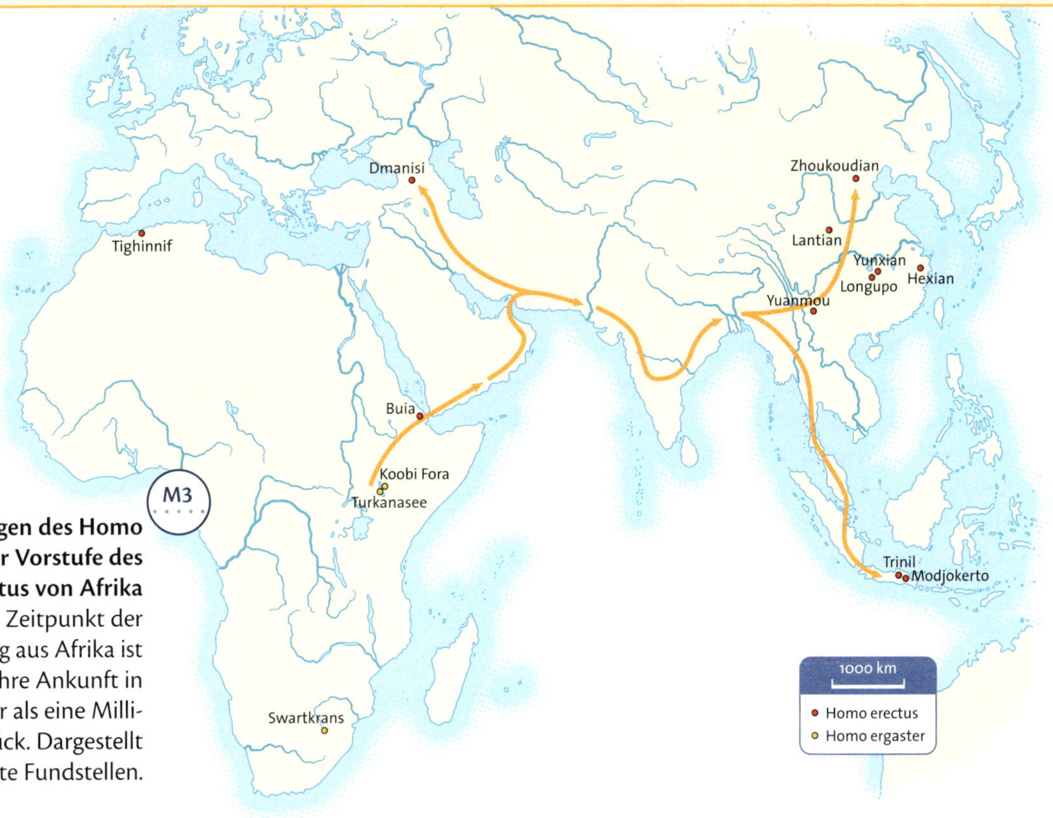

M3

Wanderungen des Homo ergaster, einer Vorstufe des Homo erectus von Afrika nach Asien. Der Zeitpunkt der Auswanderung aus Afrika ist ungewiss, ihre Ankunft in China liegt mehr als eine Million Jahre zurück. Dargestellt sind ausgewählte Fundstellen.

M4

Bambus-Schwimmkörper „Nale Tasih 1" aus einer Plattform mit Unterständen und Masten; Seile aus Lianen, Segel aus Palmblattfasern. Mit dem verbesserten Floß „Nale Tasih 2" fuhren 1998 zwei Forscher in dreizehn Tagen von Indonesien nach Australien, um zu beweisen, dass Menschen vor mehr als 60 000 Jahren Australien per Floß erreichen konnten. Mehr als 60 000 Jahre alte Funde stützen die Behauptung, dass die „Ur-Australier" zu dieser Zeit kamen. Das Vorhaben mit dem Floß gehört zur „Experimentellen Archäologie", in der Vermutungen und Funde in praktischen Versuchen überprüft werden.

1 Lest in Partnerarbeit den Darstellungstext und beantwortet folgende Fragen:
a) Was suchte Dubois?
b) Welches Ergebnis hatte seine Suche?
c) Welche Funde wurden in China gemacht?
d) Welcher Zusammenhang besteht mit den Java-Funden von Dubois?

2 Beschreibe M1 und M2 und nenne mögliche Vor- und Nachteile einer Nachbildung im Vergleich zum Original.

3 Zeige anhand von M3, auf welchem Weg die Urmenschen von Afrika nach Asien ausgewandert sind. Welche Fragen bleiben offen?

4 Stelle mithilfe von M4 fest, was die beiden Forscher mit ihrer Floßfahrt beweisen wollten.

Älteste Spuren in Amerika

Woher kamen die ersten Amerikaner?
Längere Zeit wurde angenommen, die Besiedlung des amerikanischen Kontinents sei gegen Ende der letzten Eiszeit, vor etwa 18 000 bis 13 000 Jahren, über eine damals bestehende Landbrücke zwischen Asien und Amerika erfolgt. Ein Teil der Einwanderer soll entlang der vom warmen Japanstrom umspülten nordamerikanischen Festlandküste südwärts gezogen sein, andere wählten den Weg nach Süden durch das langsam abtauende Binnenland. Die ältesten, etwa 11 000 Jahre alten Funde entstammen der altindianischen Clovis-Kultur, deren Angehörige nur Speere mit Steinspitzen zum Jagen von Mammuts und Bisons benutzten.
Die Besiedlung Südamerikas müsste also dementsprechend zu einer späteren Zeit erfolgt sein, als die aus dem Norden kommenden Menschen das Land besiedelten. Diese Auffassung wird in neuerer Zeit infrage gestellt: Funde im Gebiet des Monte Verde in Südchile weisen ein Alter von 13 000 Jahren auf. Mithilfe der 14C-Methode gelang der Nachweis, dass Holzkohlestückchen in drei Feuergruben der Siedlung etwa 33 000 Jahre alt sind.

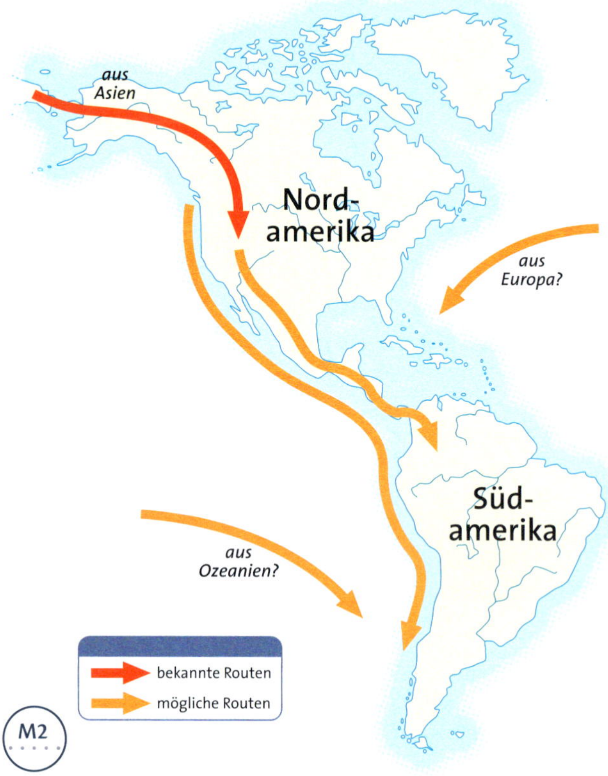

M2 **Routen der Einwanderung und Besiedlung Amerikas** bis etwa 6000 v. Chr.

M1 **Lanzenspitzen aus der Kultur des Clovis-Volkes,** das vor etwa 11 000 Jahren die westlichen Prärien Amerikas bewohnte. Die sorgfältige Anfertigung der Steine lässt den Rückschluss zu, dass es sich nicht um Jagd- sondern um Zeremonialgeräte handelt.

1 Beschreibe anhand von M2 und des Darstellungstextes, wie die früheste Einwanderung nach Amerika verlief (siehe Anhang „Sachverhalte darstellen" und „Operatoren").

2 Prüfe, warum die Behauptung von der Einwanderung nur aus dem Norden infrage gestellt wird (Darstellungstext, M1 und M2). Lies zur 14C-Methode auf S. 18 nach.

Einen Lehrbuchtext erschließen

Texte in Lehrbüchern

In den Kapiteln dieses Buches findest du immer wieder Texte, die nicht zu den Quellentexten (siehe S. 15) gehören, sondern von den Autoren dieses Buches geschrieben wurden. Solche „Darstellungstexte“ oder auch „Lehrbuchtexte“ sollen in ein Thema einführen oder einen bestimmten Sachverhalt zu einem Thema darstellen, wie zum Beispiel der Text auf der vorherigen Seite: Woher kamen die ersten Amerikaner? Auf dieser Methodenseite kannst du erarbeiten, wie ein Lehrbuchtext erschlossen wird. Möglicherweise lassen sich nicht immer alle Arbeitsschritte beantworten.

M2

Beispiel eines Lehrbuchtextes

Sowohl die Fähigkeit, das Feuer zu nutzen, als auch immer mehr verfeinerte Jagdtechniken werden dem Homo erectus zugeschrieben. In Südafrika konnten Verbrennungsspuren an Knochen nachgewiesen werden, die etwa eine Million Jahre alt sind. Aufgrund der rekonstruierten Temperaturen konnten sie nicht von einem Buschfeuer stammen. Der Homo erectus hat das Feuer für sich genutzt, vielleicht zuerst nach einem Blitzschlag. Später gelang es, Feuer zu entzünden, zu erhalten und zu kontrollieren. Bei der Besiedlung kühlerer Kontinente war die Wärme des Feuers wichtig, aber auch als Schutz vor wilden Tieren. Dazu wurde es genutzt, um Nahrung zu erhitzen und sie dadurch zu garen und lagerfähig zu machen. Aus Funden von Werkzeugen aus Stein und Tierknochen mit Schnittspuren ist zu schließen, dass Homo erectus eine Zerlegungstechnik beherrschte. Das typische Werkzeug war der Faustkeil. Jagdbeute konnte so in größerer Menge systematisch und intensiv verarbeitet werden. An festen Rastplätzen wurde die Beute geteilt.

a) Der Text berichtet darüber, wie der Homo erectus das Feuer genutzt hat und welche Bedeutung die Jagd hatte.

b) Feuer und Jagd beim Homo erectus

f) Schlüsselwörter (siehe Unterstreichungen): Feuer, Jagdtechniken, Homo erectus, Verbrennungsspuren ... etwa eine Million Jahre alt, Zerlegungstechnik, Faustkeil

g) Der Homo erectus beherrschte vor etwa einer Million Jahren den Umgang mit dem Feuer und bestimmte Jagdtechniken.

h) Einzelinformationen:
Z. B. zur Bedeutung des Feuers: Wärme, Schutz vor wilden Tieren, Nahrungszubereitung, Nahrungskonservierung

M1

Hilfen zur Erschließung von M2

1 a) Arbeite die Schritte zur Erschließung eines Lehrbuchtextes anhand von M1 und M2 durch.
b) Beantworte die offengebliebenen Fragen in den Arbeitsschritten.

2 Wende die Methode auf den Darstellungstext S. 22 an.

Arbeitsschritte

1. Schritt: Thema des Textes
- Worüber berichtet der Text? (a)
- Wie lässt sich das Thema kurz formulieren (Überschrift)? (b)

2. Schritt: Aufbau des Textes
- Wie ist der Text gegliedert? (c)
- Welche Überschriften lassen sich für die Abschnitte finden? (d)

3. Schritt: Inhalt des Textes
- Welche unbekannten Wörter muss ich klären? (e)
- Welche Schlüsselwörter enthält der Text? (f)
- Wie lautet die Kernaussage? (g)
- Welche Einzelinformationen liefert der Text? (h)

4. Schritt: Inhalt zusammenfassen
- Wie kann der Inhalt knapp und treffend zusammengefasst werden? (i)

Stationen in der Entwicklung des Menschen

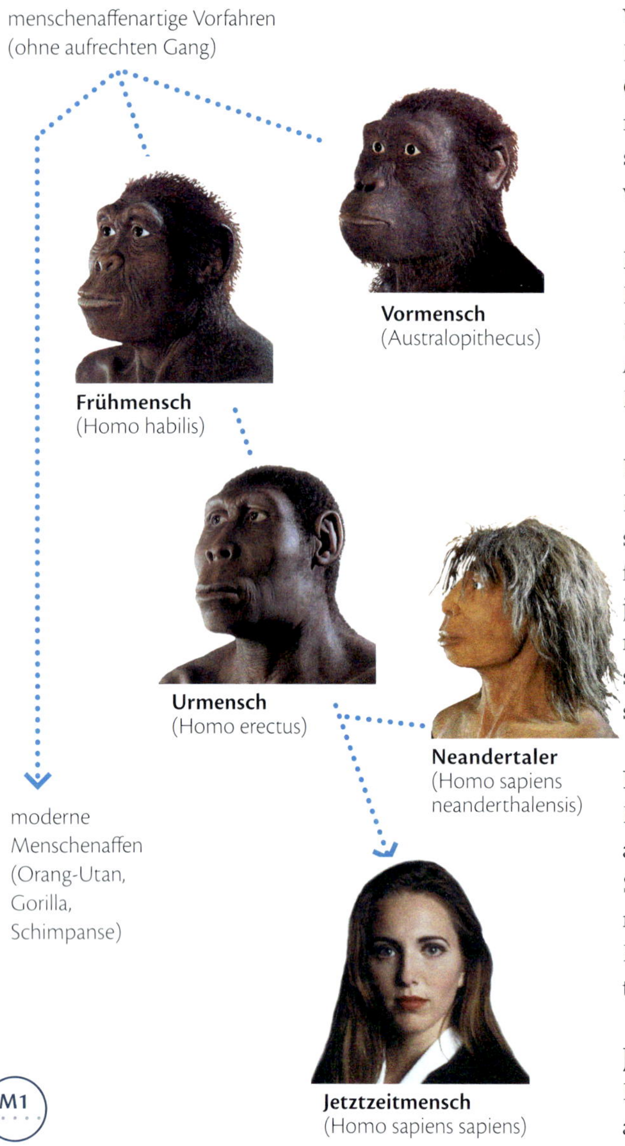

M1 Die Entwicklung des Menschen

Vormensch = Australopithecus
Lebte vor 4,5 bis 1 Million Jahren in Afrika; aufrechter Gang, aber die Einordnung als Mensch ist wegen seines kleinen Gehirns umstritten; Größe 120–150 cm; stellte keine Werkzeuge her; ernährte sich vor allem von Pflanzen; „Australopithecus" heißt „Südaffe".

Frühmensch = Homo habilis
Lebte vor 2,5 bis 1,5 Millionen Jahren in Afrika; Größe 120–150 cm; stellte einfache Werkzeuge her, daher der Artname „habilis" (= geschickt); ernährte sich von Pflanzen und Tieren.

Urmensch = Homo erectus
Lebte vor 2 Millionen bis 40 000 Jahren, erst in Afrika, später in Asien und Europa; Größe 160–180 cm; stellte fein bearbeitete Faustkeile her, nutzte das Feuer und jagte; ernährte sich von Pflanzen und Tieren; der Beiname „erectus" (= aufrecht) stammt aus der älteren Forschung, die die aufrecht gehenden Vor- und Frühmenschen noch nicht kannte.

Neandertaler = Homo sapiens neanderthalensis
Lebte vor 130 000 bis 30 000 Jahren in Europa; seitdem ausgestorben; Größe etwa 160 cm; stellte zahlreiche Steinwerkzeuge her; verwendete Farbstoffe; die Annahme einer regelmäßigen Bestattung der Toten und der Beilage von Grabbeigaben ist in der Forschung umstritten; lateinisch „sapiens" = wissend.

Jetztzeitmensch = Homo sapiens sapiens
Entwickelte sich vor 150 000 bis 100 000 Jahren in Ostafrika; von dort aus weltweite Besiedlung; Größe 180 cm; stellte Werkzeuge und Waffen aus Stein, Holz und Knochen her; glaubte an göttliche Mächte; weitere Funde: Schmuck, Höhlenmalereien, kleine Figuren, Nähnadeln; Europa mit seinem kühlen Klima erreichte der Jetztzeitmensch vor ca. 40 000 Jahren.

1 Lege eine Tabelle an: Trage in die obere Zeile die verschiedenen Menschenarten ein, die in M1 genannt werden. Schreibe zu jeder Art auf, was du über Lebenszeiten, Verbreitung, Größe, Fähigkeiten und Ernährung jeweils findest. Ziehe die Seiten 16 bis 23 heran.

2 Prüfe, worin die entscheidenden Veränderungen in der Entwicklung der Menschen liegen (siehe Anhang „Operatoren").

3 Recherche: Informiert euch über den Neandertaler (Lexikon, Internet) und berichtet in der Klasse.

Älteste Spuren der Menschen

Der moderne Mensch, Fotos, 1993. Die Afroindianerin Andrea Searcy verwandelte sich mithilfe von Perücke, Make-up und Kontaktlinsen in Angehörige verschiedener moderner Völker.

Überprüfe, was du kannst

Sachkompetenz

1 Kläre, zu welchem Menschentyp der Junge vom Turkanasee gehört (S. 16).

2 Zwei Begriffe aus den beiden Wortreihen gehören jeweils zusammen. Schreibe sie paarweise auf.
mündliche Quelle – Zeitmessung – Homo sapiens – Steinkreis – Homo erectus
Sonnenuhr – Faustkeil – Stonehenge – Jetztzeitmensch – Volkslied – Feuernutzung

Urteilskompetenz

3 Überprüfe die folgende Aussage: Die ersten Menschen entwickelten sich zeitgleich in verschiedenen Erdteilen.

4 Schau dir M1 an. Was wollte Searcy mit ihrer Verwandlung wohl zeigen?

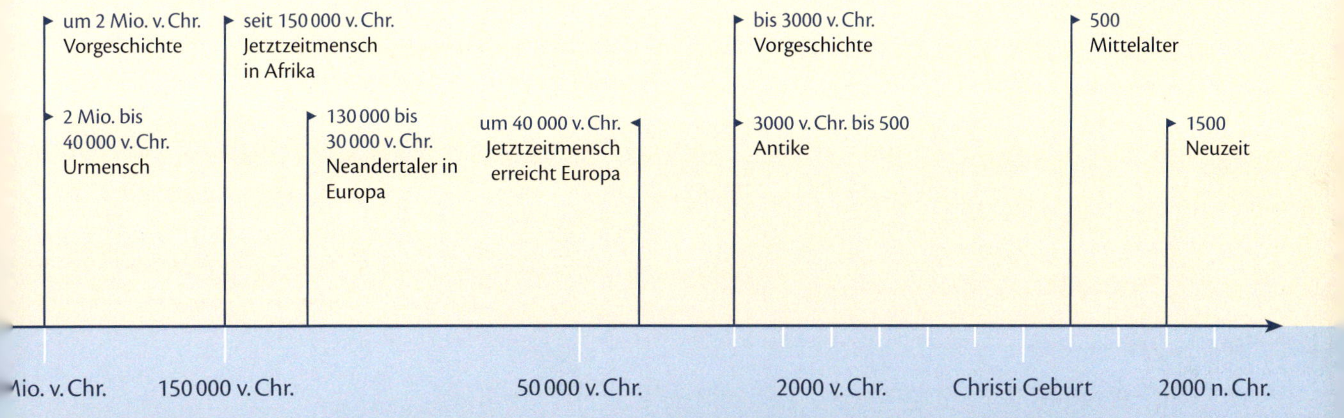

Altsteinzeit und Neolithische Revolution

Wissen • Urteilen • Handeln • Methoden anwenden

Am Ende dieses Unterkapitels kannst du

- die Lebensweisen der Menschen in der Altsteinzeit und der Jungsteinzeit unterscheiden
- Merkmale der Metallzeit nennen
- die kulturellen, wissenschaftlichen und technischen Leistungen der frühen Menschen beurteilen
- **Methode** In einer Bibliothek Informationen sammeln
- **Methode** Ein Rollenspiel organisieren

Kulturen bis etwa 1500 v. Chr.

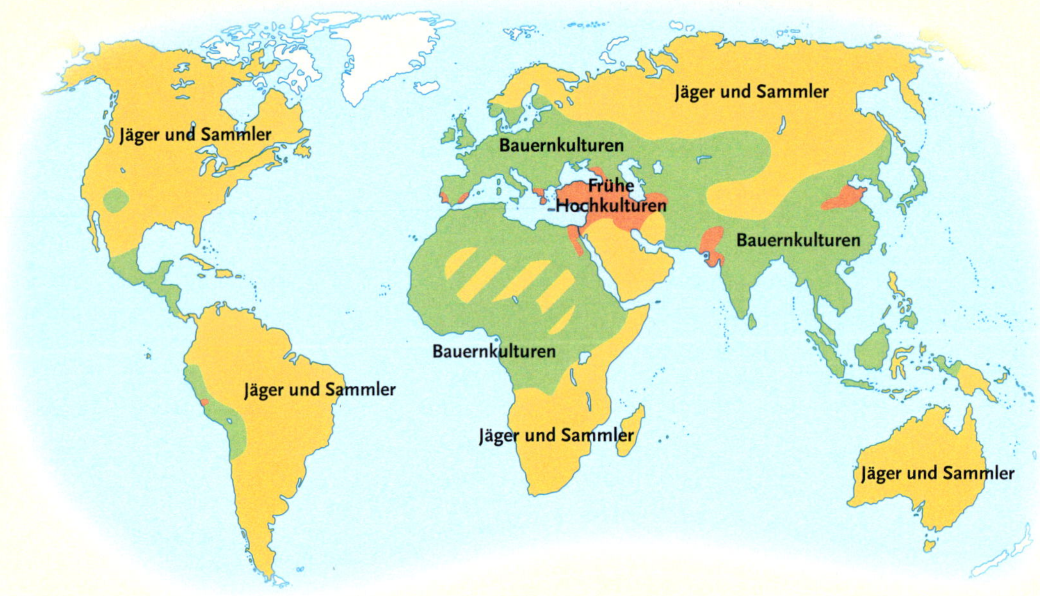

Altsteinzeit – etwa 2 Mio. bis 9000 v. Chr.

Jungsteinzeit – um 9000 bis 2200 v. Chr.

Von Afrika ins kühle Europa

Die ersten Menschen in Europa

Der Urmensch (= Homo erectus), den wir in Form des afrikanischen „Turkanasee-Jungen" kennen gelernt haben, ist der erste Menschentyp, der Afrika in Richtung Norden verlassen hat. Aber erst vor 1,2 Millionen Jahren ist er in Südeuropa (Spanien) aufgetaucht, im östlichen Europa (Tschechien) vor 650 000 Jahren. Das war in der Epoche der Altsteinzeit, die vor rund 2 Millionen Jahren begann und bis um 9000 v. Chr. dauerte.

Europa in der Altsteinzeit

Woran lag es, dass Europa erst so spät von den Urmenschen besiedelt wurde? Vereinfacht kann man sagen: weil es in Europa kühler war als in Afrika.

Vor rund 2,5 Millionen Jahren hatte in den nördlichen Regionen der Erdkugel das Eiszeitalter begonnen. Während diesem wechselten sich Kalt- und Warmzeiten ab, die jeweils zwischen zehn- und hunderttausend Jahre dauerten. Während einer Kaltzeit war es in Europa viel kälter und trockener als heute. Zwar lagen die Temperaturen im Hochsommer nur wenig unter den heutigen Werten, jedoch waren die Sommer wesentlich kürzer. Die Winter dauerten dagegen erheblich länger und die Temperaturen der kältesten Monate lagen bis zu 17 Grad unter den heutigen Monatsmittelwerten. Es bildeten sich bis zu 3000 Meter dicke Eisschichten, die Nordeuropa bedeckten und zeitweilig bis über die Elbe reichten. Auch die Alpen und die Pyrenäen waren vereist.

In der Warmzeit schmolz das Eis und die Gletscher zogen sich zurück. Es entstanden wieder Wälder; Tiere und Menschen rückten wieder in die verlassenen Gebiete vor. Die letzte Warmzeit, in der wir heute leben, begann um 9000 v. Chr.

1 Kläre mithilfe des Darstellungstextes,
a) wann und von welchen Menschen Europa zuerst besiedelt wurde,
b) warum Europa erst später besiedelt wurde.

2 a) Beschreibe anhand von M1 die Naturräume Europas im Eiszeitalter.
b) Nenne Gebiete, wo Menschen leben konnten. Begründe deine Aussagen. Kläre dazu die Begriffe Tundra und Steppe.

M1 **Europa im Eiszeitalter**

Begriffe und Daten

Altsteinzeit

Die Altsteinzeit (= Paläolithikum) ist die älteste und längste Epoche in der Geschichte der Menschen. Sie begann vor etwa 2 Millionen Jahren in Afrika und dauerte bis zum Ende der letzten Eiszeit um 9000 v. Chr. Die Menschen der Altsteinzeit entwickelten eine wildbeuterische, nicht dauerhaft sesshafte Lebensweise, die durch Jagd und Sammeltätigkeit gekennzeichnet war. Sie stellten einfache Werkzeuge her – z. B. aus Feuerstein oder Quarz.

Die ältesten Speere der Welt

Funde im Tagebau Schöningen

Unaufhaltsam rückte der 40 m hohe Schaufelradbagger auf die Grabungsstelle zu. Mehrere Jahre schon dauerten die so genannten Rettungsgrabungen an, die im Braunkohlentagebau Schöningen bei Helmstedt in Ost-Niedersachsen durchgeführt wurden. Am Nachmittag des 20. Oktober 1994 machten die Archäologen einen ungewöhnlichen Fund: In der Torfschicht einer Seeverlandungszone entdeckten sie ein Holzgerät, 78 cm lang, an beiden Enden zugespitzt und aus einem Fichtenholzstämmchen hergestellt. Ein überraschender Fund, denn Holz ist ein vergänglicher Werkstoff.

Während der weiteren Grabungen fand man insgesamt sieben Holzspeere und ein (achtes) Spitzenteilstück. Mit einer Ausnahme (aus Kiefernholz) sind alle aus Fichtenholz angefertigt worden. Ihre Länge beträgt zwischen 1,82 m und 2,50 m, ihr Durchmesser 3 bis 5 cm. Die Tatsche, dass ihr Schwerpunkt im Vorderteil des Schaftes liegt, deutet darauf hin, dass es sich nicht um Stoßlanzen, sondern um Wurfspeere (so genannte Fernwaffen) handelt. Anhand von Nachbildungen der Speere stellten Sportwissenschaftler und Speerwerfer fest, dass sie mit heutigen Geräten ohne weiteres mithalten können.

Verwendet wurden die Speere von Schöningen für die Jagd auf Wildpferde. Davon zeugen die vielen Jagdbeutereste am Fundplatz, die fast alle von Wildpferden stammen. Das Alter des Fundplatzes wird auf etwa 400 000 Jahre geschätzt. Mit den Schöninger Funden liegen die bislang ältesten vollständig erhaltenen Jagdgeräte der Welt vor.

M1

Die Ausgrabungsstätte Schöningen, Luftbild, 2003

Offene Fragen

Zwar lassen sich anhand der Speere Fragen zur Jagdtechnik der Menschen in der Altsteinzeit beantworten. Doch sie werfen auch neue Fragen auf: Die Schöninger Speere wurden alle in der mehr als 50 m langen und über 10 m breiten Fundstreuungszone, dem Schlacht- und Zerlegungsplatz, gefunden. Warum ließen die Urmenschen die Speere liegen? Wurden sie einfach vergessen oder mit Absicht zurückgelassen? Denkbar wäre auch, dass die Speere abgenutzt oder beschädigt waren. Dagegen spricht allerdings der gut erhaltene Zustand der Funde.

Einer der bei Schöningen gefundenen über zwei Meter langen Speere, Foto, 2003

M2

M3

Urmenschen bei der Jagd auf Wildpferde vor 400 000 Jahren, Rekonstruktionszeichnung, 2007. In der Forschung ist umstritten, ob es in einer Horde (25–30 Personen) so viele Speerwerfer gab wie in der Zeichnung dargestellt.

Vorschlag für eine Gruppenarbeit

Diese Doppelseite könnt ihr auch in Gruppen erarbeiten.

Gruppe 1:
Klärt, wie die Speere entdeckt wurden und welche Bedeutung sie haben (linker Darstellungstext).

Gruppe 2:
Beschreibt die Anlage der Ausgrabungsstätte und erläutert das Vorgehen bei Ausgrabungen (M1, Methode „Ausgrabung", S. 18 f.).

Gruppe 3:
Beschreibt den Fund M2 und nennt mögliche Gründe, warum die Holzspeere erhalten geblieben sind.

Gruppe 4:
Beschreibt M3 und erörtert Vor- und Nachteile von Rekonstruktionszeichnungen.

Internettipp

www.schoeningerspeere.de
Bilder und Informationen über das Langzeit-Forschungsprojekt des Landesamtes für Denkmalpflege.

1 „Die ältesten Speere der Welt gefunden!" – Schreibe mithilfe der Materialien und Informationen auf dieser Seite einen Artikel für eine Schülerzeitung.

2 Diskutiert in einer Gesprächsrunde die Frage, warum die Jagdgruppe ihre Speere am Schlacht- und Zerlegungsplatz zurückließ (siehe Anhang „Sachverhalte darstellen" und „Operatoren").

Die Urmenschen von Bilzingsleben

Ein Lagerplatz am See

In dem thüringischen Ort Bilzingsleben haben Archäologen 1969 einen Lagerplatz ausgegraben, der vor ca. 350 000 bis 400 000 Jahren von Urmenschen (= Homo erectus) besiedelt war. Er war typisch für das Leben im Europa der Altsteinzeit, als die Menschen als Jäger und Sammler lebten.

Der Platz lag auf der Uferterrasse eines kleinen Quellsees. Bislang wurde eine große Anzahl von Objekten aus Stein, Geweih und Holz ausgegraben, ferner Menschenknochen und Tierskelette aus der Jagdbeute.

Wer sorgte für die Nahrung?

Die Funde von Bilzingsleben deuten darauf hin, dass die Nahrungsgrundlage der Menschen in der Altsteinzeit durch die Jagd und das Sammeln von Wildfrüchten, Wurzeln, Eiern, Bienenhonig und Ähnlichem gedeckt wurde. Die Menschen lebten in Gruppen von etwa 25 bis 30 Personen.

Wie war die Arbeit zwischen ihnen aufgeteilt? Diese Frage ist schwer zu beantworten. Früher wurde angenommen, dass es eine Arbeitsteilung gab, bei der die Jagd Aufgabe der Männer und das Sammeln, Feuerhüten, Kinderbetreuen und Kochen Aufgabe der Frauen war. Heute meinen zahlreiche Wissenschaftlerinnen und Wissenschaftler, dass sich Frauen und Kinder besonders an Gruppenjagden, zum Beispiel auf Rentiere, beteiligt haben könnten und dass sie bei Sammelzügen auch Kleintiere erlegten. Neuere Funde aus der Zeit um 9000 v. Chr., in der Forschung Mittelsteinzeit genannt, zeigen Abdrücke von Textilresten, die Netze darstellen. Sie könnten – so folgern Forscherinnen und Forscher – zum Jagen von Fischen und Wildtieren gedient haben. Eine solche Netzjagd war eine Gemeinschaftsaktion, an der viele Mitglieder der Gruppe teilnahmen: Frauen, Männer und Kinder.

M1 **Schematischer Plan des Lagerplatzes von Bilzingsleben**

M2

Lebensbild des altsteinzeitlichen Siedlungsplatzes von Bilzingsleben, Rekonstruktionszeichnung, 1999

M3

„Waldelefant zum Frühstück"

Der Journalist Michael Best berichtete 1998 über die zahlreichen Funde von der Lagerstätte Bilzingsleben:

Bilzingsleben erlaubt heute einen Blick in den Alltag des Urmenschen … Im Boden ruhen Hölzer, Bohrer, Kratzer oder kleine Messer aus Feuerstein. Man kann Kleidungsstücke und Reste zeltartiger Behausungen finden. Davor Feuerstellen, an denen sich noch heute Holzkohlenreste und in der Hitze gerissene „Kochsteine" finden. Bei den Hütten dann Schaber und Ambosse, auf denen Knochen zertrümmert wurden. In Ufernähe deuten Tierknochen darauf hin, dass hier die Jagdbeute zerlegt wurde: Waldelefanten, Nashörner, Hirsche, Pferde, Bären und Wildrinder. Auffällig die kreisförmige Fläche von neun Meter Durchmesser. Sie ist regelrecht gepflastert … Vielleicht ein Ort für Riten[1] oder Religion. Und man findet Knochen, in die mit dem Feuersteinmesser regelmäßige Linien eingeritzt wurden. „Für mich" [sagt der Grabungsleiter Mania] „die ältesten Beweise für die Übermittlung eines menschlichen Gedankens."

Michael Best, Waldelefant zum Frühstück. In: Rheinischer Merkur vom 18. September 1998, S. 34.

[1] regelmäßige Handlungen und Formeln religiösen Ursprungs, zum Beispiel zur Anrufung von Göttern

M4

Knochenfund aus Bilzingsleben, Foto, 1984.
Aus einem großen Knochensplitter stellten die Menschen ein Beil her.

1. Erarbeite aus M1 und M2, warum die Menschen vermutlich an diesem Platz lagerten.
2. Notiere, was M2, M3 und M4 über das Leben und die Arbeiten an diesem Siedlungsplatz aussagen.
3. Kläre mithilfe des Darstellungstextes auf dieser Seite die aktuelle Forschungsmeinung zur Arbeitsteilung in der Altsteinzeit und Mittelsteinzeit.

Kultur in der Altsteinzeit

Leben in der Altsteinzeit – mehr als Arbeit?

Vier Jungen entdeckten 1940 auf dem Gutshof Lascaux in Südfrankreich durch Zufall eine Höhle, die tief im Innern mit Felszeichnungen bedeckt war. Sofort eilten Archäologen an die Fundstelle. Ihr Ergebnis: Die Bilder stammten aus der Zeit um 15 000 v. Chr. Damit hatten die Jungen Spuren der ersten europäischen Jetztzeitmenschen entdeckt, die gegen Ende der Altsteinzeit von Afrika aus eingewandert waren.

Gemalt hatten die Künstler der Altsteinzeit vor allem Großwildtiere, Vögel und Fische, Menschen eher selten. Warum sie diese Werke anfertigten, ist unter Forschern umstritten. Manche meinen, dass sie Glück bei der Jagd bringen sollten. Andere sagen, dass Schutzgeister angerufen werden sollten. Unbestritten ist, dass sie eine Zeichensprache darstellen, die die Menschen damals verstanden.

Die Felsbilder zeigen, dass sich das Denken und die Lebensweise der Höhlenmenschen von Lascaux im Vergleich mit den Urmenschen Afrikas weiterentwickelt hatten. Sie dachten über Tiere und Natur nach, über Götter und Tod. Vorangetrieben hat diese Entwicklung wahrscheinlich auch das kühle Klima Europas, das die Menschen immer wieder vor neue Herausforderungen stellte: Wo hause ich, wenn es kalt ist? Wie ernähre ich mich, wenn ich im Winter keine Pflanzen sammeln kann? Und wie verständige ich mich über diese Fragen mit meinen Mitmenschen?

Eine bedeutende Neuerung wird mit dem Neandertaler verbunden: die Bestattung der Toten. Allerdings ist umstritten, ob sie regelmäßig stattfand. Belegt sind jedoch Funde mit Speise- oder Blumenbeigaben (aus Pollenfunden erschlossen). Die Befunde deuten auf einen Glauben an das Jenseits hin und zeigen, wie irreführend die Annahme ist, der Neandertaler sei ein roher, halb tierischer, stumpfsinniger Menschentyp gewesen. In der Forschung wird er deshalb inzwischen auch als eine Unterart des Homo sapiens und nicht als gänzlich eigene Art angesehen.

Technischer und kultureller Fortschritt beeinflussten sich wahrscheinlich gegenseitig, waren doch Felsmalereien oder Ritzzeichnungen nur möglich, wenn die technischen Möglichkeiten vorhanden waren.

M1

Felsmalerei in der Höhle von Lascaux, Frankreich, um 15 000 v. Chr. Die Künstler benutzten Holzkohle und Tonerde in braunen, gelben und rötlichen Farben, die sie pulverförmig gegen den Fels bliesen oder mit Öl anrührten.

M3 **Porträtkopf,** aus Mammutelfenbein geschnitzt. Gefunden wurde er 1891 bei Dolni Vestonice im heutigen Tschechien.
Alter: ca. 26 000 Jahre

M4 **Statuette eines Löwenmenschen** aus dem Hohlenstein-Stadel im Lonetal bei Asselfingen, Baden-Württemberg, Elfenbein, ca. 30 000 v. Chr.

M2 Kunst aus der Steinzeit – nur in Europa?

Der Wissenschaftsjournalist P. J. Blumenthal schrieb 2004 über die Eiszeitkunst:

Die Experten rätseln nach wie vor über die Bedeutung von Abertausenden von Bildern und Kunstgegenständen, die man über die Jahrzehnte in zahlreichen Höhlen gefunden hat … Inzwischen hat der französische Altertumsforscher Michel Lorblanchet … diese Felszeichnungen in vier Kategorien[1] eingeteilt: erstens Tiere, zweitens Menschen …, drittens rein abstrakte Muster und viertens unbestimmte Linien und Kritzeleien … Bisher war nur von europäischer Eiszeitkunst die Rede … Doch im Lauf der letzten fünfzig Jahre haben Archäologen Eiszeitkunst in aller Welt entdeckt: in Afrika, Asien, Amerika und Ozeanien … Heute kennt man weltweit über zwanzig Millionen Malereien und Kunstgegenstände und die Zahl nimmt stetig zu.

P. J. Blumenthal, Willkommen in der Sixtinischen Kapelle der Steinzeit. In: P. M. History, Februar 2004, S. 50 f.

[1] Gruppen

1 Eine Ausstellung gestalten:
Eure Hilfe wird bei der Vorbereitung einer Ausstellung von Funden aus der Altsteinzeit benötigt.
a) Beschreibt M1, M3 und M4. Formuliert zu jedem Ausstellungsstück einen Erklärungstext für die Ausstellung.
b) Wählt ein Fundstück aus, über das ihr in einem Zeitungsartikel berichtet, um für die Ausstellung zu werben.

2 Untersucht mithilfe von M2, wie technische und kulturelle Entwicklung in der Altsteinzeit zusammenhängen. Lest auf den Seiten 27 bis 31 nach.

3 Beantwortet die Frage in der Überschrift des Darstellungstextes.

Felsmalerei – Malen wie in der Steinzeit

Kunstwerke auf Stein

Die Fels- oder Höhlenmalereien werden heute als ein wichtiger Teil steinzeitlicher Kunst angesehen. Ihre Bedeutung für die Menschen jener Epoche ist für uns nicht mehr eindeutig zu erschließen.
Einfache Umrisszeichnungen, aber auch aufwändige, mehrfarbige Gemälde und Bilderschriften wurden vor allem im Südwesten Frankreichs und in den Pyrenäen entdeckt. Die ältesten, rund 40 000 Jahre alten Gemälde wurden in Südafrika gefunden. Steingravuren in Australien deuten auf ein Alter von 75 000 Jahren hin. Diese Datierung ist allerdings noch umstritten.
Die Lage der Bilder zeigt, dass die natürlichen Formen der Felswände häufig in die Gestaltung einbezogen wurden. Auf den Höhlenböden gefundene Materialien sind u. a.: Kohle, Ocker, Gips, Manganoxid, Pinsel, Knochenröhrchen, Anmisch- und Reibsteine, auch Lämpchen und Feuersteinwerkzeuge. Als Farbtöne sind vor allem bekannt: Rot, Braun, Gelb (aus Ocker); Grau bis Schwarz (aus Manganoxid); Weiß (aus Gips).

Menschen auf der Jagd,
Höhlenmalerei um 7000 v. Chr.

M1

M2

Schüler malen ein Felsbild, Foto, 2003

Welche Materialien braucht ihr?

Dem Original der Höhlenmalerei kommt ihr am nächsten, wenn ihr Kalksteinstücke verwendet.
Für ein größeres „Gemälde" lässt sich auch gut Packpapier verwenden, von dem ihr Stücke für die einzelnen Zeichnungen verwenden könnt.
Die Einzelteile klebt ihr dann auf eine Bahn des Packpapiers und hängt sie in der Klasse auf.
Im Einzelnen sind nötig:
- raue flache Kalksteine (z. B. von Steinhaufen an Feldrändern, aber auch Bauschuttreste)
- Kohlestift (Farbengeschäft)
- Rötel- und Ockerpulver (Farbengeschäft)
- kleines weiches Lederstück oder ein Tupfer aus Leder, der mit Schafwolle gefüllt wird
- Pinsel
- Klebstoff, Schere

Wie könnt ihr vorgehen?

Zeichnet zuerst mit Kohlestift Umrisse der ausgedachten Motive auf die Kalkplatte bzw. auf das Papier. Mit dem Lederstück bzw. mit dem Pinsel nehmt ihr das Farbpulver auf und malt die Umrisse aus. Ähnlich könnt ihr auch mit den Zeichnungen auf Packpapier vorgehen.

M3

Anleitung zur Anfertigung einer Felsmalerei

In einer Bibliothek Informationen sammeln

Bibliotheken nutzen

In den ersten Abschnitten dieses Buches hast du einen kleinen Einblick in die Geschichte der Steinzeit bekommen. Wenn du mehr über das Leben der Jäger und Sammler erfahren möchtest, musst du dir weitere Informationen selbst beschaffen. Die findest du am besten in Büchern. Du kannst Bücher in Bibliotheken einsehen und sehr oft auch ausleihen. In vielen Schulen gibt es eine Schülerbibliothek und in den meisten Städten eine Stadtbibliothek.

1 Erkundige dich nach Bibliotheken in deinem Wohn- oder Schulort.

2 Sammle Adressen und Telefonnummern. Suche zunächst nach Jugendbüchern zum Stichwort „Steinzeit" und notiere die Titel. Entscheide dann, welche Bücher du ausleihen willst. Veranstaltet in eurer Klasse eine Lesestunde zum Thema „Leben in der Steinzeit".

M1

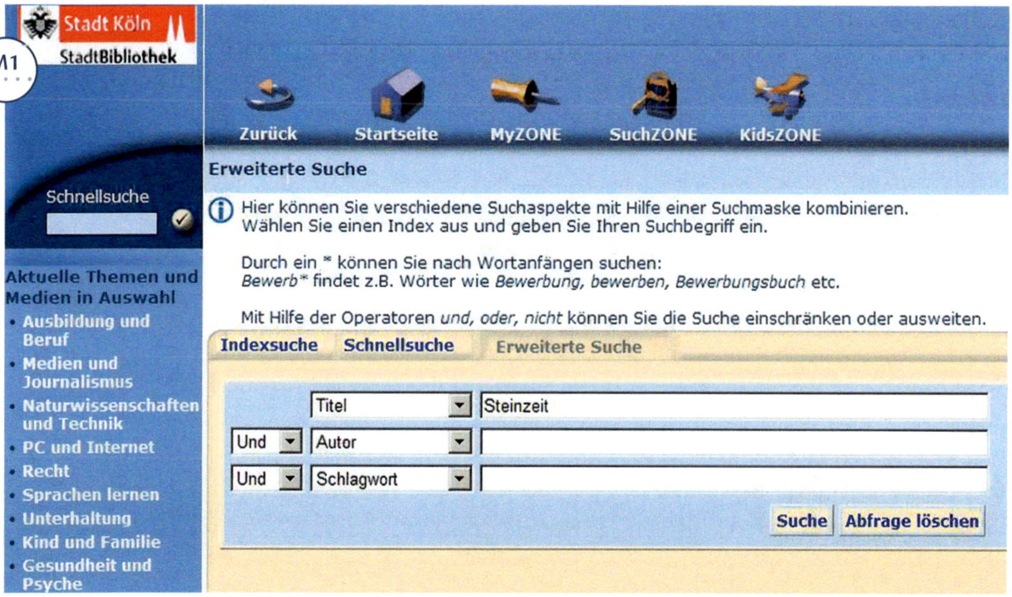

Suchmaske des Katalogs der Stadtbibliothek Köln

Arbeitsschritte

1. Schritt: Besuch vorbereiten

Am besten vereinbart ihr mit der Bibliothek einen Termin. Viele Bibliotheken bieten an, im Rahmen einer Führung die Arbeit mit dem Katalog und das Verfahren der Bücher- bzw. Medienausleihe zu üben.

2. Schritt: Im Katalog suchen

Der Katalog ist ein Verzeichnis, in dem alle Bücher und anderen Medien der Bibliothek verzeichnet sind. Die meisten Bibliotheken haben einen virtuellen Katalog, in dem man am Computer suchen kann. Am Bildschirm kannst du zum Beispiel ein Stichwort, den Namen des Verfassers oder einen bestimmten Titel eingeben. Wenn du Bücher zu einem Thema suchst, gibst du ein passendes Stichwort ein, z. B. „Altsteinzeit" und erhältst eine Liste von Büchern. In manchen Büchereien gibt es noch Kataloge mit Karteikarten. Auch hier kannst du nach Themen („Schlagworten") oder Autoren suchen.

3. Schritt: Informationen festhalten

Bücher und andere Medien musst du nach einer bestimmten Zeit zurückgeben. Notizen, Fotokopien oder Skizzen aus den Büchern solltest du deshalb nach Stichwörtern ordnen und zum Beispiel in einem Hefter sammeln.

Eine neue Lebensweise in der Jungsteinzeit

Der Fund von Erkelenz-Kückhoven

Mit dem Rückzug der Gletscher Ende der letzten Kaltzeit um 9000 v. Chr. erwärmte sich die Erde und Mitteleuropa wurde langsam von dichten Wäldern bedeckt. Die Menschen der Altsteinzeit hatten mit ihrer wildbeuterischen Lebensweise das genutzt, was sie in der Natur vorfanden. Wenn an einem Ort die Nahrungsgrundlage knapp wurde, zogen sie in andere Gegenden. Für ihre zeitlich begrenzten Aufenthalte bevorzugten sie Plätze mit Wasservorrat wie Seen und Flüsse. Steinzeitforscher waren daher überrascht, als 1964 bei Erkelenz-Kückhoven im Rheinland ein Siedlungsplatz ausgegraben wurde, bei dem weit und breit kein Gewässer lag. Warum hatten die Menschen trotzdem hier gesiedelt? Ein besonderer Fund, den Forscher erst 1991 bis 1994 ausgruben, löste das Rätsel: ein Brunnen! Er war der „Wasservorrat" – gefertigt aus Eichenholz und sehr gut erhalten.

Bei den weiteren Ausgrabungen wurden mehr als 70 Hausgrundrisse freigelegt. In den Abfallgruben fanden sich Geräte aus Stein, Holz und Keramik, zum Beispiel Hacken und Gefäße, auch Spaten aus Ahornholz und zwei Taschen aus Eichenrindenbast. Der Brunnenfund wurde auf 5090 v. Chr. datiert. Er ist im Rheinischen Landesmuseum Bonn ausgestellt.

Bau eines Hauses in der Jungsteinzeit, Rekonstruktion aufgrund von Fundergebnissen.
Die verschiedenen Arbeitsgänge werden hier zu gleicher Zeit gezeigt; tatsächlich wurden sie nacheinander ausgeführt (Errichten der Tragpfosten in Gruben, Verlegen der Dachkonstruktionen, Herstellen der Flechtwände, Decken des Daches mit Schilf und Verputzen der Wände mit Lehm).

M1

M2

Neue Techniken und Geräte in der Jungsteinzeit, Rekonstruktionszeichnung, 1999

M3

Lebensbild der jungsteinzeitlichen Siedlung von Erkelenz-Kückhoven um 5000 v. Chr., Rekonstruktionszeichnung, 1999

1 Beschreibe anhand von M2 und M3 die Lebensweise der Menschen in der Siedlung Erkelenz-Kückhoven.

2 Überprüfe anhand des Darstellungstextes, welche Details der Rekonstruktionszeichnung M3 auf Funden basieren.

3 Vergleiche die Lebensweise in M1 bis M3 mit der der „Bilzingslebener" (S. 30/31). Notiere, worin sie sich unterscheiden.

4 Aus welchen Gründen könnte sich deiner Meinung nach die Lebensweise der Menschen in M2 und M3 verändert haben? Halte deine Vermutungen fest.

5 Erläutere mithilfe des Darstellungstextes die Bedeutung des Brunnens für das Leben der Menschen in der Jungsteinzeit (siehe Anhang „Operatoren").

Die frühbäuerliche Gesellschaft

Die „Revolution" auf dem Acker

Der Brunnen von Erkelenz-Kückhoven ist ein Beleg für eine neue Lebensform, die mit der Jungsteinzeit aufkam: die sesshafte, bäuerliche Lebensweise. Der Übergang vom Nomadentum zur bäuerlichen Sesshaftigkeit dauerte „nur" wenige Jahrtausende. Weil aber der Umbruch im Vergleich zur Altsteinzeit, die zwei Millionen Jahre umfasste, sehr rasch erfolgte, bezeichnen Geschichtswissenschaftler sie als „Neolithische Revolution". Die Menschen lebten jetzt nicht mehr „mit" der Natur, sondern begannen die Natur für ihre Zwecke und Ziele zu nutzen. Sie trieben Ackerbau und züchteten Pflanzen und Tiere aus Wildformen. Grundrisse von festen Gebäuden und große Gräberfelder zeigen, dass die Menschen in dörflichen Siedlungen lebten und allmählich Eigentum bildeten. Das Arbeitsleben der Menschen veränderte sich nachhaltig. Neue Geräte, wie der hölzerne Hakenpflug, verbesserten den Feldanbau, Gefäße aus Ton brachten eine bessere Vorratshaltung. Andere Erfindungen waren das Spinnen, das Weben und die Steinbohrung. Die Arbeit mit den neuen Werkzeugen erforderte viel Geschick, sodass sich die Menschen auf bestimmte Tätigkeiten des Ackerbaus und der Viehzucht spezialisierten. Auch musste das Leben in der Familie, in der Sippe und im Dorf geregelt werden. Wie es organisiert war, darüber wissen die Forscher allerdings nur wenig: Gab es beispielsweise einen Dorfvorsteher oder eine Dorfvorsteherin? Wie wurden Entscheidungen gefällt?

Zerstörung der Natur in der Jungsteinzeit?

Als sesshafte Bauern gingen die Menschen der Jungsteinzeit anders mit der Natur um als ihre sammelnden und jagenden Vorfahren aus der Altsteinzeit. Vor allem holzten sie große Waldflächen ab, da sie für die Anlage von Feldern und den Bau von Siedlungen viel Platz und große Mengen Holz benötigten. War ein Ackerboden erschöpft, schlugen sie neue Lichtungen. Die „Jungsteinzeitler" regulierten auch erstmals Flussläufe, um Wasser für die Feldbewässerung zu nutzen. Überall, wo sich die bäuerliche Lebensweise zwischen 9000 und 3000 v. Chr. ausbreitete, hat sich das „Gesicht" der Natur seither stark verändert.

M1 **Zentren der Neolithischen Revolution 9000 bis 3000 v. Chr.**

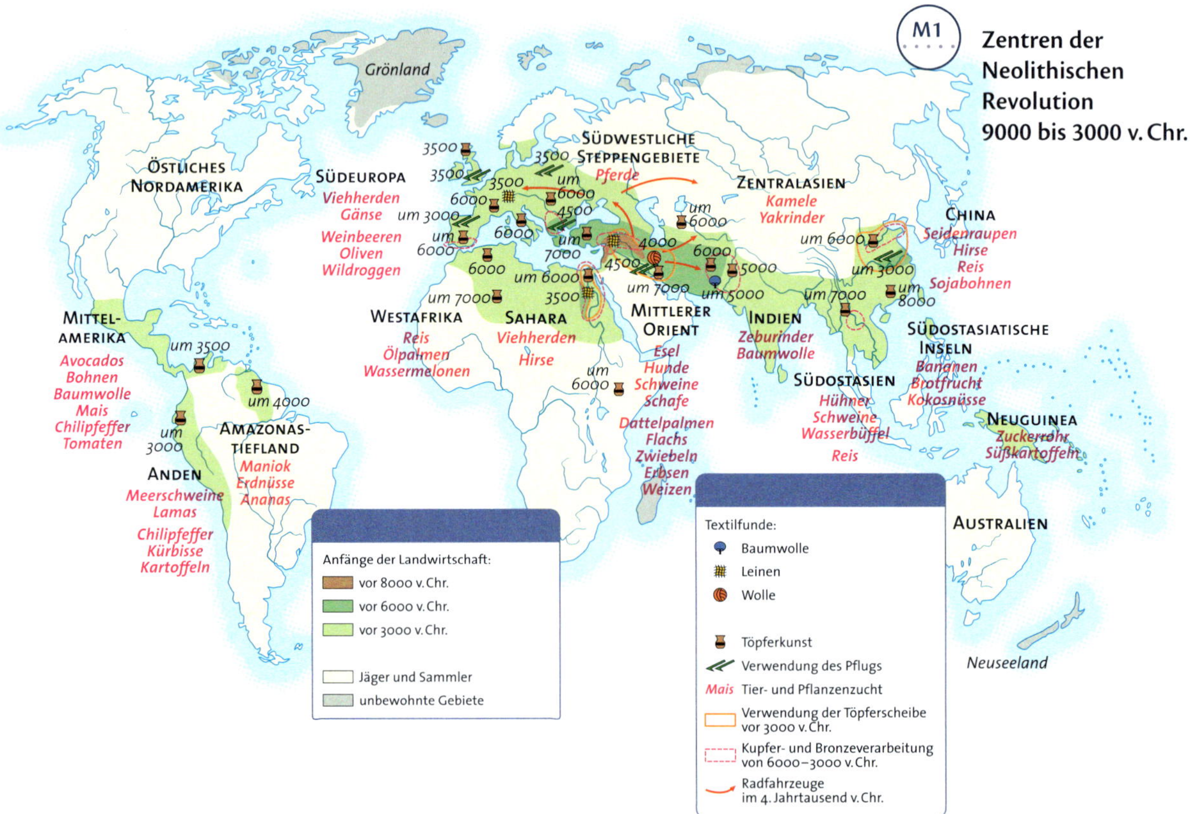

M2

Frauen- und Männerarbeit in der frühbäuerlichen Gesellschaft – ein Fortschritt?

Die Prähistorikerin[1] Brigitte Röder schrieb 1998 in einem Aufsatz „Jungsteinzeit – Frauenzeit?":

2A Das tägliche Arbeitspensum war um ein Vielfaches gestiegen, weil Ackerbau und Viehzucht wesentlich zeitaufwändiger sind als eine Nahrungssicherung durch Sammeln, Jagen und Fischen … Zur Arbeit in der Landwirtschaft kam eine Vielzahl neuer Tätigkeiten hinzu … Zu nennen ist beispielsweise die Herstellung zahlreicher neu entwickelter Werkzeuge und Geräte sowie das Weben von Textilien aus Pflanzenfasern. Nicht zu unterschätzen ist auch der Zeitaufwand für den Bau und die Instandhaltung der Häuser. Ein völlig neuer, ebenfalls arbeitsintensiver Bereich war die Vorratshaltung …
Der Anstieg von Arbeitsbelastung und Arbeitsteilung wirkte sich auch auf das Geschlechterverhältnis aus, da offenbar neu ausgehandelt werden musste, welche Arbeiten Frauen und Männer jeweils zu übernehmen hatten … Untersuchungen … an den Knochen … zeigen, dass [jungsteinzeitliche] Frauen ausgesprochen hart und schwer arbeiteten.

Brigitte Röder, Jungsteinzeit – Frauenzeit? In: Bärbel Auffermann/Gerd-Christian Weniger (Hg.), Frauen – Zeiten – Spuren, Mettmann (Neandertal-Museum) 1998, S. 244 ff.

Der Prähistoriker[1] Hansjürgen Müller-Beck schrieb ebenfalls 1998 in seinem Buch „Die Steinzeit":

2B Der … Feldbau und die … Tierhaltung verursachen zwar Arbeit. Aber diese neue Art von Arbeit ist … besser zu planen und bietet bei konsequenter Anstrengung vor allem größere Sicherheit … Damit werden die Frauen von ihrer mit zunehmender Entfernung vom Lager immer gefährlicher werdenden und auch enorme Tragleistungen erzwingenden Sammeltätigkeit entlastet. Dabei ist zu beachten, dass die Mütter ihre kleineren Kinder wegen des Stillens mit sich tragen müssen … Die Neolithisierung machte vor allem zunächst den Frauen das Leben leichter … Sie können sich jetzt stärker den Kindern widmen. In den stabileren Häusern und bei regelmäßigerem Leben in langfristiger belegten Bauten sinkt die Kindersterblichkeit auffallend.

Hansjürgen Müller-Beck, Die Steinzeit, München (C. H. Beck) 1998, S. 102.

[1] Archäologe/Archäologin mit der Fachrichtung Vorgeschichte

Begriffe und Daten

Neolithische Revolution

Die Epoche der Jungsteinzeit (= Neolithikum) begann nach dem Ende der letzten Kaltzeit um 9000 v. Chr. (in Mitteleuropa um 5500 v. Chr.). In der Jungsteinzeit änderte sich das Leben der Menschen grundsätzlich. Sie lebten nicht nur vom Sammeln und Jagen, sondern ernährten sich auch von Ackerbau und Viehzucht. Zunehmend wurden sie sesshaft und wohnten in festen Siedlungen. Diese radikale Änderung der Lebensweise wird Neolithische Revolution genannt.

1 Stelle fest, in welchen Erdteilen bzw. heutigen Staaten während der Jungsteinzeit bäuerliche Lebensformen entstanden (M1).

2 Erläutere, wie sich mit der „Neolithischen Revolution" das Verhältnis der Menschen zur Natur veränderte (Darstellungstext, Kasten).

3 Erarbeite die in M2 vertretenen Meinungen zur Rollenverteilung zwischen Männern und Frauen. Vergleiche beide Auffassungen und nimm dazu Stellung.

4 Schreibe deiner Freundin/deinem Freund einen Brief, in dem du über das Leben in der Jungsteinzeit berichtest. Was interessiert dich am meisten? Gibt es etwas, das du an dem Leben der damaligen Menschen bewunderst? Nimm die Seiten 36 bis 39 zu Hilfe.

Kultur und Wissenschaft in der Jungsteinzeit?

Die „Visbeker Braut“

Wer auf der Fahrt von Wildeshausen in Richtung Cloppenburg auf der Bundesstraße 213 fährt, wird zu einer Sehenswürdigkeit mit dem Namen „Visbeker Braut“ geführt. Ortskundige erzählen eine Sage, nach der ein Mädchen von seinem Vater einem ungeliebten Mann versprochen wurde. Beim Anblick der Visbeker Kirche wünschte sie sich, lieber in einen Stein verwandelt als getraut zu werden. Und so soll es geschehen sein, dass die ganze Hochzeitsgesellschaft zu Stein wurde.

In der Archäologie gilt diese Anlage als Megalithgrab (griech. mega = groß und lithos = Stein). Da man sich früher den Bau solcher Gräber nur als das Werk von Riesen vorstellen konnte, werden sie auch als „Hünengräber“ oder „Riesenbett“ bezeichnet. In Norddeutschland errichteten Menschen in der Zeit zwischen 4300 und 3000 v. Chr. eine Vielzahl von Großsteingräbern.

Warum wurden solche „Großbauten“ errichtet? In der Forschung gibt es bisher vor allem drei Erklärungen:

1. Die Megalithen waren Großgräber für viele Bestattungen. Sie wurden immer wieder erweitert.
2. Sie dienten einer „megalithischen Religion“, verbreitet von wandernden oder seefahrenden Missionaren.
3. Die Großsteingräber dienten den Bauern dazu, gegenüber den jagenden Wildbeutern ihren Landbesitz abzugrenzen und weithin sichtbar zu machen.

Gesichert ist, dass in den Grabkammern der Megalithgräber zwischen 100 und 200 Bestattungen nachzuweisen sind. Als Beigaben wurden den Toten Schmuck, Arbeitsgeräte oder Waffen sowie Speisen und Getränke für das Jenseits beigegeben.

Kult oder Wissenschaft?

Zunächst waren es nur dunkelgrüne Flecken, die Archäologen auf einem Luftbild von einem Feld in der Nähe von Goseck im Jahr 1991 sahen. Nach ersten Grabungen 2002 stellte sich der Fund als eine Sensation heraus: Die Anlage stammt aus der Jungsteinzeit vor etwa 7000 Jahren und gilt als bisher älteste Observatorium (Sternwarte) Europas. Sie hatte einen Durchmesser von 75 m und besaß zwei Kreise aus zwei Meter hohen Holzpalisaden und drei Tore.

War hier ein neues, noch älteres „Stonehenge“ (siehe S. 11) in Deutschland entdeckt worden? Gibt es einen Zusammenhang mit der „Himmelsscheibe von Nebra“? Sicher ist, dass die drei Toröffnungen der inneren Palisadenreihen und des äußeren Grabens eine Peilvorrichtung darstellen, die, vom Mittelpunkt aus betrachtet, auf die Sonne ausgerichtet ist. Am 21. Dezember – dem Tag der Sonnenwende – konnte man exakt von der Mitte aus die Sonne auf- und durch die andere Öffnung untergehen sehen. Um Astronomie, also Sternenkunde, ging es jedoch nicht, denn Funde wie Knochen und Pfeilspitzen deuten auf eine Kult- und Opferstätte hin. Möglicherweise wurden hier Menschenopfer dargebracht. Mit der „Himmelsscheibe von Nebra“ gibt es, wegen des sehr unterschiedlichen Alters, vermutlich keinen direkten Zusammenhang. Allerdings entsprechen die Anordnungen auf der Scheibe denjenigen der Anlage in Goseck. Beide dienten zur Bestimmung der Winter- und Sommersonnenwende. Dies war wichtig für die Feldbestellung der Bauern und wahrscheinlich auch für die Kultfeste.

M1

Die Kreisanlage von Goseck in Sachsen-Anhalt zum Zeitpunkt der Wintersonnenwende, etwa 7000 Jahre alt, Rekonstruktionszeichnung, 2003

M2

Die „Visbeker Braut“. Sie gehört mit 88 m Länge und 7 m Breite zu den längsten Großsteingräbern in Deutschland. Die Kammer misst 5,5 m x 1,5 m. Bis auf einen fehlen sämtliche Decksteine.

M3

Die „Himmelsscheibe von Nebra“ (Sachsen-Anhalt) misst fast 32 cm im Durchmesser und ist 2 kg schwer. Die Horizontbögen an der Außenseite kennzeichnen exakt den Verlauf der Sonne. Dargestellt ist auch das Sternbild der Plejaden (Siebengestirn). Nach diesem Gestirn könnten sich die bronzezeitlichen Bauern vor etwa 3600 Jahren mit der Aussaat gerichtet haben. Zu dem so genannten Jahrhundertfund gehörten auch zwei Bronzeschwerter, zwei Bronzebeile und ein Meißel aus Bronze.

1 Beschreibe mithilfe von M2 die Anlage von Megalithgräbern.
2 Erarbeite mithilfe der Informationen auf dieser Seite den Zusammenhang zwischen Sesshaftigkeit und Megalithgräbern.
3 Beurteile die Erklärungen für die Megalithgräber (linker Darstellungstext).
4 Erarbeite anhand des Darstellungstextes und M1, welchen Zweck die Anlage von Goseck hatte, und notiere, welche Fragen offenbleiben.
5 Vergleiche die „Kreisgrabenanlage von Goseck“ mit der „Himmelsscheibe“ (M3, Darstellungstext).
6 In älteren Geschichtsdarstellungen wurden die Bauern der Jungsteinzeit als ziemlich unwissende, kulturlose Menschen dargestellt. Beurteile diese Meinung.

Ein Rollenspiel gestalten

Rollenspiele – warum?

Wie Menschen in der Geschichte in bestimmten Situationen gefühlt, gedacht und gehandelt haben, wissen wir nicht genau. Das gilt besonders dann, wenn Überlieferungen nur sehr dürftig sind oder ganz fehlen. In einem Rollenspiel sollen schwierige Situationen nachgespielt werden, um über Lösungen eines Problems nachzudenken. Es kann Ergebnisse der Forschung nicht ersetzen, bietet aber die Möglichkeit, sich in die Lage der Menschen aus der Vergangenheit hineinzudenken. Versucht einmal, euch in die Zeit zu versetzen, als die Jäger und Sammler allmählich zu sesshaften Bauern und Bäuerinnen wurden. Bei der Gestaltung eines Rollenspiels zu diesem Thema helfen euch die folgenden Arbeitsschritte.

Modelle des Übergangs vom Wildbeuterleben zur Sesshaftigkeit, Rekonstruktionszeichnung, 1999.
Das Modell basiert auf Forschungsergebnissen aus dem Raum Süddeutschland.

M1

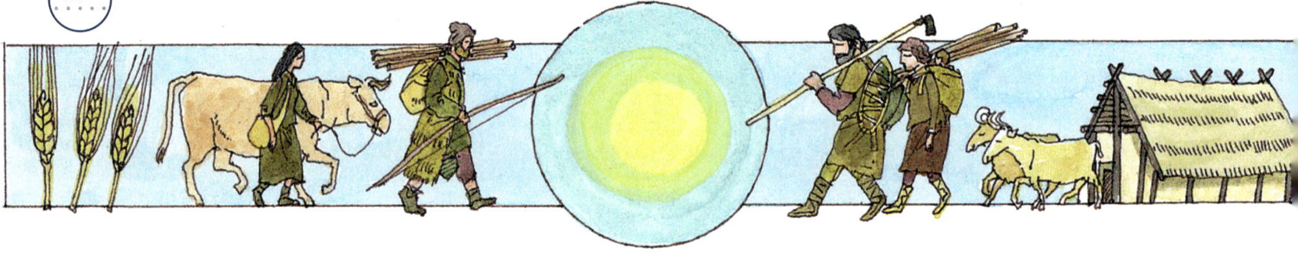

1. Aus den nomadisierenden Völkern wurden allmählich sesshafte Bauern.

2. Eindringende Siedler überzeugten durch ihre Lebensweise die wildbeuterischen Völker.

3. Die Siedler verdrängten die Wildbeuter gewaltsam und nahmen das Land für den Ackerbau in Besitz.

Situationskarte

Ihr seid Siedler. Um eure Siedlung zu vergrößern, rodet ihr gerade einen Wald, der bisher von einer Gemeinschaft von Jägern und Sammlern als Jagdgebiet genutzt wurde. Die Jäger sind empört. Ihnen droht ein Teil der Nahrungsgrundlage verloren zu gehen. Denn wenn die Wildtiere verdrängt würden, müssten sie über große Entfernungen weiterziehen. Um die Situation zu besprechen, kommen einige Siedler und eine Abordnung der Jäger- und Sammlergruppe zusammen.

Rollenkarte 1

Der Dorfvorsteher
Er ist 40 Jahre alt und ein Bauer mit großem Besitz. Er möchte die Siedlung vergrößern. Die jungen Leute in seinem Dorf drängen darauf, mehr Land zu bekommen, damit sie ihre Familien ernähren können.

Rollenkarte 2

Der Anführer der Jäger- und Sammlergruppe
Er ist 25 Jahre alt, jung und kräftig. Er sieht überhaupt nicht ein, dass er und sein Stamm die Gegend verlassen sollen. Schließlich waren sie schon lange vor den Bauern in der Gegend. Je nach Jahreszeit und Tierbestand verlegten sie ihren Rastplatz in diese Umgebung.

Rollenkarte 3

Ein Töpferhandwerker
Er wohnt in der Siedlung und sieht in den Jägern und Sammlern neue Käufer für seine Töpferwaren.

Rollenkarte 4

Ein Jäger
Er ist 35 Jahre alt und Spezialist für das Aufarbeiten von Tierfellen. Er bewertet das Auftauchen der Siedler eher positiv. Schließlich könnte er in Notzeiten seine Felle gegen getötete Tiere der Bauern eintauschen.

Rollenkarte 5

Eine Frau, die sammelt und jagt
Sie ist 20 Jahre alt und Mutter von zwei Kindern. Ihr gefällt das Leben der Bäuerinnen besser, weil diese sich mehr um ihre Kinder kümmern können. Sie möchte lieber in den Häusern wohnen und nicht mehr umherziehen.

Arbeitsschritte

1. Schritt: Die Ausgangslage auf eine Situationskarte schreiben

Auf der Situationskarte wird festgehalten, welche Situation nachgespielt werden soll. Die Ausgangssituation wird kurz beschrieben. Welche Personen sind an dem Spiel beteiligt? Welche Probleme gibt es? Ein Beispiel für eine Situationskarte findest du auf dieser Seite. Anregungen für weitere Situationen sind in M1 dargestellt.

2. Schritt: Rollen verteilen

Auf den Rollenkarten werden die spielenden Personen beschrieben: Beruf, Eigenschaften, Verhalten und ihre Ziele. Diejenigen, die eine Rolle übernehmen, müssen sich an die Vorgaben ihrer Rollenkarten halten. Sie dürfen aber auch eigene Vorstellungen von der darzustellenden Person einbringen, sofern sie den Vorgaben nicht widersprechen.

3. Schritt: Spiel vorbereiten

Die Spielerinnen und Spieler hängen sich ein Schild mit ihrer Rollenkennzeichnung um. Sie besprechen die Situation (Situationskarte) und die Rollen (Rollenkarten) untereinander.

4. Schritt: Spiel beobachten und auswerten

Sinnvoll ist der Einsatz von Spielbeobachtern, die sich während des Spiels Notizen zu den einzelnen Rollen machen. Sie sollen das Spiel bewerten und ihre Meinung begründen. Wurden die Rollen glaubhaft gespielt? Welche Argumente wurden genannt? Passten sie in die Situation und die Zeit? Was war gut, was könnte verbessert werden?

Wohlstand durch Metalle?

Kupfer, Bronze und Eisen

Unsere Reise durch die Vorgeschichte endet in einem Zeitraum, in dem wir bereits Spuren unserer heutigen Industriegesellschaft finden: Metalle. Sie kommen in bestimmten Gesteinen (= Erzen) vor, die in der Erde lagern und in Bergwerken abgebaut werden. Bei hohen Temperaturen werden aus den Erzen die Metalle herausgeschmolzen. Anschließend können sie in Formen gegossen, geschmiedet, gewalzt und mechanisch bearbeitet werden.

Kupfer war das erste Metall, das Menschen im Vorderen Orient im 6. Jahrtausend v. Chr. gewannen. Da Kupfer relativ weich ist, suchten die Menschen bald nach anderen Möglichkeiten und fanden heraus, dass eine Mischung aus Kupfer und Zinn im Verhältnis 9:1 ein härteres Metall ergibt: die Bronze. In Mitteleuropa gab es sie seit etwa 2200 v. Chr. (so genannte Bronzezeit). Ein noch härteres Metall ist das Eisen. Mit dem Abbau von Eisenerz und der Verwendung von Eisen seit 800 v. Chr. begann die Eisenzeit.

Veränderungen in Gesellschaft und Kultur

Da der Abbau von Eisenerz und seine Verarbeitung zu Metallgegenständen Fachwissen erforderten, entstand in den bäuerlichen Gemeinschaften eine Arbeitsteilung. Es bildeten sich Handwerksberufe heraus wie beispielsweise Bergmann und Schmied. Händler transportierten und tauschten die Rohstoffe und die Produkte zum Teil über Tausende von Kilometern hinweg. Sie brachten Kenntnisse über fremde Lebensformen und Arbeitstechniken, vor allem aus dem Mittelmeerraum, nach Norden. Dass durch solche Kontakte ein kultureller Austausch stattgefunden hat, haben Archäologen anhand von Ausgrabungen herausgefunden.

Nicht nur fremde Einflüsse veränderten das Leben der Menschen. Infolge der Spezialisierung und der Möglichkeit, über den Eigenbedarf hinaus zu produzieren, entstand in der Gesellschaft eine Hierarchie*: Die Reichsten und Mächtigsten beanspruchten, als Fürsten oder Häuptlinge an der Spitze zu stehen. Dies ist beispielsweise für die Germanen überliefert.

M1 Die Ausbreitung der Kelten

M2

Erzbergbau in der Metallzeit, Rekonstruktionszeichnung, 1999

Funde aus der Bronzezeit, Foto, 1996

M3

Begriffe und Daten

Metallzeit

Die neuen Werkstoffe aus Metall veränderten das Leben der Menschen sehr stark. Deshalb benennen wir geschichtliche Zeiträume nach dem bevorzugten Metall: zwischen 2200 und ca. 1000 v. Chr. Bronzezeit in Mitteleuropa. Ab ca. 800 v. Chr. wurden hier Werkzeuge, Geräte und Waffen aus Eisen üblich: Eisenzeit.

1 a) Nenne Vor- und Nachteile wichtiger Werkstoffe aus der Steinzeit (Steine, Holz, Knochen) (siehe Anhang „Operatoren").
b) Vergleiche sie mit den Eigenschaften der Werkstoffe aus der Metallzeit (linker Darstellungstext und M3).

2 Notiere anhand des rechten Darstellungstextes, wie sich die Gesellschaft in der Metallzeit gegenüber der Jungsteinzeit verändert hat.

3 Kläre mithilfe von M1, wo die Urheimat der Kelten war. Welche heutigen Länder Europas liegen im keltischen Siedlungs- und Kulturraum?

Eine Zeitleiste herstellen

Wozu dienen Zeitleisten?

Ihr habt an einigen Beispielen gelernt, wie die Zeit gegliedert und dargestellt werden kann, z. B. mit dem vorgegebenen Zeitstrahl. Für euren Lernerfolg in Geschichte ist es aber auch wichtig, eine Zeitleiste selbst zu erarbeiten. Sie gibt euch die Möglichkeit,

- sie nach euren Vorstellungen anzufertigen,
- das für euch Wichtige festzuhalten,
- sie für Wiederholungen zu nutzen,
- sie im Laufe des Unterrichts weiterzuentwickeln.

Auf dieser Seite findet ihr einige Anregungen, wie ihr eine Zeitleiste für eure Klasse herstellt. Ihr könnt eine Zeitleiste zu den Epochen der Altsteinzeit, der Jungsteinzeit und der Metallzeit gestalten. Einige Ergebnisse zu den Merkmalen (Wohnung, Kultur, Religion usw.) sind schon vorgegeben.

Genauso könnt ihr aber auch eine Zeitleiste für eine einzelne Epoche erarbeiten oder diese Zeitleiste um weitere noch zu erarbeitende Epochen ergänzen. Als Materialien braucht ihr Kartonbögen oder Packpapier. Nutzt auch die Möglichkeit, Informationen aus Lexika, Sachbüchern und aus dem Internet heranzuziehen. Gestaltet (zeichnet, schreibt) möglichst viel selbst!

	Altsteinzeit 2 000 000 v. Chr.	**Jungsteinzeit** 9000 v. Chr.	**Jungsteinzeit in Mitteleuropa** 5500 v. Chr.	**Bronzezeit** 2200 v. Chr.	**Eisenzeit** 800 v. Chr.
Nahrung					
Wohnung					
Kleidung					
Kultur und Religion					
Werkzeuge und Technik					

M1

Beispiel einer Epochen-Zeitleiste. Die Darstellung hier und in eurer Klasse ist nicht im genauen Maßstab möglich, denn bei einem Maßstab von beispielsweise einem Meter an der Klassenwand für 10 000 Jahre müsstet ihr ab Beginn der Altsteinzeit 200 Meter zur Verfügung haben. Es genügt deshalb, wenn ihr die Zeitabstände optisch durch größere bzw. kleinere Abstände zwischen den Epochen kennzeichnet.

Altsteinzeit und Neolithische Revolution

Überprüfe, was du kannst

Sachkompetenz

1 Schreibe zu den folgenden Begriffen eine kurze Erläuterung: Altsteinzeit (S. 27), Jungsteinzeit (S. 36 f.), Metallzeit (S. 45).

2 Welche Begriffe zur Altsteinzeit gehören nicht in die folgende Aufzählung:
Altsteinzeit – 5000 v. Chr. – Mammut – Wildbeuter – Faustkeil – Hausschwein – Felsmalerei – Bronzeaxt – Bestattungen – Keramikgefäße – Rentier – 400 000 v. Chr.

3 Erkläre, was mit dem Ausdruck „Neolithisierung der Erde" gemeint ist (S. 39).

Urteilskompetenz

4 Schau dir M1 an. Überprüfe dann die folgenden Aussagen und schreibe sie richtig auf:
a) Die Wildbeuterei konnte sechs Menschen je Quadratkilometer ernähren.
b) Die Viehzucht konnte mehr Menschen je Quadratkilometer ernähren als der Ackerbau.

5 Die jungsteinzeitliche bäuerliche Gesellschaft brachte für alle Menschen große Arbeitserleichterungen. Schreibe deine Meinung zu diesem Satz auf.

Handlungskompetenz

6 **Gruppenarbeit:**
a) Bildet sechs Gruppen. Je zwei bearbeiten eines der drei folgenden Themen:
– Altsteinzeit,
– Neolithische Revolution,
– Metallzeit.
Notiert jeweils in Stichworten Merkmale zu den Bereichen: I. Lebensweise Altsteinzeit, II. Lebensweise Jungsteinzeit, III. Kultur und Technik in der Altsteinzeit, IV. Kultur und Wissenschaft in der Jungsteinzeit, V. Merkmale der Metallzeit.
b) Stellt eure Ergebnisse (z. B. auf Plakaten) der Klasse vor.

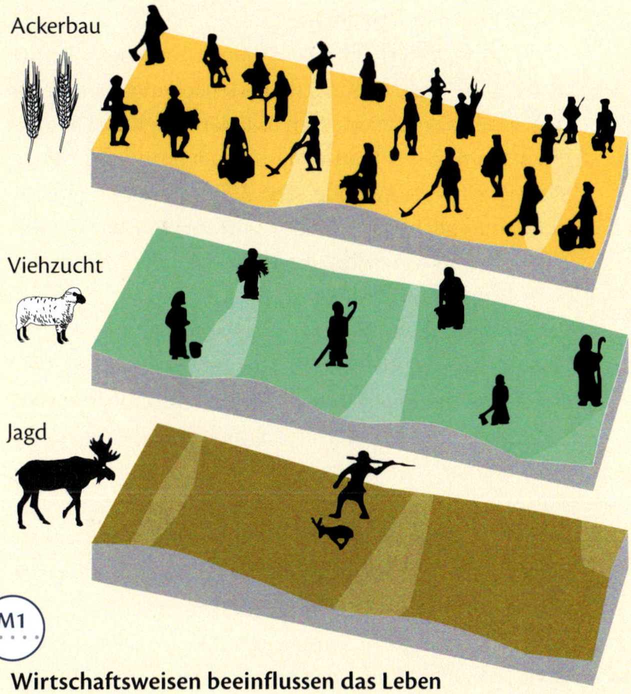

M1

Wirtschaftsweisen beeinflussen das Leben der Menschen in der Steinzeit. Dargestellt ist die Zahl der ernährten Menschen pro Quadratkilometer.

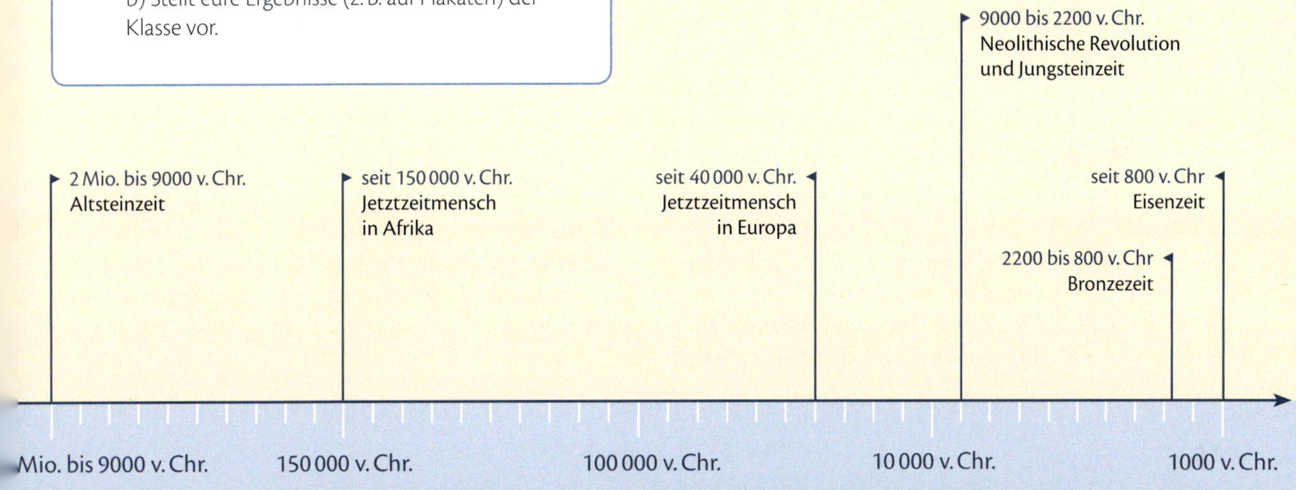

Frühe Kulturen

Die Menschen leben in der Zeit
Die Zeit spielt im Leben der Menschen eine wichtige Rolle. Sehr lange schon haben Menschen versucht, die Zeit einzuteilen, zu messen und darzustellen. Über die Beobachtung der Sonne, des Mondes und der Sterne entwickelten sie Kalender. Die Zeitmessungen mit Uhren, anfänglich mit Sonnen- und Sanduhren, wurden immer mehr verfeinert und immer genauer.

Epochen und Quellen
Die unendliche Menge von überlieferten Quellen wird von Historikerinnen und Historikern mithilfe von Zeitrechnungen geordnet. Die wichtigsten Ordnungshilfen sind Jahreszahlen und Epochen (= Zeitabschnitte). Die Geschichte der Menschen teilen sie ein in die Vorgeschichte von den Anfängen der Menschheit bis zu den ersten Funden schriftlicher Überlieferungen (um ca. 3000 v. Chr.). Dann folgt die Antike (bis etwa 500 n. Chr.). Das Mittelalter steht zwischen Antike und Neuzeit (ca. 500 bis 1500 n. Chr.). Die Neuzeit beginnt um 1500 und reicht bis in die Gegenwart.
Ohne die Quellen, die Spuren aus der Vergangenheit, gibt es kein gesichertes geschichtliches Wissen. Quellen erklären aber nicht von sich aus die Geschichte. Vielmehr müssen sie „befragt" werden, um zusammen mit anderen Quellen Antworten zu geben. Außerdem liefern sie nur einen Ausschnitt aus der Geschichte.

Älteste Spuren der Menschen
Die ältesten Spuren des Menschen sind rund vier Millionen Jahre alt. Der heutige Mensch (= Jetztzeitmensch oder Homo sapiens sapiens) entwickelte sich allerdings erst vor 150 000 Jahren im warmen Klima Afrikas. Nach Auffassung von Geschichtswissenschaftlern und Archäologen wanderten die Urmenschen (Homo erectus), später dann die Jetztzeitmenschen (Homo sapiens sapiens), von Afrika in andere Erdteile (Out-of-Africa-Hypothese). Seit den Funden in Indonesien und China wird jedoch diskutiert, ob die Entwicklung der Menschen gleichzeitig in verschiedenen Regionen der Erde stattfand.

Leben in der Altsteinzeit
In der Altsteinzeit sammelten die Menschen Essbares und jagten Tiere. Wenn ein Ort nicht mehr genügend Nahrung bot, zogen sie weiter. In die Natur griffen sie kaum ein. Sie stellten Werkzeuge aus Stein, Knochen sowie Holz her und nutzten erstmals das Feuer. Um besser überleben zu können und sich gegenseitig zu schützen, lebten die Menschen in Gruppen. Höhlenfunde zeigen, dass sie künstlerisch tätig waren. Doch ihre genaue Bedeutung bleibt uns verschlossen.
Das Klima wechselte mehrmals zwischen Warm- und Kaltzeiten. Mit dem Ende der letzten Kaltzeit um 9000 v. Chr. ging diese Epoche der Menschheitsgeschichte zu Ende.

Leben in der Jungsteinzeit
Seit etwa 9000 v. Chr. im Vorderen Orient und 5500 v. Chr. in Mitteleuropa veränderten die Menschen ihre Lebensweise: Sie wurden sesshaft und lebten als Ackerbauern und Viehzüchter in dorfähnlichen Siedlungen. Sie griffen nun in die Natur ein, um sie für ihre Zwecke zu nutzen. Freigelegte Grundrisse von Häusern und große Gräberfelder zeigen, dass sie in größeren Gemeinschaften lebten. Aus dem Zusammenleben ergab sich vermutlich eine Arbeitsteilung zwischen Frauen, Männern und Kindern und eine Spezialisierung in der bäuerlichen und handwerklichen Arbeit.
Weil diese grundlegenden Veränderungen innerhalb weniger Jahrhunderte stattfanden, bezeichnen Wissenschaftler sie als „Neolithische Revolution" (Neolithikum = Jungsteinzeit).

Leben in der Metallzeit
Die Gewinnung von Metallen aus Erzen gelang mit dem Kupfer zuerst im Vorderen Orient ab etwa 6000 v. Chr., später mit Bronze und Eisen. Spezialisten in der Eisenverarbeitung waren die Kelten. Sie lebten in Stämmen mit Fürsten und Königen an der Spitze und wohnten in großen, stadtähnlichen Siedlungen mit Wehranlagen.
Entsprechend dem Vorherrschen eines bestimmten Werkstoffes wie Bronze bzw. Eisen spricht man von der „Bronzezeit" (2200 bis 800 v. Chr.) und „Eisenzeit" (seit 800 v. Chr.).

Leben in frühen Kulturen

Altsteinzeit

Zeit
- vor 2 Mio. bis um 9000 v. Chr.

Mensch
- Homo erectus (Urmensch; vor 2 Mio. bis 40 000 Jahren) und Homo sapiens (Jetztzeitmensch; vor 150 000 Jahren zuerst aufgetreten)

Ort
- von Afrika nach Europa und Asien

Lebensweise
- wildbeuterische, nomadisierende Lebensweise
- Ernährung: Jagen von Wildtieren und Fischen, Sammeln von Früchten, Wurzeln usw.
- einfache Steinwerkzeuge (Faustkeil); vor 400 000 Jahren: Speere
- Leben in Gruppen (25 bis 30 Personen)
- einfache Arbeitsteilung, z. B. Anfertigen von Speeren, spezialisierte Schützen
- vermutlich rituelle, religiöse Vorstellungen
- künstlerische Aktivitäten (Felsmalerei)

Jungsteinzeit

Zeit
- um 9000 v. Chr. bis um 2200 v. Chr.

Mensch
- Homo sapiens (Jetztzeitmensch)

Ort
- Vorderer Orient und Mitteleuropa

Lebensweise
- Übergang zur bäuerlichen Lebensweise (Viehzucht); Sesshaftigkeit zuerst im Vorderen Orient
- Ernährung: Getreide, Früchte im Feldanbau, Tierzucht, Jagd geht zurück
- Hausbau
- vielfältige Geräte und Werkzeuge
- Leben in dorfähnlichen Siedlungen
- zunehmende Arbeitsteilung (bäuerliche und handwerkliche Arbeit), Spezialisierung
- Kultstätten, Großsteingräber, Himmelsbeobachtung

Metallzeit

Zeit
- seit etwa 2200 v. Chr.

Mensch
- Homo sapiens (Jetztzeitmensch)

Ort
- Mitteleuropa

Lebensweise
- neue Werkstoffe: Kupfer, Bronze und Eisen
- neue Berufe
- landwirtschaftlich-handwerkliche Lebensweise
- Ausweitung des Handels
- kulturelle Kontakte
- stärkere gesellschaftliche Unterschiede (Hierarchie)
- dörfliche und städtähnliche befestigte Siedlungen (z. B. bei den Kelten)

2. Ägypten – eine frühe Hochkultur

Angenommen, ein libyscher Beduinenjunge, Nimrot, trifft das ägyptische Mädchen Nefru. Gemeinsam beobachten sie den Transport der Statue auf dem großen Bild.

Nimrot: Warum sind denn hier so viele Menschen versammelt? Solche Massen kenne ich gar nicht.

Nefru: Die sind alle bei der Arbeit. Sie transportieren die Statue zu unserem Tempel. Und damit alles klappt, hat jeder eine besondere Aufgabe. Schau, die vielen Arbeiter ziehen die Figur.

Nimrot: Und wer sind die Herren links?

Nefru: Das sind Beamte. Sie führen die Aufsicht und lassen sich dabei von den Soldaten helfen – du siehst sie da hinten in Reih und Glied stehen.

Nimrot: Und wen stellt die Figur dar?

Nefru: Das ist unser Gaufürst. Er regiert unseren Bezirk und über ihm ist nur noch der Pharao. Unseren Pharao verehren wir wie einen Gott …

Nimrot: … also so etwas wie unser Stammesältester?

Nefru: Ich weiß nicht, wie das bei euch ist. Unser Pharao steht an der Spitze des Staates mit der Verwaltung und den Beamten. Die brauchen wir, weil bei uns viele Menschen auf sehr engem Raum an den Ufern des Nils zusammenleben. Da muss alles gut organisiert sein.

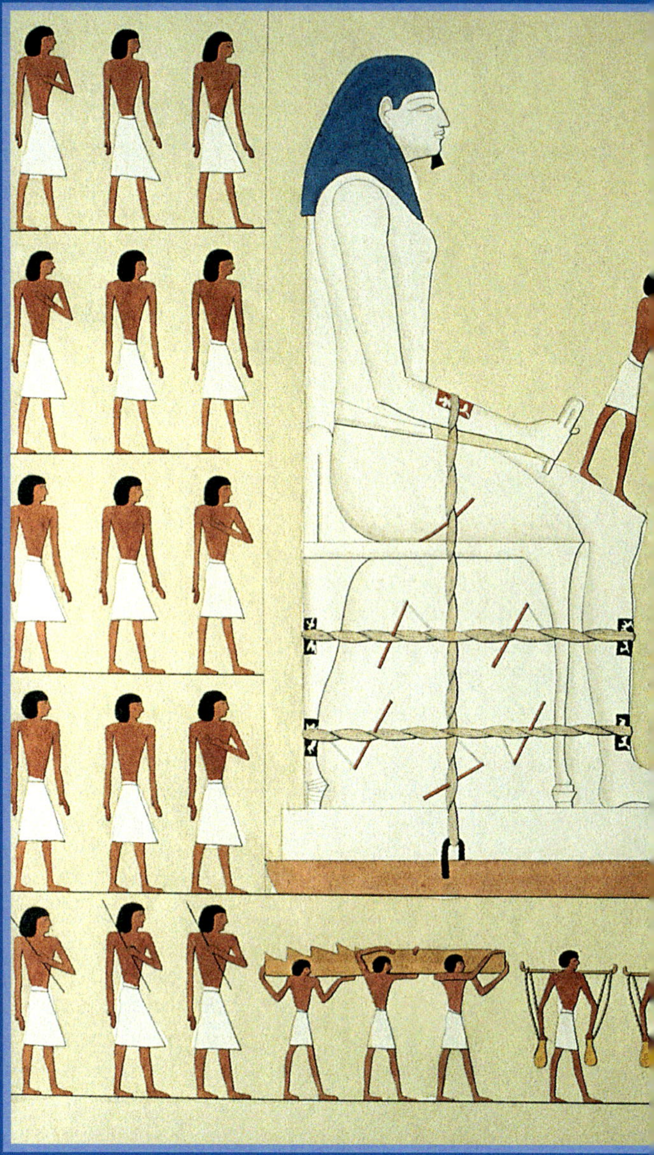

Folgende Fragen leiten dich durch das Kapitel:

- ***Wie beeinflusste der Nil die Lebenswelt im alten Ägypten?***
- ***Wie waren Staat und Gesellschaft aufgebaut?***
- ***Welche Bedeutung hatten die Pyramiden und die Religion?***
- ***Warum gehört das alte Ägypten zu den frühen Hochkulturen?***

1 Stellt anhand der Abbildungen Vermutungen über das Leben der alten Ägypter an. Nehmt das Gespräch zwischen Nimrot und Nefru zu Hilfe.

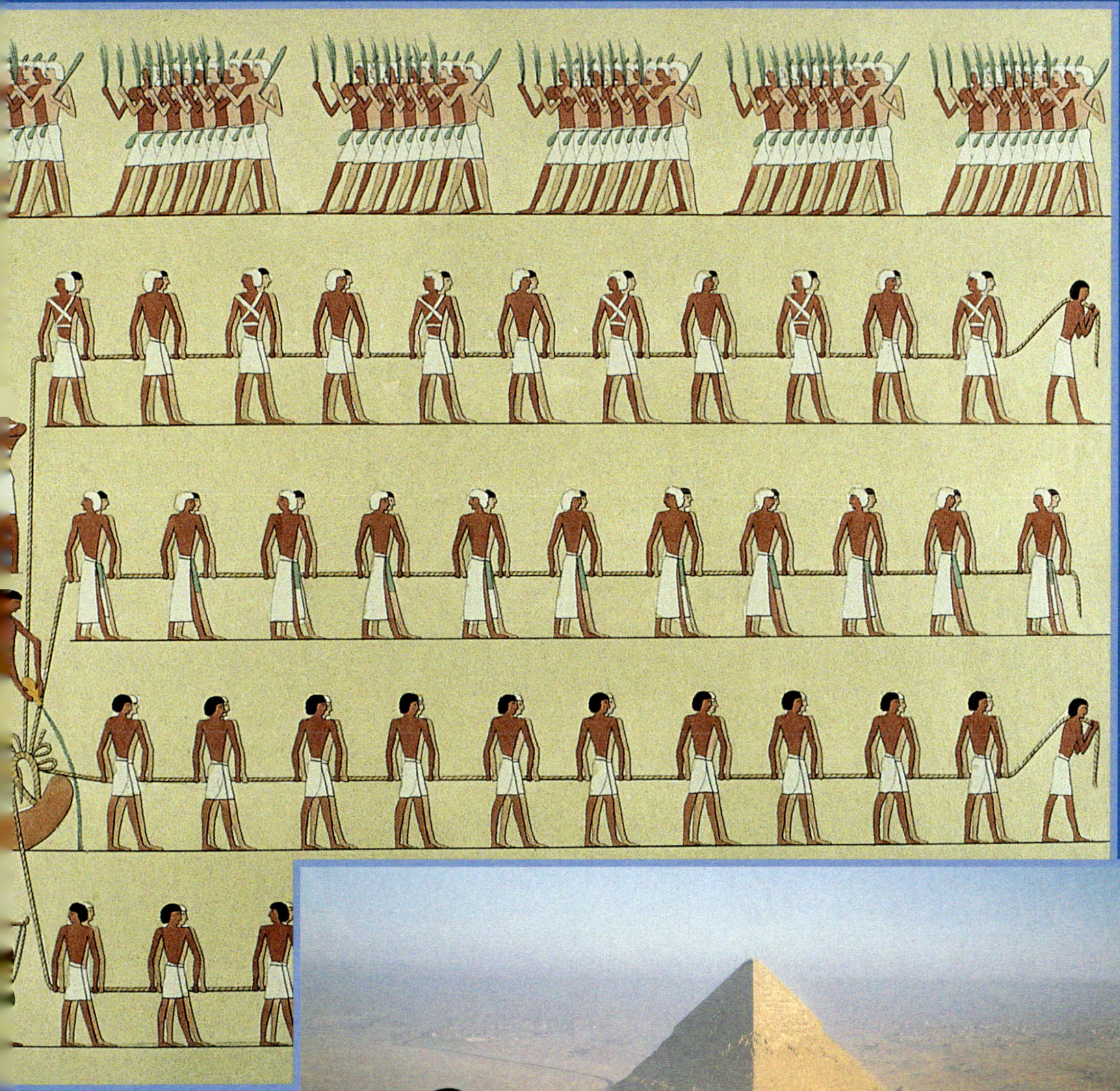

Lebenswelt altes Ägypten

Wissen • Urteilen • Handeln • Methoden anwenden

Am Ende dieses Unterkapitels kannst du

- den Einfluss des Nils auf das Leben der Menschen im alten Ägypten erklären
- den Aufbau der altägyptischen Gesellschaft beschreiben
- die Rolle die Frauen in der Gesellschaft darlegen
- die Bedeutung der Pharaonen, der Pyramiden und der Religion für die Ägypter erläutern
- Merkmale der frühen Hochkultur am Beispiel Ägypten nennen
- **Methode** Ein Bild als Quelle
- **Methode** Das Internet nutzen

Frühe Hochkulturen 3000 bis 1500 v. Chr.

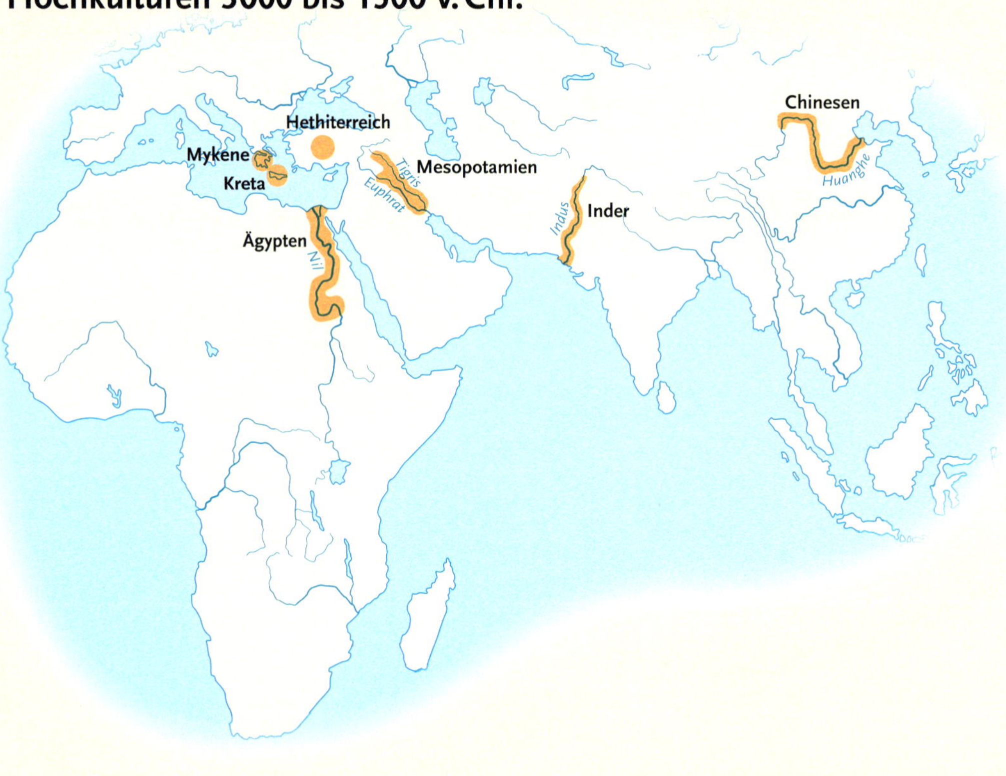

Frühe Hochkultur in Ägypten

seit 3000 v. Chr.

Auf der Spur der Pharaonen

M1

Aus einem Reisekatalog über Ägypten

M2

Das Ende der Pyramiden?

Der Journalist Harald Martenstein schrieb über den Tourismus an den Pyramiden von Giseh, 2000:

Jeden Morgen beginnt vor der großen Pyramide von Giseh ein einsamer Polizist einen Kampf, den er nicht gewinnen kann. Der Polizist hat die Aufgabe, das Erbe seiner Vorfahren vor den Auswüchsen der neuen Zeit zu verteidigen – vor Touristen zum Beispiel, die eine Pyramide besteigen wollen wie irgend so einen Alpengipfel. Oder vor den vielen Ägyptern, die den Touristen etwas verkaufen möchten, einen Kamelritt oder ein Kopftuch oder eine Steinfigur. Es geht um die Würde des Ortes. Die Waffe, mit deren Hilfe der Polizist die Würde verteidigt, ist eine Trillerpfeife, ähnlich einer, wie deutsche Bademeister sie haben. Der Polizist pfeift, die Verkäufer ziehen sich ein paar Meter zurück, die Kletterer steigen ein paar Meter ab. Zwei Minuten später beginnt der Kampf von neuem ...

„Willkommen, das ist ein Geschenk, Mister", sagen ein paar Jungs und legen einem einen Skarabäus [Käfer, der im alten Ägypten als Sinnbild des Sonnengottes verehrt wurde] in die Hand. Wer ihn nicht sofort fallen lässt, muss ihn teuer bezahlen, oder die Jungs nehmen eine drohende Haltung ein. Wer anfasst, muss zahlen. Das sind die Regeln ... [Ich] blättere ... in den Aufsätzen des Direktors [des Plateaus von Giseh, Herr über Ägyptens wichtigste Pyramiden]. Sie befassen sich mit dem Massentourismus und den Schäden, die er verursacht. [Der Direktor schreibt]: „Ich gebe den ägyptischen Denkmälern nur noch eine Lebenserwartung von 100 Jahren." Nur noch hundert Jahre werden die Pyramiden also stehen. Kaum der Rede wert.

Harald Martenstein, Giseh und die Zone der Würde. In: Geo Epoche, Nr. 3, April 2000, Hamburg (Gruner+Jahr), S. 142 f.

1 Beschreibe M1 und stelle fest, mit welchen historischen Überresten Ägyptens der Reisekatalog wirbt.

2 a) Nenne die Schwierigkeiten, von denen der Autor in M2 beim Besuch der Pyramide berichtet.

b) Erkläre den Ausdruck „Würde des Ortes" (Zeile 10)?

c) Äußere deine Meinung zur Art des Verkaufs der Skarabäuskäfer.

d) Beantworte die Überschrift von M2.

Das Niltal wird besiedelt

Leben nach den Regeln des Flusses?

Als vor etwa 9000 Jahren die Warmzeit begann, trockneten große Teile Nordafrikas allmählich aus und wurden zur Wüste. Einige Menschen passten sich den erschwerten Bedingungen an und lebten mit ihren Viehherden als Nomaden in diesen kargen Gebieten. Jedoch die meisten Menschen verließen die Wüste und ließen sich als Bauern an den wasserreichen Ufern des Nils nieder.

Während der Regenzeit im Juni strömten aus Afrikas tropischen Gebieten ungeheure Wassermassen in den Nil. In dieser Zeit stieg der Wasserstand um 5 bis 7 Meter. Ende September, wenn der Nil in sein Flussbett zurückgekehrt war, blieb zu beiden Seiten des Ufers eine Schlammschicht zurück. Die Menschen erkannten schnell, dass diese Schlammschicht sehr fruchtbar war und sich besonders gut als Ackerboden eignete. Sie pflügten und wässerten die Äcker, säten Getreide und bauten vielerlei Pflanzen an. Vier Monate später konnten das Korn geschnitten, Linsen, Bohnen, Trauben, Datteln und Feigen geerntet werden. Danach lag das Land vier Monate lang brach.

Die Höhe der Flut entschied über „fette" und „magere" Jahre. Oft machte eine zu große Überschwemmung die Ernte zunichte, eine zu geringe hatte eine Hungersnot zur Folge. So konnte der Nil Segen oder Fluch sein.

Um sich von den Unwägbarkeiten des Nils unabhängiger zu machen, mussten die Menschen Deiche, Kanäle und Staudämme bauen. Dazu war es notwendig, dass die Ägypter ihr Zusammenleben genau organisierten und die Arbeit untereinander aufteilten.

Überschwemmungen führten dazu, dass die Felder wieder neu vermessen werden mussten. Als natürliche Maßeinheiten verwandten die Ägypter Elle und Fuß. Aus der Feldvermessung entwickelte sich eine Wissenschaft, die von den Griechen später Geometrie genannt wurde.

Im Laufe der Zeit entdeckten die Ägypter, dass es von einer Nilüberschwemmung bis zur nächsten 365 Tage dauerte. Aus dieser Erkenntnis entwickelten sie einen Kalender, der im Prinzip noch heute Gültigkeit hat.

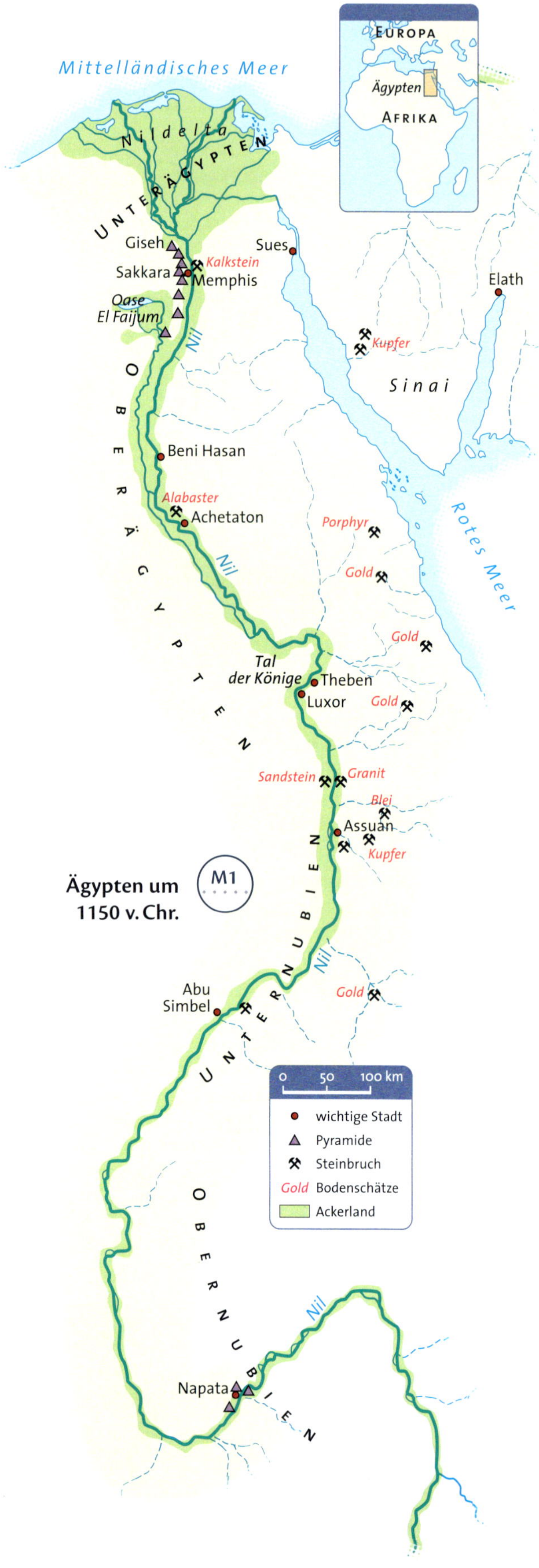

Ägypten um 1150 v. Chr. (M1)

M2

Bauern bei der Bewirtschaftung des Niltales, Malerei aus dem Grab des Nacht, um 1425 v. Chr.

M3

Der Nil bestimmt das Leben

Ein Lied über den Nil aus dem 2. Jahrtausend v. Chr.:

Sei gegrüßt, Nil, hervorgegangen aus der Erde,
gekommen, um Ägypten am Leben zu erhalten!
Herr der Fische, der die Zugvögel stromauf ziehen lässt, der Gerste schafft und Bohnen entstehen lässt.
Wenn er faul ist, dann werden die Nasen verstopft und jedermann verarmt.
Wenn er habgierig ist, ist das ganze Land krank,
Große und Kleine schreien.
Beständig an Regeln, kommt er zu seiner Zeit,
Ober- und Unterägypten zu füllen.
Der die Menschen kleidet mit dem Flachs[1],
der den Webergott seine Erzeugnisse herstellen lässt und den Salbengott sein Öl.
Alle Erzeugnisse werden aus ihm hervorgebracht.
... Fließe, Nil! Man opfert dir.
Komm nach Ägypten! Auf, Verborgener!
Der Menschen und Tiere am Leben erhält
mit seinen Gaben des Feldes.

Zit. nach Jan Assmann (Hg.), Ägyptische Hymnen und Gebete, Zürich (Artemis) 1975, S. 500 ff. Bearb. d. Verf.

[1] Pflanze zur Herstellung von Leinen

M4

Nillandschaft heute, Foto, 1994

1 Erarbeite mithilfe des Darstellungstextes, warum sich die Menschen am Nil angesiedelt haben.

2 Der Nil war Segen und Fluch für die Ägypter. Begründe dies anhand des Darstellungstextes und M3.

3 Beschreibe die Tätigkeiten und Werkzeuge in M2. Vergleiche die Werkzeuge mit denen der Bauern in der Jungsteinzeit (siehe S. 36 f.).

4 Informiere dich anhand eines Lexikons über die Geschichte des Kalenders.

5 Beschreibe das Foto M4 und mache dich mithilfe eines Atlas kundig, welche wirtschaftliche Bedeutung das Niltal in der Gegenwart hat.

Der Aufbau der ägyptischen Gesellschaft

Spezialisierung und Arbeitsteilung

Die große Mehrheit der Ägypter waren Bauern und Bäuerinnen. Die Landwirtschaft war die Lebensgrundlage der Bevölkerung. Die erwirtschafteten Nahrungsüberschüsse wurden in Vorräten angelegt. Sie sicherten das Überleben der Menschen, die nicht in der Landwirtschaft arbeiteten. Dadurch war es möglich geworden, dass sich Menschen auf bestimmte Aufgaben spezialisierten: Handwerker stellten zum Beispiel Geräte für die Landwirtschaft her. Arbeiter und Arbeiterinnen waren in Spinnereien, Webereien, im Hafen, in Speichern und vor allem beim Bau der Kultstätten, wie zum Beispiel Pyramiden und Tempel, beschäftigt. Architekten und Landvermesser bereiteten den Bau von Tempeln und Pyramiden vor. Mathematiker entwickelten die dafür nötigen Grundlagen der Geometrie. Händler kauften und verkauften Produkte innerhalb und außerhalb des Landes. So entstand eine Arbeitsteilung zwischen Landwirtschaft, Handwerk, Handel und Wissenschaft. Wegen der Arbeitsteilung war die planvolle Zusammenarbeit (Kooperation) von Menschen wichtig, um ein bestimmtes Ziel zu erreichen. Diese Form des Zusammenlebens bildete sich in Ägypten um etwa 3000 v. Chr. heraus. Sie ist ein typisches Merkmal früher Hochkulturen.

M1

Pharao Tutanchamun, Ausschnitt aus seinem goldenen Sarkophag, um 1330 v. Chr. Als Herrschaftszeichen trägt er den Krummstab und die Geißel wie der Gott Osiris.

Der Staat, der Pharao und seine Helfer

Für den Schutz und die Versorgung in Notzeiten, wie zum Beispiel bei Hungerkatastrophen oder in Kriegen, sorgten Menschen in Heeres- und Verwaltungsstellen. Abgaben (Steuern) mussten von den Berufsgruppen geleistet werden, die etwas herstellten. Es entstand eine Abgaben- und Vorratswirtschaft.

Die Verwaltung des Landes erforderte unterschiedliche Tätigkeiten, die von Beamten, wie den Schreibern, ausgeführt wurden. Als Lohn für ihre Dienste erhielten die hohen Amtsträger landwirtschaftliche Güter und villenähnliche Wohnanlagen, die ihnen ein luxuriöses Leben ermöglichten.

Der höchste Beamte des Staates war der Wesir. Er handelte als Stellvertreter des Pharaos. Diese Rangfolge, in der Befehle von oben nach unten gegeben wurden und von der jeweils niedrigeren Stufe ausgeführt werden mussten, wird Hierarchie* genannt. In Staat und Gesellschaft entstand somit eine hierarchische Ordnung.

Der ägyptische König wurde Pharao genannt. Pharao bedeutet „großes Haus“ und war die ursprüngliche Bezeichnung für den Königspalast. Er war für die Bewässerung, die Nahrungs- und Vorratsbeschaffung und den Frieden im Inneren des Landes und nach außen verantwortlich. Er stand an der Spitze des Staates und hatte die Herrschaft über Untergebene und Abhängige, die allerdings nicht alle gleichgestellt waren. Seit etwa 2500 v. Chr. trugen die ägyptischen Könige den Titel „Sohn des Re“. Der Gott Re war für die Ägypter der Sonnengott, der die Welt erschaffen hatte und sie beherrschte. Die Menschen erkannten die Herrschaft des Pharaos an, weil er eine gottähnliche Stellung hatte.

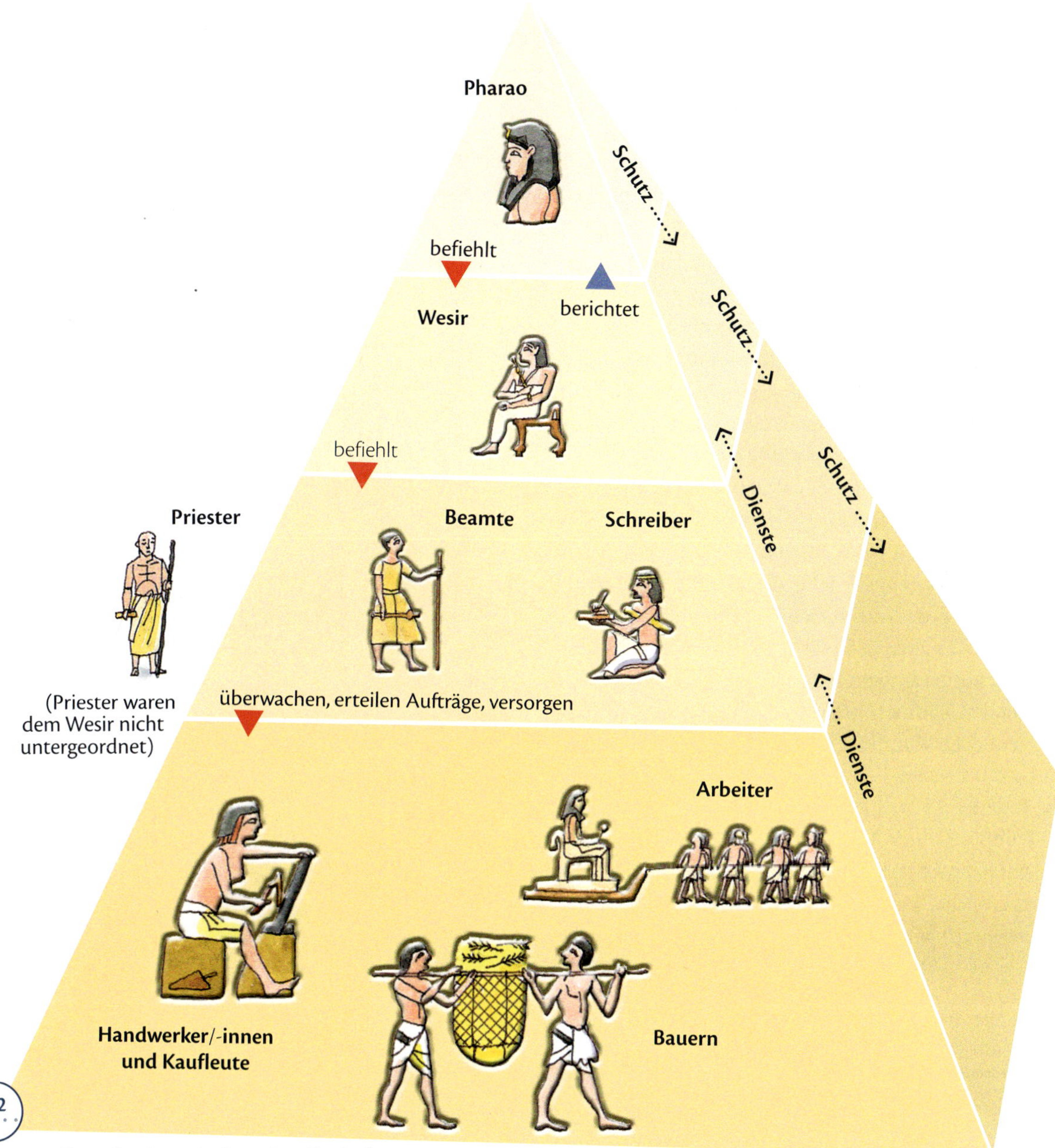

M2 Der Aufbau der ägyptischen Gesellschaft

Begriffe und Daten

Pharao

Die königlichen Herrscher Ägyptens wurden Pharaonen genannt. Ihre besondere Stellung an der Spitze des Staates wurde mit außergewöhnlichen Fähigkeiten begründet. Nach der Vorstellung der Ägypter galt ein Pharao als übermenschliches Wesen. Deshalb wurde er wie ein Gott verehrt (Gottkönig).

1 a) Stelle die im Darstellungstext genannten Gesellschaftsgruppen und ihre Tätigkeiten zusammen.
b) Erkläre, wie die gesellschaftlichen Unterschiede in Ägypten entstanden sind.

2 Schildere deinen Eindruck nach der Betrachtung von M1. Worin zeigen sich Macht und Herrschaft? Nimm den zweiten Darstellungstext zu Hilfe.

3 Kläre anhand von M2 und des Darstellungstextes den Begriff „Arbeitsteilung".

Leben und Arbeiten im alten Ägypten

Wohnen – Spiegel der Gesellschaft?

Der Eindruck vom heutigen Ägypten wird durch die beeindruckenden Pyramiden und Tempel beherrscht. In neuerer Zeit wurden durch die Ausgrabungen der Ruinen der Arbeitersiedlung Deir el-Medîna immer mehr Einzelheiten über das Alltagsleben der einfachen Bevölkerung bekannt. Im Gegensatz zu den Anlagen aus Stein waren die Wohnhäuser aus vergänglichen Materialien wie Holz, Schilfmatten und Lehmziegeln erbaut. Sie verfielen nach wenigen Jahrzehnten. Auf ihren Fundamenten entstanden neue Häuser, was eine Rekonstruktion einzelner Gebäude erschwert. Zumeist waren die Wohnhäuser eingeschossig. Das Flachdach diente als Lager- und Arbeitsplatz und im Sommer zum Übernachten.

In den Wohnungen spiegelte sich der Platz der Menschen in der gesellschaftlichen Hierarchie wider: Reiche und mächtige Ägypter wohnten in großen und sehr prächtig ausgestatteten Häusern, die von Schatten spendenden Bäumen umgeben waren. Neben mehreren luxuriösen Wohnräumen fanden sich verschiedene Räume für Dienstboten, Vorratskammern, Küche, Bad und Toilette.

Die Wohnung eines Arbeiters war kleiner. Durch einen Hauseingang kam man in einen Vorraum, an den sich der eigentliche Wohnraum anschloss, der gleichzeitig als Empfangshalle genutzt wurde.

M2

Frauenarbeit, Kalksteinfigur, um 2600 v. Chr. Das Mahlen kleiner Getreidemengen war grundsätzlich Frauenarbeit.

M3

Arbeiter in einem Kornspeicher, Modell aus der Zeit um 2200 v. Chr.

Bauern werden bei der Arbeit auf dem Feld von einem Schreiber beaufsichtigt, Malerei aus dem Grab des Nacht, um 1425 v. Chr.

M1

M4

Querschnitt eines typischen Arbeiterhauses in Deir el-Medîna
A Straße; **B** Raum mit Schrankbett; **C** Empfangshalle; **D** Keller; **E** Lagerraum/Schlafraum; **F** Treppe zum Dach; **G** Küche; **H** Umfassungsmauer des Dorfes; **I** Keller

M5

Zwei Sichtweisen – ein Bauer und ein Schreiber berichten aus ihrem Leben

Die folgenden Berichte sind frei erfunden. Sie könnten aber, wie wir aus Quellen wissen, um 2500 v. Chr. so ähnlich entstanden sein.

Ein ägyptischer Bauer berichtet aus seinem Leben:

5A Meine ganze Familie arbeitet in der Landwirtschaft. Wir beackern als Pächter das Land, das dem Pharao gehört. Den größten Teil der Ernte müssen wir in den staatlichen Speichern abgeben. In einem guten Jahr können wir zweimal ernten. Schlimm ist es, wenn wir nach einer schlechten Ernte nicht genügend Getreide abliefern können. Dann kann es Prügel vom Aufseher geben oder wir müssen unmenschliche Arbeit in den Bergwerken verrichten – wie die Sklaven.
Während der Überschwemmung des Nils sind unsere Äcker überflutet. Dann müssen wir beim Pyramiden- oder Tempelbau mitarbeiten. Unsere tägliche Lebensmittelration bekommen wir in der Zeit vom Staat.

Verfassertext

Ein ägyptischer Schreiber hat Folgendes aufgeschrieben:

5B Nur wenige Menschen bei uns können lesen, schreiben und rechnen. Deshalb sind wir Schreiber sehr angesehen. Wir gehören zur gesellschaftlichen Schicht der Beamten und handeln im Auftrag des Pharaos. Bei der Verwaltung unseres Staates erfüllen wir wichtige Aufgaben: Wir vermessen das Land, kontrollieren die Viehbestände und Getreidevorräte, sorgen für die pünktliche Abgabe der Steuern und halten alles schriftlich fest. Zu unseren Aufgaben gehört es auch, die Arbeit der Bauern auf dem Feld zu beaufsichtigen. Ihnen gegenüber haben wir Macht und Verantwortung. Von unserer Zuverlässigkeit hängt das Wohl des ganzen Landes ab.

Verfassertext

1 Beschreibe die Szenen in M1. Achte besonders auf die Tätigkeiten und die Gegenstände.

2 Vergleiche M1 bis M3, indem du die jeweilige Stellung in der Gesellschaft beschreibst. Ziehe M2, S. 57, heran.

3 Ziehe aus dem Querschnitt des Arbeiterhauses (M4) Rückschlüsse auf das Alltagsleben der Bewohner.

4 Beschreibe anhand von M5 die Tätigkeiten des Bauern und des Schreibers und erkläre, wie sie miteinander zusammenhängen.

5 Ein Rollenspiel organisieren:
a) Fasst den Aufbau der ägyptischen Gesellschaft schriftlich zusammen. Verwendet dabei die Begriffe Staat, Verwaltung, Herrschaft und Hierarchie.
b) Stellt euch folgende Situation vor: Der Aufseher behauptet, die Bauern seien träge und faul. Der Bauer behauptet, die Aufseher seien überflüssig. Entwerft ein Gespräch zwischen beiden mithilfe der Methode „Ein Rollenspiel organisieren" (siehe S. 42 f.).

Frauen in der ägyptischen Gesellschaft

Frauen in der Öffentlichkeit

Der griechische Geschichtsschreiber Herodot schrieb um 450 v. Chr. über die Rollenverteilung zwischen Männern und Frauen in Ägypten: „Bei ihnen sitzen die Weiber zu Markte und handeln, die Männer aber bleiben zu Hause und weben." Nirgendwo sonst hatte er Frauen gesehen, die ihm so gleichberechtigt erschienen. Und deshalb kam er zu der Schlussfolgerung, „fast alle Sitten und Gebräuche in Ägypten sind der Lebensweise der anderen Menschen entgegengesetzt".

Heute wissen wir, dass Herodot richtig beobachtet hatte. Die Frauen im alten Ägypten waren den Männern im gesellschaftlichen und privaten Leben weitgehend gleichgestellt. So vertraten sie sich vor Gericht selbst und durften Vermögen besitzen. Darüber hinaus waren sie in vielen Berufen vertreten: als Spinnerinnen, Perückenmacherinnen, Tänzerinnen, Richterinnen, Hebammen und vereinzelt auch als Ärztinnen.

Zu öffentlichen Ämtern wurden Frauen selten zugelassen. Ob es Beamtinnen und Schreiberinnen gab, ist umstritten. Nur in Ausnahmefällen konnten Frauen Priesterin oder Pharao werden. Insgesamt verfügten sie aber über größere Freiheiten als später die Frauen im antiken Griechenland und im Römischen Reich.

M1

Der Zwerg Seneb, Vorsteher der Weberei, mit seiner Frau und seinen Kindern, Sandstein, um 2250 v. Chr. Die helle Hautfarbe vieler Frauendarstellungen weist darauf hin, dass sich die meisten Frauen mehr im Haus aufgehalten haben als die Männer.

Die „Herrin des Hauses"

Nach Auffassung der alten Ägypter war Hausarbeit klar und eindeutig Frauenarbeit. Hausmänner gab es nicht. Die verheiratete Frau trug den begehrten Titel „Herrin des Hauses". Ihre Aufgabe war es, zuverlässig dafür zu sorgen, dass der Alltag im Haus ihrer Familie reibungslos ablief. Damals wäre niemand auf den Gedanken gekommen, diese Form der Arbeitsteilung innerhalb der Familie infrage zu stellen. Besonders in ärmeren ägyptischen Familien mussten die Frauen alle im Haus anfallenden Arbeiten wie Kornmahlen, Brotbacken, Wäschewaschen, Kleidernähen und Schafescheren selbst verrichten. Ihnen halfen nur die unverheirateten Töchter und andere nahe weibliche Verwandte.

Bessere Möglichkeiten hatten dagegen die Frauen in wohlhabenden Familien. Sie konnten sich Diener und Dienerinnen für die Hausarbeit leisten, deren Arbeit sie lediglich einteilen und beaufsichtigen mussten.

Hatschepsut – eine Frau wird Pharao

Nur von drei Frauen wissen wir genau, dass sie Ägypten als Pharao regiert haben. Eine von ihnen war Hatschepsut, die „Erste der Edlen Frauen", wie ihr Name sagt. Nach dem Tod ihres Gemahls Tuthmosis II. übernahm sie die Regierung stellvertretend für ihren minderjährigen Stiefsohn. Nach zwei Jahren ließ sie sich selbst zum „weiblichen Pharao" krönen, denn den Begriff Pharaonin gab es bei den Ägyptern nicht. Als ihr Sohn volljährig wurde, gab sie ihm das Amt nicht zurück und regierte insgesamt 22 Jahre von 1490 bis 1468 v. Chr.

Wir wissen aus Quellen, dass Hatschepsut bei ihrem Volk sehr angesehen war. Ein Regierungsbeamter schrieb nach ihrem Tod über sie: „Das Volk arbeitete für sie und Ägypten neigte das Haupt vor ihr." Während ihrer Regentschaft gab es keinen Krieg. Stattdessen ließ Hatschepsut Handels- und Erkundungsreisen durchführen. Die bekannteste Expedition führte in das Land Punt, das heutige Somalia. Von dort brachten ihre Kundschafter kostbare Öle, wohlriechende Hölzer, Gold und Elfenbein nach Ägypten.

M2 **Standbild der Hatschepsut,** um 1465 v. Chr. Sie trägt einen künstlichen Bart, ein gestreiftes Königskopftuch und ein Diadem mit einer aufgerichteten Kobra auf der Stirn. Damit war sie die einzige Frau, die sich in der Kleidung der männlichen Pharaonen darstellen ließ.

M4 **Gabenträgerin aus dem Grab des Mentuhotep,** Holz, um 1900 v. Chr.

M3

Ägyptischer Ratschlag für die Männer

Der ägyptische Wesir Ptah-Hotep erteilte um 2000 v. Chr. folgenden Rat:

Wenn du weise bist, so behalte dein Heim, liebe deine Frau und streite nicht mit ihr. Ernähre sie, schmücke sie, salbe sie. Habe sie lieb und erfülle alle ihre Wünsche, solange du lebst, denn sie ist dein Gut, das großen Gewinn bringt. Hab Acht auf das, was ihr Begehr ist, und das, wonach ihr der Sinn steht. Denn auf solche Weise bringst du sie dahin, es weiter mit dir zu halten. Widersprichst du ihr aber, so wird es dein Ruin sein.

Zit. nach Annette Kuhn (Hg.), Chronik der Frauen, Dortmund (Chronik Verlag) 1992, S. 71. Bearb. d. Verf.

1 Schildere deinen Eindruck von der Darstellung des Ehepaares in M1. Wie ist das Verhältnis zwischen Mann und Frau wiedergegeben?

2 a) Erarbeite anhand der drei Abbildungen auf dieser Doppelseite, welche Berufe Frauen in Ägypten ausübten. Ziehe auch den Darstellungstext heran.
b) Prüfe anhand des Darstellungstextes, in welchen Berufen ägyptische Frauen nicht oder nur selten vertreten waren. Nenne mögliche Gründe, warum das so war.

3 Erkläre den Begriff „Herrin des Hauses" anhand des Darstellungstextes.

4 a) Benenne die Ratschläge, die der Wesir Ptah-Hotep in M3 den ägyptischen Männern gibt (siehe Anhang „Operatoren").
b) Ziehe Rückschlüsse auf die Stellung der Frauen in der ägyptischen Gesellschaft.

5 Begründe, warum Hatschepsut beim Volk sehr angesehen war (Darstellungstext, M2).

Ein Bild als Quelle

Was können Bilder erzählen?

Gemälde, Felszeichnungen und Abbildungen auf Gegenständen, z. B. Vasen, sind bildliche Quellen. Sie vermitteln dir eine anschauliche Vorstellung von früheren Zeiten und geben dir einen Einblick in den Alltag, in Gedanken, Wünsche und Ideen der Menschen.

Bevor ein Bild zu dir „spricht", musst du dich genau mit ihm beschäftigen (siehe Arbeitsschritte). Beachte: Nicht alle Fragen lassen sich bei jedem Bild beantworten. Am Beispiel von M3 werden die Arbeitsschritte beispielhaft erprobt (siehe M1).

zu Schritt 1:
Auf dem Bild sind sieben männliche Personen zu sehen. Die rechte Person ist komplett bekleidet, während die sechs anderen lediglich einen Lendenschurz tragen. Der Mann am rechten Bildrand steht den anderen in aufrechter Haltung gegenüber und hebt die rechte Hand. Die linke Hand umfasst einen Stock. Zwei Männer knien mit gesenkten Köpfen, die anderen vier stehen leicht gebückt und haben gefüllte Säcke in den Händen.

zu Schritt 2:
Die unterschiedliche Kleidung lässt darauf schließen, dass es sich um Personen aus verschiedenen Gesellschaftsschichten handelt. Die leicht bekleideten Männer mussten vermutlich körperliche Arbeit leisten, während der vollständig bekleidete Mann eher einer höheren Schicht angehört. Diese Vermutung wird durch die Körperhaltung der Personen unterstützt. Die rechte Person zeigt durch die erhobene Hand, den Stock und die aufrechte Haltung, dass sie Macht hat. Die knienden Männer bitten um etwas, die vier anderen drücken durch ihre Körperhaltung Dank oder Unterwürfigkeit aus.

zu Schritt 3:
Das Bild wurde um 1400 v. Chr. gemalt. Es ist ein Wandgemälde aus dem Grab des Beamten Userhat. Das lässt darauf schließen, dass sich die abgebildete Szene so oder so ähnlich in seinem Leben ereignet hat. Der Künstler ist unbekannt. Bei unserem Beispiel M3 stellt sich die Frage, ob die Versorgung der Soldaten durch die Beamten immer so reibungslos verlief.

M1

Das Bild „Lebensmittelausgabe an Soldaten" (M3) als Quelle

Arbeitsschritte

1. Schritt: Die Einzelheiten des Bildes erfassen

Beschreibe die Einzelheiten des Bildes, indem du folgende Fragen beantwortest:
- Welche Personen sind dargestellt?
- Wie sind sie gekleidet?
- Welche weiteren Gegenstände oder Tiere sind zu sehen?
- Wo befinden sich die Personen und Gegenstände?

2. Schritt: Die Zusammenhänge erklären

Erkläre, in welcher Beziehung die abgebildeten Personen, Tiere oder Gegenstände zueinander stehen. Findest du Merkmale, die auf bestimmte Eigenschaften, Beruf, gesellschaftliche Stellung der dargestellten Personen hinweisen?

3. Schritt: Zusätzliche Informationen über das Bild heranziehen

In der Bildlegende findest du wichtige Hinweise. Sie gibt dir Auskunft darüber, wer wann für wen warum ein Bild gemalt hat. Manchmal hat das Bild auch einen Titel.
Weitere Fragen lassen sich oft durch eine zusätzliche Textquelle klären.

M2

Ägyptische Familie bei der Gänsejagd, Wandmalerei aus dem Grab des ägyptischen Beamten Nacht und seiner Frau Taui in Theben, um 1425 v. Chr.

M4

Lebensmittelausgabe an Soldaten, Malerei aus dem Grab des königlichen Schreibers Userhat, um 1400 v. Chr.

M3

Beschwerde über einen Beamten

Brief eines Arbeiters von Deir el-Medîna an den Wesir Ta:

Ich teile meinem Herrn mit, dass ich an den Gräbern der Königskinder arbeite, deren Errichtung der Wesir befohlen hatte. Wir Arbeiter sind sehr elend geworden. Alle Sachen für uns, die das staatliche Schatzhaus, die Scheune und das Magazin uns liefern sollten, sind nicht verteilt worden. Nicht leicht ist das Tragen von Steinen! Man hat uns auch die $1\frac{1}{2}$ Sack Gerste fortgenommen, um uns stattdessen $1\frac{1}{2}$ Sack Dreck zu geben! Möge mein Herr handeln, sodass wir leben können.

Zit. nach Arne Eggebrecht, Das alte Ägypten, München (Bertelsmann) 1984, S. 219.

1 Arbeite die Schritte zur Entschlüsselung eines Bildes anhand des Kastens und M4 durch.

2 Untersuche, welche zusätzlichen Informationen M3 im Vergleich zu M4 enthält, und fasse sie zusammen. Achte auf die Arbeitsbedingungen, den Lohn und die Forderung des Arbeiters.

3 Entschlüssele das Bild M2 mithilfe der Arbeitsschritte.

Am Tor zum Jenseits

Pyramiden – Häuser für die toten Pharaonen?

Touristen bestaunen heute die riesigen Pyramiden. Die um 2600 v. Chr. erbaute Cheopspyramide erhebt sich auf einer quadratischen Grundfläche von 230 mal 230 Metern und ist 146 Meter hoch. Bis heute ist es nicht gelungen, eine technische Erklärung dafür zu finden, wie die Ägypter diese gewaltigen Bauwerke vor der Erfindung von Rad und Kran errichtet haben.

Die Geschichtsforscher gehen davon aus, dass sich die meisten Menschen trotz der großen Strapazen freiwillig am Bau der Pyramiden beteiligten. Das ist aus heutiger Sicht nicht leicht zu begreifen. Es wird aber verständlich, wenn man bedenkt, dass die Religion bei den Ägyptern eine große Rolle spielte. So glaubten sie erstens, ihr Leben hinge von der Gunst des göttlichen Pharaos ab, und zweitens, jeder Mensch würde nach dem Tode weiterleben, auch der Pharao. Man war also auch nach dem Tod von der Gunst des Pharaos abhängig. Es konnte daher nur gut für das eigene Leben im Diesseits wie im Jenseits sein, durch Mitarbeit am „Jenseitshaus" des Pharaos ein Stück von dessen Gunst zu erlangen.

M2

Statuengruppe des Pharaos Mykerinos mit zwei Göttinnen, um 2530 v. Chr.

Lesetipp

David Macaulay, Wo die Pyramiden stehen,
Düsseldorf (Patmos) 2002.
Mit interessanten Texten und Zeichnungen gibt der Autor Informationen zum Pyramidenbau und regt zum Weiterforschen an.

Vorschlag für eine Gruppenarbeit

Die Seiten 64 bis 67 könnt ihr in Gruppen erarbeiten:
Gruppe 1: Wie wurden die Pyramiden gebaut und welche Bedeutung hatten sie? (S. 64/65)
Gruppe 2: Welche Beziehung bestand zwischen dem Pharao, den Göttern, dem Pyramidenbau und dem Volk? (S. 64/65)
Gruppe 3: Wer war die Maat und welche Bedeutung hatte sie für die Ägypter? (S. 66/67)
Gruppe 4: Was war das Totengericht und wie gingen die Ägypter mit dem Tod um? (S. 66/67)

Bau einer Pyramide, Rekonstruktionszeichnung, 2001

M1

Die Arbeiter beförderten die Steinblöcke auf dem Nil vom Steinbruch zur Pyramidenbaustelle.

Auf die wachsende Pyramide wurden die Steinblöcke über eine Rampe geschleppt. Mit zunehmender Bauhöhe wurde die Rampe nach außen verlagert.

Zum Abschluss wurde die Pyramide mit Steinplatten verkleidet und geglättet. Dabei benutzte man Holzgerüste.

M3

Der Pharao – Herrscher oder Behüter?

Der griechische Geschichtsschreiber Herodot (um 485–425 v. Chr.) schrieb über den Bau der Pyramide für den Pharao Cheops, der um 2600 v. Chr. lebte:

3A [Cheops] hat alle Ägypter gezwungen, für ihn zu arbeiten. Die einen mussten aus den Steinbrüchen im arabischen Gebirge Steinblöcke bis an den Nil schleifen. Über den Strom wurden sie auf Schiffe gesetzt und andere mussten die Steine weiterschleifen … 100 000 Menschen waren es, die jeweils daran arbeiteten … So wurde das Volk bedrückt und es dauerte zehn Jahre, ehe nur die Straße gebaut war, auf der die Steine dahergeschleift wurden, ein Werk, das mir fast ebenso gewaltig erscheint wie der Bau der Pyramide selbst … Zehn Jahre vergingen also, bis diese Straße und die unterirdischen Kammern auf jener Höhe, auf der die Pyramiden stehen, gebaut waren. Die Kammern sollten seine Grabkammern sein … An der Pyramide selbst wurde 20 Jahre gearbeitet. Sie ist vierseitig und jede Seite acht Plethren [1 Plethron = 30,83 m] breit und ebenso hoch. Sie besteht aus geglätteten, aufs Genaueste ineinander gefügten Steinen, von denen jeder mindestens 30 Fuß lang ist.

M3A: Herodot 2, 124 ff. zit. nach Geschichte in Quellen, Bd. 1, bearb. von Walter Arend, 3. Aufl., München (bsv) 1978, S. 15.

So wurde der Pharao Ramses II. (Regierungszeit 1290–1224 v. Chr.) von seinem Volk begrüßt:

3B Wir kommen zu dir, Herr des Himmels, Herr der Erde, du lebende Sonne des ganzen Landes, Herr der Lebensdauer, du Sonnengott der Menschheit, du Säule des Himmels, du Balken der Erde. Herr vielfacher Speisung. Du, der wacht, wenn alles schläft, dessen Kraft Ägypten errettet, der über die Fremdländer siegt und triumphierend heimkehrt, dessen Stärke Ägypten schützt. Geliebter der Wahrheit, der in seinen Gesetzen in ihr lebt, dessen Schrecken die Fremdländer weichen lässt, du, unser König, unser Herr.

M3B: Zit. nach Gottfried Guggenbühl (Hg.), Quellen zur Geschichte des Altertums, Zürich 1964, S. 16. Bearb. d. Verf.

Begriffe und Daten

Pyramide

An erster Stelle der sieben Weltwunder werden allgemein die ägyptischen Pyramiden genannt. Es handelt sich dabei um Grabmäler für die Pharaonen. Die Cheopspyramide ist mit einer Höhe von heute 137 Metern die mächtigste Steinkonstruktion der Welt. Bisher ist nicht genau geklärt, mit welchen Techniken die Ägypter diese gewaltigen Bauwerke errichtet haben.

1. Beschreibe den Pyramidenbau mithilfe von M1 (siehe Anhang „Sachverhalte darstellen“ und „Operatoren“).
2. Erarbeite anhand von M3A, wie Herodot den Pyramidenbau beschreibt.
3. Nenne mögliche Gründe, warum die Ägypter die Strapazen beim Bau der Pyramiden auf sich nahmen. Was kannst du daraus über die Bedeutung des Pharaos ablesen? Vergleiche deine Vermutungen mit M3B.
4. Stelle Vermutungen anhand von M2 an, warum sich der Pharao Mykerinos mit zwei Göttinnen abbilden ließ. Ziehe auch den Darstellungstext heran.
5. Stell dir vor, du bist ein ausländischer Reporter, der im Jahr 2650 v. Chr. den Bau der Cheopspyramide beobachtet und Bauarbeiter befragt. Schreibe einen Bericht über den Bau und die Bedeutung der Pyramiden.

Der Querschnitt durch die Cheopspyramide zeigt die drei Grabkammern sowie die Gänge und Luftschächte.

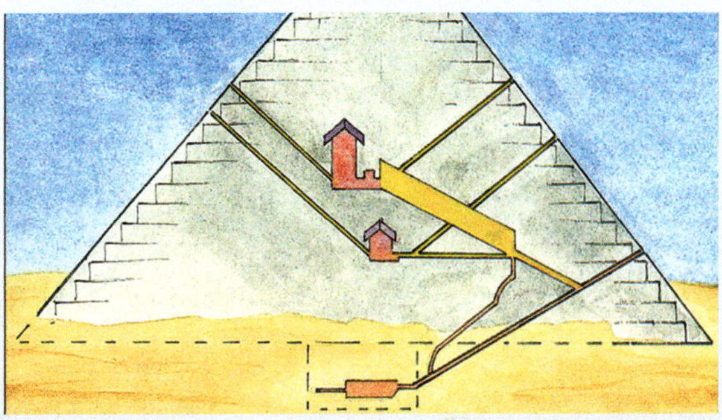

Die Cheopspyramide, erbaut um 2600 v. Chr. Die Außenverkleidung ist im Laufe der Jahrtausende zerstört worden.

Die Religion der alten Ägypter

Leben nach dem Tod?

Die Anzahl der Götter, die von den Ägyptern verehrt wurden, war sehr groß. Viele Erscheinungen der Natur galten als göttlich: die Sonne, der Mond, die Sterne, ebenso viele Tiere, deren Fähigkeiten als göttlich bewundert wurden, so das Krokodil, der Skarabäuskäfer oder der Falke. Neben den Göttern in Tiergestalt gab es auch solche mit Menschengestalt, häufig vermischten sich Tier- und Menschengestalt.

Unter den vielen Göttern und Göttinnen der Ägypter wird in der neueren Forschung eine Göttin besonders hervorgehoben: die Maat (sprich: Ma-at). Dargestellt wurde sie als zierliche Göttin mit einer Straußenfeder auf dem Kopf. Maat stand für Wahrheit, Gerechtigkeit und Ordnung. Herr der Maat war der Schöpfer- und Sonnengott Re. Da der König seit etwa 2500 v. Chr. als Sohn des Re galt, war er für die Maat verantwortlich. Seine Aufgabe war es vor allem, das Schlechte zu vertreiben und die Maat zu verteidigen. Ging es dem Land und den Menschen gut, war das ein Zeichen von starker Maat, schlechte Zeiten bedeuteten wenig oder schwache Maat.

Auch das Leben des Einzelnen wurde von der Maat bestimmt. Grabinschriften lauten zum Beispiel: „Ich habe gemäß der Maat gehandelt. Ich habe dem Hungrigen Brot gegeben. Ich habe meinem Vater Respekt entgegengebracht." Dauerhaften Bestand hatte nach dieser Auffassung nur, was der Maat entsprach. Diese Vorstellung von der Maat ist auch im Totengericht wiederzufinden. Zur Vorbereitung darauf wurden den Toten Sprüche und Bilder auf oft meterlangen Papyrusrollen mit in ihr Grab gegeben. Einfache Leute – und das waren die meisten – mussten sich allerdings ohne solche Jenseitsführer auf den Weg machen.

Herz gegen Feder

Unter den überlieferten Bilddarstellungen gehört das Totengericht des Schreibers Hunefer zu den bekanntesten Überlieferungen. Hunefer kniet dort vor 14 sitzenden Göttern und erzählt aus seinem Leben. In der zweiten Szene wird Hunefer zur Waage geführt. Die dritte Szene zeigt, wie der Verstorbene zu Osiris gebracht wird.

In das Reich der Toten konnte er erst aufgenommen werden, wenn er eine Vielzahl von Unschuldsbeteuerungen abgegeben hatte wie beispielsweise: „Ich habe kein Unrecht gegen Menschen begangen. Ich habe keine Tiere misshandelt. Ich habe keinen Gott beleidigt. Ich habe nicht Schmerz zugefügt. Ich habe keine Tränen verursacht. Ich habe nicht getötet. Ich bin rein, ich bin rein, ich bin rein."

M1

Totenbarke, Holz, um 2100 v. Chr. Mit Begräbnisschiffen wurden die Mumien reicher Ägypter zu ihren Gräbern auf die Westseite des Nils gefahren. Die Mumifizierung war ein Begräbnisritual, hinter dem der Glaube stand, dass ein Verstorbener im Jenseits ein Leben weiterführte, das dem auf der Erde glich. Deshalb war es wichtig, dass der Körper erhalten blieb. Die Seele, die nach der Vorstellung der Ägypter den Körper verließ, konnte so zurückkehren. Kein Volk der Erde hat die Technik der Mumifizierung so weit entwickelt wie die Ägypter.

M2

Das Totengericht des Schreibers Hunefer, Papyrus, um 1300 v. Chr.
A Hunefer: durchläuft nach seinem Tod die Prüfungen des Totengerichts; **B** Anubis: mit dem Kopf eines Schakals, bereitet den Verstorbenen für den Eintritt in das Totenreich vor; **C** Ammit: mit dem Krokodilkopf, verschlingt den Verstorbenen, falls dieser die Prüfung nicht besteht; **D** Maat: mit der Feder auf der Waage, das Herz des Verstorbenen muss leichter sein als die Feder, dann ist die Prüfung bestanden; **E** Thoth: mit dem Ibiskopf, Sekretär der göttlichen Handlung mit Schreibtafel und Schreibrohr; **F** Horus: mit Falkenkopf, führt den Verstorbenen vor den Thron des Osiris zur Urteilsverkündung; **G** Osiris: Herrscher des Jenseits, mit der Doppelfederkrone, Götterbart, Krummstab und Geißel; **H** Isis: galt als ideale Ehefrau und Beschützerin der Kinder; **I** Nephthys: Herrin des Hauses, schützt Sarkophage.

Begriffe und Daten

Polytheismus/Monotheismus

Nach den griechischen Wörtern polys = viel und theos = Gott Bezeichnung für den Glauben an viele Götter. Polytheistische Religionen wie die der alten Ägypter, Griechen oder der Hochkulturen der Inka und Azteken gibt es bis heute. Im Gegensatz zum Polytheismus bezeichnet der Monotheismus (griech. monos = einzig) den Glauben an einen einzigen Gott. Das Christentum, der Islam und das Judentum sind monotheistische Religionen. Anfänge des Monotheismus gab es unter dem Pharao Echnaton, der Aton (die Sonnenscheibe) zum einzigen Gott erhob.

1 Formuliere, welchen Eindruck die Totenbarke (M1) beim Betrachter hinterlässt. Nenne Merkmale, durch die dieser Eindruck vermittelt wird.

2 Erkläre mithilfe des Darstellungstextes die Bedeutung des Begriffes Maat. Zeige, wie auch das Leben des Einzelnen von der Maat bestimmt war (siehe Anhang „Operatoren“).

3 Beschreibe die einzelnen Phasen des Totengerichts. Nimm den rechten Darstellungstext und M2 zu Hilfe.

4 Stelle dar, wie sich in M2 die Vorstellungen der Ägypter von Hierarchie widerspiegeln.

Das Internet nutzen

Geschichte im Internet

Wie gehst du vor, wenn du mehr über ein Thema wissen willst? Grundsätzlich gilt, dass man Informationen aus mehreren Bezugsquellen nehmen sollte. Ideal ist es, verschiedene Informationsmedien wie Zeitungen, Zeitschriften, Fernsehsendungen, CD-ROMs oder Sachbücher zu benutzen und zu vergleichen (siehe die Methode „In einer Bibliothek Informationen sammeln", S. 35). Ein anderer Weg führt in das Internet.

M1

Schüler bei der Internetrecherche, Foto, 2001

Arbeitsschritte

1. Schritt: Suche durchführen

Du lässt zunächst eine Internet-Suchmaschine nach dem Stichwort „Ägypten" suchen. Solche Suchmaschinen sind zum Beispiel Altavista (www.altavista.de), Google (www.google.de) oder die spezielle Kinder-Suchmaschine www.blindekuh.de (siehe M3). Wenn du die Internetadresse eingibst, erscheint eine Startseite mit einem Suchfeld, in das du den Begriff schreibst, über den du dich informieren möchtest.

2. Schritt: Suchabsicht festlegen, Überblick über das Suchergebnis bekommen

Damit du nicht planlos im Internet surfst, solltest du vorher genau festlegen, worüber du Informationen finden möchtest. Deine Fragen könnten z. B. lauten: Welche neuen Erkenntnisse haben Archäologen über Ägypten? Welche Museen informieren über die alten Ägypter? Wo gibt es zusätzliche Informationen über Ägypten? Du erhältst mithilfe der Suchmaschine eine Auswahl von Internetadressen. Meist ist aber die Zahl der „Treffer" sehr hoch, sodass du zuerst einmal einen Überblick bekommen musst, welche Internetseiten für dich Interessantes bieten.
Lies also zuerst die Überschriften und die Kurzerläuterungen in der Liste und überlege, welche Adressen für dich brauchbar sind.

3. Schritt: Ergebnisse ordnen

Wenn du entschieden hast, dass eine Webseite für dich interessant sein könnte, liest du dort die angebotenen Informationen. Achte dabei aber nicht nur auf die Bilder und Texte, sondern prüfe auch, wer die Seite verfasst hat. Handelt es sich um ein Unternehmen, das nur ein Produkt verkaufen will? Stehen die Informationen auf einer privaten Homepage oder sind es Veröffentlichungen einer Gemeinde, einer staatlichen Einrichtung (z. B. Museum, Universität)?

4. Schritt: Informationen speichern

Wenn du über das Wissen, das du durch deine Internetsuche neu erworben hast, länger verfügen willst, musst du die Informationen in geeigneter Weise speichern: Du kannst z. B. auf deinem PC die Adressen interessanter Webseiten als Favoriten sammeln, Texte und Bilder als Dateien speichern oder ausdrucken. Manchmal ist es auch sinnvoll, sich handschriftliche Notizen zu machen.

M2

Liste mit Internetlinks zu Ägypten

Google

Ägypten | Suche | Erweiterte Suche | Einstellungen

Suche: Das Web / Seiten auf Deutsch / Seiten aus Deutschland

Web

Ägypten – Wikipedia
Ägypten (arabisch مصر Misr, offiziell die Arabische Republik **Ägypten**), ist ein Staat im nordöstlichen Afrika. Die zu **Ägypten** gehörende Sinai-Halbinsel wird ...
de.wikipedia.org/wiki/Ägypten - 180k - Im Cache - Ähnliche Seiten

Ägypten Online Alles über Land und Leute, virtuelle Tour ...
Ägypten Online - News und Informationen rund um **Ägypten** Nilkreuzfahrten, Ägyptenurlaub und mehr ...
www.aegypten-online.de/ - 30k - Im Cache - Ähnliche Seiten

Das alte Ägypten
Hier gibts Infos über die Götter und Pharaonen des alten **Ägypten**. Der Alltag, die Hieroglyphen und der Totenkult im alten **Ägypten** gehören ebenso dazu wie ...
www.selket.de/ - 10k - Im Cache - Ähnliche Seiten

Ägypten-Seiten für Kinder bei der Blinden Kuh
Alte Kulturen, **Ägypten**-Seite - Rund um das alte **Ägypten** speziell für kleine und große Kinder.
www.blinde-kuh.de/egypten/ - 18k - Im Cache - Ähnliche Seiten

M3

Internetseite www.blinde-kuh.de

1 Entscheide, welche der in einer Google-Suche gefundenen Webseiten brauchbare Informationen zu Ägypten enthalten. Lege dazu eine Tabelle nach folgendem Muster an:

Nr.	Kurzbeschreibung	Entscheidung
1	Angebot eines Internet-Buchladens	scheidet (vorläufig) aus
2	...	...

2 a) Stellt in Gruppenarbeit „Hitlisten" mit fünf besonders guten Internetseiten zum Thema „Altsteinzeit", „Jungsteinzeit" und „Ägypten" zusammen. Denkt daran, die Internetadresse genau anzugeben, damit auch andere die Seite finden können.
b) Begründet in einem kurzen Text, warum euch die Seiten gefallen haben.
c) Vergleicht die Ergebnisse in der Klasse.

Schrift und Schreiber in Ägypten

Warum brauchten die Menschen eine Schrift?

Die Menschen in vorgeschichtlicher Zeit brauchten keine Schrift, da sie in kleinen, in sich abgeschlossenen Gruppen zusammenlebten. Berichte und Ereignisse wurden in einer Gruppe oder in einem Dorf schneller mündlich weitergegeben. Erst als sich um etwa 3000 v. Chr. größere Gemeinschaften bildeten und sich eine Arbeitsteilung entwickelte, begannen die Menschen wichtige Dinge schriftlich festzuhalten. Nur so konnten sie Nachrichten in alle Landesteile verbreiten, Listen über Ernteerträge erstellen, Hochwassertermine in einem Kalender festhalten und die Taten ihrer Herrscher an die kommende Generation weitergeben. Die Schrift war deshalb eine wichtige Voraussetzung für die Verwaltung eines Staates.

Die Hieroglyphenschrift

Die ältesten Schriftzeichen stammen wahrscheinlich aus Ägypten. Sie bestehen aus kleinen Bildern und Symbolen. Sie sind bis heute an Wänden von Tempeln und Gräbern erhalten. Die Griechen, die die Bedeutung dieser Schrift nicht kannten, nannten sie „Hieroglyphen", das heißt so viel wie „heilige Einritzungen".
Am Anfang benutzten die Ägypter Bilder, wenn sie etwas ausdrücken wollten, z. B. ein Eulenbild für Eule, ein Wasserbild für Wasser. Die Hieroglyphen wurden im Laufe der Zeit auch als Lautzeichen verwendet. Sie drückten eine bestimmte Silbe aus. Ein Wort konnte folglich aus einem einzigen Bildzeichen oder aus mehreren Lautzeichen bestehen. Mit der Zeit entwickelten die Ägypter mehrere tausend Hieroglyphen.
Nachdem die Bedeutung der Hieroglyphen lange ein Rätsel war, gelang es dem Franzosen François Champollion 1822, sie zu entziffern. Auf einem Stein aus dem Nildelta aus dem Jahr 196 v. Chr. entdeckte er einen Text, der sowohl in Hieroglyphen als auch in der bekannten griechischen Sprache geschrieben war. So konnte er die Hieroglyphen übersetzen.

Wer waren die Schreiber?

Nur wenige Ägypter konnten lesen und schreiben. Die Ausbildung zum Beruf des Schreibers war hart und eintönig. Sie begann im 5. Lebensjahr und dauerte etwa zwölf Jahre. Zugelassen waren Kinder aller Bevölkerungsschichten. Häufig waren es die Söhne von Schreibern, die diesen Beruf ergriffen, Mädchen dagegen selten, weil sie für die Hausarbeit ausgebildet wurden. Die Schreiber waren in der ägyptischen Gesellschaft sehr angesehen. Denn nur wer lese- und schreibkundig war, konnte Beamter oder Priester werden.

M1

Hieroglyphenschrift in einem Grab, Opferplatte der Nefertiabet, Kalkstein, um 2600 v. Chr. Die Königstochter Nefertiabet sitzt vor einer Opfertafel mit vielen Broten. In Hieroglyphenschrift werden die Dinge genannt, die die Verstorbene zu einem Weiterleben im Jenseits benötigt.

M2

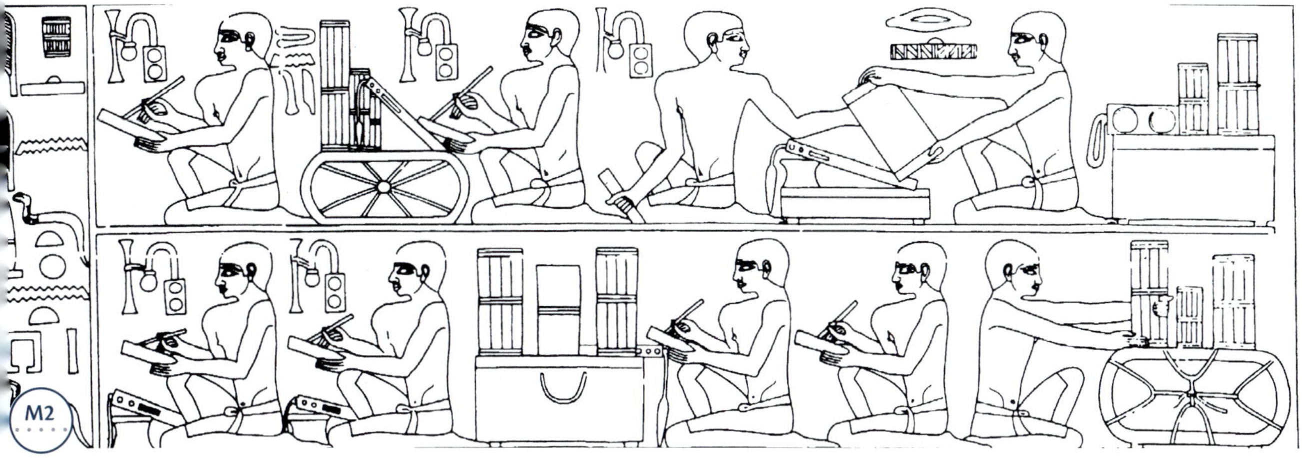

Ägyptisches Schreibbüro aus dem Grab des Beamten Ti, um 2450 v. Chr., Umzeichnung, 1999

M3

Die Stellung des Schreibers in der ägyptischen Gesellschaft

Ratschläge eines Schreibers für seinen Sohn um 2000 v. Chr.:

Kaum hat ein Schriftkundiger angefangen heranzuwachsen – er ist noch ein Kind –, so wird man ihn grüßen und als Boten senden; er wird nicht zurückkommen, um sich in den Arbeitsschurz zu stecken. Einen Bildhauer kann man nicht als Boten senden, noch einen Goldschmied, der ausgeschickt würde. Ich habe den Erzarbeiter bei seiner Arbeit beobachtet, an der Öffnung seines Schmelzofens. Seine Finger sind krokodilartig, er stinkt mehr als Fischlaich ... Der Steinmetz graviert mit dem Meißel in allerlei harten Steinen. Hat er die Arbeit vollendet, so versagen ihm seine Arme und er ist müde; wenn er sich abends hinsetzt, sind seine Knie und sein Rücken gebrochen. Der Barbier schert noch spät am Abend ... Siehe, es gibt keinen Beruf, in dem einem nicht befohlen wird, außer dem des Beamten; da ist er es, der befiehlt. Wenn du schreiben kannst, wird dir das mehr Nutzen bringen als alle die Berufe, die ich dir dargelegt habe.

Zit. nach Friedrich Wilhelm v. Bissing, Altägyptische Lebensweisheiten, München (Artemis) 1955, S. 57 ff.

Internettipp

www.blinde-kuh.de/egypten/translator.html

Hier kann jeder beliebige Text in Hieroglyphen übersetzt werden.

Begriffe und Daten

Hochkulturen

Merkmale einer Hochkultur wie im alten Ägypten sind: ein Staat mit zentraler Verwaltung und Regierung, Religion, Arbeitsteilung, Kenntnis einer Schrift, Zeitrechnung, Kunst, Architektur, Anfänge von Wissenschaft und Technik. Hochkulturen entwickelten sich häufig an großen Flüssen (siehe S. 52). Die ersten Hochkulturen entstanden ab etwa 3000 v. Chr. in Ägypten und in Mesopotamien.

1 Beschreibe M2 und erarbeite, was die Abbildung über die Bedeutung von Schrift und Schreibern im alten Ägypten aussagt.

2 Trage mithilfe des Darstellungstextes und M1 zusammen, wozu die Schrift im alten Ägypten notwendig war.

3 a) Nenne die Argumente, mit denen der Verfasser von M3 versucht, seinen Sohn vom Schreiberberuf zu überzeugen.
b) Ziehe Rückschlüsse auf das Ansehen des Schreibers in der ägyptischen Gesellschaft.

4 a) Spielt „stille Post“: Die folgende Nachricht wird flüsternd weitergegeben. Tragt die Nachricht am Schluss laut vor:
„Das Dorf Amsira benötigt ab der kommenden Woche 85 erwachsene Männer für den Tempelbau in Luxor. Jeder Arbeiter bekommt täglich ein Brot, drei Fische, zwei Kannen Bier und fünf Datteln als Lohn.“
b) Fasst zusammen, welche Bedeutung die Schrift für das Zusammenleben von Menschen hat.

Schreiben – auf Stein oder Papier?

Hieroglypheninschriften herstellen

Die Menschen im alten Ägypten verwendeten die unterschiedlichsten Schreibmaterialien. Wir kennen Inschriften auf Ton, Leder, Holz, Stoff und Papyrus. Am häufigsten sind Einritzungen auf Stein, zum Beispiel in Tempeln und Grabmalen, überliefert. Eine Inschrift kannst du dir selber ersatzweise auf Gips herstellen.

Arbeitsanleitung

Diese Materialien benötigst du:
- Modellgips
- eine Schachtel aus Pappe oder Kunststoff
- ein Stück feste Plastikfolie
- Papier und Bleistift
- Ritzwerkzeug (Schere oder Nagel)
- Pinsel
- Deckfarben

1. Schritt: Verrühre einen Teil Wasser und zwei Teile Gips zu einem Brei.

2. Schritt: Gieße den Brei in die mit Folie ausgelegte Form (A).

3. Schritt: Während der Gips trocknet (ca. 30 Minuten), schreibst du auf ein Blatt Papier mithilfe des Hieroglyphenalphabets deinen Namen.

4. Schritt: Wenn der Gips durchgehärtet ist, nimmst du ihn vorsichtig aus der Form und legst ihn mit der glatten Seite nach oben. Übertrage nun mit einem feinen Bleistift deinen Namen auf den Gips.

5. Schritt: Ritze die Bleistifthieroglyphen mit dem Ritzwerkzeug vorsichtig nach (B).

6. Schritt: Säubere die Vertiefungen mit dem Pinsel und male die Hieroglyphen mit Deckfarbe an (C).

M1 **Eine Inschrift auf Gips herstellen**

M2 **Ein Hieroglyphenalphabet,** Zeichnung, 1996

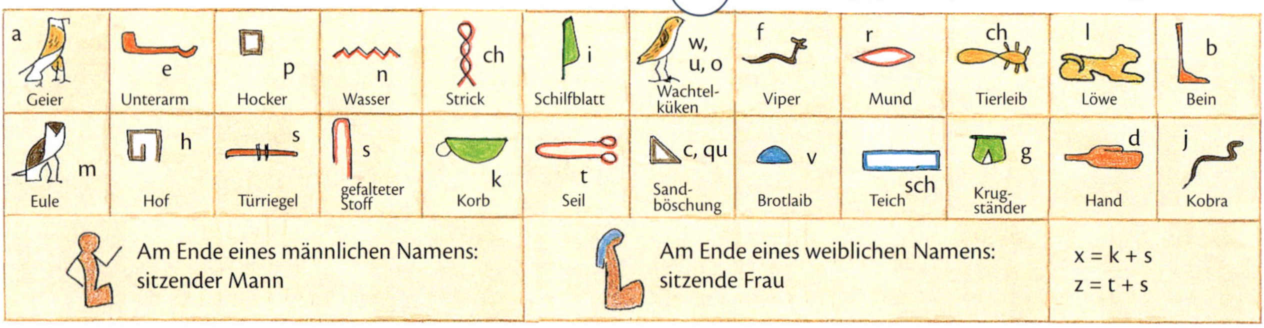

Lebenswelt altes Ägypten

Überprüfe, was du kannst

Sachkompetenz

1 Auf dieser Seite findest du Abbildungen bzw. Ausschnitte von Abbildungen, die alle vollständig in diesem Kapitel zu finden sind. Sie zeigen wichtige Merkmale einer Hochkultur. Finde heraus, welche es sind. Ziehe den Kasten „Hochkulturen" (S. 71) heran. Aufgepasst! Eine Abbildung aus einem anderen Kapitel ist versehentlich dazwischengeraten. Welche ist es?

2 Erkläre
a) wie der Nil das Leben der Menschen beeinflusst hat (S. 54 f.),
b) wie die altägyptische Gesellschaft aufgebaut war (S. 56 f.),
c) in welchem Zusammenhang Pharao, Pyramide und Mumifizierung zueinander stehen (S. 64–67).

Methodenkompetenz

3 Analysiere M2, S. 66 f., mithilfe der Methode „Ein Bild als Quelle" (S. 62 f.).

seit 3000 v. Chr.
Frühe Hochkulturen in Ägypten

seit 2500 v. Chr.
Bau der Pyramiden in Ägypten

30 v. Chr.
Der ägyptische Staat gerät unter die Herrschaft des Römischen Reiches

00 v. Chr. | 3000 v. Chr. | 2000 v. Chr. | 1000 v. Chr. | Christi Geburt

Ägypten – eine frühe Hochkultur

Leben nach den Regeln des Flusses

Mit Beginn der jetzigen Warmzeit um 9000 v. Chr. hatten sich die Menschen aus der allmählich austrocknenden Wüste an die wasserreichen Ufer des Nils zurückgezogen. Um die Überschwemmungen in den Griff zu bekommen, schlossen sie sich in Dorfgemeinschaften zusammen. Sie bauten Deiche und Bewässerungsanlagen und nutzten das lebensspendende Wasser für die Landwirtschaft. Bald ernteten sie mehr, als sie zum Leben benötigten. Die Nahrungsüberschüsse legten sie in Vorräten an, um bei folgenschweren Überschwemmungen oder in extremen Trockenzeiten das Überleben der Bevölkerung zu sichern. Dabei entdeckten sie, dass es von einer Nilüberschwemmung bis zur nächsten 365 Tage dauerte. Diese Erkenntnis nutzten sie für die Entwicklung eines Kalenders.

Die ägyptische Gesellschaft

Die Vorratswirtschaft ermöglichte es, dass nicht mehr alle Menschen ständig in der Landwirtschaft arbeiten mussten. So konnten sich Menschen auf andere Gebiete spezialisieren, wie z. B. den Deichbau, die Geräteherstellung für die Landwirtschaft sowie das Spinnen und Weben. Durch diese Arbeitsteilung entstanden neben den Bauern neue Berufsgruppen wie Handwerker und Händler. Für den Schutz der Menschen in Notzeiten oder in Kriegen sorgten Menschen in Heeres- und Verwaltungsstellen. Eine angesehene Stellung in der Gesellschaft hatten die Schreiber, die unterschiedliche Verwaltungstätigkeiten ausführten. Anordnungen wurden von oben nach unten gegeben. Es entstand eine hierarchische Ordnung in der Gesellschaft, die sich auch in unterschiedlichen Lebensstandards, wie z. B. beim Wohnen, zeigte.

Ein Flächenstaat entsteht

Im Laufe der Entwicklung entstand im alten Ägypten ein Staat, in dem jeder seinen Platz in einer festen Rangordnung einnahm. An der Spitze stand der Pharao. Er wurde wegen seiner großen Macht von den Ägyptern wie ein Gott verehrt. Der Wesir als Stellvertreter des Pharaos und schriftkundige Beamte verwalteten das Land. Sie herrschten über Bauern, Arbeiter, Handwerker und Sklaven. Als zentrales Hilfsmittel für die Verwaltung ihres Staates erfanden die Ägypter um 3000 v. Chr. die Hieroglyphenschrift.

Religion im alten Ägypten

Die Religion war geprägt von der Vorstellung, dass das Leben der Menschen von der Gunst des gottähnlichen Pharaos abhinge und dass man wie auch der Pharao nach dem Tod weiterlebe. Deshalb war es wichtig, am Bau der Pyramiden, der Grabmäler für die Pharaonen, mitzuarbeiten oder ihn zu unterstützen. Mit welchen Techniken die gewaltigen Bauwerke errichtet wurden, ist bis heute nicht genau geklärt.

Allen Menschen gemeinsam war die polytheistische Religion (unter Pharao Echnaton mit monotheistischer Tendenz). Die Anzahl der verehrten Götter war groß. So galten viele Naturerscheinungen als göttlich, wie die Sonne, der Mond, die Sterne, aber auch viele Tiere, wie das Krokodil und der Skarabäuskäfer. Häufig wurden Götter auch als Mischung zwischen Menschen- und Tiergestalt verehrt. Besondere Bedeutung genoss die Göttin Maat. Sie verkörperte Wahrheit, Gerechtigkeit und Ordnung und bestimmte auch das Leben des Einzelnen, was an Grabinschriften erkennbar ist. In das Reich der Toten konnte nur gelangen, wer vorher im Totengericht mehrmals seine Unschuld beteuert hatte, z. B. nichts Unrechtes gegen Menschen oder Tiere getan zu haben.

Die Entwicklung am Nil führte seit dem Beginn des 3. Jahrtausends v. Chr. zu einer der ersten bekannten Hochkulturen, wie sie etwa zeitgleich an Euphrat und Tigris, am Indus und am Huanghe entstanden.

Eine frühe Hochkultur – das Beispiel Ägypten

Zeit

- ab etwa 3000 v. Chr. Entstehung der Hochkultur
- um 2500 v. Chr. Bau der Pyramiden
- 30 v. Chr. Ägypten gerät unter die Herrschaft des Römischen Reiches

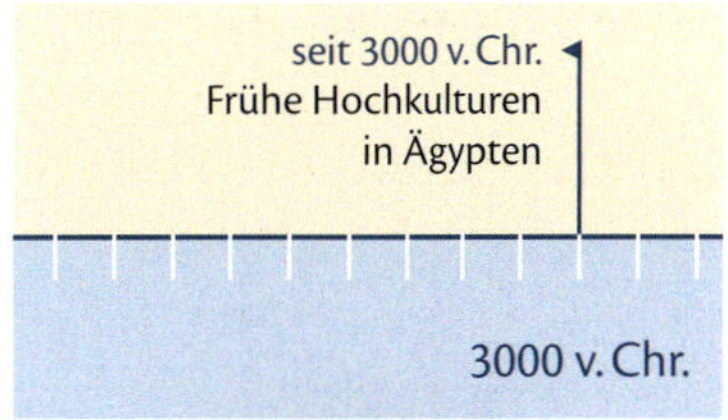

Herrschaft

- Königsherrschaft durch Pharaonen
- gottähnliche Stellung
- Aufgaben des Pharaos: Bewässerung, Nahrungs- und Vorratsbeschaffung, inneren und äußeren Frieden sichern

Gesellschaft

- hierarchischer Aufbau
- gesellschaftliche Arbeitsteilung: Spezialisierung in bestimmte Berufe und Gewerbezweige wie Landwirtschaft, Handwerk und Handel

Wirtschaft

- Abgaben- und Vorratswirtschaft mit zunehmender Arbeitsteilung, Spezialisierung und Kooperation
- Steuersystem für die Finanzierung der Staatsausgaben

Alltag

- Wohnen als Spiegel der gesellschaftlichen Unterschiede
- Bauern standen unter Abgabendruck
- Frauen hatten Rechte, waren aber nicht gleichberechtigt

Kultur und Wissenschaft

- Entwicklung des Kalenders
- Hieroglyphenschrift
- Entwicklung der Geometrie
- Techniken für Großbauten (z. B. Pyramiden) und Bewässerungsanlagen

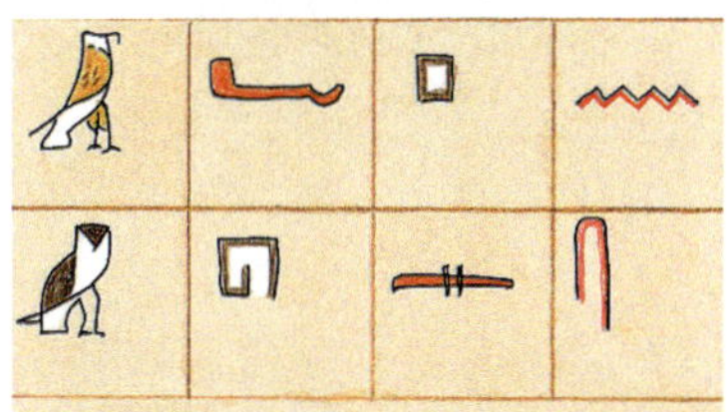

Religion

- Glaube an Weiterleben nach dem Tod
- enge Bindung des Einzelnen an den Pharao (Grabmal: Pyramide)
- Polytheismus (besondere Bedeutung der Maat)

3. Antike Lebenswelten – Griechen und Römer

Jeden Tag kommen heute viele tausend Besucher in die griechische Hauptstadt Athen und steigen auf die Akropolis. Das ist der Hügel, auf dem die Athener vor fast 2500 Jahren ihrer Schutzgöttin Athene einen großen Tempel, den Parthenon, errichtet haben. Auch das Kolosseum in Rom (kleines Bild) ist ein beliebter Anziehungspunkt für Touristen. Die Besucher interessieren sich für die „Spuren der Antike", die Welt der Griechen und Römer. Im heutigen Italien, in Griechenland und darüber hinaus im ganzen Mittelmeerraum, sogar bis nach England und bis in den Orient, zeugen Gebäudereste, Kunstwerke, Inschriften und Münzfunde vom Leben in der Welt der Antike.

Folgende Fragen leiten dich durch das Kapitel:

- ***Wie lebten die Menschen im antiken Griechenland?***
- ***Wie entstand das Römische Weltreich?***
- ***Wie lebten die Menschen im „Imperium Romanum"?***

1 Tragt zusammen, welche Informationen ihr den Abbildungen entnehmen könnt.

Lebenswelt griechische Polis

Wissen • Urteilen • Handeln • Methoden anwenden

Am Ende dieses Unterkapitels kannst du

- den Zusammenhang zwischen landschaftlicher Beschaffenheit und staatlich-gesellschaftlichem Leben erklären
- die griechische Kolonisation und ihre Gründe darlegen
- die religiöse und philosophische Weltdeutung der Griechen beschreiben
- Merkmale der athenischen Demokratie erläutern
- die Rollenverteilung in der athenischen Gesellschaft darstellen
- Ziele Athens als Wirtschaftsmacht nennen
- Gründe nennen, warum Sparta als Gegenmodell zu Athen gesehen wird
- **Methode** Mit Geschichtskarten arbeiten
- **Methode** Kunstwerke entschlüsseln
- **Methode** Schaubilder verstehen

Siedlungsraum der Griechen um 750 v. Chr.

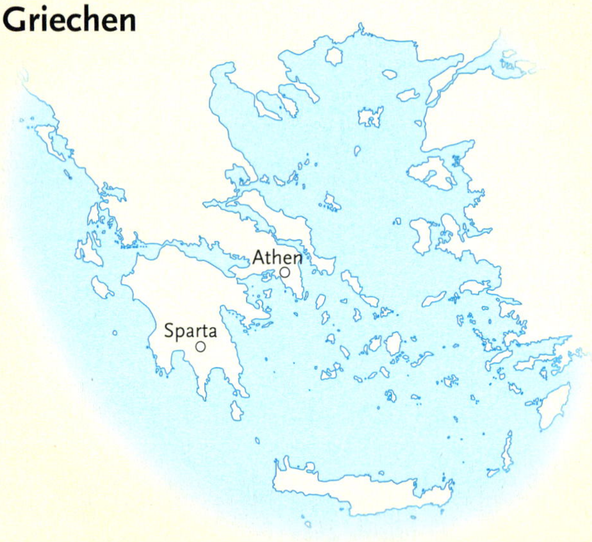

1700 bis 1200 v. Chr.	Mykenische Kultur
etwa 900 bis 700 v. Chr.	Entstehung der griechischen Stadtstaaten
seit 461 v. Chr.	Demokratie in Athen

Die griechische Polis

Die Landschaft prägt das Zusammenleben

Die höchste Erhebung Griechenlands befindet sich im Norden des Landes und ragt 2911 Meter in den Himmel: der Berg Olymp. Von hier bis zur Insel Kreta im südlichen Mittelmeer erstrecken sich unzählige Gebirgszüge und kleine Inseln. Die Berge und das Meer bestimmen das Leben der Griechen bis heute.

Als im 2. Jahrtausend v. Chr. kriegerische Völker nach Griechenland eindrangen, ließen sich die einzelnen Stämme bevorzugt an den Küsten oder in den nahe gelegenen Tälern nieder. Wollte man zueinander Kontakt aufnehmen oder miteinander Handel treiben, war der Seeweg der unbeschwerlichste und kürzeste Weg.

Das Leben der bäuerlichen Familien in Dörfern und Siedlungen kann man sich nicht schwer genug vorstellen. Der Boden war meist sehr steinig, hart und trocken. Wasser und fruchtbare Landstreifen gab es nur in wenigen Tälern. Dort wurden Gerste, Obst, Wein und Oliven angebaut. Auch an Weideland für Viehherden mangelte es. An den steilen Berghängen fanden nur Ziegen- und Schafherden Nahrung.

Ein Staat im Kleinen

Anders als in Ägypten lagen die griechischen Dörfer wegen der hohen Berge weit voneinander entfernt. Sie bildeten eigene kleine Staaten mit einer eigenen Ordnung. Deshalb gaben sie sich die Bezeichnung Stadtstaat (= griech. polis). An der Spitze vieler Poleis standen ein König oder einige reiche Familien. In größeren Stadtstaaten gab es einen befestigten Burgberg, den die Griechen Akropolis nannten. Auf der Akropolis lebte die Familie des Herrschers. Hier wurden auch Tempel für die Götter der Stadt gebaut.

Obwohl die Griechen in unterschiedlichen Poleis lebten, bewahrten sie sich eine gemeinsame Sprache und eine gemeinsame Schrift. Ein Handwerker aus Sparta sprach zwar einen anderen Dialekt als ein Bauer aus der Gegend von Athen, beide konnten sich aber ohne Probleme miteinander verständigen. Nach Ansicht der Griechen sprachen Völker, die das Griechische nicht beherrschten, ein unverständliches Kauderwelsch, das für sie wie „Bar – bar – bar" klang. Diese Menschen nannten sie deshalb „Barbaren", das heißt Fremde.

M1

Insel Delos, Foto, 1997, Blick vom Berg Kynthos auf den Hafen

1 Beschreibe anhand der Abbildung M1 und des Darstellungstextes Merkmale der griechischen Landschaft.

2 Zeige mithilfe des Darstellungstextes, wie die Griechen ihr „staatliches" Zusammenleben organisierten.

3 Erkläre, welche Bedeutung Schrift und Sprache für den Zusammenhalt der Griechen hatten.

Das frühe Griechenland – eine Spurensuche

Grabungen und schriftliche Quellen

Der Archäologe Heinrich Schliemann hatte 1874 die Erlaubnis erhalten, auf dem Gebiet der Stadt Mykene im Nordosten der Peleponnes Grabungen durchzuführen. In der Nähe der Burg entdeckte er ein Feld mit schachtförmigen Gräbern, in denen, ähnlich wie in Ägypten, die Toten mit reichen Grabbeigaben bestattet worden waren. Zu den weiteren Funden aus der Zeit der mykenischen Herrschaft (14. bis 12. Jh. v. Chr.) gehören Keramik, Schmuck und Waffen. Die einzige schriftliche Überlieferung findet sich auf Tontäfelchen, die in der Palastanlage gefunden wurden. In einer einfachen Schrift sind darauf die Vorräte und Ausrüstungsgegenstände der Herrscher vermerkt.

Seit ca. 800 v. Chr. finden sich schriftliche Zeugnisse aus dem frühen Griechenland. Die für uns wichtigsten Texte verfasste der Dichter Homer (8. Jh. v. Chr.). Er schrieb in Versen auf, was sich die Griechen seit Jahrhunderten über ihre Vorfahren erzählten. Diese Werke nennt man Epen (Sg.: Epos*). In dem Epos „Ilias“ schildert Homer die Belagerung der in Kleinasien gelegenen Stadt Troja. Das Epos „Odyssee“ berichtet vom Leben des Helden Odysseus, der erst nach langen Irrfahrten in seine Heimat zurückkehren konnte.

Leben im „Oikos“

Aus den Ausgrabungsfunden und den Dichtungen Homers haben Wissenschaftler geschlossen, dass fast alle Griechen – ob Bauern oder reiche Landbesitzer – in Hausgemeinschaften lebten. Im Haushalt (= griech. Oikos*), der sich mit einem großen Bauernhof vergleichen lässt, lebten die Familie, die Bediensteten, die Sklaven und das Vieh. Hier fanden die Menschen Schutz, Sicherheit, Nahrung und Kleidung. Der Hausherr hatte große Macht in der Familie. Er bestimmte zum Beispiel über die Heirat seiner Kinder, denn Besitz, Reichtum und Ansehen sollten erhalten bleiben. Wer nicht zu einem Oikos gehörte, hatte ein hartes Los. Das traf besonders die Theten*. Das waren Landarbeiter, die für wenig Lohn auf anderen Gütern arbeiten mussten. Ganz anders lebten die griechischen Adligen. Sie herrschten oft wie Könige in ihren Gebieten. Der griechische Dichter Hesiod verglich Adlige mit Nichtstuern, denen er das mühevolle Leben der Bauern gegenüberstellte.

M1

Das Löwentor der Burg von Mykene, Foto, um 1887. Über dieses Tor gelangte man in das Innere der Königsburg. Am rechten Pfeiler sind Heinrich und Sophie Schliemann zu sehen.

1 a) Beschreibe M1.
b) Formuliere Fragen, die ein Besucher beim Anblick des Löwentors von Mykene stellen könnte.

2 a) Kläre, welche Spuren etwas über das Leben im frühen Griechenland aussagen (linker Darstellungstext).
b) Nenne die Rückschlüsse, die daraus gezogen werden (rechter Darstellungstext).

3 Recherche: Informiert euch in Partnerarbeit über den Dichter Homer und über die beiden Epen „Ilias“ und „Odyssee“ (Lexika, Internet). Berichtet in der Klasse.

Die griechische Kolonisation

Warum gründeten die Griechen Kolonien?

Seit dem 8. Jahrhundert v. Chr. nahm die Bevölkerung in Griechenland stark zu. Die Ackerflächen reichten oft nicht aus, um die Ernährung der Menschen sicherzustellen. Verschlimmert wurde die Situation durch den hohen Holzbedarf für den Häuser- und Schiffsbau. Die Wälder wurden abgeholzt; der fruchtbare Boden, der durch die Wurzeln festgehalten worden war, konnte vom Regen weggespült werden. Viele Griechen sahen keinen anderen Ausweg, als ihre Heimat zu verlassen, um an einem anderen Ort neu anzufangen.
Die Siedlungen, die dort nach dem Vorbild der Heimatstädte neu gegründet wurden, hießen Kolonien.

Gemeinsamkeit trotz Trennung

Griechenland – das war nach der Kolonisation zwischen dem 8. bis 6. Jahrhundert v. Chr. eine Ansammlung von Stadtstaaten, die nach den Worten des Griechen Sokrates „wie die Frösche um einen Teich saßen". Im 5. Jahrhundert v. Chr. lebten in den Kolonien genauso viele Griechen wie im Mutterland – nämlich etwa drei bis vier Millionen. Obwohl manche Griechen mehr als tausend Kilometer voneinander entfernt lebten, bewahrten sie sich ähnliche Lebensweisen. Sie fühlten sich durch die gemeinsame Sprache, den Glauben an dieselben Götter, kultische Feste und Spiele verbunden. Zwei Poleis aus dem griechischen Mutterland spielten allerdings jahrhundertelang eine herausragende Rolle: Sparta und Athen.

Das Orakel von Delphi

Bei wichtigen Entscheidungen fragten die Griechen ein Orakel* um Rat. Die größte Bedeutung hatte der Apollontempel in der Kultstätte Delphi. Dort gab die Priesterin Pythia im Auftrag des Gottes Apollon den Menschen einen klugen Rat. Pythia saß auf einem hohen Stuhl und war in Weihrauchdämpfe eingehüllt, die als Rauschmittel wirkten. Ihre Antworten waren nie eindeutig und mussten von den Priestern erklärt werden. Frauen durften das Orakel nicht befragen.

M1

Griechen verlassen ihre Heimat

Der griechische Geschichtsschreiber Herodot (um 485–425 v. Chr.) berichtete, wie die Bewohner der griechischen Insel Thera (heute Santorin) im Jahr 631 v. Chr. die Kolonie Kyrene in Libyen gegründet hatten:

[Sieben Jahre lang blieb in Thera der Regen aus] … Auf ihre Anfrage beim Orakel* erinnerte die Pythia die Theräer an die Kolonisation in Libyen … Die Theräer bestimmten, dass aus allen sieben Gemeinden der Insel immer je einer von zwei Brüdern um die Auswanderung losen sollte. Führer und König der Auswanderer sollte Battos sein. So schickten sie zwei Fünfzigruderer nach Platea [Insel vor der Kyrenaika] … Hier wohnten sie zwei Jahre; aber es ging ihnen dort nicht gut. So ließen sie denn einen Einzigen aus ihrer Mitte zurück und alle Übrigen fuhren nach Delphi. Dort baten sie das Orakel um einen Spruch und erzählten, sie hätten sich in Libyen angesiedelt, aber es gehe ihnen trotzdem keineswegs besser, obwohl sie dort wohnten.
Darauf verkündete ihnen die Pythia Folgendes: „Kennst du besser als ich, der ich dort war, Libyens Herden: Dich, der du nicht dort warst, muss ich ob deiner Weisheit bewundern."
Als Battos und seine Leute dies hörten, segelten sie wieder zurück; denn offenbar ersparte ihnen der Gott die Ansiedlung nicht, bis sie nach Libyen selbst gekommen seien. Sie landeten auf der Insel, nahmen den Zurückgelassenen an Bord und siedelten sich auf dem Festland gegenüber der Insel an … Hier wohnten sie sechs Jahre. Im siebenten Jahr erboten sich die Libyer, sie an einen noch schöneren Platz zu führen. Sie entschlossen sich mitzugehen.

Herodot, Historien, IV 150–158, übers. von Josef Feix, München (Reclam) 1977, S. 613 ff. Bearb. d. Verf.

1 Erarbeite die Gründe, welche die Theräer zur Auswanderung bewegten (M1).

2 Kläre anhand des Darstellungstextes, warum die Griechen dem Orakel* so große Bedeutung beimaßen.

3 Versetze dich in die Situation eines Auswanderers. Seit einem Jahr wohnst du in Kyrene. Schreibe einen Brief an deine Verwandten in Thera, in dem du von deinen Erlebnissen berichtest. Ziehe die Informationen auf dieser Seite heran.

Mit Geschichtskarten arbeiten

Karten „lesen“

Du kennst schon eine Reihe von Karten: Wanderkarten, Stadtpläne und physische Karten von Ländern oder Kontinenten. Einige davon hast du im Erdkundeunterricht kennen gelernt. Historiker arbeiten oft mit speziellen Geschichtskarten. Geschichtskarten geben Auskunft darüber, wie ein Gebiet zu einem früheren Zeitpunkt ausgesehen oder sich entwickelt hat.
Auf dieser Doppelseite kannst du lernen, wie man eine Geschichtskarte richtig „liest“.

1 Erarbeite Informationen aus M1 mithilfe der Arbeitsschritte 1 bis 4.

2 Halte die Fragen fest, die mithilfe der Karte nicht zu beantworten sind.

3 Lies zur Kolonisation der Griechen auf Seite 81 nach und prüfe, welche deiner Fragen jetzt beanwortet werden können.

4 Beschaffe dir weitere Informationen zur griechischen Kolonisation und stelle deine Ergebnisse in der Klasse vor. Nutze die Schüler- oder Stadtbibliothek und das Internet.

5 Diskutiert in einer Gesprächsrunde, was diese Geschichtskarte leisten bzw. was sie nicht leisten kann.

Arbeitsschritte

1. Schritt: Das Thema einer Karte ermitteln und Fragen stellen

In der Regel haben Karten eine Überschrift, die das Thema der Karte angibt. Die Überschrift enthält fast immer eine Angabe über den dargestellten Zeitpunkt oder Zeitraum. Manche Karten zeigen zum Beispiel, wie die Landschaft ausgesehen hat, andere geben Auskunft über Städtegründungen, die Landwirtschaft oder die Bevölkerung eines Gebietes.
Wenn du dich über das Thema und die Zeitangabe orientiert hast, stellst du Fragen, die du mit der Karte beantworten möchtest. Zum Beispiel: Was bedeutet die Unterscheidung Mutterstädte – Tochterstädte? Wo haben die Griechen Kolonien gegründet? Gibt es Regionen, in denen gehäuft Kolonien zu finden sind?
Welche Gründe könnten dafür ausschlaggebend gewesen sein?

2. Schritt: Die Kartenlegende deuten

In der Kartenlegende werden alle Farben, Schattierungen und Zeichen erklärt, die auf der Karte zu sehen sind. Kartenlegenden sind nicht immer gleich ausführlich. Einige erklären sämtliche Kartenelemente, andere nur die Besonderheiten der gerade abgebildeten Karte.

3. Schritt: Den Maßstab feststellen

Wichtig für den Umgang mit Karten ist eine genaue Vorstellung von den dargestellten Entfernungen. Hier hilft die Maßstabsleiste weiter. Mit diesem Kartenelement kannst du zum Beispiel ermitteln, wie groß die Entfernung zwischen zwei Städten ist. Bei Geschichtskarten ist der Maßstab oft in Form einer Entfernungsleiste mit Kilometerangaben dargestellt.

4. Schritt: Die Aussagen der Karte zusammenfassen und die Fragen beantworten

Beschreibe die Zeichen und die Farbgebung der Karte. Damit erhältst du eine Vorstellung von den Bedingungen in dem abgebildeten Gebiet.
Stelle fest, wie die Geschichtskarte deine Fragen aus dem 1. Schritt beantwortet. In unserem Beispiel kannst du Aussagen über Verbindungen zwischen den Mutter- und Tochterstädten, die Entfernungen und die Häufung der Gründungen in bestimmten Regionen des Mittelmeerraumes machen.

5. Schritt: Weitere Informationen beschaffen

Um beispielsweise genaueres Wissen über die Art der Kolonisation und deren Folgen in den eroberten Gebieten zu erhalten, kannst du dich in Reiseführern z. B. aus deiner Stadtbibliothek und im Internet informieren.

M1

Die Kolonisation der Griechen vom 8. bis zum 6. Jahrhundert v. Chr.

Zu Schritt 2:

In der Kartenlegende wird zwischen Mutterstadt (Muttergebiet) und Tochterstadt unterschieden. Das deutet darauf hin, dass zwischen Mutterstadt und Tochterstadt eine enge Verbindung bestand, z. B. im politischen Bereich (Tochterstadt auch als Polis?), aber auch wirtschaftlich (Handel, Rohstoffe) und religiös-kulturell (Feste, Kulte, Kalender). Außerdem wird deutlich, dass einzelne (Mutter-)Städte wiederum einzelne (Tochter-)Städte gegründet haben, es also keine größeren Gebietseroberungen gab. Entsprechend den unterschiedlichen Farben können die jeweiligen Kolonie-Gründungen durch die Poleis unterschieden werden.

Zu Schritt 4:

Die Karte zeigt, dass Kolonien gründet wurden an der kleinasiatischen Westküste (heutige Türkei), im Schwarzmeergebiet, in Sizilien, Süditalien und Südfrankreich, kaum an der Nordküste des afrikanischen Kontinents. Auffällig ist die Gründung der Kolonien an den Festlandküsten und auf Inseln. Das lässt darauf schließen, dass Schiff und Seeweg, nicht aber Landverbindungen die vorrangigen Transportmittel bzw. -wege waren. Gründe für die Kolonisation lässt diese Karte nicht erkennen. Sie müssten aus anderen Quellen gewonnen werden.

M2

Lösungshilfen zu Arbeitsauftrag 1

Die Olympischen Spiele

Mehr als ein Sportfest

Die ersten Olympischen Spiele fanden im Jahr 776 v. Chr. statt. Alle vier Jahre veranstaltete die auf dem Peloponnes gelegene Stadt Elis sportliche Wettkämpfe. Wie heute gab es Regeln und Preise. Ein Verstoß gegen diese Regeln war mit einer hohen Geldstrafe belegt.

Im Unterschied zu den heutigen Olympischen Spielen hatten die antiken allerdings einen streng religiösen Charakter: Der Veranstaltungsort war das alte Heiligtum Olympia, wo die Wettkämpfe zu Ehren des Göttervaters Zeus ausgetragen wurden. Aus allen griechischen Poleis reisten Sportler und Zuschauer dorthin und erlebten ihre Zusammengehörigkeit. Während der Spiele musste in ganz Griechenland Frieden herrschen. Den Zeitraum zwischen den Spielen nannten die Griechen Olympiade. Er bildete die Grundlage des griechischen Kalenders.

Aber längst nicht jeder konnte nach Olympia fahren. Ein Handwerker z. B. konnte es sich nicht leisten, seine Werkstatt wochenlang zu schließen. Außerdem war das Reisen beschwerlich und teuer. Frauen, Sklaven und Nichtgriechen war es streng verboten, den heiligen Bezirk von Olympia zu betreten.

Im 5. Jahrhundert n. Chr. wurden die Spiele vom christlichen Kaiser Theodosius I. abgeschafft, weil sie als heidnisch galten. Die ersten Olympischen Spiele der Neuzeit fanden 1896 in Athen statt. Bis heute legen die Sportlerinnen und Sportler zu Beginn der Spiele ein Gelöbnis ab: Sie versprechen, die Regeln zu achten, zum Ruhme des Sports und zur Ehre der Mannschaften zu kämpfen.

M1 **Allkampf,** Vasenmalerei, 332/331 v. Chr. Im Allkampf waren Ringergriffe und Faustschläge erlaubt. Links steht ein Kampfrichter, rechts ein zuschauender Athlet.

M2

Der Ablauf der Olympischen Spiele

So liefen die Olympischen Spiele im 5. Jahrhundert v. Chr. ab:

1. Tag: feierliche Eröffnung der Spiele durch Opfer im heiligen Bezirk. Aufstellung der Kämpferlisten. Die Athleten leisten den olympischen Eid vor dem Standbild des Zeus.

2. Tag: Wagenrennen. Fünfkampf, bestehend aus Diskus, Weitsprung, Speerwurf, Stadionlauf (192 m), Ringen. Totenopfer für Pelops.

3. Tag: Festprozession zum heiligen Bezirk. Entzünden der Fackeln am Altar der Göttin Hestia. Teilnehmer an der Prozession sind: Herolde [Boten] und Trompeter, Kampfrichter, Priester und Opfertiere, Vertreter der Behörden und „ausländische" Gesandtschaften, die Wettkämpfer, Pferde und Wagen der Teilnehmer an den Wagenrennen. Am Altar vor dem Zeustempel wird das heilige Opfer dargebracht. Am Abend findet ein großes Festessen statt.

4. Tag: schwerathletische Kämpfe: Ringen, Faustkampf, Allkampf, Waffenlauf.

5. Tag: Siegerehrung im Zeustempel. Dankopfer zu Ehren des Zeus.

Zusammengestellt nach Heinz Dieter Schmid, Fragen an die Geschichte, Bd. 1, 6. Aufl., Berlin (Cornelsen) 1983, S. 46.

M3

Mehr als ein Wettkampf

Der Redner Isokrates (436–338 v. Chr.) schrieb über die griechischen Feste:

Mit Recht werden unsere Vorfahren gelobt, weil sie unsere Festversammlungen stifteten und uns dadurch eine Sitte überlieferten, die uns so viel Gutes bringt. Seither kommen wir zu den verschiedenen Spielen zusammen, sobald der Gottesfriede verkündet ist und alle Feindschaften begraben sind. Wir bringen hier gemeinschaftlich unsere Opfer dar, verrichten gemeinsam Gebete, werden uns unserer Verwandtschaft bewusst, erneuern Gastfreundschaften und schließen für die Zukunft neue Freundschaften.

Isokrates, Reden. Übers. d. Verf.

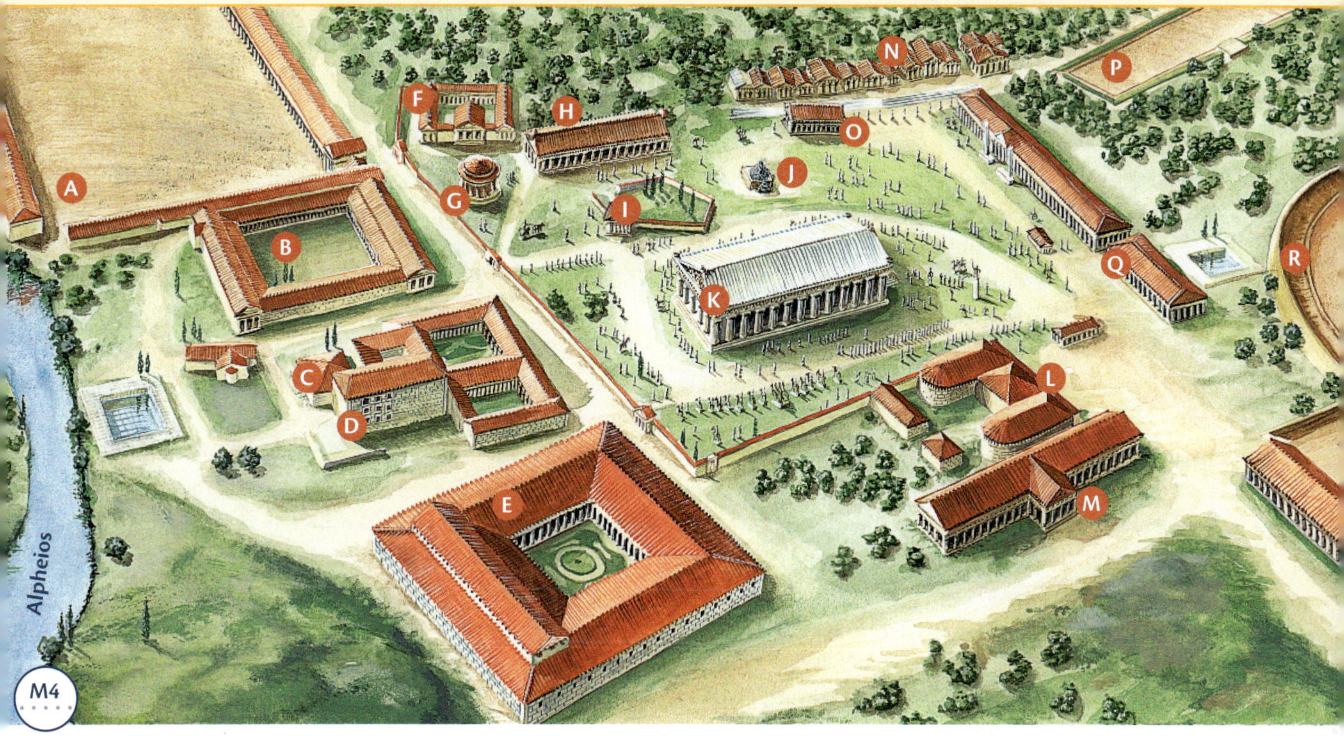

M4

Die Anlage des heiligen Bezirks von Olympia, Rekonstruktionszeichnung, 1995.
A Gymnasion (Sportplatz); **B** Trainingsplatz für Ringer und Faustkämpfer; **C** Amtssitz der olympischen Priester; **D** Werkstatt des Bildhauers Phidias (hier wurde die Statue des Zeus hergestellt); **E** Gästehaus; **F** Amtssitz hoher Verwaltungsbeamter; **G** Grab des Königs Philipp; **H** Heratempel; **I** Grab des Königs Pelops (nach ihm wurde die griechische Halbinsel Peloponnes benannt); **J** Zeusaltar; **K** Zeustempel mit Zeusstatue; **L** Buleuterion (hier wurde der olympische Eid abgelegt); **M** Südhalle; **N** Schatzhäuser; **O** Tempel der Kybele; **P** Stadion (Bahn für Wettläufe); **Q** Ostbäder; **R** Pferderennbahn.

Wettlauf der Frauen, Vasenmalerei, 5. Jh. v. Chr.
Zu Ehren der Göttin Hera wurden alle vier Jahre zwischen den Olympischen Spielen Frauenwettkämpfe ausgetragen. Es gab nur eine einzige Übung: einen Lauf von ca. 160 Metern, der in drei Altersklassen ausgetragen wurde.

M5

1 Stelle zusammen, in welchen der in M2 aufgelisteten Sportarten heute noch Wettkämpfe stattfinden.

2 a) Beschreibe M1.
b) Erläutere, wie der Vasenmaler den Wettkampf dargestellt hat.

3 a) Stelle anhand von M5 dar, welche Rolle Frauen – im Vergleich zu Männern (M1) – bei Sportwettkämpfen in Griechenland spielten.
b) Vergleiche mit der heutigen Zeit.

4 a) Erarbeite aus M4, welchen Verwendungszweck die einzelnen Gebäude hatten.
b) Erkläre, warum das Olympiagelände „heiliger Bezirk" genannt wurde. Ziehe den Darstellungstext heran.

5 **Recherche:** Informiert euch in Partnerarbeit über die „Friedenspflicht" früher (M3) und heute.

Die Griechen deuten ihre Welt

Die griechischen Götter – menschliche Wesen?

Die Griechen glaubten, dass die Götter auf dem Olymp in einer großen familiären Hausgemeinschaft lebten. Der Hausherr war Zeus. Jeder Gott war für einen eigenen Bereich zuständig und wurde mit einem entsprechenden Gegenstand dargestellt. Der Meeresgott Poseidon zum Beispiel hatte einen Dreizack, mit dem er das Meer aufwühlte. Apollon, der Gott der Wahrheit und der Kunst, trug eine Leier. Die Götter unterschieden sich aber auch von den Menschen: Sie blieben ewig jung, schön und galten als unsterblich.

In der griechischen Sagenwelt treten die Götter neben den Menschen als handelnde Personen auf. So erzählt Homer in seinen Epen, wie sich die Götter in den Kampf um Troja eingemischt und beide Kriegsparteien unterstützt haben. Dazu verkleideten sie sich als menschliche Helden, verhüllten den Angreifern die Augen mit Nebel oder lenkten die Lanzen der Krieger nach ihrem Willen.

Feste zu Ehren der Götter

Alle Griechen, ganz gleich, ob sie aus Samos, Milet, Athen, Sparta oder Korinth kamen, glaubten an dieselben Götter. Sie begegneten ihnen mit Respekt und Ehrfurcht. Vor wichtigen Entscheidungen fragten sie sie um Rat und versuchten sie günstig zu stimmen. Wenn sich eine griechische Familie zur Mahlzeit traf, wurde auf dem Hausaltar ein Teil der Speise und des Weins geopfert. In jeder Polis gab es Tempel zu Ehren des Zeus, der Athene oder des Apollon, wo man seine Opfer darbringen konnte. Viele Städte veranstalteten große Feste zu Ehren der Götter und luden dazu die Menschen aus allen Kolonien ein. Das wichtigste Fest der Griechen waren die Olympischen Spiele.

Die Suche nach Weisheit

Wenn wir heute ein Gewitter oder ein Erdbeben erklären wollen, greifen wir auf die Erkenntnisse der entsprechenden Naturwissenschaften, wie z. B. die Meteorologie und die Geologie, zurück. Im alten Griechenland wurden lange Zeit Götter als Ursprung der Natur, der Menschen und der Dinge betrachtet. Aber es gab auch Menschen, die diese Ansicht infrage stellten: Philosophen (= griech. Weisheitsliebende oder Weisheitssuchende) suchten seit dem 6. Jahrhundert v. Chr. die Ursache für die Entstehung der Welt und der Menschen in der Natur selbst.

M1 **Zweikampf im Trojanischen Krieg,** Vasenmalerei, um 490 v. Chr. Zwischen dem Griechen Achilleus (links) und dem Trojaner Hektor (rechts) steht Athene (Göttin des Krieges). Die Tochter des Zeus wird meist mit Helm, Schild oder Speer dargestellt.

M2

Wie sich drei griechische Philosophen vielleicht vorgestellt hätten

Sokrates (470–399 v. Chr.):

Platon (427–347 v. Chr.):

Aristoteles (384–322 v. Chr.):

2A „Ich weiß, dass ich nichts weiß." Das ist mein Leitgedanke für meine philosophische Arbeit. Ich beschäftige mich vor allem mit der Frage, was „richtiges" und was „falsches" Handeln ist. Mit meinen Reden errege ich in der Öffentlichkeit viel Aufmerksamkeit. Man wirft mir vor, die Jugend verführt und zum Aufruhr überredet zu haben. Nun bin ich deshalb zum Tode verurteilt worden. Obwohl ich fliehen könnte, werde ich den Becher mit dem Gift der Schierlingspflanze trinken.

2B Ich war einer der Schüler von Sokrates und habe die Gespräche und Gedanken meines Lehrers aufgezeichnet. Ich reise gerne. Außerdem befasse ich mich mit der Frage, welcher Staat für die Menschen am besten ist. Ich bin überzeugt, dass es irgendwann einmal die ideale Polis geben wird.

2C Ich war Platons Schüler und habe nach seinem Tod in Athen eine Schule und eine Bibliothek gegründet. Nach meiner Auffassung brauchen wir einen Ort, wo das ganze Wissen unserer Zeit zusammengefasst wird. Alle Dinge müssen wir genau beobachten, wenn wir herausfinden wollen, wie sie funktionieren. Außerdem beschäftige ich mich mit den Gesetzen, nach denen unser Denken funktioniert.

M2A–M2C: Verfassertext

M3

Götter und Menschen

In dem Epos „Ilias" warnt der griechische Gott Apollon Diomedes:

Gegen Aeneas aber stürmte der gute Rufer Diomedes, / Der doch erkannte, dass selbst über ihn die Hände hielt Apollon. / Aber er scheute auch nicht den großen Gott und strebte immer, / Aeneas zu töten und ihm die berühmten Waffen abzuziehen. / Dreimal sprang er an, ihn zu töten begierig; Dreimal stieß ihm gegen den schimmernden Schild Apollon. / Doch als er nun das vierte Mal anstürmte, einem Daimon gleichend, / Da sprach mit schrecklichem Zuruf zu ihm der Ferntreffer Apollon: „Besinne dich, Tydeus-Sohn, und weiche! und wolle nicht Göttern / Gleich gesonnen sein, da niemals vom gleichen Stamm / Die unsterblichen Götter sind und die am Boden schreitenden Menschen!"

Homer, Ilias V, 432–442; übers. v. W. Schadewaldt, Homer, Ilias, 1975, S. 84.

Begriffe und Daten

Antike

Der Ausdruck bezeichnet allgemein die politische Geschichte des klassischen Altertums und die kulturellen Leistungen (z. B. Literatur, Philosophie) in dieser Zeit, die bis in unsere Gegenwart hinein wirken.

1 Untersuche, wie in M1 das Verhältnis von Göttern und Menschen bei den Griechen dargestellt wird.

2 a) Lies M3 durch. Kläre: Wer ist „Aeneas", „Apollon" und „Diomedes".
b) Beantworte die Überschrift des linken Darstellungstextes.

3 Gib die „Leitgedanken" der Philosophen mit deinen eigenen Worten wieder (M2).

4 **Recherche:** Suche in der Schulbibliothek nach Sagen des griechischen Altertums. Stelle deine Lieblingssage in der Klasse vor.

Kunstwerke entschlüsseln

Kunstwerke sind Quellen

Kunstwerke wie zum Beispiel Statuen, Bauwerke oder Gemälde vermitteln uns eine anschauliche Vorstellung vom Alltag, von der Wirtschaft oder der Politik in früheren Zeiten. Sie teilen uns auch viel über die Ideen und den Geschmack der Menschen mit, die die Kunstwerke damals schufen oder bewunderten.
Im Unterschied zu schriftlichen Quellen sind Kunstwerke oft schwerer zu entschlüsseln. Wie bei der Entschlüsselung eines Bildes stellst du Fragen an das Kunstwerk.

Die Kunst der Griechen

Tempel und Statuen, bemalte Schalen und Vasen zeugen von dem großen handwerklichen und künstlerischen Können der Griechen. Heute noch beeindrucken uns die Genauigkeit und die Klarheit der Formen, mit denen die Griechen uns ihre Vorstellung von idealer Schönheit überliefert haben. Die Darstellungsweise der Kunstwerke veränderte sich im Laufe der Jahrhunderte. Kunsthistoriker teilen die griechische Kunst in folgende Epochen ein:
- Die geometrische Kunst (11.–8. Jahrhundert v. Chr.)
- Die archaische Kunst (8.–6. Jahrhundert v. Chr.)
- Die klassische Kunst (5.–4. Jahrhundert v. Chr.)
- Die hellenistische Kunst (4.–1. Jahrhundert v. Chr.)

M1

Amphore (Aufbewahrungsgefäß). Die Tonvase wurde 894 v. Chr. in einer Athener Werkstatt hergestellt.

Arbeitsschritte

1. Schritt: Künstlerische Auswertung
- Was ist dargestellt? Aus welchem Material wurde das Kunstwerk geschaffen?
- Wie wirkt das Dargestellte auf mich? Warum gefällt es mir (nicht)? Was wirkt fremd, was kommt mir bekannt vor?
- Wie bildet der Künstler die Personen ab? Achte auf Einzelheiten des menschlichen Körpers und der abgebildeten Gegenstände.

2. Schritt: Historische Auswertung
- Wann, wo und für welchen Zweck ist das Kunstwerk entstanden? Beachte die Bildlegende.
- Welche Informationen vermittelt das Dargestellte über den Alltag der damaligen Zeit? Beachte z. B. die Kleidung, Frisur und Einrichtungsgegenstände.
- In welcher Beziehung stehen die dargestellten Personen zueinander?

M2

Faustkämpfer nach dem Sieg, Bronzestatue, Rom, um 50 v. Chr.

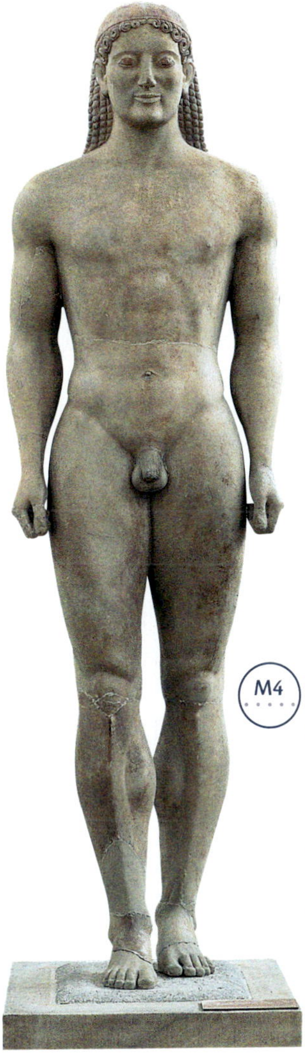

M4

Attischer Jüngling („Kuros"), Marmorstatue aus Attika, um 530 v. Chr. Mit diesen Statuen junger Männer („Kuroi") schmückten die Griechen Heiligtümer und Tempel.

- *Mit geometrischen Mustern verzierte Tonvase; im Bauchteil Darstellung von Soldaten auf Streitwagen, darunter Hopliten*.*
- *Wirkt ruhig durch regelmäßiges Muster; warme Farben; Kriegsszene auf einer Vase ungewohnt.*
- *Menschen und Pferde in einfachen Pinselstrichen gezeichnet, ungenaue Größenverhältnisse, Gesichter undeutlich; „Strichmännchen".*
- *894 v. Chr., Töpferwerkstatt in Athen, Verzierung eines Gebrauchsgegenstandes.*
- *Hopliten mit Schild, Speer, Helm, Beinschienen bewaffnet; im Kampf wurden Streitwagen eingesetzt.*
- *Durch die Anordnung (Streitwagen oben, Hopliten unten) könnte eine Rangordnung zum Ausdruck gebracht werden.*

M3

Lösungshilfe zu M1

1 Beschreibe die beiden Figuren M2 und M4 mithilfe der Arbeitsschritte. Erläutere die Unterschiede in der Darstellungsweise.

2 a) Prüfe bei allen Kunstwerken dieser Doppelseite, welche Informationen du über das Leben in Griechenland erhältst.
b) Ordne sie anschließend einer der vier griechischen Kunstepochen zu.

3 Nicht nur Vasen und Statuen sind Kunstwerke. Suche in diesem Kapitel Abbildungen, von denen du meinst, dass sie Kunstwerke darstellen, und begründe deine Ansicht.

Demokratie in Athen

Athen verändert sich

Wir begleiten den 16-jährigen Kleon im Jahr 442 v. Chr. auf einem Spaziergang durch Athen: Von der Akropolis tönt Baulärm herüber. Am höchsten Ort der Stadt soll Athene ein prachtvoller Tempel errichtet werden. Denn ohne den Beistand der Schutzgöttin hätte der mutige Kampf der Griechen gegen die Perser keinen Erfolg gehabt. Kleon blickt über die Stadt: Unten auf der Agora* herrscht geschäftiges Markttreiben. Seitdem Perikles (s. S. 92) in Athen das Sagen hat, verändert sich ständig etwas. Überall wird gebaut: Tempel, Wohnhäuser, Straßen ... Um Athens Zugang zum Meer zu schützen, ist die breite Straße zum Hafen Piräus gesichert worden. Die „Langen Mauern" sind jetzt schon berühmt in ganz Griechenland. Stolz hat Kleon neulich seinen Onkel aus Eretria dorthin geführt. Der hat aber nur laut geschimpft. Dass die Bauwerke Athens auf Kosten der Bundeskasse entstehen, findet er nicht in Ordnung. Die Polis Eretria zahle einen hohen Beitrag in die gemeinsame Kasse des Seebundes! Warum aber soll seine Heimatstadt für Athen in die Tasche greifen?

Die Pnyx

Im Südwesten liegt die Pnyx. Auf diesem in eine Felskuppe gehauenen Platz findet 40-mal im Jahr die Volksversammlung der Athener statt. Dicht gedrängt stehen dann die Männer zusammen. Gut, dass nie alle Mitglieder Zeit haben, an der Volksversammlung teilzunehmen. Denn über 20 000 Personen würden hier niemals Platz finden! Die Versammlung kann über alles abstimmen, auch über die kleinsten Dinge. Jeder Athener Bürger hat das Recht, auf der Pnyx zu reden. Tatsächlich aber gehört einiges dazu, eine Versammlung dieser Größe zu überzeugen. Nur die Männer mit genügend Bildung, Erfahrung und Redekunst bringen Anträge ein. Sie heißen Demagogen*. Perikles ist das beste Beispiel: Von seinen Auftritten auf der Pnyx spricht ganz Athen. Den armen Athenern, von denen viele als Ruderer den Sieg gegen die Perser errungen haben, hat er neulich noch mehr politische Rechte versprochen. Kein Wunder, dass gerade sie ihn zum Feldherrn gewählt haben. Aber die Athener konnten auch einen Politiker absetzen: Auf der Versammlung schrieben sie seinen Namen auf Tonscherben (Scherbengericht). Die Mehrheit der Stimmen entschied.

Der Areopag

Nicht weit von der Pnyx liegt der Areopag*. Nach diesem Hügel wird auch der Rat genannt, der hier tagt. Früher war der Areopag das wichtigste Gericht und er kontrollierte die Beamten. Im Areopag saßen reiche und einflussreiche Adlige, die vorher hohe Ämter innegehabt hatten. Seitdem haben sich die Zeiten aber geändert. Kleons Vater erzählt noch oft, welchen Aufruhr es 461 v. Chr. gab, als die Macht des Adelsrats endgültig gebrochen wurde. Damals war es den Theten* gelungen, die Volksversammlung auf ihre Seite zu bringen. Der Areopag hatte seitdem nur noch die Aufgabe, bei Mordfällen das Urteil über Leben und Tod zu sprechen. Sämtliche Regierungsaufgaben waren an den Rat der Fünfhundert und an die Volksversammlung gefallen. Seit dieser Zeit, so hatte der Vater erklärt, herrsche in Athen die Staatsform der Demokratie.

Der Rat der Fünfhundert

Am Rand der Agora* kann Kleon die beiden viereckigen Gebäude erkennen, in denen die Ratsvorsitzenden tagen. Kleon erinnert sich noch gut an das Jahr, als sein Vater in den Rat der Fünfhundert gelost worden war. Er half dort, die Volksversammlungen vorzubereiten, und wachte mit anderen darüber, dass die Beamten die Beschlüsse der Volksversammlung richtig ausführten. Für einen Monat führen 50 der Ratsmitglieder den Vorsitz im Rat. Während dieser Zeit wohnen sie im Zentrum der Stadt. Kleon hatte nach der Schule immer den Umweg über die Agora gemacht, um einen Blick von seinem Vater zu erhaschen, wenn der zum Essen in den Rundbau ging.

M1 **Die Agora,** Rekonstruktionszeichnung, 1999

Das Volksgericht

Voller Ehrfurcht blickt Kleon auf den ummauerten Platz, der neben der breiten Marktstraße liegt. Jeden Tag werden hier die Richter für die einzelnen Abteilungen des Volksgerichts ausgelost. So verhindern die Athener, dass Kläger oder Angeklagte die Richter vor dem Prozess bestechen können. Neuerdings werden die Richter und alle anderen Athener, die ein politisches Amt erhalten haben, aus der Staatskasse bezahlt. Schließlich sollen auch die ärmeren Bürger die Möglichkeit haben, ein politisches Amt zu übernehmen. Ohne die Bezahlung der so genannten Diäten könnten sie es sich nicht leisten, ihre Landwirtschaft oder ihren Handwerksbetrieb zu verlassen.

Politik kommt von Polis

Von dem Wort „Polis“ ist das Wort „Politik“ abgeleitet. Dieses Wort verwenden wir heute, wenn Menschen darüber verhandeln, welche Rechte und Pflichten sie als Bürger in ihrem Staat haben und Gesetze beschlossen werden, an die sich alle Bürger halten müssen.

In den Stadtstaaten Griechenlands stand immer eine Frage im Mittelpunkt: Wie kann das Zusammenleben der Bewohner am besten organisiert, die Macht am besten verteilt werden? Von den Athenern wissen wir, dass sie im Laufe der Jahrhunderte eine Ordnung fanden, in der viele der Polisbewohner zufrieden lebten. Das lag vor allem daran, dass sich die Athener, wenngleich nur die freien Männer, gleichberechtigt an den Entscheidungen der Polis beteiligen konnten und sich für die Geschicke ihres Stadtstaates verantwortlich fühlten. Diese Ordnung nannten die Griechen „Demokratie“. Wenn heute viele Europäer behaupten, dass ihre Wurzeln im antiken Griechenland liegen, dann denken sie meistens an die demokratische Staatsform, die die Bürger der Polis Athen „erfunden“ haben.

1 Kleon, der (erfundene) Jugendliche im Darstellungstext, spricht davon, dass sich in Athen viel verändert hat. Liste die Veränderungen auf.

2 Kleon erklärt seinem Freund aus Korinth, wie die athenische Demokratie funktioniert. Formuliere, was er ihm sagen könnte.

Das Zeitalter des Perikles

Biographie

Perikles

Perikles (um 490–429 v. Chr.) war nach 460 v. Chr. ein führender Politiker in Athen. Von 443 bis 429 v. Chr. wurde er jedes Jahr erneut zum Strategen gewählt, also zu einem der zehn Beamten, die das Landheer und die Flotte Athens führten. Der attische Geschichtsschreiber Thukydides (um 460–400 v. Chr.) sagte, Athen sei in dieser Zeit nur dem Namen nach eine Demokratie gewesen, in Wirklichkeit habe der erste Mann (nämlich Perikles) geherrscht. Aber auch Perikles musste immer wieder die Volksversammlung für sich gewinnen.

Begriffe und Daten

Demokratie

Nach den griechischen Wörtern demos (= Volk) und kratein (= herrschen) Bezeichnung für eine Staatsform, in der das Volk über die Politik eines Staates entscheidet. In vielen griechischen Stadtstaaten nahmen alle männlichen Bürger an den Beratungen und Beschlüssen der Polis teil. In den meisten modernen demokratischen Staaten dagegen wählen alle erwachsenen wahlberechtigten Männer und Frauen ein Parlament, das ihre Interessen vertritt.

Die Polis Athen

Die Ausformung der Demokratie machte Athen zu einem Staat, der auch für die modernen Staaten unserer Zeit als Vorbild dienen kann. Nicht ohne Grund stammen die Begriffe Politik (von Polis) und Demokratie aus dem Griechischen. Politik und Wirtschaft schufen gute Voraussetzungen für ein Staatswesen, das vielen Menschen Entfaltungsmöglichkeiten bot. Gleichberechtigt im modernen Sinne waren die Bewohner der Polis jedoch nicht.

M1

Athen als Vorbild?

Es war in Athen üblich, die im Krieg Gefallenen öffentlich zu bestatten. Nach dem ersten Jahr des Peloponnesischen Krieges hielt Perikles die Lobrede auf die Toten, die Thukydides (um 460–400 v. Chr.) überlieferte:

Wer für sein Hauswesen sorgt, achtet auch auf das Wohl des Staates. Während er seiner eigenen Arbeit nachgeht, bedenkt er auch die öffentlichen Angelegenheiten. Wir nennen einen Bürger, der sich darum nicht kümmert, zwar nicht faul, aber unnütz. So erreichen wir die Fertigkeit, die Dinge zu beurteilen und durchzuführen. Die Aussprache darüber halten wir keineswegs für hinderlich oder unnötig; im Gegenteil: Es bringt Schaden, wenn man sich über Geplantes nicht unterhält und es nicht berät.

Thukydides, Geschichte des Peloponnesischen Krieges II 40, übertr. und überarb. von Josef Feix, München 1959, S. 45.

M2

„Mit Recht hat das Volk mehr Macht"

Aus der Streitschrift eines Atheners, um 430 v. Chr.:

Mit Recht hat in Athen das Volk mehr Macht als die Adligen und mit Recht wird das Volk bevorzugt. Es sind nämlich die Steuerleute, die Kommandogeber der Ruderer auf den Schiffen, ihre Unterführer und die Schiffszimmerleute, die der Stadt ihre Machtstellung verschaffen, und weniger das schwer bewaffnete Fußvolk des Heeres und die Adligen. Deshalb ist es richtig, dass die Ämter allen offenstehen und dass jeder sich öffentlich zu Wort melden kann.

Pseudo-Xenophon, Vom Staat der Athener, 1–10. Übers. und bearb. d. Verf.

1 a) Gib den Inhalt von M1 mit deinen Worten wieder (siehe Anhang „Operatoren").
b) Erläutere, wie die Athener in den Augen von Perikles eine gute Staatsordnung gefunden haben.

2 Nimm zu der Behauptung in M2 Stellung, die Verfassung Athens würde das Volk den Adligen vorziehen.

3 Beschreibe die politische Stellung des Perikles in Athen (Darstellungstext S. 90 f., Kasten).

Schaubilder verstehen

Die Verfassung als Schaubild

Verfassungen regeln das Zusammenleben in einem Staat. Sie sind das „Grundgesetz“, in dem politische Regeln und Machtverhältnisse, in unserer Zeit auch die Grundrechte der Menschen, festgelegt sind. Um sie besser zu verstehen, können sie in Schaubildern dargestellt werden.

1 Werte M2 nach den Arbeitsschritten aus. Ziehe die Lösungshilfen und die Seiten 90 bis 92 heran und ergänze die fehlenden Antworten.

Zum 2. Schritt:
Sinnvoll ist zunächst, danach zu fragen, welche Gruppen in welcher Weise (z. B. Wahl, Los, Kontrolle, Dienst) beteiligt sind. Zu sehen ist, dass wichtige Pfeile von der Volksversammlung ausgehen, was auf eine bedeutende Stellung hinweist. So könnte hier der „Einstieg“ liegen.
Zum 3. Schritt:
„Oben“ und „Unten“ ist erkennbar. Stärke z. B.: Macht geht vom „Volk“ aus; Schwäche z. B.: nicht alle sind politisch beteiligt
Zum 4. Schritt:
Das Schaubild kann z. B. nicht ausdrücken, wer tatsächlich welche Macht ausübte (vgl. Perikles!).

M1

Lösungshilfe zu M2

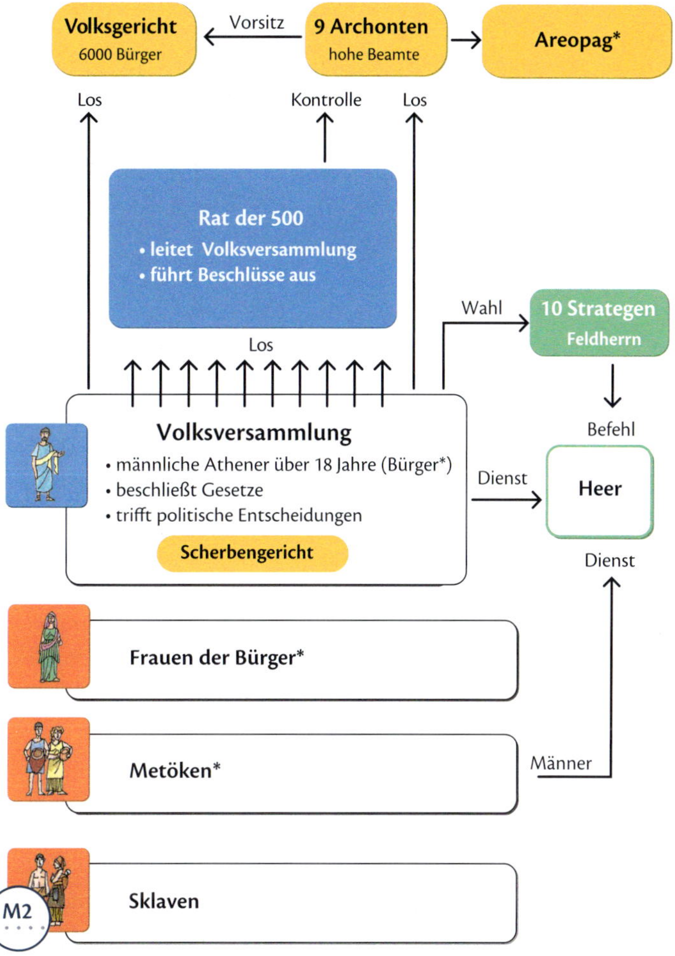

M2

Die Verfassung der attischen Demokratie nach 461 v. Chr.

Arbeitsschritte

1. Schritt: Elemente der Abbildung erfassen
- Welche Fachbegriffe werden verwendet und sind zu klären?
- Welche Zeichen sind zu erschließen (z. B. Pfeile, Farben)?

2. Schritt: Den Aufbau untersuchen
- Wie ist das Schaubild zu lesen (z. B. von unten nach oben, von links nach rechts, von der Mitte)?
- Wo ist der beste „Einstieg“ in die Beschreibung des Schaubildes?

3. Schritt: Den Inhalt erschließen und bewerten
- Welche Informationen geben die einzelnen Elemente zur Machtverteilung, z. B.: Wer kann mitbestimmen, wer nicht?
- Sind die Elemente gleichgestellt; gibt es ein „Oben“ und „Unten“?
- Lassen sich Grundaussagen, „Stärken“ und „Schwächen“, z. B. der Verfassung, formulieren?

4. Schritt: Den historischen Zusammenhang einbeziehen
- Welche weiteren Informationen zur Einordnung und Bedeutung des Schaubildes sind notwendig?

Die Gesellschaft in Athen

Was heißt hier „gleichberechtigt"?

„Männer und Frauen sind gleichberechtigt." So heißt es im Grundgesetz der Bundesrepublik Deutschland. Wie stand es damit im antiken Athen? Die Athener hatten die Demokratie eingeführt, weil möglichst viele Bürger gleiche politische Rechte haben sollten. Dennoch waren die Frauen aus der Volksversammlung und von Ämtern ausgeschlossen.

Die Rollen der Jungen und Mädchen

Die Ausbildung von Mädchen und Jungen unterschied sich erheblich: Die Söhne der Athener Bürger wurden bis zum Alter von 13 Jahren von Pädagogen in Lesen, Schreiben, Musik und Sport unterrichtet. Sie begleiteten außerdem den Vater zu den öffentlichen Plätzen der Stadt und trieben viel Sport. Mit 18 Jahren erhielten sie das Recht, an der Volksversammlung teilzunehmen, mussten militärischen Dienst leisten und Aufgaben bei religiösen Festen übernehmen. Dieser Weg führte sie in die Gesellschaft der erwachsenen Männer ein, die für den Schutz, das Ansehen und Fortbestehen Athens und seiner Familien zu sorgen hatten.
Die Mädchen dagegen erhielten keine öffentliche Ausbildung und bekamen lediglich einige grundlegende Kenntnisse im Lesen und Schreiben vermittelt. Ansonsten wurden sie von der Mutter bzw. den im Haus tätigen Frauen auf die Aufgaben im eigenen Haushalt vorbereitet: Gebären, Erziehen der Kinder und Hauswirtschaften. Rechtlich blieben sie auch als Erwachsene unter der Vormundschaft des Vaters oder des Ehemanns. Allerdings heißt das nicht, dass es Mädchen und Frauen prinzipiell untersagt war, sich außerhalb des Hauses zu bewegen. So waren gerade die zahlreichen religiösen Feste weiblicher Gottheiten beliebte Gelegenheiten, sich zu treffen. Sklavinnen und Metökenfrauen waren als Dienerinnen, Bäuerinnen, Marktfrauen und Wäscherinnen sogar darauf angewiesen, außerhalb des Hauses zu arbeiten.

Der Alltag der Sklaven

Zur Zeit des Perikles lebten ungefähr 100 000 Sklavinnen und Sklaven mit ihren Kindern in Attika. Die Sklaven waren Kriegsgefangene oder wurden von fremden Herrschern als Handelsware an Athen verkauft. Sklaven wurden fast überall zur Arbeit eingesetzt: in der Landwirtschaft, auf Baustellen, im Haus als Erzieher oder Köchinnen. Einige von ihnen hatten auch öffentliche Aufgaben: Aus Quellen wissen wir, dass Sklaven zum Beispiel als Polizisten tätig waren.
Für Athen war der Silberabbau eine wichtige Einnahmequelle. Die Sklaven – unter ihnen viele Kinder –, die in den Silberbergwerken arbeiten mussten, hatten ein hartes Los. Sie mussten sich durch die oft nur 90 cm hohen Gänge tief in die Berge hineinwühlen.

Hochzeitsszene, Vasenmalerei, um 425 v. Chr.
Der Bräutigam führt die Braut in das Haus seiner Eltern. Seine Mutter (rechts) erwartet das Paar mit Fackeln. Links ist eine Begleiterin der Braut zu sehen.

M1

M2

Abbau von Tonerde, Tontäfelchen aus Korinth, 6. Jh. v. Chr. Der Ton für die zahlreichen Vasen, Amphoren, Krüge oder Teller Attikas wurde von Sklaven in Tongruben abgebaut.

M3

Ein Gesetz über Sklavinnen und Sklaven

Der Philosoph Platon (427–347 v. Chr.) schrieb:

Wenn ein Sklave oder eine Sklavin irgendetwas von fremdem Eigentum beschädigt, ohne dass der Geschädigte ... daran mitschuldig geworden ist, so soll der Herr des Schädigers entweder den Schaden ohne Rest ersetzen oder den Schädiger selbst ausliefern ... Und wenn ein Zugtier oder ein Pferd oder ein Hund oder sonst ein Haustier etwas vom Besitz des Nachbarn beschädigt, soll der Besitzer in gleicher Weise den Schaden ersetzen.

Platon, Gesetze XI 936 c–e, zit. nach Rolf Rilinger (Hg.), Leben im antiken Griechenland, 1. Aufl., München (Piper) 1990, S. 290.

M4

Die athenische Ehe

Die Historikerin Ruth Röwer-Döhl erläuterte 1989 die rechtlichen Grundlagen einer Ehe in Athen:

Entscheidende Gesichtspunkte bei der Brautwahl waren der gesellschaftliche Stand der Familie und die Vermögensverhältnisse der Brauteltern. Gesetzlich geregelt war, dass nur eine Ehe zwischen attischen Vollbürgern legitim[1] war, nur deren Kinder wieder legitime Vollbürger werden konnten. Die rechtsgültige Ehe setzte die feierliche Absprache zwischen dem Bräutigam und den männlichen Rechtsvertretern der Braut voraus. Bestandteil des Ehevertrages war auch die Festsetzung der Mitgift. Sollte die Ehe später einmal geschieden werden, musste der Ehemann die Frau mit ihrer Aussteuer wieder in ihre alte Familie entlassen ...
Für die Auflösung des Zusammenlebens gab es vornehmlich drei Gründe:

- wenn die Frau das Haus ihres Mannes verließ mit der Absicht, es nie wieder zu betreten;
- wenn der Mann seine Frau in ihr Elternhaus zurückschickte (Kinder blieben in beiden Fällen beim Vater, nur zu dessen Familie gehörten sie!);
- wenn der Vater oder eine andere vom Gesetz ermächtigte Person die Frau zwang, sich von ihrem gegenwärtigen Gatten zu trennen[2] ...

Das Gericht sprach die Frau demjenigen Anwärter zu, der ihr nächster Verwandter war (also auch dem Onkel).

Ruth Röwer-Döhl, Die Frau im antiken Griechenland. In: Waren sie nur schön?, hg. v. Bettina Schmitz und Ute Steffgen, Mainz (Philipp von Zabern) 1989, S. 190 f.

[1] nach dem Gesetz gültig, anerkannt
[2] Das war z. B. der Fall, wenn der Vater keinen Sohn hatte und dadurch der Erhalt des Familienvermögens gefährdet war, weil Töchter kein Testament machen durften.

Begriffe und Daten

Sklaven

Nach griechischem Recht waren Sklaven eine „Sache“, über die ihr Besitzer frei verfügen konnte. Sie wurden als Kriegsgefangene in das Land gebracht und konnten gekauft werden (Sklavenmarkt). Meist wurden sie in besonders belastenden Arbeitsbereichen eingesetzt. Ihre Kinder erwartete das gleiche Schicksal.

1 Erarbeite anhand von M2, M3 und des rechten Darstellungstextes die Lage der Sklaven in Athen.

2 Fasse anhand des linken Darstellungstextes die Rolle der Mädchen und Jungen in Athen zusammen.

3 Beschreibe die Szene in M1 mithilfe der Methode „Ein Bild als Quelle“ (siehe S. 62 f.).

4 Begründe mithilfe von M4, warum die Hochzeit einer Tochter eine Angelegenheit war, die zum Vorteil der Familie geplant und verhandelt wurde.

5 Der griechische Geschichtsschreiber Herodot urteilte nach seiner Reise durch Ägypten, wo er Frauen Handel treiben und Männer zu Hause weben gesehen hatte, die Welt stehe auf dem Kopf. Erkläre, was er damit meinte.

Wirtschaft und Arbeit in Athen

Attika – ein neues Handelszentrum

Wir befinden uns etwa im Jahr 430 v. Chr: Im Hafen von Piräus treffen täglich Handelsschiffe ein, die mit Waren angefüllt sind. Die Segelschiffe können 30 bis 100 Tonnen Ladung transportieren. Bevor die Ware in Athen verkauft wird, stellen athenische Beamte fest, wie viel Zoll* die Händler in die Stadtkasse zahlen müssen. Bald danach werden die Schiffsbäuche wieder mit Waren gefüllt, denn die Handwerker Athens produzieren viele Produkte für den Export*: Besonders bekannt waren beispielsweise die Athener Töpferwaren. Hochbeladen verlassen die Schiffe Athen in Richtung anderer Städte. Von Piräus nach Rhodos zum Beispiel brauchen sie etwa $3^1/_2$ Tage, zur Küste Nordafrikas über 7 Tage.

Beim Anblick des regen Hafenbetriebs in Piräus könnte ein Athener sich folgende Frage gestellt haben: „Warum brauchen wir in Athen so viele ausländische Waren?“ In Attika leben zu dieser Zeit etwa 300 000 Menschen. Sie müssen vor allem mit Getreide versorgt werden, denn der eigene Ernteertrag reicht bei weitem nicht für die ganze Bevölkerung aus. Das Gleiche gilt für andere Waren, die in Athen begehrt sind. Weil die Athener Geld benötigen, um den Import* zu bezahlen, ist der Export* von Waren für sie lebenswichtig.

M2

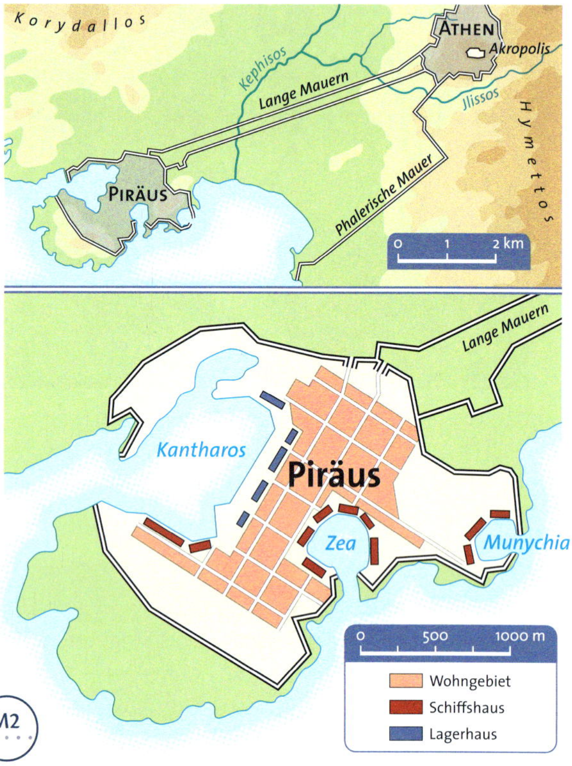

Athen und Piräus im 5. Jh. v. Chr. Neben dem Handelshafen Piräus gab es zwei Kriegshäfen: Zea und Munychia. Insgesamt konnten im Hafen von Piräus etwa 400 Schiffe liegen. Er war ummauert und durch die „Langen Mauern“ mit der Stadt Athen verbunden.

Händler beim Abwiegen von Ware,
Vasenmalerei, um 550 v. Chr.

M1

Werkstatt eines Schuhmachers,
Vasenmalerei, um 640 v. Chr.

M3

M4

Importhandel Athens im 5. Jahrhundert v. Chr.

M5

Athen – nur eine Handelsmacht?

Ein Gelehrter aus Athen schrieb um 430 v. Chr.:

Nur die Athener können über die Erzeugnisse aller Griechen und Barbaren verfügen. Wie will eine andere Stadt ihre Überschüsse an Schiffsholz, Eisen, Kupfer und Flachs ausführen, ohne dass das seebeherrschende Athen zustimmt oder die Waren abnimmt? Würde sie gegen den Willen Athens Waren verfrachten, würde ihr die herrschende Seemacht die Handelswege abschneiden. Außerdem trifft eine Missernte die Seemacht weniger als die Landmacht. Denn da Missernten nicht überall gleichzeitig auftreten, kann die herrschende Seemacht immer noch Ernteerzeugnisse aus Überschussländern einführen.

Pseudo-Xenophon 1, 11–14. Übers. und bearb. d. Verf.

1 Beschreibe die Lage und die Sicherung von Athen und Piräus (M2).

2 Begründe, warum Athen auf Importe angewiesen war. Denke auch an die Landschaft Attikas (S. 79).

3 a) Zeichne eine Tabelle mit den Spalten „Ware" und „Herkunftsland" und fülle sie mithilfe von M4 aus.
b) Erläutere die Verwendung der Produkte.

4 a) Erarbeite anhand von M5 die Bedeutung Athens als Handels- und Seemacht.
b) Erkläre, wie Handel und militärische Macht zusammenhingen.

5 Zeige an M1 und M3, wie Handel und Handwerk dargestellt sind.

6 **Recherche:** Erkundet in Partnerarbeit, welche Produkte aus Griechenland bei uns im Handel sind. Fragt zu Hause nach oder achtet beim Einkauf im Supermarkt darauf. Findet auch heraus, ob es ein griechisches Geschäft in eurer Nähe gibt, und besucht es. Legt eine Liste zu einigen Produkten an und berichtet in der Klasse.

Sparta – ein Gegenmodell zu Athen

Spartiaten, Heloten und Periöken

Die Polis Sparta dehnte ihren Machtbereich im Gegensatz zu anderen Stadtstaaten, die Kolonien gründeten, durch kriegerische Eroberungszüge auf der Halbinsel Peloponnes aus. Die Bürger* der Polis Sparta nannten sich Spartiaten*. Obwohl die Spartiaten einen großen Teil des Bodens besaßen, arbeiteten sie nicht in der Landwirtschaft. Auch Handel zu treiben war ihnen verboten. Sie sollten sich ganz und gar dem Kriegsdienst widmen. Das Schicksal der Menschen in den eroberten Gebieten war hart: Sie verloren ihr Land und ihre Freiheit und wurden zu Heloten*, das heißt Sklaven, die von den spartanischen Eroberern zur Feld- und Hausarbeit gezwungen wurden.

Die Menschen, die das Umland Spartas in der Ebene Lakonien und dem eroberten Messenien bewohnten, hießen Periöken*. Das bedeutet auf Griechisch „Umwohnende". Sie siedelten als freie Bauern auf dem geringerwertigen Land oder arbeiteten als Handwerker und Händler für die Spartiaten. Die Männer der Spartiaten lebten in Zeltlagern und bildeten Gruppen, die ihre Zeit mit sportlichem und militärischem Training verbrachten. Erst ab dem 30. Lebensjahr durften die Spartiaten wieder in ihren Häusern wohnen. Die Gruppen, die in Friedenszeiten zusammen trainierten und aßen, stellten im Krieg gemeinsam eine Phalanx (Schlachtenreihe).

10.000 Spartiaten – 250.000 (davon ca. 200.000 Heloten)

1 Kläre mithilfe des Darstellungstextes: Spartiaten, Heloten, Periöken.

2 Begründe, warum der umfassende Kriegsdienst für Sparta unentbehrlich war (Darstellungstext).

3 a) Fasse die Erziehungsziele in M1 in einer Tabelle zusammen.
b) Nimm zu diesen Zielen begründet Stellung.

4 „Sie gehörten dem Vaterlande und nicht sich selbst", schrieb Plutarch. Diskutiert und bewertet die Folgen für den Einzelnen. Zieht die Ergebnisse aus Aufgabe 3 heran.

M1

Der Lebensweg der Jungen in Sparta

Der folgende Text stammt aus einer Lebensbeschreibung über den spartanischen König Lykurgos (7. Jh. v. Chr.), die der griechische Schriftsteller Plutarch (um 45–120 n. Chr.) verfasst hat.

Das zur Welt Gekommene aufzuziehen unterlag nicht der Entscheidung des Erzeugers, sondern er hatte es an einen Ort zu bringen, … wo die Ältesten der Gemeindegenossen saßen und das Kind untersuchten und, wenn es wohl gebaut und kräftig war, seine Aufzucht anordneten …; war es aber schwächlich und missgestaltet, so ließen sie es zu … einem Felsabgrund [bringen]… Denn sie meinten, für ein Wesen, das von Anfang an nicht fähig sei, gesund und kräftig heranzuwachsen, sei es besser, nicht zu leben, sowohl um seiner selbst wie um des Staates willen … Die Knaben der Spartaner aber Lykurgos nicht in die Hände von gekauften oder gemieteten Pädagogen …, sondern er nahm selbst alle, sobald sie sieben Jahre alt waren, zu sich und teilte sie in „Horden", in denen sie miteinander aufwuchsen, erzogen und gewöhnt wurden, beim Spiel wie bei ernster Beschäftigung immer beisammen zu sein. Als Führer der „Horde" wählten sie sich denjenigen, der sich durch Klugheit und Kampfesmut auszeichnete. Auf ihn blickten sie, hörten auf seine Befehle und unterwarfen sich seinen Strafen, so dass die Erziehung wesentlich in der Übung im Gehorsam bestand … Lesen und Schreiben lernten sie nur so viel, wie sie brauchten; die ganze übrige Erziehung war darauf gerichtet, dass sie pünktlich gehorchen, Strapazen ertragen und im Kampfe siegen lernten … Sobald sie zwölf Jahre alt waren, gingen sie stets ohne Unterkleidung, bekamen nur einen Mantel aufs Jahr waren am ganzen Körper schmutzbedeckt und durften weder baden noch sich salben …

Die Zucht erstreckte sich bis auf die Erwachsenen. Keinem stand es frei, zu leben, wie er wollte, sondern sie lebten … nach strengen Vorschriften für all ihr Verhalten und ihre Beschäftigung in der Öffentlichkeit, und überhaupt glaubten sie, nicht sich, sondern dem Vaterlande zu gehören.

Plutarch, Lykurgos 15–24, zit. nach Geschichte in Quellen, bearb. von Walter Arend, Bd. 1, 3. Aufl., München (bsv), S. 143 f.

Lebenswelt griechische Polis

M1

Spartanische Frau, Bronzestatue, Ende 6. Jh. v. Chr. Im Gegensatz zu anderen Griechinnen trugen die spartanischen Frauen kurze Gewänder.

M2

Schreiben auf Griechisch

Die Griechen übernahmen ihre Schrift ungefähr um 800 v. Chr. von den Phönikern. Da diese jedoch keine Vokale kannten, fügten die Griechen noch fünf Zeichen hinzu (a, e, i, o, u):

griechisch		**deutsch**	**griechisch**		**deutsch**
Α	alpha	a	Ν	ny	n
Β	beta	b	Ξ	xi	x
Γ	gamma	g	Ο	omikron	o
Δ	delta	d	Π	pi	p
Ε	epsilon	e	Ρ	rho	r
Ζ	zeta	z	Σ	sigma	s
Η	eta	e	Τ	tau	t
Θ	theta	th	Υ	ypsilon	y
Ι	iota	i	Φ	phif	f
Κ	kappa	k	Χ	chi	ch
Λ	lambda	l	Ψ	psi	ps
Μ	my	m	Ω	omega	o

Überprüfe, was du kannst

Sachkompetenz

1 Kläre: Oikos (S. 80), Polis (S. 79), Olympiade (S. 84), Götter (S. 86 f.), Philosophen (S. 86), Antike (S. 87) und athenische Demokratie (S. 90–93).

2 Nenne Unterschiede zwischen den Poleis Athen und Sparta (S. 90–93, 98).

Methodenkompetenz

3 Entschlüssele M1 mithilfe der Methode „Kunstwerke entschlüsseln" (S. 88 f.).

Urteilskompetenz

4 Vergleicht in Partnerarbeit den Staat im alten Ägypten (S. 53–63) mit der griechischen Polis. Geht auf die Herrschaft, die Gesellschaft, die Wirtschaft und die Religion ein. Legt eine Tabelle an und fasst die entscheidenden Unterschiede zusammen.

Handlungskompetenz

5 Schreibe deinen Vor- und Nachnamen mit griechischen Buchstaben. Welche Schwierigkeiten treten auf?

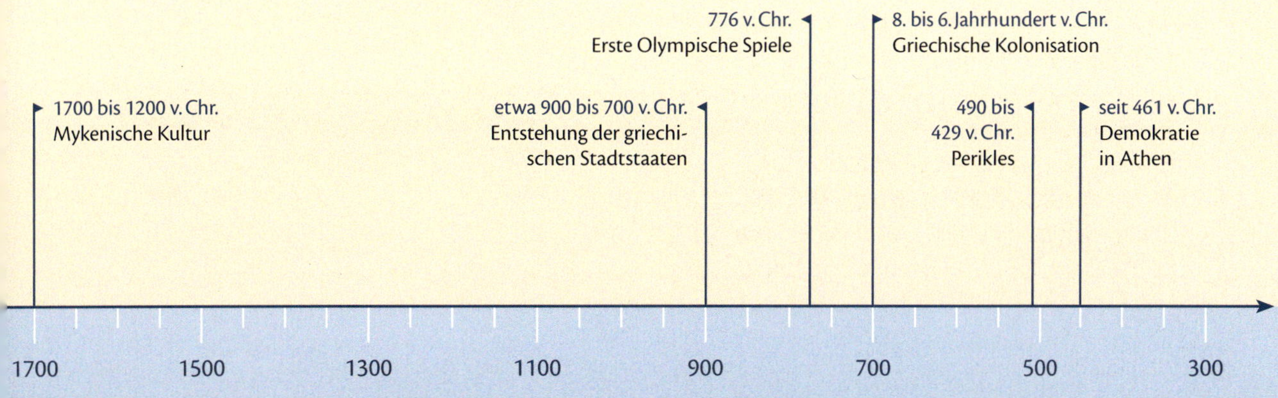

Rom – vom Stadtstaat zur Weltmacht

Wissen • Urteilen • Handeln • Methoden anwenden

Am Ende dieses Unterkapitels kannst du

- die Gründung Roms beschreiben
- Wissen und Mythos über die Gründung Roms unterscheiden
- den Aufbau der Familie und der Gesellschaft in der Römischen Republik erklären
- die Verteilung der Macht im römischen Staat darlegen
- die Schritte zur Errichtung der Weltmacht Rom darstellen
- die Krise des römischen Staats und den Untergang der Republik erklären
- **Methode** Schriftliche Quellen untersuchen

Das Römische Reich 44 v. Chr.

- 753 v. Chr. – Sagenhafte Gründung Roms
- 510 v. Chr. – Rom wird Republik
- 27 v. Chr. – Ende der Republik

Rom wird besiedelt

Ein günstiger Standort?

Eine Siedlung, die sich zu einer großen Stadt entwickeln will, braucht eine günstige Lage. Was machte die Gegend um Rom so anziehend, dass sie zum Zentrum einer Weltmacht wurde?

Hirten und Bauern besiedeln Rom

Um 1000 v. Chr. zogen ganze Völkergruppen nicht nur nach Griechenland, sondern auch in das heutige Italien. An der Stelle, an der später die Stadt Rom entstand, ließen sich die Sabiner und die Latiner nieder. Dort, wo der Fluss Tiber wegen einer Insel in seiner Mitte leicht durchquert werden konnte und der Boden fruchtbar war, siedelten die Sabiner auf dem Hügel Palatin, die Latiner auf dem nahe gelegenen Hügel Quirinal.

Sabiner und Latiner waren wie alle Einwanderer Hirten- und Bauernvölker, die in strohgedeckten Hütten lebten. Bis heute haben die Latiner ihre Spuren in der Geschichte Roms hinterlassen: Die alte Völkerstraße Via Latina, auf der sie nach Süden gewandert sind, trägt ihren Namen. Auch der Name der Landschaft am unteren Tiberlauf – Latium – und die Sprache der Bewohner – Latein – kommen von den Latinern.

Rom wird eine Stadt

Um 700 v. Chr. folgten die Etrusker, deren Herkunft nicht ganz geklärt ist. Sie ließen sich zunächst nördlich vom heutigen Rom nieder und brachten eine neue Lebensweise mit. Sie bauten Städte mit Häusern aus Stein und Ziegeln, waren Fachleute für Wassertechnik, importierten Kunst aus Griechenland und Ägypten, kannten neue Verfahren zur Metallverarbeitung und sprachen eine neue Sprache: das Etruskische.

Als sie um 600 v. Chr. schließlich die Gegend des heutigen Roms besiedelten, betätigten sie sich auch dort als Handwerker, Kaufleute, Baumeister und Ärzte. Sie kamen als Herrscher, die die bäuerlich lebenden Latiner und Sabiner zur Gründung einer Stadt bewogen. Um die Stadt weiterentwickeln zu können, legten sie zunächst tief liegende Gebiete trocken und bauten das Forum als Stadtmittelpunkt auf.

Die Griechen nannten die Etrusker „Tyrrhenoi“. Das westlich von Rom gelegene Tyrrhenische Meer hat daher seinen Namen. Die Latiner bezeichneten sie hingegen als „Tusci“. Der Landschaftsname Toskana erinnert noch heute daran.

M1 **Rom und sein Umland im 7./6. Jahrhundert v. Chr.**

1 a) Erarbeite, ausgehend von M1, die Siedlungsbedingungen in Rom. Ziehe einen Erdkundeatlas hinzu.
b) Vergleiche mit Athen und arbeite Gemeinsamkeiten und Unterschiede heraus.

2 Nenne Gründe, warum die Latiner und Sabiner in Rom siedelten (Darstellungstext).

3 Die Etrusker hatten andere Interessen als die Latiner. Stelle Vermutungen an, warum sie die Hüttensiedlung Rom in eine Stadt umwandelten.

Rom – Mythos einer Stadtgründung

Was soll ein Gründungsmythos bewirken?

In einer Gruppe von Menschen, die in einer Stadt oder einem Staat zusammenleben, gibt es meistens ein Gefühl der Gemeinsamkeit. Dieses Gefühl kann zum Beispiel durch Fahnen oder gemeinsame Lieder wie Nationalhymnen verstärkt werden. Bei den Römern, wie bei vielen anderen Völkern, gehörten dazu Geschichten über die eigene Herkunft, in denen sich Glauben und Wissen, Erfundenes und Wahres mischten.

In Rom konnten nur Personen oder Familien Bedeutung erlangen, die über einen Stammbaum nachwiesen, dass sie mit alteingesessenen Familien, berühmten Helden (meist Feldherren) oder Göttern bzw. Halbgöttern verwandt waren. Dies erscheint uns heute merkwürdig – aber die Menschen in der Antike stellten die Möglichkeit keineswegs infrage, dass in einem Familienstammbaum ein Gott oder Halbgott auftauchte. Und so verwundert es nicht, dass die Römer den Ursprung ihrer Stadt in eine Gründungssage kleideten, in der Götter, Menschen und Tiere vorkommen. Obwohl darin Unglück und Glück, Liebe und Hass, Neid und Mitleid aufeinandertreffen, siegen schließlich die „guten Kräfte" zugunsten der künftigen Weltmacht Rom. Wann die Sage um die Gründung Roms, wie sie auf der nächsten Seite vorgestellt wird, entstanden ist, lässt sich schwer sagen, denn sie wurde nur mündlich überliefert. Bis heute ist man sich nicht sicher, ob es sich um eine römische Sage handelt oder um eine Mischung aus verschiedenen Sagen der Volksgruppen, die in der Frühzeit Roms Einfluss besaßen.

Aber bekannt ist, dass Personen im Mittelpunkt des Gründungsmythos* stehen, denen in der römischen Mythologie* eine enge Verbindung zu den Göttern nachgesagt wurde: nämlich der Trojaner Äneas, der mit Vater, Sohn und den Hausgöttern aus dem brennenden Troja floh, und die Zwillinge Romulus und Remus, die auf Befehl des unrechtmäßigen Königs ausgesetzt und durch eine Wölfin vor dem Tod gerettet wurden.

Begriffe und Daten

Die – sagenhafte – Gründung Roms

Nach der Überlieferung der alten römischen Geschichtsschreiber wird die Gründung Roms auf das Jahr 753 v. Chr. datiert. In diesem Jahr soll die Stadt der Sage nach durch Romulus, der als erster König Roms gilt, gegründet worden sein. Da die Stadtgründung nicht wissenschaftlich exakt nachweisbar ist, sondern auf einer Mischung von Wahrem und Erfundenem beruht, spricht die Geschichtsforschung von einem Gründungsmythos.

M1 **Die römische Wölfin,** angeblich etruskische Bronzeplastik, um 500 v. Chr. Sie stand auf dem wichtigsten Hügel der Stadt, dem Kapitol, und ist heute im Museo Palazzo dei Conservatorii in Rom zu besichtigen. Die Zwillinge Romulus und Remus wurden um 1500 n. Chr. hinzugefügt. Nach neuesten Metallanalysen soll auch die Wölfin erst im Mittelalter hergestellt worden sein.

M2

„Sieben-fünf-drei – Rom kroch aus dem Ei"?

Die alten römischen Geschichtsschreiber datierten die Gründung der Stadt Rom nach unserer heutigen Zählung auf das Jahr 753 v. Chr. Dabei rankten sich um dieses Datum zunächst zwei unabhängig voneinander existierende Sagen, die sich später zu einem Gründungsmythos verbanden: die Sage von Romulus, Remus und der Wölfin sowie die Sage von dem Helden Äneas. Julius, eine (erfundene) Figur aus der altrömischen Gesellschaft, erzählt:

Unser Stammvater ist Äneas, einer der großen Helden der Trojaner. Sein Vater war Anchises, seine Mutter war die Göttin Aphrodite; sie wird von uns Venus genannt. Als Troja dem Untergang nahe war, befahl die besorgte Mutter dem Sohn, mit dem altersschwachen Vater zu fliehen. Also machten sich Äneas und Anchises auf den Weg, der sie nach einer göttlichen Vorsehung nach Italien führen sollte.

Nach langen Irrfahrten gelangten sie zunächst zur Königin Dido von Karthago. Dido verliebte sich in Äneas und wollte ihn immer bei sich behalten. Äneas aber folgte seiner Bestimmung und fuhr weiter. Aus lauter Verzweiflung tötete sich Dido. Das nehmen uns die Karthager bis heute übel.

Schließlich gelangten Äneas und sein Vater, wie vorhergesagt, nach Italien und Äneas heiratete dort die Tochter des latinischen Königs. Aus ihren Nachkommen gingen die Könige Latiums hervor.

Eines Tages gerieten zwei Königssöhne in Streit um den Thron. Der unrechtmäßige Erbe vertrieb dabei den rechtmäßigen Nachfolger und bestimmte, dass dessen Tochter Rea Silvia Priesterin werden, unverheiratet und kinderlos bleiben sollte. Da schritt Gott Mars[1] ein und zeugte mit Rea Zwillinge: Romulus und Remus. Als der unrechtmäßige König von diesem unerwünschten Nachwuchs hörte, ließ er die Zwillinge in einem Korb auf dem Tiber aussetzen. Doch der Korb wurde in Rom am Fuße des Hügels Palatin angeschwemmt, wo eine Wölfin von dem jämmerlichen Geschrei angelockt wurde. Aber die Wölfin tat den beiden nichts, sondern säugte sie, bis ein Hirte die Jungen bei sich aufnahm und aufzog.

Jahre später, als Romulus und Remus von ihrer Herkunft erfuhren, töteten sie den unrechtmäßigen König von Latium und gründeten auf dem Palatin, dem Ort ihrer Rettung, eine Stadt. Die Frage, wer Herrscher werden sollte, ließen sie durch Vogelflug entscheiden: Sieger und Herrscher sollte der sein, der in seinem Bereich des Himmels die meisten Adler vorbeifliegen sah. Romulus zählte zwölf Adler, Remus nur sechs. Aber Remus hatten sich die Vögel zuerst gezeigt und so wollte er nicht nachgeben. Da begann Romulus, um das künftige Stadtgebiet eine Mauer zu errichten. Remus verspottete den Bruder, indem er über die noch niedrige Mauer sprang. Voller Zorn tötete daraufhin Romulus den Bruder und schrie: „So soll es jedem ergehen, der über die Mauern dieser Stadt steigt!" Auf diese Weise wurde Romulus zum Gründer der Stadt und gab ihr den Namen „Roma".

Verfassertext

[1] Gott der Landwirtschaft, später Kriegsgott

M3 **Äneas aus Troja trägt seinen Vater Anchises,** römische Votivgabe (ein den Göttern geweihtes Geschenk) aus Terrakotta, um 500 v. Chr.

1 Lies die Gründungssage Roms (M2) und fasse sie in einem mündlichen Vortrag vor der Klasse zusammen. Ziehe M3 mit heran.

2 a) Beschreibe die Rolle der Frauen in dieser Sage.
b) Erkläre, welche Wirkung der Mythos* auf mögliche Rivalen Roms haben sollte.

3 Vergleiche den Inhalt der Sage mit den historischen Befunden über die Entstehung Roms (S. 101).

4 Diskutiert gemeinsam, ob die Entlarvung der Bronzeplastik M1 als Fälschung Einfluss auf den Gründungsmythos Roms haben könnte.

5 **Erkundung:** Findet heraus, ob es für euren Wohnort einen Gründungsmythos gibt. Berichtet in der Klasse.

Ist eine „familia“ eine „Familie“?

Die „familia“ der Römer

Unter Familie stellen wir uns meistens Mutter, Vater und Kinder vor. Auch in der altrömischen Gesellschaft lebten Eltern und Kinder unter einem Dach zusammen. Aber bei den Römern gab es weitere Personen innerhalb und außerhalb des Hausverbandes, die zur „familia“ zählten: die Sklaven und die Klientel*. Klienten waren Abhängige der Familie (z. B. Handwerker), die außerhalb des Hauses lebten und arbeiteten.
Eine besondere Stellung hatte der Vater einer adligen Familie. Als Hausvater (= lat. pater familias) herrschte er über alle Güter und Personen. Es gab kein Gesetz, das seine Gewalt einschränkte. Er war Herrscher über die Familienmitglieder und Sklaven, Gutsbesitzer, Opferherr* und Beschützer (= Patron) seiner Klientel. Die Macht des „pater familias“ war entstanden, als es noch keinen Staat und daher keine staatliche Macht gab.
Bei der Heirat ging es dem freien römischen Mann vor allem darum, rechtmäßige Nachkommen zu zeugen und sich eine Mitgift zu sichern. Es gab zwei Formen der Eheschließung. Bei der älteren Form ging das Erbe der Frau in die Hausgewalt des Mannes über. Die Ehe konnte nur unter besonderen Bedingungen (Kinderlosigkeit, Ehebruch) vom Mann aufgehoben werden. Bei der zeitlich später aufkommenden Eheform blieb die Frau rechtlich unter der Hausgewalt ihres Vaters. Eine Scheidung war durch Erklärung eines Ehepartners möglich und die Frau erhielt ihre Mitgift zurück.
Die Kinder unterstanden ebenso wie die Ehefrau und andere Familienangehörige der Hausgewalt des „pater familias“. Er bestimmte über die Erziehung, die Berufswahl und die Eheschließung – ohne Einschränkungen und lebenslänglich. Im Gegenzug musste er für die Ernährung und den militärischen und religiösen Schutz der Kinder sorgen. Angehörige der „familia“ konnte er auch mit dem Tode bestrafen. Er musste dies allerdings im „Hausgericht“ gegenüber den Verwandten rechtfertigen.
Aus der „familia“ ausscheiden konnten Söhne und Töchter nur, wenn sie der Vater durch eine Rechtshandlung, die „emancipatio“, entließ (lat. = aus der väterlichen „Hand“ entlassen).

Die Bedeutung der Religion

Die Religion spielte im Leben der Römer eine wichtige Rolle. Wie die Griechen verehrten die Römer eine Vielzahl an Göttern. Ausgeübt wurde die Religion sowohl in der Familie als auch vom Staat in Form öffentlicher Gottesdienste. In vielen Familien gab es das Lararium, eine Art Hausaltar, der die Form eines Wandbildes oder eines Steinsockels haben konnte. Unter Aufsicht des „pater familias“ wurden hier das häusliche Herdfeuer oder die Hausgötter verehrt. Auch die Büsten verstorbener Vorfahren erfuhren religiöse Verehrung. Vor einem Kriegszug befragten die Römer die Götter. Durch Deuten von Zeichen, zum Beispiel des Vogelflugs, versuchten sie, den Willen der Götter zu erfassen und durch kultische Handlungen (Gebete, Opfer) Unheil zu bannen.
Öffentliche Kulte lagen in der Hand von Priestern. Die Vestalinnen zum Beispiel wachten über das öffentliche Herdfeuer auf dem Forum Romanum, das als Zentrum des Staates galt. Alle Priester waren Beamte (= Magistrate), und der oberste Priester hieß „pontifex maximus“. Im Staat wie in der Familie ging es immer darum, Schuld wiedergutzumachen und die Götter gnädig zu stimmen, um Gefahr abzuwehren. Die Erlösung des einzelnen Menschen spielte dabei keine Rolle, vielmehr diente die Religion der Stärkung des römischen Staates und der Ordnung in der Familie.

M1 **Der Aufbau einer altrömischen „familia“**

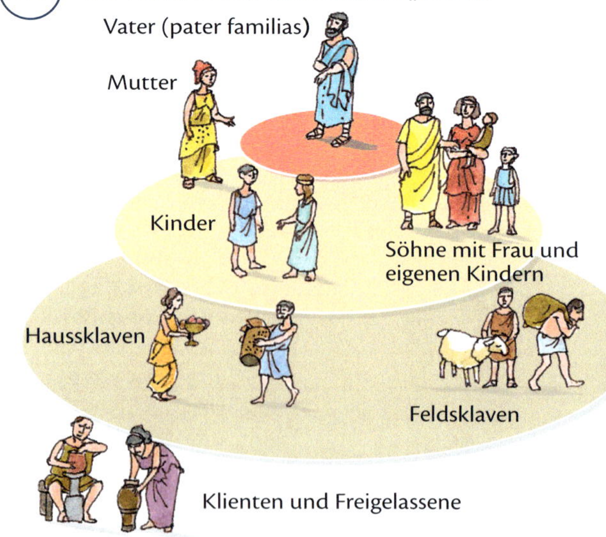

M2

Quintus – Sohn des Marcus Romilius

Quintus, ein (erfundener) römischer Junge, stellt sich vor:

Ich bin Quintus. Ich bin schon zwölf Jahre alt! Leider sind meine Geschwister schon aus dem Haus. Mein Bruder Lucius ist 17. Lucius war ein Jahr bei meinem Großvater Gaius Aemilius, das ist der Vater meiner Mutter. Der war früher einmal Konsul (siehe S. 106). Großvater hat Lucius in die Politik Roms eingeführt. Nun wird Lucius seinen Wehrdienst beginnen. Wenn Großvater etwas von den Taten unserer Vorfahren erzählt, höre ich gerne zu. Auch mit meinem Hauslehrer würde ich gerne solche Erzählungen lesen. Aber der hat mir Texte über Viehzucht vorgelegt, ausgesucht vom Vater. So etwas Langweiliges! Aber gegen Vaters Hausgewalt kommt halt keiner an. Wenn ich doch bloß erst so alt wäre wie Lucius. Vor zwei Jahren durfte er am Altar, der unseren Familiengottheiten geweiht ist, seine Kindertoga (siehe S. 125) ablegen. Meine Schwestern Romilia und Claudia sind schon verheiratet. Meine dritte Schwester Caecilia ist Priesterin im Vestatempel und darf daher nicht heiraten. Aber alle sind stolz auf sie, auch unsere Sklaven und Klienten.

Verfassertext

M3

Cornelia – Ehefrau des Marcus Romilius

Cornelia, eine (erfundene) Römerin, stellt sich vor:

Ich bin die Frau von Marcus Romilius. Seit zwanzig Jahren sind wir verheiratet. Mein Vater, Gaius Aemilius, hatte mit seinem Vater die neue Form der Eheschließung vereinbart. Deshalb unterstehe ich nicht der Verfügung meines Mannes, sondern der meines Vaters. So kann ich meine schöne Mitgift zurückverlangen, wenn Marcus und ich uns trennen sollten. Im Haus gibt es für mich viel zu tun, obwohl nur noch Quintus, der Jüngste, bei uns lebt. Ich bin für den Speisezettel verantwortlich und beaufsichtige die Köchin beim Brotbacken. Von meiner Mutter habe ich gelernt, wie man webt und spinnt. Hätte ich doch nur nicht so viel Arbeit damit, die Vorräte der Gutswirtschaft zu verwalten: Mehl, Eier und Unmengen von Trockenobst! Jupiter[1] sei gedankt, dass Marcus mir nicht viel hineinredet. Nur sparsam muss ich sein. Aus dem Haus gehe ich nicht so oft wie mein Mann.

Verfassertext

[1] Jupiter war der höchste römische Gott.

M4

Grabstein einer vornehmen römischen Familie aus Köln, ca. 2. Jh. n. Chr.

1 a) Beschreibe anhand des linken Darstellungstextes die Stellung des „pater familias", der Ehefrau und der Kinder in der römischen „familia".
b) Zeichne das Schaubild M1 in dein Heft ab. Trage Pfeile und Stichworte ein, die die Rechte und Pflichten der Mitglieder der „familia" zeigen.
c) Vergleiche die römische „familia" mit heutigen Familien.

2 Beschreibe die Rolle des Quintus und nimm Stellung (M2).

3 Ordne die Rolle der Cornelia in die „familia" ein (M3).

4 Nenne mithilfe des rechten Darstellungstextes Gründe, warum Opferkulte für Bauern wichtig waren.

Gesellschaft und Herrschaft in der Republik

Von der Königsherrschaft zur Republik

Die Etrusker hatten in Rom seit spätestens 600 v. Chr. geherrscht. Wie die etruskischen Könige an die Macht gekommen waren und warum ihre Herrschaft 510 v. Chr. zu Ende ging, ist in der Wissenschaft umstritten. Mit Gewissheit kann man nur sagen, dass adlige Römer, die über Pferde und Waffen verfügten, gegen Ende des 6. Jahrhunderts immer wichtiger geworden waren, weil die Etrusker sie zur Kriegsführung benötigten.
Nachdem die adligen Römer (Patrizier) die etruskischen Könige gestürzt hatten, stellte sich die Frage, wer in Rom zukünftig das Sagen haben sollte. Von 490 bis 287 v. Chr. kämpften die Patrizier gegen die Plebejer, die nichtadlige Bevölkerung, um die Macht in Rom, das nun eine Republik geworden war. Die Plebejer konnten sich dabei schrittweise Zugeständnisse von den Patriziern erstreiten, weil diese sie für ihre Kriege als Fußsoldaten benötigten. Zwischen 450 und 250 v. Chr. erreichten sie z. B. mit den „Zwölf-Tafel-Gesetzen" Rechtssicherheit, indem alle Gesetze schriftlich festgehalten wurden. Das Heiratsverbot zwischen Patriziern und Plebejern wurde aufgehoben, den Plebejern wurde Land zugeteilt und sie konnten Konsuln werden.

Die politische Ordnung

Das Zentrum der Politik war der Senat („Ältestenrat"). Er hatte zunächst 300, später 600 Mitglieder. Hier saßen die Häupter bzw. Angehörigen der patrizischen Familien. Der Senat bestimmte die Grundlinien der Politik, beriet die Magistrate in Staatsangelegenheiten und konnte bei Krieg oder Unruhe einen „Diktator*" als Heerführer für sechs Monate berufen. Seine Beschlüsse waren für die Magistrate bindend. Die Mitglieder des Senats wurden von den Censoren* aus dem Kreis der Magistrate ausgewählt und konnten von ihnen auch wieder abgesetzt werden.
Die Staatsaufgaben wurden von den Magistraten (lat. Beamte) wahrgenommen. Damit diese ihre Macht nicht missbrauchen konnten, blieben sie nur ein Jahr im Amt (Annuität*) und jedes Amt wurde mit zwei Personen besetzt (Kollegialität*). Von besonderer Bedeutung waren die zwei Konsuln, die den Staat leiteten und das Heer führten. Die Prätoren waren für die Gerichte zuständig, die Ädilen für die öffentliche Ordnung und die Quästoren für die Finanzen. Weil römische Magistrate als Ehrenämter nicht bezahlt wurden, konnten nur Reiche diese Ämter ausüben. Die Volkstribune* waren eingerichtet worden, um die Plebejer zu schützen. Sie wurden jedoch durch das Vetorecht schnell zu einem Machtinstrument gegen politische Entscheidungen des Senats und zu einem begehrten Amt, denn es ermöglichte reichen und angesehenen Plebejern, Mitglied im Senat zu werden.
Neben den Senatoren und den Magistraten waren die Versammlungen der dritte Ort, an dem in der Republik Politik gemacht wurde – allerdings hier wie anderswo ohne die Frauen. Es gab die Volksversammlung, in der das gesamte männliche Volk versammelt war, und die Versammlung der (männlichen) Plebejer. In der Versammlung des Gesamtvolkes wurde nicht nach Personen, sondern nach Vermögensklassen oder Wohnbezirken abgestimmt, in der Versammlung der Plebejer nach Wohnbezirken. In der Versammlung des Gesamtvolkes wurde jede Vermögensklasse als eine Stimme gezählt, egal, ob 50 oder 500 Männer zu ihr gehörten. Da es mehr arme als reiche Bürger gab, hatte ein reicher Bürger größeren Einfluss, denn in seiner Klasse waren weniger Menschen. Ein armer Bürger hatte dagegen weniger Einfluss, weil zu seiner Klasse mehr Menschen gehörten. Jeder der 35 Wohnbezirke hatte ebenfalls eine Stimme. Doch auch hier hatten die reichen Römer mehr Einfluss, da der größte Teil der armen Bevölkerung in der Stadt wohnte und damit nur in den vier städtischen Bezirken mitbestimmen konnte. Hinzu kam, dass die ärmeren Römer aus den ländlichen Bezirken es sich nicht leisten konnten, für die Versammlungen in die Stadt zu kommen. Deshalb wurden die 31 ländlichen Bezirke ausnahmslos von reichen Römern bestimmt.

Wer herrschte in Rom?

Das Schaubild M1 stellt vereinfacht die verschiedenen politischen Einrichtungen der Römischen Republik und ihr Verhältnis zueinander dar. Einzelheiten, wie z. B. die Mitgliederzahl des Senats und seine Aufgaben, werden oben ausführlich beschrieben. Beide zusammen, Darstellungstext und Schaubild, helfen dir die komplizierte Ordnung der Römischen Republik zu begreifen und die wichtigste Frage zu beantworten: Wer herrschte in Rom?

M1

Die politische Ordnung der Römischen Republik

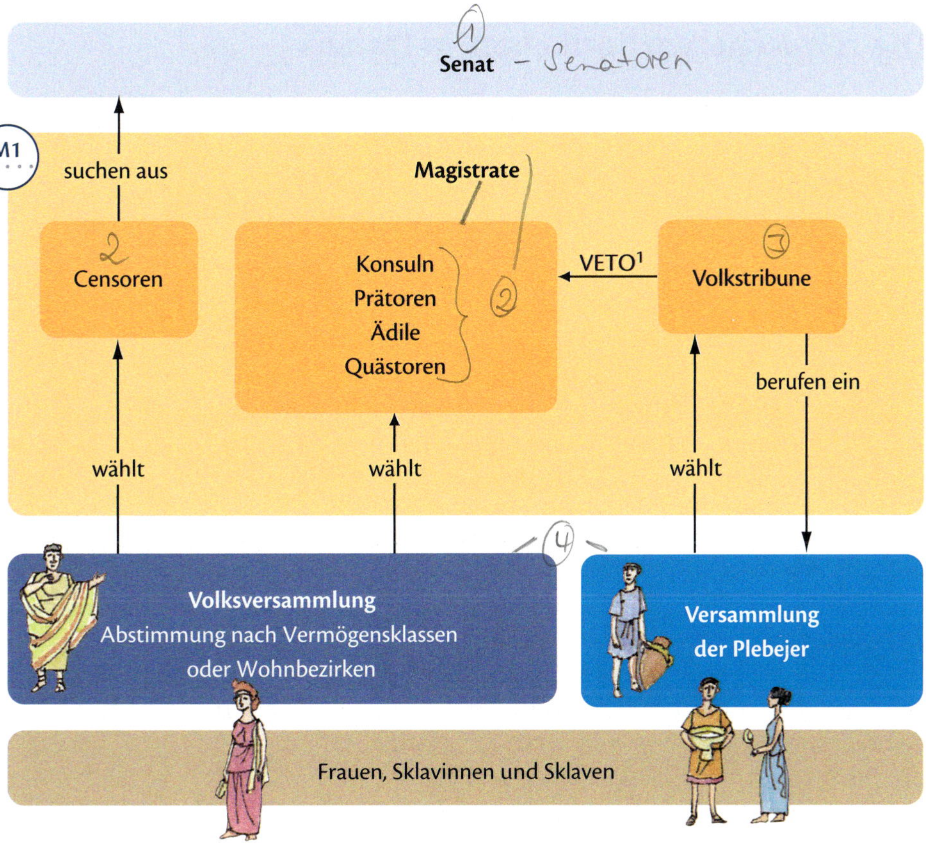

[1] Einspruchsrecht gegen Handlungen der Magistrate

Begriffe und Daten

Stände

Gesellschaftliche Gruppen, die durch rechtliche Bestimmungen (Vorrechte oder Benachteiligungen) klar voneinander getrennt sind, heißen Stände. So auch die Patrizier und die Plebejer in Rom.

Republik

(lat. res publica = öffentliche Sache) Eine Staatsform, in der kein König herrscht. Die Macht wird vom Volk oder von Teilen des Volkes ausgeübt, z. B. von Patriziern.

Patrizier

Gesellschaftliche Gruppe (Adel*) mit eigenen Rechten. Standeszugehörigkeit durch Geburt.

Plebejer

(lat. plebs = niederes Volk) Die gesamte Bevölkerung, die nicht zu den Patriziern gehörte.

1 Kläre mithilfe des Darstellungstextes (linke Spalte), wie sich das Verhältnis zwischen Patriziern und Plebejern nach dem Ende der Monarchie entwickelt hat.

2 Beschreibe anhand von M1 die politischen Einrichtungen in der Römischen Republik und ihr Verhältnis zueinander. Nimm den Darstellungstext und den Kasten zu Hilfe. Notiere deine Ergebnisse in einer Tabelle (Senat / Magistrate / Volksversammlung usw.) und berichte.

3 Überprüfe die folgenden Aussagen. Schreibe sie richtig auf und erläutere sie:
a) Der Senat ist dem Magistrat unterstellt.
b) Die zwei Censoren suchen die Magistrate aus.
c) Ein Diktator wird vom Magistrat ernannt und übt sein Amt zwölf Monate aus.
d) In den Volksversammlungen der Römer haben alle das gleiche Stimmrecht.
e) Frauen und Sklaven können in der Versammlung der Plebejer mitwirken.
f) Das Prinzip der Kollegialität sollte dazu beitragen, Entscheidungen schneller zu treffen.

4 Beantwortet gemeinsam die Frage: Wer herrschte in Rom?

Die römische Vorherrschaft in Italien

Rom breitet seine Herrschaft über Italien aus

Um 500 v. Chr. war Rom ein kleiner Bauernstaat am Tiber – im Jahr 272 v. Chr. hingegen stand ganz Italien unter römischer Herrschaft. Diese Gebietserweiterung war das Ergebnis vieler Kriege, die die Römer mit ihren benachbarten Völkern in Mittel- und Süditalien geführt hatten und aus denen sie in der Regel als Sieger hervorgegangen waren.

Ein Krieg zwischen den Römern und den Städten des Latinerbundes* endete in den 490er-Jahren mit einem Sieg Roms und führte zum Abschluss eines „Nachbarschaftsvertrages“. Fast das ganze 5. Jahrhundert v. Chr. hindurch kämpften die Römer dann mit der benachbarten Etruskerstadt Veji. Nachdem es ihnen 396 v. Chr. gelungen war, die Stadt einzunehmen, zerstörten sie diese und verteilten das Land an römische Bauern.

Nach dem Sieg über Veji gerieten sie in Kämpfe mit Nachbarstämmen, die sie ebenfalls für sich entscheiden konnten. Nur einmal wäre Rom beinahe untergegangen: Als die keltischen Gallier in Norditalien einfielen, plünderten sie 387 v. Chr. die Stadt Rom und waren nur durch ein Lösegeld zum Abzug zu bewegen.

Strategien der Römer in Italien

Aufgrund einer überlegenen politischen Organisation und wegen der militärischen Erfolge wuchs das Ansehen der Römer. Bedrängte Staaten in Süditalien haben daher Rom häufig um Hilfe angerufen, andere schlossen freiwillige Bündnisse.

Der Umgang mit den Eroberten war unterschiedlich: Einige Gebiete eigneten sich die Römer gewaltsam an und machten sie zu Staatsland*. Manche Städte behielten ihre innere Selbstständigkeit und die Bürger erhielten das römische Bürgerrecht. In unsicheren Gebieten gründeten sie selbstständige Kolonien, siedelten Römer und Nichtrömer an und ordneten die Verwaltung nach römischen Grundsätzen. Manche ihrer ehemaligen Gegner erklärten die Römer zu Bundesgenossen*. In vielen Fällen haben die Römer den Unterworfenen ein Stück Selbstständigkeit belassen. So wurden aus ehemaligen Feinden Verbündete.

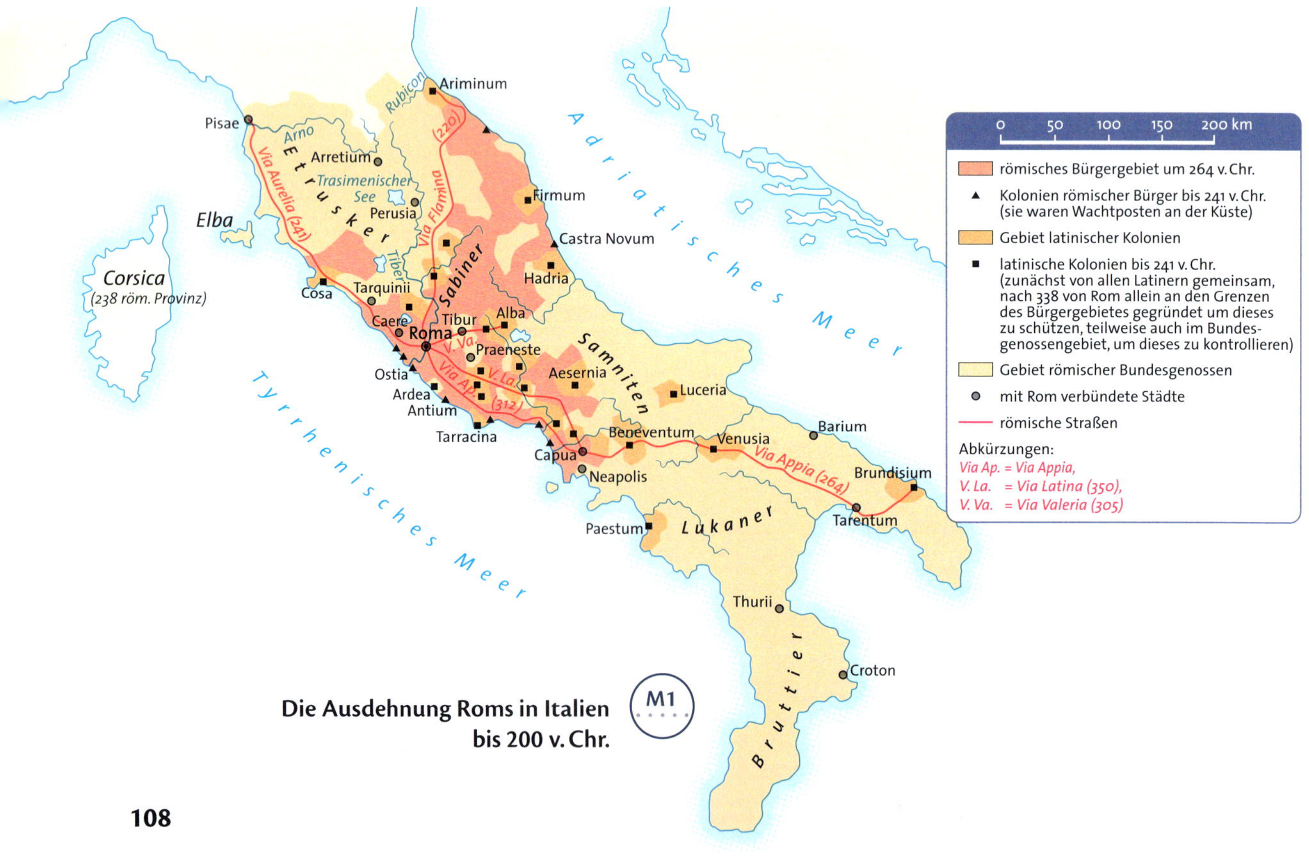

Die Ausdehnung Roms in Italien bis 200 v. Chr. M1

M2

Ein Vertrag Roms mit seinen Nachbarn

Um 493 v. Chr. schlossen die Römer mit dem Latinischen Städtebund einen „Nachbarschaftsvertrag", den der griechische Geschichtsschreiber Dionysios von Halikarnassos (1. Jh. v. Chr.) überliefert hat. Ähnliche Verträge schlossen die Römer auch mit anderen Städten oder Völkern, die sie besiegt hatten oder die sich ihnen freiwillig unterwarfen:

Es soll Friede herrschen zwischen den Römern und allen Latinerstädten, solange Himmel und Erde die gleiche Stellung haben. Und sie sollen weder selbst gegeneinander Krieg führen noch von anderswo Feinde heranführen noch denen, die Krieg beginnen, sicheren Durchzug gewähren; sondern sie sollen dem, der mit Krieg überzogen wird, mit aller Macht zu Hilfe kommen, und beide sollen gleichen Anteil haben an der Beute jeder Art aus der gemeinsamen Kriegsführung ... Und es soll nicht erlaubt sein, diesen Verträgen etwas hinzuzufügen oder etwas davon zu streichen, es sei denn auf gemeinsamen Beschluss aller Römer und Latiner.

Dionysios von Halikarnassos 6, 95, 1 ff., zit. nach Walter Arend (Hg.), Geschichte in Quellen, Bd. 1, 3. Aufl., München (bsv) 1978, S. 413.

M3

Samnitische Krieger, Malerei aus einem Grab bei Paestum, 4. Jh. v. Chr. Die Samniten schlossen 354 v. Chr. ein Bündnis mit Rom. Aufstände der Samniten schlugen die Römer in langjährigen Kriegen (343–290 v. Chr.) nieder.

M4

Das Schicksal der Besiegten

Um 340 v. Chr. erhoben sich die Latiner erneut gegen die Römer. Der Schriftsteller Livius (59 v. Chr. bis 17. n. Chr.) berichtet über die Senatssitzung, in der über das Schicksal der besiegten Latiner beratschlagt wurde:

[Der Konsul Camillus äußerte sich folgendermaßen:] Was durch Krieg und Waffengewalt in Latium zu tun war, das ist bereits durch die Gnade der Götter und die Tapferkeit der Soldaten bis zum Ende durchgeführt. Erschlagen sind ... die Heere der Feinde; alle latinischen Städte ... sind entweder im Sturm erobert oder ihre Unterwerfung auf Gnade und Ungnade angenommen worden ... Wir müssen nun beschließen, auf welche Weise wir sie denn, da sie uns öfter durch Wiederaufnahme des Krieges zu schaffen machen, in ständigem Frieden ruhig halten können.

[Der Senat kam zu folgendem Beschluss:] Den Tusculanern[1] wurde das Bürgerrecht, welches sie [bereits] hatten, gelassen und die Anklage wegen Empörung von staatlichen Umtrieben auf wenige Anstifter abgewälzt. Gegen die Veliterner[1], alte römische Bürger, wurde, weil sie sich so oft empört hatten, mit Härte verfahren, ... ihre Mauern wurden niedergerissen. Nach Antium[1] wurde eine Ansiedlung von Kolonisten beordert mit der Bestimmung, es sollte den Antiaten erlaubt werden, sich diesen Siedlern anzuschließen. Die Kriegsschiffe wurden von dort weggebracht und der Bevölkerung von Antium der Seeverkehr untersagt und das Bürgerrecht verliehen ... Die Tiburter[1] wurden mit Landabtretung bestraft ... Den übrigen latinischen Völkerschaften nahm man das Recht auf Verehelichung, Kaufgeschäfte und Versammlungen untereinander.

Livius 8, 13/14, zit. nach Volkmar Wittmütz, Das Römische Reich, 3. Aufl., Berlin (Cornelsen) 1996, S. 9 f.

[1] Mitglieder des Latinischen Städtebundes

1. Beschreibe die Ausbreitung Roms (M1).
2. Kläre mithilfe von M2 und M4, wie die Römer bei der Sicherung der eroberten Gebiete vorgingen.
3. Nenne mögliche Vor- und Nachteile, die die Herrschaftsmethoden für Römer und Nichtrömer hatten. Ziehe M3 mit heran.
4. Äußere dich begründet zu folgender Aussage: Nach den Eroberungen vernichteten die Römer ihre Gegner und ließen keinerlei Eigenständigkeit zu.

Expansion im Mittelmeerraum

Der Erste Punische Krieg

Karthago war eine Stadt in Nordafrika. Die Beziehungen zwischen den Römern und den Puniern – so wurden die Karthager von den Römern genannt – waren lange Zeit friedlich gewesen. Nachdem Rom aber die griechischen Städte in Süditalien erobert hatte, gerieten Römer und Punier in einen Konflikt. 264 v. Chr. kam es zum Krieg. Was war der Anlass?
Als die sizilianische Stadt Messana von ihrer Nachbarstadt Syrakus angegriffen wurde, bat sie sowohl die Karthager als auch die Römer um militärische Hilfe. Karthager und Römer hofften nun, ihren Einfluss in Sizilien ausbauen zu können, und kämpften erbittert gegeneinander. Die Römer, die nur über ein Landheer verfügten, ließen erstmals Kriegsschiffe bauen. Als diese von der Flotte der Karthager zerstört wurden und das Geld für neue Schiffe fehlte, übernahmen Patrizier deren Finanzierung. So wurde der Erste Punische Krieg 241 v. Chr. zugunsten der Römer entschieden.
Im Friedensvertrag verlangte Rom die Herausgabe Siziliens und 80 Tonnen Silber. Von nun an reichte das römische Herrschaftsgebiet über Italien hinaus. Dabei verfuhr man in Sizilien anders als in den italischen Gebieten: Ein römischer Beamter, ein Prätor, verwaltete das Gebiet und zog von den Bewohnern Tribute* (= Steuern) ein. 227 v. Chr. wurde in Sizilien die erste römische Provinz eingerichtet. Provinzen waren römische Besitzungen, die außerhalb Italiens lagen. Sie wurden von einem Statthalter verwaltet. Die Bewohner einer Provinz (Provinzialen) waren römische Untertanen ohne Bürgerrecht, die Tribute* leisteten. In Sizilien war das zum Beispiel ein Zehntel der Ernte.

Der Zweite Punische Krieg

Nach dem Verlust von Sizilien eroberten die Karthager weite Teile Spaniens und erschlossen dort reiche Silbergruben. Um zu verhindern, dass sich die Karthager weiter in Spanien ausbreiteten, schlossen die Römer einen Vertrag mit ihnen. Jedoch verletzte der karthagische Feldherr Hannibal diesen Vertrag, indem er die mit Rom verbündete Stadt Sagunt zerstörte und mit seinen Truppen den Fluss Ebro überschritt. Daraufhin erklärten die Römer Karthago den Krieg. Dieser Zweite Punische Krieg (218–202 v. Chr.) brachte Rom fast den Untergang: Die Römer wollten die Karthager in Spanien bekämpfen, wurden aber durch das plötzliche Erscheinen Hannibals in Norditalien überrascht. Hannibal soll in nur 15 Tagen mit einem gewaltigen Heer von 50 000 Soldaten, 9000 Reitern und 37 Kriegselefanten die Alpen überquert haben. Drei Jahre zog er unbesiegt durch Italien, ohne allerdings Rom anzugreifen. Zu seinen größten Erfolgen zählt die Schlacht bei Cannae, in deren Verlauf 50 000 von 86 000 Römern gefallen sein sollen. Im Jahr 212 v. Chr. kam die Wende, als die Römer einige Städte in Süditalien zurückeroberten. Weil der römische Feldherr Scipio nach Afrika übersetzte und Karthago angriff, war Hannibal gezwungen, mit seinem Heer nach Afrika zurückzukehren. Scipio, der den Beinamen Africanus erhielt, schlug Hannibal 202 v. Chr. in der nordafrikanischen Stadt Zama.
Die Friedensbedingungen der Römer waren für Karthago hart: In Südspanien wurden zwei neue römische Provinzen eingerichtet, die Karthager mussten alle Kriegselefanten und alle Kriegsschiffe bis auf zehn herausgeben und 260 Tonnen Silber zahlen. Kriege, auch wenn sie der eigenen Verteidigung dienten, durften sie künftig nur mit Zustimmung Roms führen.

Der Dritte Punische Krieg

In den Friedensbedingungen des Zweiten Punischen Krieges hatte Rom den Karthagern untersagt, ohne Einwilligung Roms Kriege zu führen. Dies sollte sich für die Karthager als folgenschwer erweisen. Als im Jahr 150 v. Chr. die benachbarten Numider den Kampf gegen die Karthager eröffneten, wehrten sich diese, ohne die Erlaubnis Roms einzuholen. Die Römer nahmen dies als Anlass, um Karthago 149 v. Chr. erneut den Krieg zu erklären. Nach dreijähriger Belagerung besetzten sie 146 v. Chr. die Stadt, machten sie dem Erdboden gleich und brachten die Überlebenden als Sklaven nach Rom. Das Land der Karthager wurde zur römischen Provinz Africa.

M1

Die Ausbreitung des Römischen Reiches von 220 v. Chr. bis 14 n. Chr.

M2 **Kriegselefant mit Kampfturm,** etruskischer Teller, 3. Jh. v. Chr.

Vorschlag für eine Gruppenarbeit

Einen kriegerischen Konflikt untersuchen

Bildet Gruppen, die jeweils einen der Punischen Kriege mithilfe der vier Schritte untersuchen.

Nach Ursachen und Anlass des Krieges fragen
Nenne die Ursachen und den Anlass des Krieges.

Den Verlauf des Krieges klären
Beschreibe den Krieg, indem du Anfang, Verlauf und Ende berücksichtigst. Gab es kritische Phasen? Für wen?

Das Ergebnis des Krieges feststellen
Stelle fest, wer der Sieger und wer der Unterlegene war. Gab es einen Friedensvertrag? Welche Regelung sah er vor?

Eine eigene Stellungnahme formulieren
Bewerte die Rolle der beteiligten Parteien, indem du zu klären versuchst, wer Schuld an dem Konflikt hatte. Äußere dich zu den Folgen für die Sieger und die Besiegten. Begründe deine Meinung.

Gibt es einen gerechten Krieg?

Krieg und Frieden in der Antike

In der Antike war das Verhältnis der Menschen zu einem Krieg anders als heute, denn Kriege wurden fast als selbstverständlich betrachtet. Aus Quellen wissen wir, dass die Römer das Recht zur Kriegführung nicht infrage stellten. Allerdings galten Kriege nur unter bestimmten Voraussetzungen als gerecht, etwa wenn ein Land bestraft werden sollte, das einen Vertrag verletzt oder einen Bundesgenossen* angegriffen hatte. Zwar machten die Römer die Erfahrung, dass Kriege Not und Unheil bringen, aber sie waren auch der Meinung, dass sie zu Ordnung und Stabilität führen.

Den Anspruch auf unbegrenzte Macht und Herrschaft leiteten die Römer von ihren Göttern ab. Erfolgreiche Eroberungsfeldzüge werteten sie als Lohn für ihre Frömmigkeit.

Die Ausbreitung der römischen Herrschaft wurde unterschiedlich gesehen: Zeitgenössische Schriftsteller lobten den Mut der Römer und erkannten ihre Weltherrschaft an, während die Gegner die römische Kriegführung kritisierten.

M2

Szene aus dem Krieg gegen das Volk der Daker,
Relief der Trajansäule, 113 n. Chr.

M1

Was ist ein Krieg?

In einem Jugendlexikon wird der Begriff „Krieg“ folgendermaßen erklärt (1996):

Krieg ist die mit Waffengewalt ausgetragene Auseinandersetzung zwischen Staaten oder Völkern. Eine besondere Form des bewaffneten Kampfes ist der Bürgerkrieg zwischen Gruppen innerhalb eines Staates oder in der Form eines Aufstandes gegen die Regierung …

Die Frage nach der … Berechtigung des Krieges beschäftigt die Menschen seit Jahrtausenden. Dabei spielt häufig die Idee eines „gerechten Krieges“ (lateinisch: bellum iustum) eine Rolle. Nach der Satzung der „Vereinten Nationen“ (= UNO)[1] ist ein Krieg nur noch erlaubt als Mittel der Selbstverteidigung oder als Maßnahme der UNO, den Frieden aufrechtzuerhalten oder wiederherzustellen.

Der Jugend-Brockhaus, Bd. 2, Leipzig/Mannheim (Brockhaus) 1996, S. 175 f.

[1] Die UNO ist eine Vereinigung zur Sicherung des Friedens auf der Welt. Sie wurde 1945 gegründet und umfasst 192 Staaten (Stand 2008).

M3

Wann ist ein Krieg „gerecht“?

Der römische Politiker Cicero äußerte sich dazu im 1. Jh. v. Chr.:

Das sind ungerechte Kriege, die ohne Grund unternommen worden sind. Denn nur dann kann ein Krieg … als gerecht gelten, wenn es sich darum handelt, Rache an den Feinden zu nehmen oder diese abzuwehren … Ein Krieg gilt nur dann als gerecht, wenn er vorher angekündigt und erklärt wurde und wenn er zur Wiedergutmachung geführt wird … Unser Volk hat sich durch die Verteidigung der Bundesgenossen bereits aller Länder bemächtigt.

Cicero, Über den Staat, 3. Buch, Kap. 23. Übers. d. Verf.

1 Schildere, welche Gedanken dir beim Betrachten von M2 kommen.

2 Erarbeite anhand von M3, wie Cicero gerechte und ungerechte Kriege unterscheidet.

3 Stelle mithilfe von M1 fest, wie Krieg in unserer Zeit beschrieben wird. Vergleiche mit M3.

Die Expansion verändert die Gesellschaft

Den Krieg gewonnen – und doch verloren?

Sein Leben als Kleinbauer hatte sich Julius – so könnte sein Name lauten – anders vorgestellt. Immer wieder musste er in den vergangenen zwanzig Jahren in den Krieg ziehen. Wochen- und monatelang, einmal sogar zwei Jahre, war er vom Hof weg. Für die kürzeren Zeiten hatten seine Frau und die Kinder die Mehrarbeit übernehmen können, doch beim letzten Mal schafften sie das nicht mehr. Sie brauchten eine Hilfskraft, die Geld kostete. Dafür musste ein Kredit aufgenommen werden, dessen Rückzahlung nun ansteht.

„Je größer das Reich wird, umso ärmer werden wir Kleinbauern", hatte sein ehemaliger Nachbar Tiberius gesagt. Und regte sich auf: „Zwischen 327 und 30 v. Chr. gab es nur sieben Jahre, in denen Rom keinen Krieg führte. Wir haben die meisten Feldzüge gewonnen, aber nicht alle haben daraus Gewinne gezogen. Wer profitiert denn davon? Doch hauptsächlich die patrizischen Großgrundbesitzer! Sie kaufen unsere Höfe auf und fassen sie zu immer größeren Landgütern – Latifundien – zusammen. Diese lassen sie von Sklaven, die billige Arbeitskräfte sind, bewirtschaften." „Was ist eigentlich mit den Rittern?", wollte Julius noch wissen. Auch darauf wusste Tiberius eine Antwort: „Die Ritter! Die kamen aus wohlhabenden bäuerlichen Familien und konnten somit zu Pferde in den Krieg ziehen. Mit der Weltherrschaft der Römer übernahmen sie neue Aufgaben: Sie zogen in den Provinzen Abgaben und Pachtbeträge ein, versorgten als Händler, Transportunternehmer oder Inhaber handwerklicher Großbetriebe die großen Heere mit Lebensmitteln und Geräten. Zudem beuteten sie im Auftrag des Staates Bergwerke und Salinen (= Anlagen zur Gewinnung von Kochsalz) aus. Auf diese Weise gewannen sie riesige Vermögen und wurden zu einem eigenen „Stand*". Schlimm steht es dagegen um die Landlosen, die nun auch eingezogen werden. Was soll aus ihnen nach dem Kriegsdienst werden?"

Tiberius hat inzwischen seinen Hof aufgegeben und ist mit seiner Familie in die Stadt gezogen. Er hofft als Tagelöhner Arbeit zu finden. Gehört hat Julius noch nichts von ihm. Wenn sich nichts ändert, wird er ihm mit seiner Familie wohl folgen müssen.

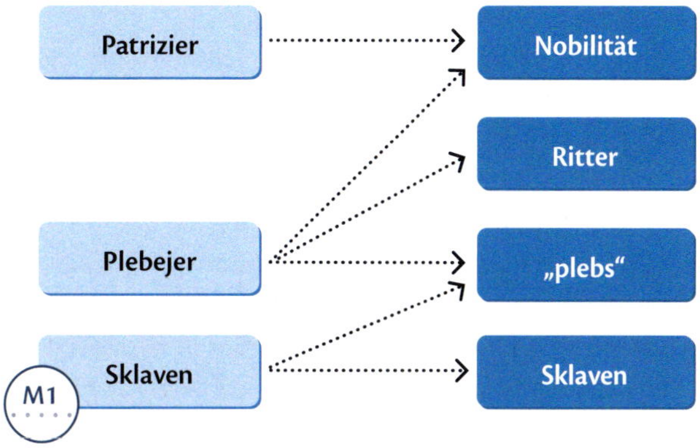

Wandel der römischen Gesellschaftsschichten in der Zeit der Republik. Nobilität = führende patrizische und plebejische Familien, die unter ihren Vorfahren mindestens einen Konsul hatten, Ritter = siehe Darstellungstext, „plebs" = soziale Unterschicht, v.a. in den Städten.

M2

Zur Lage der Soldaten

Der griechische Schriftsteller Plutarch (um 45–120 n. Chr.) überlieferte eine Rede, die der Volkstribun* Tiberius Gracchus (162–133 v. Chr.) in Rom gehalten hat:

Die wilden Tiere, die Italien bevölkern, haben ihre Höhlen und kennen ihre Lagerstätte, ihren Schlupfwinkel. Die Männer aber, die für Italien kämpfen und sterben, haben nichts als Luft und Licht; unstet, ohne Haus und Heim, ziehen sie mit Weib und Kind im Lande umher. Die Feldherren lügen, wenn sie in der Schlacht ihre Soldaten aufrufen, Gräber und Heiligtümer gegen die Feinde zu verteidigen. Denn keiner von diesen armen Römern hat einen Altar von seinen Vätern geerbt, kein Grabmal seiner Ahnen. Für Wohlleben und Reichtum setzen sie im Krieg ihr Leben ein. Herren der Welt werden sie genannt: In Wirklichkeit gehört kein Krümchen Erde ihnen zu eigen.

Plutarch, Tiberius Gracchus 8 f., zit. nach Walter Arend, Geschichte in Quellen, Bd. 1, München (bsv) 1965, S. 472.

1 Stelle anhand des Darstellungstextes und M1 zusammen, wie sich die gesellschaftlichen Gruppen entwickelten.

2 Beurteile die Aussagen des T. Gracchus in M2.

Krise und Reformversuche

Die Krise spitzt sich zu

Mitte des 2. Jahrhunderts v. Chr. verschärfte sich die Krise im Reich. Viele der in Not geratenen kleinbäuerlichen Familien hofften, in Rom Arbeit zu finden. Dadurch vergrößerte sich die Zahl der „plebs“. Die Kluft zwischen Arm und Reich wuchs. Auch die Mehrheit der Bevölkerung in den Provinzen fühlte sich benachteiligt: Sie besaß nicht das römische Bürgerrecht* und wurde sowohl von ihren eigenen Herren als auch vom römischen Staat* ausgebeutet. Die Krise zeigte sich vor allem in den großen Sklavenaufständen zwischen 135 und 71 v. Chr., in denen verschiedene Gruppen versuchten, ihre Rückführung in die Heimat außerhalb der Reichsgrenzen oder ihre Freilassung zu erreichen. In dieser Situation suchten Mitglieder alteingesessener plebejischer und patrizischer Adelsfamilien nach Wegen, die Krise zu entschärfen. Ihre Führer fanden sie 133 v. Chr. in dem Volkstribun Tiberius Gracchus (162–133 v. Chr.) und zehn Jahre später in dessen Bruder Gaius Gracchus (153 bis 121 v. Chr.).

Römisches Mosaik, 2. Jh. n. Chr.
Das Mosaik zeigt eine öffentliche Getreideverteilung an arme Stadtbewohner; schon Gaius Gracchus hatte sich um deren Versorgung gekümmert.

M1

Begriffe und Daten

Die Reformversuche der Gracchen

Die wichtigsten Inhalte (133–121 v. Chr.):

- Das Ackergesetz des Tiberius, erweitert durch Gaius Gracchus: Der Besitz von Staatsland* wird für jeden Einzelnen auf 125 Hektar (1 Hektar = 100 m x 100 m) begrenzt; Söhne können zusätzlich jeweils ca. 60 Hektar beanspruchen. Frei werdendes Staatsland wird in Einheiten zu je ca. 7 Hektar an besitzlose römische Bürger verteilt. Die Größe des Grundbesitzes wird begrenzt. Ein Land wird auf Erbpacht vergeben (d. h. es ist unverkäuflich), damit Großgrundbesitzer es nicht aufkaufen können.
- Gaius setzt ein Gesetz durch, das den Staat verpflichtet, die arme Stadtbevölkerung monatlich preisgünstig mit Getreide zu versorgen, Getreidespeicher und Zufahrtsstraßen zu bauen.
- Gaius weist den Rittern wichtige Funktionen in der Rechtsprechung und Provinzialverwaltung zu, damit sie die Amtsführung der Senatoren kontrollieren können.
- Er beantragt, dass Soldaten künftig auf Staatskosten eingekleidet werden und das Mindestalter für den Heeresdienst 17 Jahre sein soll.
- Er stellt Gesetzesanträge für die Anlage neuer Kolonien in Italien und Karthago.
- Sein Antrag, Bundesgenossen das Bürgerrecht zu erteilen, scheitert.

Der Ausgang der Reformversuche:

- Die meisten Reformvorschläge treffen auf heftigen Widerstand der Senatoren und vieler Ritter.
- Die politischen Auseinandersetzungen eskalieren: Tiberius wird in einer Volksversammlung von aufgebrachten Senatoren zusammen mit mehr als 300 seiner Anhänger erschlagen; Gaius lässt sich auf der Flucht von einem Sklaven töten; 250 seiner Anhänger werden ermordet, 3000 zum Tode verurteilt.
- Die Reformgesetze werden nach und nach aufgehoben: Den Bauern wird erlaubt, das Land, das sie durch das Ackergesetz erhalten haben, zu veräußern.
- Viele Bauern nutzen diese „Chance“, um in die Stadt zu ziehen. Sie finden in den Reichen interessierte Käufer für ihr Land.

M2

Neuer Reichtum?

Der Historiker Michael Crawford schrieb 1984:

[Die römische Führungsschicht war] in den Einfluss der griechischen Welt geraten und verwandte nicht nur viel Mühe auf die Lösung politischer Probleme, die sich durch die Berührung mit dieser Welt ergaben; die Kenntnis dieser Welt und der Zugang zu ihren Reichtümern ermöglichte es der römischen Führungsschicht auch, sich die griechische Kultur und den aufwendigen und prunkvollen Lebensstil zu eigen zu machen …
Die Folge war, dass das Gleichgewicht innerhalb der Führungsschicht immer stärker gefährdet war …Darüber hinaus floss nun Geld aus Reparationszahlungen[1], vornehmlich aus Karthago, Makedonien und Syrien … nach Rom … Zudem hatten Generäle und Statthalter im Ausland nahezu unbegrenzte Möglichkeiten, sich auf unrechtmäßige Weise zu bereichern. P. Cornelius Scipio Africanus etwa legte nie genau Rechenschaft ab über die 18 Millionen Denare, die er von Antiochos [dem syrischen König] für den Unterhalt des römischen Heeres nach der Schlacht bei Magnesia 190 v. Chr. erhalten hatte …
Welches Ausmaß das Privatvermögen während dieser Zeit erreichte, kann man der folgenden Tatsache entnehmen: Als L. Aemilius Paullus starb, der im Jahre 167 das Königreich Makedonien besiegt hatte, besaß er 360 000 Denare – zu einer Zeit, da ein Legionär wahrscheinlich 108 Denare Jahressold erhielt.

Michael Crawford, Die Römische Republik, dt. Übers. von Barbara und Silke Evers, München (dtv) 1984, S. 84 ff.

[1] Geld- oder Sachleistungen, die besiegten Staaten auferlegt werden, um die im Krieg erlittenen Verluste zu entschädigen

M3

Sklavinnen und Sklaven

Sklaverei war in der römischen Wirtschaft eine wichtige Grundlage. Der Historiker Hans-Joachim Gehrke schrieb 1998:

[Die Sklaven] waren dadurch gekennzeichnet, dass sie sich in der Verfügungsgewalt … eines anderen befanden, dem sie prinzipiell auf Leben und Tod unterworfen waren. So galten sie in gewissem Sinne nicht als Mensch, sondern als Sache. Sie genossen nicht den Rechtsschutz des Bürgers und konnten zum Beispiel gefoltert werden … [Man muss aber] doch betonen, dass es innerhalb der Sklavenschaft erhebliche Abstufungen gab: Der Sklave war in die familia eingebunden … Durch die Nähe der persönlichen Beziehungen konnte das Abhängigkeitsverhältnis gemildert werden, sodass gerade verdiente Sklaven freigelassen[1] wurden … Durch die römische Expansion …, besonders durch die Errichtung von großen Gütern und Latifundien, nahm die Sklavenhaltung vor allem im 2. Jahrhundert v. Chr. erheblich zu. Sie wurde zu einem Massenphänomen … [Sklaven] wurden jetzt nicht selten in gefängnisartigen Gebäuden … gehalten und gingen ihrer Arbeit teilweise in Fesseln nach.

Hans-Joachim Gehrke, Die römische Gesellschaft. In: Jochen Martin (Hg.), Das alte Rom, Gütersloh (Bertelsmann) 1998, S. 168 ff.

[1] Im Römischen Reich konnten Sklaven von ihren Herren freigelassen werden. Sie blieben aber auch danach an ihren Herrn gebunden und trugen dessen Vor- und Geschlechternamen als Beinamen.

1 Kläre, welche Anzeichen der Krise der Darstellungstext nennt.

2 Stelle fest, welche Auswirkungen der Autor von M2 durch die römische Expansion sieht.

3 a) Erarbeite anhand von M3 die Stellung der Sklavinnen und Sklaven in der römischen Gesellschaft.
b) Ziehe einen Vergleich mit den Sklaven im antiken Griechenland (siehe S. 94 ff.).

4 Im Jahr 121 v. Chr. berichtet ein Kleinbauer seinem Bruder in Rom über die Reformen der Gracchen (Kasten). Schreibe einen Brief.

5 Diskutiert zusammenfassend die Reformvorhaben der Gracchen. Welche Gruppen hatten Vorteile, welche Nachteile von einzelnen Reformvorschlägen?

6 M1 ist mehr als 200 Jahre nach dem Getreidegesetz des Gaius Gracchus entstanden. Nenne mögliche Gründe, warum die Getreideversorgung der Stadtbewohner ein wichtiges politisches Thema war.

Bürgerkrieg und Untergang der Republik

Die Führungsschicht bricht auseinander

In der Krise spalteten sich die Politiker in zwei Gruppen: Die Popularen (wörtl. „Volksmänner") wollten über die Volkstribune* und die Volksversammlung* Reformen durchsetzen. Die Optimaten (lat. = die Besten) vertraten die Interessen der Reichen und wollten die alte Verfassung* mit der Vormachtstellung des Senats beibehalten.

Gleichzeitig verstärkte sich der Druck auf die Grenzen des Reichs durch germanische Stämme im Norden und heftige Kämpfe in Nordafrika. In diesen Kriegen zeichneten sich zwei Männer aus: der Popular Gaius Marius (156–86 v. Chr.) und der Optimat Lucius Cornelius Sulla (138–78 v. Chr.). Marius konnte als Konsul die Germanengefahr abwehren und setzte eine Heeresreform durch: Freiwillige aus der „plebs" sowie Bundesgenossen nahm er in seine Legionen auf und versprach ihnen für die Zeit nach dem Heeresdienst ein Stück Land.

Sulla, 88 v. Chr. zum Konsul gewählt, sollte in Asien gegen König Mithridates kämpfen, doch kaum dort angekommen, entzog ihm die Volksversammlung den Oberbefehl und übertrug ihn Marius. Als Sulla nach Rom zurückkehrte, wurden Marius und seine Anhänger geächtet. Diese rächten sich, sobald Sulla wieder in Asien war.

Schließlich besiegte Sulla 82 v. Chr. das Heer der Popularen und wurde vom Senat auf unbegrenzte Zeit zum Diktator* „für die Neuordnung des Staates" ernannt. Er schränkte das Vetorecht der Volkstribunen ein und Gesetzesanträge an die Volksversammlung mussten künftig vom Senat genehmigt werden. 79 v. Chr. legte Sulla zur Überraschung aller seine Diktatur nieder.

Caesar – vom Triumvirat zur Alleinherrschaft

Nach Sullas Tod (78 v. Chr.) brach die wieder gestärkte Vorherrschaft des Senats innerhalb von zehn Jahren zusammen. Die Popularen strebten danach, die Rechte der Volkstribunen wiederherzustellen. Dies gelang Gnaeus Pompeius und M. Licinius Crassus 70 v. Chr. in ihrem gemeinsamen Konsulat. Zehn Jahre später gingen sie ein Bündnis mit Gaius Julius Caesar ein. Sie bildeten eine Dreierherrschaft, das so genannte erste Triumvirat, und teilten zunächst die Macht im Staat unter sich auf. Solange jeder von dem Zweckbündnis profitieren konnte, arbeiteten sie gut zusammen. Den Senat schalteten sie weitgehend aus und ließen ihre Abmachungen als „Gesetze" verkünden.

Mit der Eroberung Galliens (58–51 v. Chr.) gewann Caesar zunehmend politischen Einfluss und überragte darin seine Mitherrscher. In die Enge gedrängt, stellte sich Pompeius (Crassus war 53 v. Chr. gestorben) gegen Caesar auf die Seite des Senats. Doch Caesar zog mit seinem Heer nach Rom und besiegte die Truppen Pompeius' und des Senats. Caesar war nun unbestrittener Alleinherrscher. Da er im Bürgerkrieg mit seinen Feinden relativ milde umgegangen war, gewann er rasch Sympathien. 46 v. Chr. ließ er sich für zehn Jahre zum Diktator* ernennen und 44 v. Chr. zum Diktator auf Lebenszeit. In der Öffentlichkeit zeigte er sich mit einem goldenen Lorbeerkranz und trug bei allen offiziellen Handlungen das Purpurgewand des Triumphators. Im Senat saß er auf einem goldenen Stuhl. Ehrenbeschlüsse rückten ihn immer stärker in die Nähe der Göttlichkeit. Er besaß fast die Stellung eines Königs – nur der Titel fehlte. Der jedoch war nach der Verfassung der Republik verboten; auf ihn stand die Todesstrafe. Seine Gegner im Senat hegten immer stärker den Verdacht, dass er die Monarchie anstrebe. Deshalb schlossen sich 60 Verschwörer zusammen und ermordeten Caesar am 15. März 44 v. Chr. während einer Senatssitzung mit 23 Dolchstichen.

M1

Caesar, römische Silbermünze (Denar), 44 v. Chr. (vor Caesars Tod). Die Umschrift lautet: Caesar Dict(ator) Quart(um). Der Kranz aus Gold ist der Schmuck Jupiters, Auszeichnung des Triumphators und Herrschaftszeichen des etruskischen Königs. Porträts lebender Personen auf Münzen hat es vordem in Rom nicht gegeben.

M2

Caesars Tod, Ölgemälde von Karl Theodor von Piloty, 1865

M3

Zwei Münzpräger im Gespräch über Caesar

Das Gespräch zwischen Secundus (S) und Tertius (T) spielt in einer Druckerwerkstatt, in der Denare mit dem Bildnis von Caesar hergestellt werden. Der Dialog ist erfunden, gibt aber die Stimmung, die in Rom zu Beginn des Jahres 44 v. Chr. herrschte, wieder:

S: Schau dir diesen Caesar an, jetzt ist er größenwahnsinnig geworden: Diktator auf Lebenszeit! Er muss doch wissen, dass der Senat das nicht mitmacht.

T: Warum denn? In den Senat hat er doch erst neulich seine Gefolgsleute gesetzt.

S: Aber die alten Senatoren wissen doch, dass Konsuln wie andere Beamte nur für ein Jahr gewählt werden dürfen – und nun das: lebenslänglich!

T: Vielleicht will er damit zeigen, dass er das Prinzip der Annuität nicht mehr für zeitgemäß hält. Denn wie soll auch ein Konsul einen Feldzug gegen unsere Feinde weit im Norden und Osten vorbereiten und durchführen, wenn er nach wenigen Monaten zurückkehren muss, weil die Amtszeit zu Ende geht?

S: Hm …

T: Überlege, was Caesar in acht Jahren in Gallien erreicht hat. Da gibt's jetzt Straßen und blühende Städte!

S: Gibt es eigentlich noch einen Unterschied zwischen seiner Stellung und der eines Königs?

T: Glaube ich nicht. Vielleicht will er ja tatsächlich ein König werden? Schau dir nur den Goldkranz an. Vielleicht meint er, erst noch einen Sieg erringen zu müssen, damit seine Herrschaft auch voll akzeptiert wird.

S: Man munkelt, er wolle im Osten einen Feldzug gegen die Parther durchführen …

T: Und wenn er wiederkommt, ordnet er alles neu …

S: Meinst du, er würde dann alle Senatoren umbringen und die Alleinherrschaft anstreben?

T: Glaube ich nicht. Es ist doch egal, ob es 300, 600 oder 900 Senatoren gibt – er und seine Berater machen einfach die bessere Politik. Und wenn er einen Feldzug siegreich beendet und mit reicher Beute nach Hause kommt – wer fragt da schon nach?

S: Und wenn man ihn gar nicht erst zu diesem Krieg aufbrechen lässt?

T: Wie willst du ihn daran hindern?

Verfassertext

1 Livia hört zu Hause die Geschichte über die Popularen, Optimaten und die Herrschaft Caesars. In einem Brief will sie ihrem Freund Titus davon berichten. Schreibe anhand der Informationen auf dieser Doppelseite diesen Brief.

Schriftliche Quellen untersuchen

Fragen an die Quellen stellen

Mit schriftlichen Quellen hast du in den bisherigen Kapiteln schon gearbeitet. Für eine genauere Untersuchung von Quellentexten ist es sinnvoll, in Arbeitsschritten Fragen an den Text zu stellen und zu beantworten.

1 Ergänze die fehlenden Antworten in der Lösungshilfe M1 mithilfe der Arbeitsschritte.

2 Prüfe, ob die Aussagen Senecas mit dem Darstellungstext S. 113 übereinstimmen.

zu Schritt 1:

a) Der Text berichtet von der Bevölkerung Roms, ihrer Herkunft und ihrer Zusammensetzung.
Wer? der römische Schriftsteller und Philosoph Seneca
Wo? Rom, Hauptstadt des römischen Reiches
Wann? keine genaue Datierung des Textes; siehe die Lebensdaten Senecas
Was? siehe oben unter a)

b) Z. 1–5: Zusammenströmen der Menschen in Rom
Z. 6–14: Gründe für den Zuzug nach Rom
Z. 14–20: Zusammenfassung: „jede Art von Menschen", „dass der größte Teil seine Wohnsitze verlassen hat". Wertung: „die aber nicht ihre ist", aber: „Vaterstadt aller"
Z. 20–24: Verallgemeinerung: In allen anderen Städten gibt es auch „einen großen Teil fremder Bevölkerung".

zu Schritt 2:

c) Der Verfasser beschreibt die Zusammensetzung der Bevölkerung Roms, eher erstaunt und vielleicht sogar bewundernd. Er verlässt sich nicht nur auf die Beobachtung, sondern fordert zum Fragen auf („frage, woher jeder stamme").

d) Der Text stammt aus einer Trostrede für seine Mutter Helvia. Als Schriftsteller und Philosoph hat er sicherlich auch an die Überlieferung seiner Texte für die Nachwelt gedacht.

M1

Lösungshilfe zu M2

M2

Rom – „Vaterstadt aller"?

Der römische Schriftsteller und Philosoph Seneca (um 4 v. Chr.-65 n. Chr.) schrieb:

Schau dir diese Volksmenge an, für die die Häuser der riesigen Stadt kaum ausreichen! Der größte Teil dieser Masse hat hier nicht seine Heimat. Aus ihren Landstädten und Kolonien, ja aus dem ganzen Erdkreis sind sie zusammengeströmt. Die einen brachte der Ehrgeiz hierher oder der Wunsch, ein öffentliches Amt zu bekleiden, andere ihre Genusssucht. Manche sind aus Leidenschaft für edle Studien gekommen, andere wegen der Zirkusspiele. Freundschaftliche Verbindungen haben die einen hergezogen, andere ihr Geschäftssinn, der hier ein großes Betätigungsfeld findet. Manche tragen ihre schöne Gestalt zu Markte, andere ihre Beredsamkeit. Jede Art von Menschen ist in der Hauptstadt … zusammengekommen. Lass sie doch einmal ihre Namen nennen und frage, woher jeder stamme: Du wirst sehen, dass der größere Teil seine Wohnsitze verlassen hat und in diese so große und herrliche Stadt gekommen ist – die aber nicht ihre ist! Alsdann verlasse diese Stadt, die freilich die Vaterstadt aller genannt werden kann, und gehe in allen anderen Städten umher: Eine jede hat einen großen Anteil fremder Bevölkerung.

Seneca, Cons. ad Helv. 6, 2-4, übers. v. M Tocha, zit. nach Geschichte lernen, H. 45, 1993, S. 30.

Arbeitsschritte

1. Schritt: Aufbau und Inhalt des Textes
- Wovon berichtet der Text? Stelle „W-Fragen": Wer? Wo? Wann? Was?
- Schlage im Lexikon unbekannte Wörter nach.
- Wie ist der Text gegliedert? Suche bei längeren Texten nach treffenden Überschriften für die einzelnen Abschnitte.

2. Schritt: Verfasser/-in
- Welche Informationen besitzen wir über den/die Verfasser/-in?
- Hat der/die Verfasser/-in selbst erlebt, was er/sie aufgeschrieben hat?
- Ergreift er/sie Partei?
- Welche Absicht verfolgte der/die Verfasser/-in? Wollte er/sie etwas für die Nachwelt festhalten?

Rom – vom Stadtstaat zur Weltmacht

Überprüfe, was du kannst

Sachkompetenz

1 Stelle dar, wie die Gesellschaft der römischen Republik aufgebaut war und wie sie sich wandelte (S. 106/107, 113).

2 Beschreibe die Schritte und Methoden, mit denen die Römer ihre Weltmacht aufbauten (S. 108–111).

3 Erläutere, warum die römische Republik in die Krise geriet, welche Reformen versucht wurden und wie die Republik unterging (S. 114–117).

Methodenkompetenz

4 Analysiere M1 mithilfe der Methode „Schriftliche Quellen untersuchen" (S. 118).

Urteilskompetenz

5 Vergleiche die römische Republik mit der griechischen Polis. Gehe auf die gesellschaftlichen Gruppen und die Machtverteilung im Staat ein. Berichte in der Klasse.

Handlungskompetenz

6 Rollenspiel: Gestaltet in Gruppen ein Streitgespräch zwischen den Popularen und den Optimaten (S. 116) über die Verteilung der Macht im Staat.

M1

Mehr Freiheiten für Frauen?

Während des Zweiten Punischen Krieges war es Frauen verboten worden, Gold und Purpur zu besitzen und mit einem bespannten Wagen zu fahren. Dieses Gesetz (Lex Oppia) wurde 195 v. Chr. wieder abgeschafft. Der Aufhebung gingen öffentliche Diskussionen voraus. Der römische Geschichtsschreiber Livius (59 v. Chr.–17 n. Chr.) überlieferte eine Rede des Volkstribuns Valerius:

Was haben denn die Frauen eigentlich Neuartiges getan, dass sie in einer Sache, die sie angeht, in großer Zahl auf die Straße gegangen sind? … Wir sind … überheblich, wenn wir uns darüber entrüsten, dass ehrenwerte Frauen sich mit einer Bitte an uns wenden, während die Herren die Bitten ihrer Sklaven nicht zurückweisen … Weder Staats- noch Priesterämter noch militärische Auszeichnungen oder Beute können ihnen zuteil werden. Hübsches Aussehen, Schmuck und Kleidung, das sind die Kennzeichen der Frauen, darüber freuen sie sich und sind stolz, das haben unsere Vorfahren die „Welt der Frauen" genannt … Natürlich, wenn ihr das oppische Gesetz aufhebt, wird es nicht mehr in eurem Ermessen liegen, wenn ihr etwas verbieten wolltet, was jetzt das Gesetz verbietet. Über Töchter, Frauen und Schwestern würden dann einige weniger Gewalt haben.

Livius 34, 2,8–3; 5,7–13. Übers. d. Verf.

- um 1000 v. Chr. Sabiner und Latiner besiedeln die Gegend des heutigen Roms
- 753 v. Chr. Sagenhafte Gründung Roms
- um 600 bis 510 v. Chr. Königsherrschaft
- um 600 v. Chr. Etrusker errichten die Stadt Rom
- 510 v. Chr. Rom wird Republik
- 490 bis 287 v. Chr. Ständekämpfe zwischen Patriziern und Plebejern
- 264 bis 146 v. Chr. Punische Kriege
- 133 bis 121 v. Chr. Reformversuche der Gracchen
- 133 bis 31 v. Chr. Zeitalter der Bürgerkriege
- 46 bis 44 v. Chr. Neuordnung des Staates durch Caesar
- 44 v. Chr. Ermordung Caesars
- 27 v. Chr. Ende der Republik

1000 v. Chr. | 750 v. Chr. | 500 v. Chr. | 250 v. Chr. | Christi Geburt

Lebenswelt Imperium Romanum

Wissen • Urteilen • Handeln • Methoden anwenden

Am Ende dieses Unterkapitels kannst du

- die Herrschaft des Augustus beschreiben
- die Bedeutung Roms als „Haupt der Welt“ bewerten
- Ziele und Methoden römischer Herrschaft in der Kaiserzeit erklären
- den Ausdruck „Romanisierung“ der Provinzen erläutern
- Ursachen für den Untergang des Römischen Reiches nennen
- **Methode** Eine Mindmap entwerfen

Das Römische Reich vom 1. bis 3. Jahrhundert n. Chr.

- Prinzipat des Augustus — 27 v. Chr. bis 14 n. Chr.
- Ende des Weströmischen Reiches — 476 n. Chr.

Octavian – der Erbe Caesars wird „Augustus“

Der Kampf um die Herrschaft in Rom

Nach der Ermordung Caesars 44 v. Chr. entbrannte erneut der Kampf um die Spitze im römischen Staat. Dieses Mal hieß der Sieger Octavian, ein Großneffe Caesars. Caesar hatte Octavian adoptiert und ihm damit die Befehlsgewalt über die von ihm abhängigen Soldaten und Veteranen* vererbt.

Zu Beginn der Kämpfe verfolgte und tötete Octavian seine Gegner. Nach seinem militärischen Sieg bei Actium (31 v. Chr.) ging er vorsichtiger vor. Er wusste, dass seine Herrschaft nur dann stabil sein würde, wenn er möglichst viele Anhänger gewann und seine Herrschaft anerkannt wurde. Um seine Gegner davon zu überzeugen, dass er keine Alleinherrschaft anstrebte, gab er 27 v. Chr. seine außerordentlichen Vollmachten an Volk und Senat zurück. Damit hatte er die Republik äußerlich wiederhergestellt und der Senat verlieh ihm daraufhin den Ehrennamen „Augustus“ (= der Erhabene). In den folgenden Jahren errichtete Augustus eine Form der Vorherrschaft, die „Prinzipat“ genannt wird. Allerdings nannte sich Augustus nicht „Rex“ (= Monarch*), sondern „Princeps“ (lat. der Erste im Staate). Tatsächlich herrschte er aber wie ein Monarch: Er hielt den Oberbefehl über das Heer und die wichtigsten Provinzen, hatte lebenslang die Befugnisse eines Volkstribuns* und leitete alle Senats- und Volksversammlungen. Dazu war er oberster Priester und bestimmte seinen Nachfolger selbst. Der Name „Caesar Augustus“ wurde nach seinem Tod 14 n. Chr. zum Titel aller römischen Kaiser (= Caesar).

M1

Marmorstandbild des Augustus, Höhe 2,03 m. Die Figuren auf dem Brustpanzer zeigen einen besiegten Gegner, der den Römern erbeutete Truppenabzeichen zurückgibt; darüber schweben Himmelsgötter. Die kleine Figur am Fuß könnte Gott Amor sein. Die Barfüßigkeit antiker Statuen ist ein Zeichen für eine gottähnliche Stellung.

M2

Augustus, Rekonstruktion der Farbgebung nach Farbresten anhand eines Modells durch Wissenschaftler im Münchner Museum für Ur- und Frühgeschichte.

1 Stelle mithilfe des Darstellungstextes fest, wie Augustus seine Macht errang und wie er sie sicherte.
2 a) Beschreibe M1.
b) Stelle Vermutungen an, wie die Darstellung möglicherweise auf die Menschen gewirkt hat.
3 Schildere deinen Eindruck von M2 im Vergleich zu M1.

Herrschaft im Zeitalter des Augustus

Die „Pax Romana“: Römischer Friede

Im Bürgerkrieg* hatten die Angehörigen der Oberschicht – Senatoren, Ritter und Feldherren – um persönlichen Ruhm gekämpft und damit die Republik* und den Frieden zerstört. Augustus wollte die Oberschicht wieder dazu bringen, Verantwortung für das Gesamtwohl des Staates zu übernehmen.

Zu diesem Zweck beteiligte er Senatoren und Ritter an seiner Macht: Senatoren konnten das Kommando über ein Heer haben, allerdings blieb Augustus Oberbefehlshaber. Er entschied zum Beispiel, die jahrhundertelange Eroberungspolitik zu beenden. Weiterhin konnte ein Senator in einer Provinz als Statthalter* tätig sein und Steuern eintreiben. Vor korrupten Steuereintreibern wurden die Provinzbewohner jedoch geschützt, indem sie sich bei Verstößen direkt an den Kaiser wenden konnten.

Mit „Brot und Spielen“ versuchte Augustus die Einwohner der Hauptstadt zu „befrieden“: Er ließ kostenlos Getreide verteilen und viele Pferderennen und Gladiatorenkämpfe veranstalten.

Mit Feuerwehr- und Polizeistationen erhöhte er die Sicherheit. Zudem ließ er in Rom neue Tempel, Theater und Triumphbögen bauen sowie Bauwerke aus der Republikzeit wieder herrichten. Er ermahnte die Römer, die Götter zu verehren, denen Rom die Weltherrschaft verdankte.

Begriffe und Daten

Das Zeitalter des Augustus

Augustus (63 v. Chr.–14 n. Chr.) wurde als Garant des Friedens im Römischen Reich (Pax Romana) angesehen. Dennoch blieben die Spannungen zwischen Friedenserhalt und Weltherrschaft bestehen. Heute wird er auch als „Medienkaiser“ bezeichnet, der sich geschickt selbst darstellte bzw. sich darstellen ließ – durch Skulpturen, Bilder, Dichtung und Prachtbauten.

M1

Augustus auf einem Schmuckanhänger, um 10 n. Chr., 19 x 23 cm. Oberer Teil: Augustus thront neben der Göttin Roma. Hinter ihm sieht man, dargestellt als Personen, das Meer, die Erde und die Städte des Reiches. Eine Figur hält ihm die römische Bürgerkrone. Das Füllhorn rechts ist ein Zeichen der Fruchtbarkeit. Links der erfolgreiche Feldherr Tiberius, Stiefsohn des Augustus. Unterer Teil: Römische Soldaten errichten ein Siegeszeichen; am Boden liegen besiegte Gegner.

M2

Das Tellusrelief mit der Friedensgöttin Pax. Es ist Teil des Altars (der Ara Pacis Augustae), den der Senat zu Ehren des Kaisers Augustus auf dem Marsfeld errichten ließ. Er wurde 9 v. Chr. der Göttin Pax geweiht. Das Relief zeigt in der Mitte die Göttin Pax, von zwei Frauengestalten umgeben, die Landwinde (links auf einem Schwan sitzend) und Meerwinde (rechts auf einem Meeresungeheuer). Es ist eine bildhafte Darstellung des von Augustus verkündeten Friedens.

M3

Augustus – Urteile über seinen Weg zur Macht

Augustus schrieb 13 n. Chr. in seinem „Tatenbericht", den er in Stein meißeln und öffentlich aufstellen ließ:

3A Im Alter von 19 Jahren [44 v. Chr.] brachte ich aus eigenem Entschluss und mit eigenen Mitteln ein Heer auf, mit dessen Hilfe ich den Staat, der durch die Gewaltherrschaft einer Partei unterdrückt war, in die Freiheit zurückgeführt habe. Aus diesem Grunde nahm mich der Senat … [43 v. Chr.] durch ehrenvolle Beschlüsse in seine Reihen auf, indem er mir … den Rang eines gewesenen Konsuls gab, und gab mir die militärische Befehlsgewalt … Die meinen Vater ermordet haben, sie habe ich in die Verbannung gejagt und ihr Verbrechen gerächt durch gesetzmäßige Gerichtsurteile … Die Diktatur, die mir abwesend und anwesend sowohl vom Volk als auch vom Senat … angetragen wurde, habe ich nicht angenommen … Als … Senat und Volk Roms übereinkamen, dass ich allein zum Walter der Gesetze und Sitten mit höchster Machtvollkommenheit gewählt werde, habe ich kein Amt, das wider den Brauch der Vorfahren übertragen werden sollte, angenommen.

Res gestae 1 ff., zit. nach Walter Arend, Geschichte in Quellen, Bd. 1, München (bsv) 1965, S. 581 f.

Der römische Geschichtsschreiber Tacitus (55–120 n. Chr.) gab zeitgenössische Urteile über Augustus wieder:

3B Dagegen sagten nun die anderen: die Anhänglichkeit gegen seinen Vater und die allgemeine Lage habe er bloß zum Vorwande genommen. Im Grunde sei es Herrschsucht gewesen, wenn er als junger Mensch ohne Amt die Veteranen durch freigebige Spenden an sich zog, ein Heer warb, die Legionen des Konsuls bestach … Er habe vom Senat das Konsulat erzwungen und das Heer gegen den Staat geführt … Dann ist allerdings Friede geworden, aber ein blutiger: Lollius und Varus sind geschlagen worden, in Rom sind Varro, Egnatius und Jullus hingerichtet worden … Für die Götterverehrung hat er keinen Raum mehr gelassen: er wollte selber Tempel haben und von … Priestern als Gott angebetet werden. Er hat auch Tiberius nicht aus Liebe … zu seinem Nachfolger bestimmt; nein, er hat dessen anmaßende und grausame Natur wohl erkannt und darauf gerechnet, dass der Vergleich mit einem solchen Scheusal seinem Ruhm zugute kommen werde.

Tacitus, Annalen 1, 9 f., zit. nach Walter Arend, Geschichte in Quellen, Bd. 1, München (bsv) 1965, S. 585 f.

1 Erarbeite aus dem Darstellungstext, was der Begriff „Pax Romana" bedeutet.

2 Erschließe anhand von M1 und M2, wie Augustus hier dargestellt ist. Was wird über seine Herrschaft ausgesagt? Nimm die Methode „Ein Bild als Quelle" (siehe S. 62 f.) zu Hilfe.

3 Erarbeite M3 nach der Methode „Schriftliche Quellen untersuchen" (siehe S. 118).

4 Beurteile die folgende Aussage: Augustus hat die Republik wiederhergestellt.

Spiele – ein Mittel kaiserlicher Politik?

Im Circus Maximus

Livia und Titus – so könnten unsere beiden Jugendlichen heißen – stehen vor dem Haupteingang des Circus Maximus und beobachten den Einzug der Wagenlenker und Reiter. Auf dem Fuße folgen Tänzer, Musikanten und natürlich Männer, die Weihrauchfässer, Opferzeug und Götterbilder tragen. „Jeder Fahrer", erklärt Livia, „gehört einer bestimmten Factio an. Das ist ein Rennstall mit einer Menge Personal: Tierärzte, Ärzte, Fahrlehrer, Handwerker, Schneider, Boten."

„Und was bedeuten die Farben der Wagen?"

„Jede Factio wird nach ihrer Farbe benannt: die rote, grüne, blaue, weiße Factio. In den Farben spiegelt sich noch der alte Gegensatz zwischen Volk und Adel: Die Weißen gehören zum Beispiel zur plebejischen Factio, die Roten zur senatorischen."

„Wer veranstaltet eigentlich die Rennen?", fragt Titus. Es war mal wieder der Kaiser persönlich und es soll eine Menge Geld gekostet haben."

Als der Spielgeber sein Tuch fallen lässt, stürmen die Vierergespanne aus den Rennboxen: „Jetzt wirst du einen Hexenkessel erleben!", ruft Livia. „Denn die Zuschauer haben alle in den Wettbüros Geld gewettet. Es müssen sieben Runden gefahren werden. Siehst du auf der Mittelbarriere die großen klappbaren Marmordelfine? Das sind die Rundenanzeiger."

Plötzlich geht ein Aufschrei durch das Publikum. An einer Wendemarke sind zwei Wagen zusammengestoßen. Sind die Lenker verletzt?

Das Rennen läuft bis zum Schluss weiter. Unter dem Beifall der Zuschauer wird der Sieger geehrt. Während er sich beim Publikum mit einer Ehrenrunde bedankt, warten in den Boxen schon die nächsten Gespanne.

M1

Wagenrennen im Circus Maximus in Rom, Rekonstruktionszeichnung, 1999. Zur Zeit von Caesar bot die Arena 60 000 Zuschauern Platz, nach Erweiterungen in der Kaiserzeit etwa 185 000.

1 Arbeite aus dem Darstellungstext die Merkmale der „zirzensischen" Spiele im kaiserzeitlichen Rom heraus (z. B. Veranstalter, Ziele, Verhalten der Zuschauer). Ziehe M1 hinzu.

2 a) Vergleiche die Spiele im Circus Maximus mit Massenveranstaltungen heute. Benenne Gemeinsamkeiten und Unterschiede.
b) Begründe, welche Veranstaltungen dir besser gefallen, alte römische oder heutige?

Eine Abendgesellschaft in Rom

Im Liegen essen?

Die reichen Römer luden am Abend oft Gäste zu einem ausgiebigen Essen in ihre Villa ein. Dabei machten es sich die Gäste auf weichen Liegen bequem. Sklaven reichten Speisen und Getränke. Zauberer, Musiker und Akrobaten sorgten für Unterhaltung. Der Duft exotischer Öle trug zur Entspannung bei.

Die Römer zeigten ihren Wohlstand, indem sie Speisen und Getränke aus allen Teilen des Reiches servieren ließen. Aus Syrien kamen Pflaumen und Granatäpfel, aus Afrika Datteln und Gewürze, aus Gallien Wurstwaren und aus Spanien Salzlake, die die Römer zum Würzen ihrer Speisen verwendeten.

M2 **Römische Abendgesellschaft,** Illustration, 1997

Eine Toga anlegen

Wollt ihr euch einmal fühlen wie ein Römer? Dazu benötigt ihr eine Toga. Allen frei geborenen Männern war es gesetzlich erlaubt, eine Toga zu tragen. Doch weil das so umständlich war, trugen nur Männer aus der Oberschicht die Toga, wenn sie zum Beispiel eine Rede hielten oder zu einer Abendgesellschaft gingen.

Eine Toga herzustellen ist gar nicht so schwierig. Ihr braucht dazu ein halbkreisförmiges Stück Stoff mit einer Kantenlänge von mindestens vier Metern. Legt ein Stoffende so über den linken Arm, dass etwa ein Drittel nach vorne überhängt. Führt das andere Ende über die linke Schulter, den Rücken und unter dem rechten Arm durch und werft dann dieses Ende über die linke Schulter zurück. Die Toga ist nun angelegt, der rechte Arm bleibt frei.

Ihr werdet merken, dass eure Bewegungsfreiheit eingeschränkt ist, dass ihr ruhig und langsam gehen müsst, was euch einen würdevollen Ausdruck verleihen wird.

Einen Grapefruit-Trunk mixen

Dieses würzige Getränk durfte bei keiner römischen Abendgesellschaft fehlen. Ihr könnt es zum Beispiel als euren Beitrag für das nächste Schulfest mixen:

Zutaten für 4 Personen:

4 Teelöffel Honig, 2 zerkleinerte Lorbeerblätter, 2 Datteln, 1 l Grapefruitsaft, jeweils eine Prise Zimt und Pfeffer, Zitronen.

- Zerhackt die Datteln fein und entfernt die Kerne.
- Gebt alle Zutaten in einen Topf und erhitzt sie auf kleiner Flamme.
- Lasst das Getränk abkühlen und verziert es vor dem Servieren mit einer Zitronenscheibe.

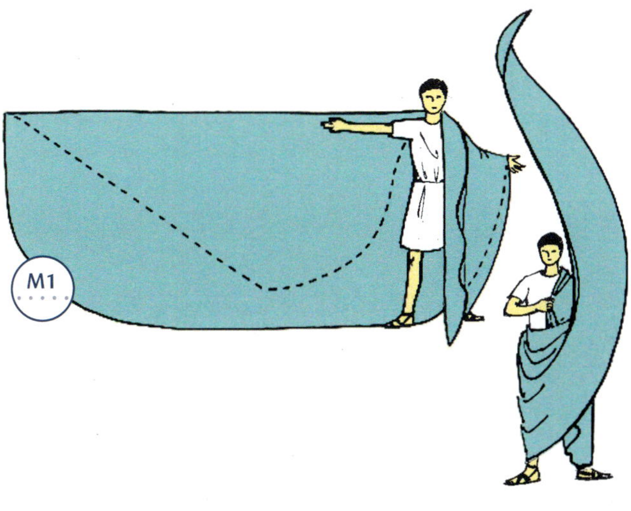

So legt ihr eine Toga an, M1
Zeichnung, 1995

Rom im Kaiserreich

Das „Haupt der Welt"

„Ich bin froh, dass ich heute geboren bin!" Dies schrieb zur Zeit des Augustus der römische Dichter Ovid und er lobte die „goldene Stadt" Rom mit ihren Hügeln, wo das Weideland für die Rinder lag.

In der Kaiserzeit zählte Rom fast eine Million Bewohner. Mit Amphitheater, Forum, Bädern und über 46 000 Mietskasernen wurde die Stadt zum Vorbild für viele andere des Imperiums. Zum Beispiel für die berühmte süditalische Stadt Pompeji, die 79 n. Chr. durch einen Vulkanausbruch verschüttet, aber von Archäologen wieder vollständig ausgegraben wurde.

Zeitgenossen meinten, frühere Könige hätten über leeres Land und Wehranlagen geherrscht, die Römer aber seien Herren über Städte.

Spätestens seit Augustus sprachen viele von Rom als dem „Haupt der Welt". Denn die Stadt war mehr als ein groß gewordenes Dorf, in dem riesige Menschenmassen in engen Mietswohnungen lebten. Rom war Großstadt und Herrschaftssitz zugleich. Hier residierte der Kaiser mit seinen Beamten und lebten Angehörige ganz unterschiedlicher Völker und Kulturen, die aus allen Provinzen des Reichs kamen. Viele von ihnen waren nicht freiwillig in Rom, sondern nach Kriegszügen als Sklaven oder als Geiseln nach Rom gebracht worden. Andere kamen dorthin, um als Handwerker oder Händler Gewinn zu machen. Auf dem Palatin, einem der sieben Hügel in Rom, wo sich ein vornehmes Stadtviertel befand, stellten Großhändler ihre Villen und ihren luxuriösen Lebensstil zur Schau. Politischer Ehrgeiz trieb viele junge Adlige aus den Provinzen in die Hauptstadt. Hier hofften sie Karriere zu machen, denn am Hof des Kaisers liefen die Fäden der Politik zusammen, verhandelten und feierten die einflussreichsten Männer des Reichs.

Rom in der Kaiserzeit, Modell, 1980.
A Tiber; **B** Circus Maximus; **C** Palatin (Hügel, auf dem kaiserliche Paläste standen); **D** Wasserleitung; **E** Kolosseum; **F** Thermen (Bäder); **G** Forum des Augustus; **H** Kapitol

M1

M2 **Die Villa eines wohlhabenden Senators,** Rekonstruktionszeichnung, 1999

M3 **Wohn- und Handwerkerhaus in einem ärmeren Stadtteil,** Rekonstruktionszeichnung, 1999

1 a) Schau dir M1 genau an und schildere deinen Eindruck von der Stadt Rom.
b) Vergleiche mit deinen Kenntnissen über heutige Großstädte.

2 Schreibe aus dem Darstellungstext die „Schlüsselinformationen" heraus, die Rom als besondere Stadt in der Antike bezeichnen.

3 Vergleiche anhand von M2 und M3 die Wohnverhältnisse in einem Wohn- und Handwerkerhaus mit denen in der Villa eines Senators.

4 Lucia, die Frau eines in Rom lebenden Senators, schreibt ihrer ägyptischen Freundin Hathor: „Liebe Hathor, du fragtest in deinem letzten Brief, warum Rom als Wohnort so bekannt und beliebt ist. Das ist eine schwierige Frage ..." Schreibe den Brief zu Ende.

5 **Recherche:** Informiert euch in Partnerarbeit über die im Darstellungstext erwähnte Stadt Pompeji und berichtet in der Klasse.

Arbeit und Berufe

Vom Ansehen der Arbeit

Das Ansehen der Arbeit im Römischen Reich war von den Wertvorstellungen des Adels* geprägt. Danach waren die Tätigkeiten des Politikers, des Kriegers und die selbstständige Arbeit in der Landwirtschaft anerkannt und ehrenhaft. Jede Arbeit, die von Aufträgen und Anweisungen abhing, insbesondere Lohnarbeit, wurde als unwürdig angesehen.

Eine Erklärung für diese Unterscheidung könnte darin liegen, dass der Aufstieg Roms vor allem den Bauern zu verdanken war, die Kriegsdienst leisteten. Der Landmann hatte also am Ruhm des Reiches besonderen Anteil. Ebenso galt die Verwaltung von Besitz als ehrenhafte Arbeit, waren doch viele Adelsfamilien Großgrundbesitzer.

Als sich im Laufe der Zeit spezialisierte Handwerksberufe herausbildeten, wandelten sich die Vorstellungen: Wer technisch und künstlerisch hochwertige Produkte wie Schmuck und Kleidung herstellte, konnte das Ansehen seines Berufs steigern. Darstellungen von Handwerkern und Produkten auf Grabsteinen zeugen von dieser Absicht, Handwerks- und Dienstleistungsarbeit als wertvoll herauszustellen.

Frauenberufe in Rom

Da es für verheiratete freie Frauen nur „statthaft“ war, im häuslichen Bereich zu arbeiten, wurden auf Grabinschriften und in anderen Quellen, die sie ehren sollten, keine beruflichen Tätigkeiten außerhalb des Hauses genannt.

Über die Geschäftsfrau Eumachia aus Pompeji wurde allerdings erwähnt, dass sie in ihrem Namen und dem ihres Sohnes ein Gebäude, die Wollbörse, finanzierte und gestaltete.

Über Freigelassene und Sklavinnen wissen wir, dass sie als Kellnerinnen, Buchhalterinnen und Hausangestellte, Bibliothekarinnen und Vorleserinnen arbeiteten. Ebenso waren sie in Bereichen tätig, die als unehrenhaft galten: als Flötenspielerin, als Tänzerin oder als Prostituierte.

Viele Frauen sind im Gesundheits- und Bildungswesen zu finden: Hebammen, Ärztinnen und Erzieherinnen. Für den Handwerksbereich liegen nur Belege für Weberinnen vor. Keine Belege gibt es für Frauenarbeit in der Holz-, Metall-, Ton- und Lederverarbeitung.

M1

„Unsaubere“ Berufe

Der römische Philosoph Cicero (106–43 v. Chr.) schrieb:

Als unedel und unsauber gilt ... der Erwerb aller ungelernten Tagelöhner ... Alle Handwerker fallen auch unter diese unsaubere Zunft; was kann schon eine Werkstatt Edles an sich haben? ... Am allerwenigsten kann man sich einverstanden erklären mit Berufen, die nur sinnlichen Genüssen dienen: Fischhändler, Fleischer, Köche, Hühnermäster, Fischer ..., Tänzer und das ganze leicht geschürzte Schauspiel.

Diejenigen Berufszweige aber, die eine tiefere Vorbildung verlangen und höheren Nutzen anstreben, wie die Heilkunde, die Baukunst, der Unterricht in den edlen Wissenschaften, sind anständig ... Der Kleinhandel aber ist zu den unsauberen Geschäften zu rechnen, während der ... Großhandel, der die Verbrauchsgüter aus aller Welt heranschafft und den Massen zugute kommen lässt, nicht ganz zu tadeln ist ... Von allen Erwerbsarten ist die Landwirtschaft die beste, die ergiebigste und angenehmste, die des freien Mannes würdigste.

Cicero, De officiis I., zit. nach Karl Christ, Die Römer, 3. Aufl., München (Beck) 1994, S. 102.

M2

M3

M4

M5

1 Ordne die Bilder M2 bis M5 den Bildunterschriften A bis D richtig zu. Begründe deine Zuordnungen.
A Gastwirtschaft
B Großbäckerei
C Kleinhandel
D Schlosserwerkstatt

2 a) Erarbeite aus M1, was Cicero über das Ansehen der Berufe im Römischen Reich schreibt.
b) Vergleiche mit dem Ansehen von Berufen heute.
c) Untersuche, aus welcher Sicht Cicero seine Aussagen formuliert (siehe Darstellungstexte).

3 Beurteile anhand des Darstellungstextes die Stellung der Frauen in der römischen Arbeitswelt.

4 Stelle ausgehend von M1 und den Bildunterschriften Vermutungen an, wie wir zu Kenntnissen über Arbeit und Berufe im Römischen Reich gelangen.

Römische Wasserbaukunst – zum Wohle aller?

Wasserversorgung bei den Römern

Die Versorgung mit Wasser war für die Bewohner römischer Städte eines der wichtigsten Anliegen. Zwei Dinge galt es zu beachten: Wasser musste in ausreichender Menge herbeigeschafft und dann als Trink-, Brauch- und Löschwasser gerecht unter die Leute verteilt werden. Verhältnismäßig einfach war es, Wasser aus nahe gelegenen Flüssen zu entnehmen oder Brunnen anzulegen. Um die Menschen in den ständig wachsenden Städten zu versorgen, reichten diese Möglichkeiten jedoch nicht aus. Daher musste Wasser aus Quellflüssen nahe gelegener Gebirge in die Stadt transportiert werden. Die Römer bewältigten dies mit dem Bau spezieller Fernwasserleitungen. Dabei galt es, Täler, Flussläufe und Senken zu überwinden und zu diesem Zweck gigantische brückenartige Bauwerke, Aquädukte, zu konstruieren.

Aquädukte gelten auch heute noch als eine der größten technischen Leistungen römischer Ingenieurskunst. Die meisten Fernwasserleitungen gab es in der Gegend von Rom: 11 Stück mit einer Länge zwischen 17 und 91 Kilometern. Das Wasser aus den Fernleitungen wurde zunächst zu höher gelegenen Sammelstellen in Stadtnähe geführt und dann über unterirdische Blei- und Tonrohre weitergeleitet.

Knapp die Hälfte der Hauptstadtbewohner verfügte über einen Wasseranschluss im Haus. In Mietskasernen jedoch, in denen viele römische Familien lebten, war er selten. Ein eigener Hausanschluss musste zur Zeit der Republik bei den Ädilen* oder Censoren* beantragt werden, in der Kaiserzeit bei der kaiserlichen Verwaltung. Genehmigungen erhielten aber meist nur Angehörige der Oberschicht, z. B. Senatoren und Ritter. Ein Privatmann ohne Vermögen hatte kaum Chancen, einen Wasseranschluss zu erhalten, weil die Zuleitungen von den Verteilerstellen zum Haus selbst bezahlt werden mussten.

Wasser war deshalb ein wertvolles Gut. Wer es verschmutzte, musste mit hohen Geldstrafen rechnen.

M1

Öffentliche Toilette in einer römischen Stadt (Vaison-la-Romaine/ Südfrankreich), 2. Jh. n. Chr.

M2

Wasserzuleitung und Abwasserkanal in einer römischen Stadt, Rekonstruktionszeichnung, 1985

M3

Ein Urteil zur römischen Ingenieurskunst. Die Äußerung der Comicfigur Asterix, der im von Römern besetzten Gallien lebt, könnte es tatsächlich gegeben haben.

M4

Aquäduktbrücke in einer römischen Stadt (Segovia/Spanien), 1. Jh. n. Chr., Foto, um 1980. Das Wasser floss durch einen mit Steinplatten abgedeckten Kanal auf dem obersten Brückenbogen.

M5

„Wo geht's hier zur Latrine?"

Der Historiker Helmuth Schneider schrieb (1985):

Da die Mietskasernen nicht an die Schwemmkanalisation angeschlossen waren, gab es in den Wohnungen der Armen keine Toiletten; ... üblicherweise wurde der Topf nachts aus dem Fenster entleert, die Fußgänger mussten sehen, dass sie von den Fäkalien nicht beschmutzt wurden ... Tagsüber konnte die Bevölkerung auch die mit der cloaca [Abwasserkanal] verbundenen öffentlichen Latrinen [Toiletten] benutzen, die mehrere Sitze nebeneinander aufwiesen; es gab keine Trennwände.

Helmuth Schneider, Cloaca Maxima. In: Journal für Geschichte, Weinheim (Beltz) Juli/August 1985, S. 17.

1 Beschreibe mithilfe von M1 und M2, wie die Römer in ihren Städten Abwasserprobleme lösten.

2 Nimm Stellung zu der Behauptung: „Rom war eine sehr saubere Stadt, in der jedes Haus einen eigenen Wasseranschluss hatte" (siehe Anhang „Operatoren").

3 Erläutere mithilfe von M4 die Anlage und Funktion eines Aquäduktes.

4 Ein römischer Wasserbaumeister erhält den Auftrag, für die Stadt Nîmes eine Fernwasserleitung aus den 20 km entfernt liegenden Bergen zu bauen. Welche technischen Aufgaben muss er meistern (M4, Darstellungstext)?

5 Unterscheide an M3 reale und erfundene Bestandteile des Dargestellten.

6 **Recherche:** Sammelt in Gruppen Informationen über die Wasserversorgung in eurem Wohnort und wertet sie aus. (Fragt bei der Gemeindeverwaltung oder den Stadtwerken nach.)

Frieden nach Art der Römer

Die Welt zum Frieden zwingen?

Rom im Jahr 320 n. Chr.: Antonia, aus der Provinz Gallien, und ihr Freund Flavius – zwei erfundene Figuren – spazieren durch die Stadt. Vor dem Konstantinsbogen bleiben sie stehen und schauen sich das große Relief an (M1). Flavius' Familie lebt seit Generationen in Rom und schon oft hat er mit seinem Großvater hier gestanden und über die auf dem Relief dargestellte Szene gesprochen:

„Schau, Antonia, in der Mitte siehst du einen der Kaiser“, erklärt Flavius.

„Ist das Konstantin?“, fragt Antonia.

„Nein. An diesem Triumphbogen haben die Baumeister auch Reliefs aus alten Zeiten angebracht. Das hier ist zweihundert Jahre alt und zeigt entweder Kaiser Trajan oder Domitian.“ Flavius fährt fort:

„Den Kaiser begleiten Feldzeichenträger. Sieh, wie der Kaiser auf seinem Ross in die Gruppe der ‚Barbaren‘ einfällt! Die armen Kerle sind wahrscheinlich Daker.“

„Der eine da fällt auf die Knie“, ergänzt Antonia.

„Ja, er will sich dem Kaiser unterwerfen.“

„Freiwillig?!“, ruft Antonia entsetzt.

„Siehst du rechts im Hintergrund, wie römische Soldaten abgeschlagene Köpfe des Gegners hochhalten, als Trophäen für den Kaiser? Der Daker wusste, warum er auf die Knie fiel. Denn so konnte er zumindest auf die Milde, die ‚clementia‘, des Imperators hoffen. Es war bekannt, dass die Imperatoren der Kaiserzeit den Widerstand der Feinde – der ‚Stolzen‘, wie unser Gott Jupiter sagt – grausam brachen. Aber es war auch bekannt, dass sie die schonten, die sich unterwarfen.“

„Und die Unterworfenen fanden das alle ganz toll ...“, mokiert sich Antonia und denkt daran, dass Gallien, ihre Heimat, einst von den Römern erobert wurde.

„Das weiß ich nicht“, erwidert Flavius, „aber du musst zugeben: Nachdem Kaiser Augustus die Eroberungen fast ganz beendet hatte, haben wir in unserem Reich fast keine Kriege mehr erlebt.“

„Frieden ja, aber im römischen Sinne“, erwidert Antonia. „Mir leuchtet das immer noch nicht ganz ein: die Welt beherrschen, Nichtrömern mit grausamen Taten drohen und das Ganze Friedensherrschaft nennen?“

Ziele römischer Herrscher in der Kaiserzeit

Nach den gewaltigen Eroberungen in der Zeit der Republik und nach dem Tode von Augustus weiteten die Kaiser das Reich nur noch an wenigen Stellen aus. Im 2. Jahrhundert n. Chr., als die größte Ausdehnung erreicht war, lebten 50 bis 60 Millionen Menschen in fast 40 Provinzen. Das Ziel, im Norden die Reichsgrenze vom Rhein an die Elbe vorzuschieben, mussten sie jedoch aufgeben.

Was Augustus begonnen hatte, wurde für zwei Jahrhunderte Ziel römischer Herrschaft: aus den vielen eroberten Gebieten ein zusammenhängendes Reich zu schaffen und die 16 000 km langen Grenzen zu sichern. Die Kaiser sahen sich im Gefolge von Augustus nicht nur als Eroberer, sondern auch als Hüter des Friedens. Das Ziel, Eintracht im Inneren und Frieden nach außen zu schaffen, wurde unter den Schutz der Göttin Pax, der Friedensgöttin, gestellt.

212 n. Chr. war das Reich so weit zusammengewachsen, dass alle freien Männer das römische Bürgerrecht* erhielten.

... und wie die Ziele durchgesetzt wurden

1. Die nichtrömischen Bürger in den Provinzen bekamen im 1. und 2. Jahrhundert n. Chr. mehr Rechte. Nichtrömische Soldaten zum Beispiel, die als Hilfstruppen dienten, erhielten nach ihrem Ausscheiden aus dem Heeresdienst das volle Bürgerrecht.
2. Die Kaiser förderten die Städte. Vorhandene Städte wurden ausgebaut, andere neu gegründet und die Verwaltung in Anlehnung an Rom organisiert. Die Kaiser sorgten dafür, dass die Reichen aus der örtlichen Regierung die Vorzüge römischer Lebensart genießen konnten. Auch die Massen kamen nicht zu kurz: Wie in Rom wurden überall Amphitheater, Thermen, Tempel und Wasserleitungen gebaut.
3. Die Kaiser stärkten den Austausch zwischen Provinzen und Städten durch den Ausbau des Straßennetzes.

M1

Kaiserzeitliches Relief, um 100 n. Chr. Das Relief wurde an einem Triumphbogen angebracht, den die Römer 315 n. Chr. in Rom zu Ehren Kaiser Konstantins (306–337 n. Chr.) errichteten.

M2

Römischer Legionär mit Marschgepäck, Rekonstruktionszeichnung, 1992. Das Gepäck bestand unter anderem aus Grundnahrungsmitteln, die für 1 bis 3 Tage reichen mussten. Das Gepäck wog etwa 48 kg: **A** Wurflanzen; **B** Helm; **C** Kurzschwert; **D** Schild; **E** Feldflasche; **F** Korb; **G** Zeltplane; **H** Getreidevorrat; **I** Spaten; **J** Spitzhacke; **K** „Tornister" mit Löffel, Sichel, Topf, Säge und Kettengliedern.

1 Erläutere mithilfe des Darstellungstextes und M1, wie die Römer im Weltreich der Kaiserzeit ihre Herrschaft ausübten. Ziehe M2 heran.

2 Diskutiert über den letzten Satz von Antonia. Formuliert gemeinsam eine Stellungnahme.

3 Erarbeite mithilfe der Darstellungstexte Ziele der römischen Herrschaft und ihre Durchsetzung. Ziehe die Karte S. 120 heran. Notiere dein Ergebnis in Stichworten und trage sie erläuternd vor.

4 Beurteile die Aussage: „Die römischen Kaiser sahen sich nur als Feldherren und Eroberer."

Die „Romanisierung“ der Provinzen

Die Legionen – Grundlage der Herrschaft

Eine der größten Aufgaben in der Kaiserzeit war die Sicherung der Grenze. Diese Aufgabe übernahm eine große Armee, die in den Grenzprovinzen stationiert war. Die Armee setzte sich aus Legionen mit je 6000 Mann zusammen. Jede Legion bestand aus 10 Kohorten. Insgesamt standen im 2. Jahrhundert n. Chr. rund 250 000 Mann unter Waffen.

Alle Legionäre waren römische Bürger. Unterstützt wurden sie von Hilfstruppen, die sich aus nichtrömischen Bewohnern der Provinzen zusammensetzten. In der Kaiserzeit wurde die Armee zu einem Berufsheer* mit fest besoldeten und sozial abgesicherten Soldaten umgebildet. Nach innen wie nach außen war sie die Grundlage der Macht Roms und das wirksamste Mittel, um die römische Friedensordnung durchzusetzen.

Die Legionen waren in der Nähe der Grenzen stationiert. Zwar mussten die Grenzregionen die Lasten der Truppenversorgung tragen. Aber mit ihrer Kaufkraft* und ihrem technischen Wissen stärkte die Armee auch die Wirtschaft der Region.

Die Legionäre – nicht nur Soldaten

Das Leben der Legionäre war nicht immer von Kampf und Krieg bestimmt. Sie mussten ihre Festungsanlagen, Kasernen, Straßen und Kanäle selbst anlegen und auch Äcker in der Nähe des Lagers bewirtschaften. Soldaten mit speziellen Kenntnissen waren von den allgemeinen Dienstpflichten befreit: Feldvermesser, Architekten, Tierärzte, Schiffbauer, Wagenbauer, Schwertschmiede, Trompetenbauer, Bogenmacher, Bleigießer, Metzger, Jäger und Buchführer. Die Dienstzeit in der Legion dauerte 20 Jahre, bei den Hilfstruppen 25 Jahre. Nach ihrer Dienstzeit ließen sich die altgedienten Soldaten (Veteranen) mit ihren Familien zumeist in Siedlungen nieder, die in der Nähe der Festungen entstanden waren, zum Beispiel in Bonna (Bonn), Mogontiacum (Mainz), Novaesium (Neuss). Dort lebten sie als angesehene Bürger mit besonderen Rechten.

Was ist „Romanisierung“?

Die römische Herrschaft veränderte das Leben in den Provinzen nachhaltig. Vor allem mit den Städtegründungen kam die römische Lebensweise in die eroberten Regionen. In der Geschichtswissenschaft wird dieser Vorgang „Romanisierung“ genannt. Von den Bewohnern der Provinzen wurde die römische Lebensart meist bereitwillig aufgenommen, weil sie ein komfortableres Leben bot.

Mit ihrer Sprache und ihrer Schrift haben die Römer das Leben in Europa bis heute beeinflusst. Die heutigen „romanischen“ Sprachen (Französisch, Spanisch, Italienisch, Portugiesisch, Rumänisch) sowie die Buchstaben, mit denen dieses Buch gedruckt ist, sind aus dem Lateinischen hervorgegangen. Daneben sind als weitere Merkmale der Romanisierung zu nennen: die Bauweise der Städte, der Häuser und ihrer Einrichtungen, alltägliche Lebensgewohnheiten, der Straßenbau, das römische Recht und die römischen Götter.

M1 **Lehrer mit Schülern,** Marmorrelief aus Neumagen an der Mosel, Ende 2. Jh. n. Chr. Zwei Schüler werden unterrichtet.

M2

Grenzen der Romanisierung?

Im 2. Jh. n. Chr. sprach Tacitus über die Lebensweise der nicht besiegten, vom römischen Reich weit entfernt lebenden Fennen:

Bei den Fennen herrscht entsetzliche Wildheit, abstoßende Dürftigkeit. Sie haben keine Waffen, keine Pferde, kein Heim. Zur Nahrung dienen Pflanzen, zur Kleidung Tierfelle, als Lager der Erdboden. Ihr Hoffen beruht allein auf den Pfeilen, die sie aus Mangel an Eisen mit spitzen Knochen versehen. Mann und Frau ernähren sich in gleicher Weise von der Jagd ... Die kleinsten Kinder birgt man zum Schutz gegen wilde Tiere in einem notdürftigen Gezelt von Zweigen. Dort sucht auch der Erwachsenene immer wieder sein Heim ... Und doch halten sie dieses Leben für glücklicher, als bei der Feldarbeit zu seufzen, sich mit Häusern zu plagen, in Furcht und Erwartung um eigenes und fremdes Gut besorgt zu sein. Unbekümmert um Menschen, unbekümmert um Götter haben sie das Schwerste erreicht: völlige Wunschlosigkeit.

Tacitus, Germania 46, zit. nach Walter Arend, Geschichte in Quellen, Bd. 1, München (bsv) 1965, S. 666.

M4

Römische Feldzüge zur Eroberung Germaniens

Verschiedene Bauformen des Limes um 200 n. Chr., Rekonstruktionszeichnungen. Der Limes war eine etwa 550 km lange Befestigung an der Außengrenze des Römischen Reiches zwischen Rhein und Donau.

M3

1 a) Ziehe aus M1 Rückschlüsse auf die Lebensweise der Römer.
b) Vergleiche mit M2. Verwende dabei den Begriff „Romanisierung" (Darstellungstext).

2 Erläutere den Aufbau der römischen Armee und deren Rolle bei der Sicherung der Macht.

3 Eine römische Legion soll nach Köln verlegt werden. Erörtere Vor- und Nachteile aus der Sicht von Kölner Bürgerinnen und Bürgern.

4 Nach dem berühmten Heerführer Marius (157–86 v. Chr.) wurden die Legionäre „Muli Mariani", also „Maultiere des Marius", genannt. Erkläre diese Bezeichnung mithilfe von M2, S. 133.

5 Beschreibe anhand von M3, wie die Römer die eroberten Gebiete gesichert haben.

6 Erläutere anhand von M4 die Versuche der Römer, germanische Gebiete zu erobern.

7 **Recherche:** Informiert euch in Partnerarbeit über den gegenwärtigen Wissensstand zur so genannten „Varusschlacht" (www.kalkriese-varusschlacht.de). Berichtet in der Klasse.

Leben im römischen Rheinland

Die Landwirtschaft

Im Römerreich arbeiteten 70 bis 80 Prozent der Einwohner, so schätzen Wissenschaftler, in der Landwirtschaft. Produziert wurden vor allem Getreide (Weizen und Gerste), Wein und Oliven. Oliven dienten als Tafelfrüchte, das aus ihnen gewonnene Öl als Speiseöl, Körperöl und Brennstoff für Lampen. Mit Getreide, Wein und Oliven konnte man als Großgrundbesitzer, wie die Ritter und Senatoren oder Angehörige der Oberschicht gute Geschäfte machen. Für die vielen Sklaven dagegen war die Landarbeit ein hartes Los.

In der Provinz Germania Inferior (siehe Karte S. 135), die zum Teil dem heutigen Rheinland entsprach, hatten die Römer in weiten Teilen schon eine entwickelte, ertragreiche Landwirtschaft vorgefunden. Unter dem Feldherrn Agrippa (64–12 v. Chr.) wurden die Ländereien vermessen und neu aufgeteilt. Es gab vor allem Kleingüter, die durch Ansiedlung von Veteranen unter Caesar und Augustus stark vermehrt wurden. Funde von Back- und Räucheröfen, Mühlen, Webstühlen und Schmieden zeigen, dass der römische Gutshof im Rheinland trotz mancher Spezialisierung ein „ganzheitlicher“ Wirtschaftsbetrieb war.

Die römischen Provinzstädte

Städte entwickelten sich in der Nähe von Militärstandorten oder aus kleinen Siedlungen eroberter Stämme. Sie waren meist an Handels- oder Verkehrsknotenpunkten gelegen. In ihrem Weltreich haben die Römer über 1000 Städte mit Verwaltungen aufgebaut, um von dort aus zu herrschen. Im Rheinland gründeten sie zum Beispiel die heutigen Städte Köln, Xanten und Trier. Köln entstand, als 38 v. Chr. Agrippa, ein Freund des Augustus, am linken Rheinufer unterworfene germanische Ubier ansiedelte. 50 n. Chr. wurde der Ort von Agrippina, der Frau des damaligen Kaisers Claudius zur römischen Kolonie erhoben, der „Colonia Claudia Ara Agrippinensium“ (CCAA).

Jede Stadt in der Provinz glich in gewisser Weise dem Vorbild Rom: An der Spitze standen zwei oberste Beamte, die für ein Jahr gewählt wurden. Die Mitglieder des Stadtrats wurden auf Lebenszeit gewählt. In vielen Bereichen konnten sich die Städte selbst verwalten. Steuern wurden jedoch nur von kaiserlichen Beamten eingetrieben. Der Vorgang der Städtegründungen und der Verbreitung städtischer Lebensweisen wird als „Urbanisierung“ (lat. urbs = die Stadt) bezeichnet.

Römischer Gutshof im Rheinland aus dem 4. Jh. n. Chr., Rekonstruktionszeichnung, 1999.
A Wohnhaus für Gesinde; **B** Herrenhaus mit Fußbodenheizung, Warmbad, Abort mit Wasserspülung; **C** Trockenspeicher; **D** große Scheune; **E** offener Schuppen; **F** Getreidespeicher; **G** Pferdestall; **H** Schafstall; **I** Schweinestall; **J** Kuhstall; **K** Keller.

M1

DIE CCAA – GOLDENER BODEN FÜR IHR HANDWERK

Rom sind wir nicht – aber ...

Wo liegt die CCAA?
Unsere Stadt liegt verkehrsgünstig am Ufer des Rheins und hat einen leistungsfähigen Hafen. Gut ausgebaute Straßen verbinden die Stadt mit anderen städtischen Siedlungen in Untergermanien.

Welche Handwerke werden gesucht?
Töpfereien, Metallgießereien, Schmieden, Glasbläsereien, Gerbereien. Grundstücke können wir am Rhein und am Duffesbach zur Verfügung stellen.
Unsere Gewerbegebiete liegen stadtnah.

... leben und arbeiten können Sie in unserer Provinzhauptstadt wie in Rom

Energie und Rohstoffe?
Kein Problem. Die Wasserversorgung für Ihren Betrieb ist durch das Fluss- und Bachwasser gesichert. Trinkwasser führen wir über einen 50 Meilen langen Aquädukt aus der Eifel heran. Rohstoffe für die Betriebe – Quarzsand, Ton, Kalk – werden mit Schiffen auf dem Rhein oder über die Landstraßen transportiert.

Was gibt es sonst noch in der CCAA?
Leben wie in Rom! Forum, Arena, Theater, Thermen, der Jupitertempel auf dem Capitolshügel, der Marstempel, das Praetorium (die Residenz des Statthalters) gehören zu den wichtigsten Einrichtungen. Einkaufsstraßen, viele überdacht, und Geschäfte mit Waren aus dem ganzen Reich machen hier, wo Römer und Ubier friedlich zusammenleben, das Leben angenehm.

Viele Gründe, sich bei uns niederzulassen!
Amt für Gewerbeansiedlungen der CCAA
Niedergermanien

M2

Werbung für die „Colonia Claudia Ara Agrippinensium" (CCAA). Stellen wir uns vor, es hätte vor etwa 2000 Jahren schon Werbeprospekte gegeben – vielleicht hätte ein Prospekt für Handwerker wie M2 ausgesehen. (Verfassertext)

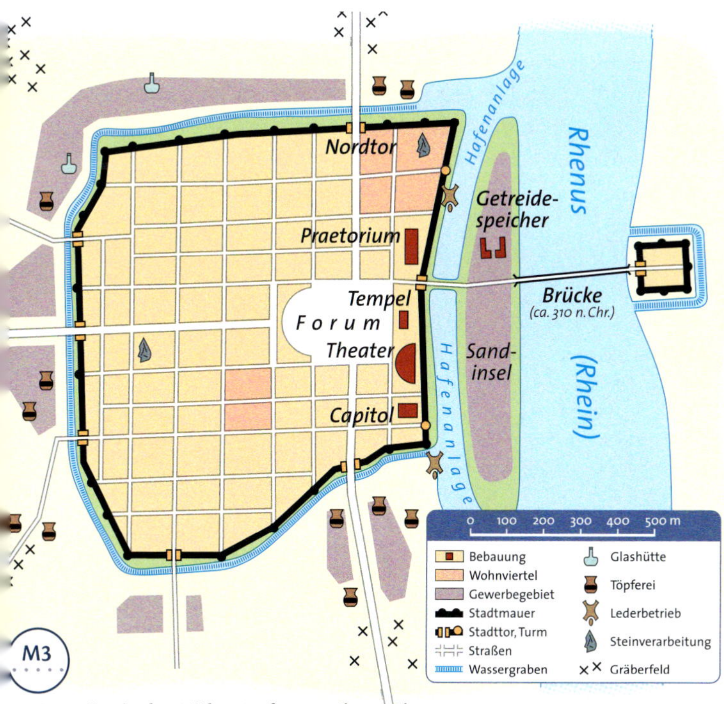

M3

Das römische Köln, Anfang 4. Jh. n. Chr.

1 Erkläre mithilfe des Darstellungstextes die Bedeutung der Landwirtschaft für die römische Wirtschaft.
2 Beschreibe anhand vom M1 einen römischen Gutshof. Kläre: „ganzheitlicher" Wirtschaftsbetrieb.
3 „Leben auf dem römischen Gutshof war ein Leben im Luxus." Nimm dazu begründet Stellung.
4 „Die Provinzstädte waren ganz eigene, in Anlage und Verwaltung von Rom unabhängige Zentren des Lebens im Römerreich." Prüfe die Aussage anhand des Darstellungstextes.
5 Arbeite an M3 heraus, was du über das Leben im römischen Köln erfahren kannst.
6 Stelle mithilfe von M2 zusammen, was dir am römischen Köln „modern" erscheint.
7 Stell dir vor, du wärst ein Reporter aus dem antiken Rom, der über das römische Rheinland schreiben soll. Verfasse einen Artikel.

Warum ging das Römische Reich unter?

M1

Römische Wirtschaft in der Krise?

Der Bischof und christliche Kirchenlehrer Johannes Chrysostomos schrieb Ende des 4. Jh. n. Chr. über Bauern und Grundbesitzer im Römischen Reich:

1A Wenn man nämlich untersucht, wie sie [die Grundbesitzer] mit den armen und elenden Landleuten verfahren, kommt man zu der Überzeugung, dass sie unmenschlicher sind als Barbaren. Den Leuten, die ihr Leben lang hungern und sich quälen müssen, legen sie fortwährend unerschwingliche Abgaben auf, bürden auf ihre Schultern mühsame Dienstleistungen und gebrauchen sie wie Esel und Maultiere, ja wie Steine, gestatten ihnen auch nicht die mindeste Erholung, und gleichviel, ob die Erde Erträgnis abwirft oder nicht: man saugt sie aus und kennt keine Nachsicht ihnen gegenüber ... Von ihren Arbeiten, von ihrem Schweiße füllt man Speicher und Keller, ohne sie auch nur ein weniges mit heimnehmen zu lassen; man heimst vielmehr die ganze Ernte in die eigenen Truhen und wirft jenen ein Spottgeld als Lohn dafür hin.

Johannes Chrysostomos, Matthäuskommentar, 61, Homilie, 3., zit. nach Karl Christ, Die Römer, 3. Aufl., München (C.H. Beck) 1994, S. 203 f.

Der Historiker Norbert Brockmeyer schrieb über die Wirtschaft im Römischen Reich seit dem 3. Jh. n. Chr (1972):

1B Der Kaufmannsstand konnte sich nicht mehr weiterentwickeln. Wurde ein Unternehmen gegründet, so musste es sofort Mitglied in einer Zwangsvereinigung (Korporation) werden. Solche Vereinigungen waren zum Beispiel die navicularii und die mercatores. Der Unternehmer musste dann für eine geringe Entschädigung für den Staat arbeiten und Frachtgut transportieren oder bei Absatz seiner Ware dem Staat den Vortritt vor anderen Kunden lassen; natürlich zu einem geringeren Preis. Ähnlich war es auch im Bereich des Gewerbes. Der Staat wurde zum Hauptauftraggeber. Er setzte aber die Preise so niedrig an, dass sie für Handwerker und andere Produzenten zum Ruin werden mussten. Da der Staat diese Betriebe aber brauchte, wurden sie wie die Kaufleute zu Zwangskorporationen vereinigt.

Norbert Brockmeyer, Sozialgeschichte der Antike, Stuttgart (Kohlhammer) 1972, S. 118 ff. Bearb. d. Verf.

M2

Europa vom 4. bis zum 6. Jahrhundert n. Chr.

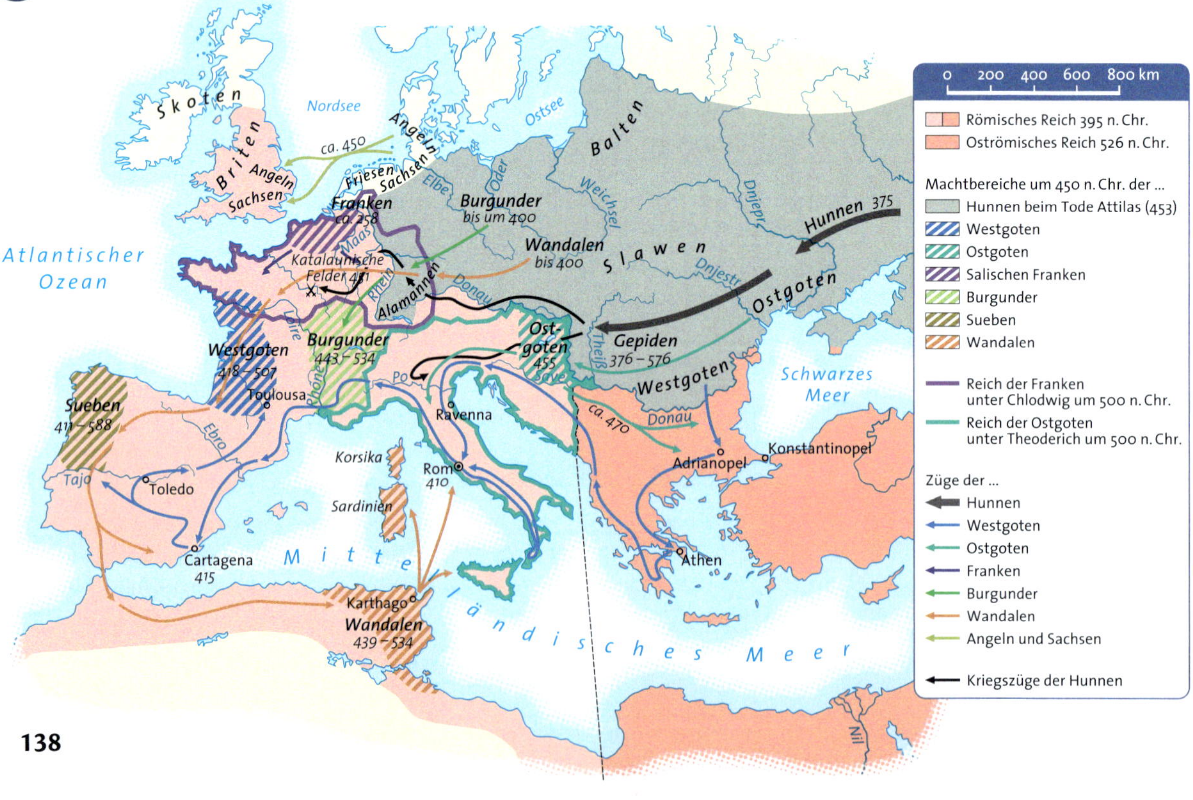

Ursachen für das Ende des Römischen Reiches

I. Das Christentum
- 1. Jh.: Verbreitung des Christentums von der römischen Provinz Judäa aus.
- Die Christen werden verfolgt, weil sie den römischen Staat ablehnen wegen der Verehrung mehrerer Götter und gottähnlicher Verehrung des Kaisers.
- 313 n. Chr. Kaiser Konstantin erkennt das Christentum an.
- 391 n. Chr. Kaiser Theodosius erhebt das Christentum zur einzigen Staatsreligion.

→ Christliche Kirche als neue (europäische) Macht im Reich

II. Der Weg zum „Zwangsstaat"
- Seit etwa 200 greifen fremde Stämme (z. B. Germanen und Perser) die Grenzen des Reiches an.
- Das Heer muss vergrößert, die Grenzbefestigungen müssen ausgebaut werden.
- Die Folgen sind höhere Staatsausgaben, höhere Steuern und Abgaben, Druck auf die Landwirtschaft, den Handel und das Gewerbe. Strafen werden bei Widerstand gegen den Staat verhängt.

→ Finanz- und Wirtschaftskrise im „Zwangsstaat"

III. Mehrkaisertum
- Die Heerführer in den Grenzregionen gewinnen an Macht und werden von ihren Soldaten zu „Kaisern" ausgerufen.
- Die „Soldatenkaiser" kämpfen gegeneinander.
- Ende des 3. Jh.: „Viererherrschaft" (Tetrarchie)

→ Machtzersplitterung im Reich

IV. Teilung des Reiches
- 395 n. Chr.: Das Römische Reich wird in das Oströmische Reich mit der Hauptstadt Byzanz und das Weströmische Reich mit der Hauptstadt Rom geteilt.
- 476 n. Chr. Der letzte weströmische Kaiser wird abgesetzt.
- Konstantinopel (vorher Byzanz) wird neues Machtzentrum im Osten (bis 1453).

→ Auflösung der Reichseinheit, Machtverlust Roms zugunsten Konstantinopels

V. Völkerwanderung
- Asiatische Steppenvölker (z. B. Hunnen) ziehen nach Westen.
- Germanische und slawische Völker (z. B. die Goten) greifen die Reichsgrenzen an und dringen in das Reich ein.
- Diese Völker gründen auf römischem Gebiet neue Reiche.
- 476 n. Chr. Der letzte weströmische Kaiser Romulus Augustulus wird durch den germanischen Heerführer Odoaker abgesetzt.

→ Ende des Weströmischen Reiches, neue nichtrömische Reiche

M3

Das Ende des Römischen Reiches

1 Arbeite aus M1 Merkmale der wirtschaftlichen Krise im Römerreich heraus. Achte auf die Rolle des Staates.

2 Beschreibe mithilfe von M2 die Wanderungsbewegungen der Völkerwanderungszeit und nenne mögliche Folgen für das Römerreich.

3 **Recherche:** Untersuche, wie die christliche Religion sich verbreitete und worin ihre Anziehungskraft lag (Lexika, Fachbücher, Internet). Berichte in der Klasse.

4 Erarbeite die Ursachen für das Ende des Römischen Reiches (M3):
a) Kläre unbekannte Begriffe.
b) Erläutere die einzelnen Ursachen und gewichte sie.
c) Notiere die Schlüsselwörter zu jeder Ursache.
d) Halte anhand dieser Schlüsselwörter einen Kurzvortrag.

Eine Mindmap entwerfen

Wissen strukturieren

Wenn du z. B. den Begriff Rom hörst oder liest, fallen dir dazu schnell weitere Wörter ein, etwa: Gründungsmythos, Römisches Reich, Punische Kriege, Caesar, Kapitol, Senat, Popularen usw. Diese noch ungeordneten Begriffe können in eine bestimmte Ordnung (Struktur) gebracht werden, indem zwischen ihnen Beziehungen durch Linien oder Pfeile hergestellt werden. Auf diese Weise entsteht eine „Mindmap", auf deutsch: „geistige Landkarte" oder „Gedächtnislandkarte".
Eine strukturelle Anordnung des Wissens kommt der Arbeitsweise unseres Gehirns entgegen: Durch die anschauliche Verkettung von Informationen (Begriffe, Daten, Ereignisse, Personen) wird die Fülle der einzelnen Lerninhalte verringert, das Kurzzeitgedächtnis entlastet und das Erinnern über längere Zeiträume (Langzeitgedächtnis) gestärkt. Die Mindmap ist deshalb vor allem eine Lernhilfe. Herstellen kannst du sie per Hand oder am Computer.

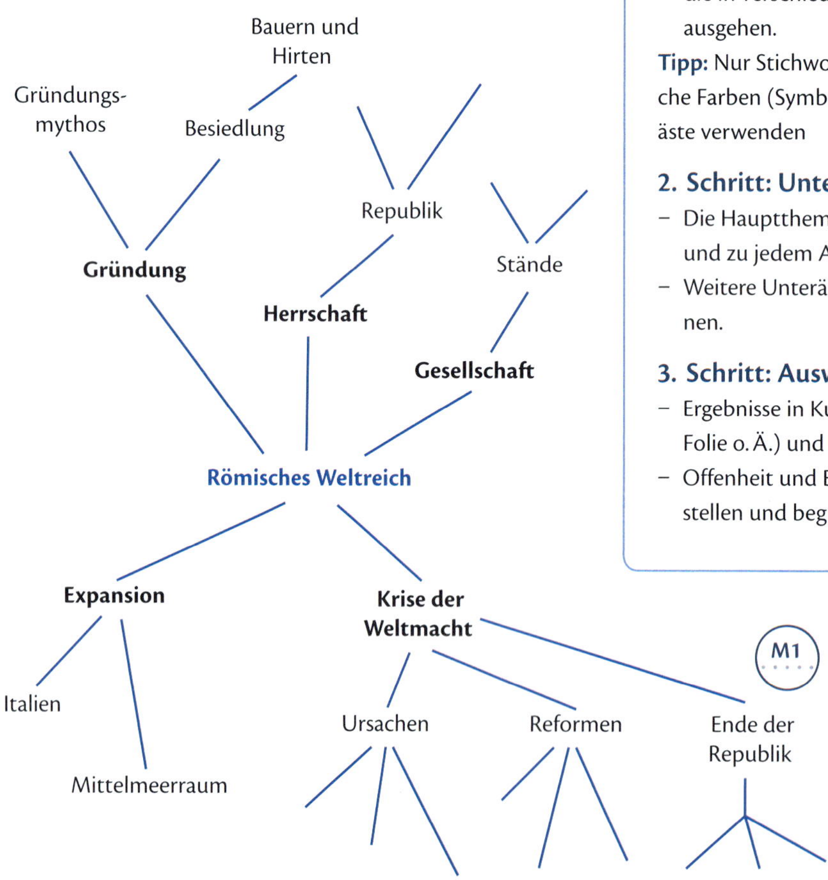

M1 **Mindmap zum Thema Römisches Weltreich**

1 Übertrage die Mindmap M1 in dein Heft und vervollständige sie. Ergänze Symbole und Bilder.
2 Halte mithilfe deiner Mindmap einen freien Kurzvortrag zum Thema „Römisches Weltreich".
3 Diskutiert in einer Gesprächsrunde, wie das Problem der zeitlichen Folge in der Geschichte in einer Mindmap berücksichtigt werden könnte.

Arbeitsschritte

1. Schritt: Hauptthema formulieren

- Das Hauptthema (Hauptzweig) formulieren, z. B. Römisches Weltreich, und in der Mitte des Blattes notieren. Als Vorstufe kannst du auch einen zusammenhängenden Text aus dem Gedächtnis zum Thema schreiben, aus dem du dann die „Schlüsselwörter" herausschreibst und danach deine Mindmap entwirfst.
- Verschiedene Hauptäste zeichnen und benennen, die in verschiedene Richtungen vom Hauptthema ausgehen.

Tipp: Nur Stichworte notieren, evtl. unterschiedliche Farben (Symbole, Bilder) für Haupt- und Unteräste verwenden

2. Schritt: Unterthemen finden

- Die Hauptthemen mit Unterthemen benennen und zu jedem Ast Informationen notieren.
- Weitere Unteräste zeichnen, um Details einzuordnen.

3. Schritt: Auswertung

- Ergebnisse in Kurzvorträgen vorstellen (Tafel, Folie o. Ä.) und im Gespräch prüfen.
- Offenheit und Ergänzbarkeit der Entwürfe feststellen und begründen.

Lebenswelt Imperium Romanum

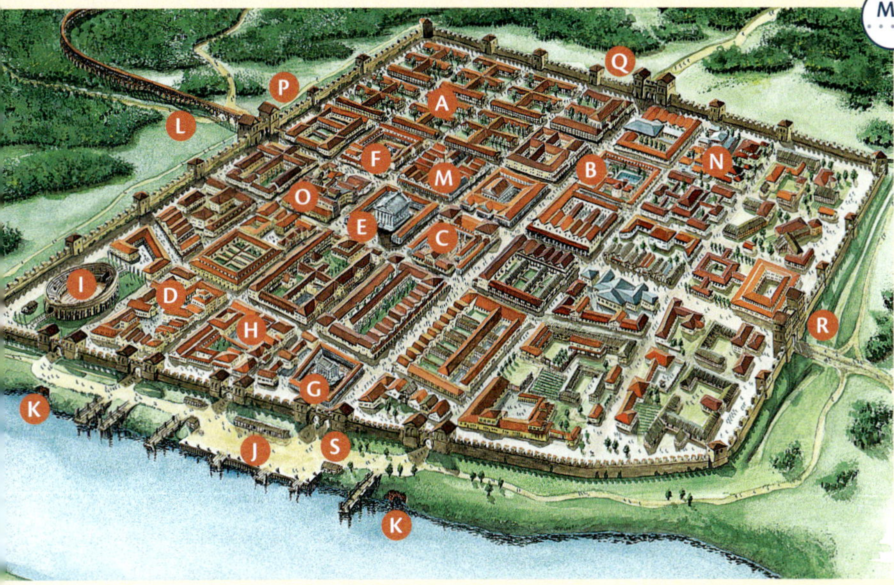

M1 **Die „Colonia Ulpia Traiana" in Xanten,** Rekonstruktionszeichnung, 1994.
A Wohnhäuser; **B** Thermen; **C** Forum; **D** Wohn- und Gewerbeviertel; **E** Haupttempel der Siedlung; **F** Tempel für einheimische Schutz- und Fruchtbarkeitsgöttinnen; **G** Hafentempel; **H** Lagergebäude; **I** Amphitheater; **J** Rheinhafen; **K** Kanalisation; **L** Wasserleitung; **M** Verwaltungspalast; **N** Villenviertel; **O** Handwerkerviertel; **P** Vetera-Tor; **Q** Maas-Tor; **R** Burginatium-Tor; **S** Mittleres Hafentor.

Überprüfe, was du kannst

Sachkompetenz

1 Zeige am Beispiel Xantens (M1), wie städtisches Leben in der Römerzeit aussah. Gehe auf die Bereiche Wohnen, Arbeit und Wirtschaft, Religion und Architektur ein (S. 128–137).

2 Kläre: Pax Romana (S. 122), Rom – „Haupt der Welt" (S. 126), Herrschaftsmethoden römischer Kaiser (S. 132), Romanisierung (S. 134).

Methodenkompetenz

3 Entwerft in Partnerarbeit eine Mindmap zum Thema „familia" und stellt sie der Klasse vor. Nehmt die Methode „Eine Mindmap entwerfen" (S. 140) zu Hilfe.

Urteilskompetenz

4 Beurteile die folgende Aussage: Die Ursache für den Untergang des Römischen Reiches liegt in der Wirtschaftskrise seit dem 3. Jh. n. Chr.

Handlungskompetenz

5 Mit dem Ende des Römischen Reiches endet für manche Historiker die Antike. Vieles aus dem Römerreich ist jedoch bis in unsere Zeit überliefert bzw. lebt weiter: z. B. die lateinische Sprache, römisches Recht, Architektur, römische Kaiser als Vorbilder für spätere Herrscher, die römisch-katholische Kirche. Informiert euch im Kapitel und in Lexika, Fachbüchern und im Internet über das „Erbe" Roms und berichtet in der Klasse.

27 v. Chr. bis 14 n. Chr.
Prinzipat des Augustus

um 90
Beginn Bau des Limes

2. Jahrhundert
Größte Ausdehnung des Römischen Reiches

Ende 3. Jahrhundert
So genannte Viererherrschaft

395
Teilung des Römischen Reiches in Oströmisches und Weströmisches Reich

476
Ende des Weströmischen Reiches

0 v. Chr. · Christi Geburt · 100 · 200 · 300 · 400 · 500

Antike Lebenswelten – Griechen und Römer

Lebenswelt griechische Polis

Die landschaftlichen Bedingungen förderten die Entstehung kleiner selbstständiger Herrschaftsgebiete (Stadtstaaten: Poleis). Obwohl sie sich getrennt voneinander entwickelten, entstand im Laufe der Zeit ein starkes Zusammengehörigkeitsgefühl unter den Griechen. Ihre Einheit stützten sie auf eine gemeinsame Sprache und auf eine gemeinsame Schrift. Sie fühlten sich außerdem durch ihren Glauben an dieselben Götter, ihre religiösen Feste und Wettkämpfe verbunden.

Vom 8. bis zum 6. Jahrhundert v. Chr. gründeten viele Stadtstaaten im Mittelmeergebiet Kolonien, vor allem wegen der unzureichenden Lebensverhältnisse im Mutterland.

Die bekanntesten Stadtstaaten Sparta und Athen entwickelten sich unterschiedlich. In Sparta war das Leben der Bevölkerung durch den Staat geregelt. Die Spartiaten, Männer und Frauen, erhielten von Kindheit an eine militärische Ausbildung. Die Bewohner eroberter Gebiete mussten als rechtlose Heloten für die Spartiaten arbeiten.

In Athen herrschte bis zum 7. Jahrhundert v. Chr. der Adel. 594 v. Chr. begann mit den Gesetzen des Politikers Solon in Athen die Entwicklung zur Staatsform der Demokratie. Allerdings hatten nur die männlichen Bürger politische Rechte.

In Athen entstanden große Bauwerke und bedeutende Kunstwerke. Die Athener erfanden das Theater und verfassten die ersten Tragödien und Komödien. Philosophen legten mit ihren Ideen über die Welt und das menschliche Handeln die Grundlage für die modernen Wissenschaften.

Aufstieg Roms zum Weltreich

Im Gegensatz zum sagenhaften Gründungsdatum Roms (753 v. Chr.) zeigen die historischen Befunde, dass schon um 1000 v. Chr. Sabiner und Latiner in das Gebiet des heutigen Roms eingewandert waren. Später kamen die Etrusker, errichteten eine Königsherrschaft und bauten das Dorf zur Stadt aus.

Mit der Vertreibung der etruskischen Könige um 510 v. Chr. wurde Rom eine Republik, die von adligen Patrizierfamilien regiert wurde.

Die Plebejer konnten sich erst im Laufe der Ständekämpfe (ca. 450 bis 287 v. Chr.) Mitspracherechte im Staat erkämpfen – unter anderem, weil die Patrizier in dieser Zeit zahlreiche Kriege führten, für die sie die Plebejer als Soldaten benötigten.

Die Kriege, die Rom bis 272 v. Chr. die Vorherrschaft in Italien brachten, sowie die Ständekämpfe veränderten die altrömische Gesellschaft. Es entstand eine neue Oberschicht aus patrizischen und reichen plebejischen Familien: die Nobilität.

In drei Kriegen gegen Karthago erlangten die Römer im 3. und 2. Jahrhundert v. Chr. die Herrschaft über das westliche Mittelmeer – und bis zum 1. Jahrhundert v. Chr. die Vorherrschaft im Osten.

Expansion und Krise

Der Aufstieg Roms zur Weltmacht hatte tief greifende Folgen: Die langen Kriege machten die Kleinbauern zu landlosen Bettlern und Tagelöhnern. Die Oberschicht dagegen wurde durch Beute und Tribute immer reicher. Sklaven verdrängten als billige Arbeitskräfte die Tagelöhner. Weil die Zahl der Kleinbauern abnahm, fehlten Soldaten. Die militärische Stärke Roms sank.

Mehrere Politiker versuchten die Krise zu lösen: die Landreformer Tiberius und Gaius Gracchus, der Heerführer Marius, die Diktatoren Sulla und Caesar. Caesar hatte schließlich die republikanischen Traditionen außer Kraft gesetzt. Nach seiner Ermordung 44 v. Chr. sicherte sich Octavian, der spätere Augustus, die Alleinherrschaft (27 v. Chr.).

Die Kaiserzeit

Unter Augustus begann die römische Kaiserzeit. Mit ihm wurde eine Friedenszeit von fast 200 Jahren eingeleitet, in der Rom ein zusammenhängendes Reich wurde. Die Kaiser regierten das Reich mit seinen 40 Provinzen und zahlreichen Völkern und Sprachen von der Millionenstadt Rom aus. Die Sicherung der Reichsgrenzen lag in den Händen eines gewaltigen Berufsheeres. Durch die Grenzlegionen und den Bau zahlreicher Provinzstädte fanden Recht und Sprache, Lebensart und Technik der Römer im Reich Verbreitung. Der Untergang des Römischen Reiches war ein langer Vorgang, der auf innere und äußere Ursachen zurückzuführen ist.

Antike Lebenswelten

Griechische Polis

- Stadtstaat
- in der Frühzeit: König regiert mehrere Poleis
- führende Adelsfamilien
- Leben in Hausgemeinschaft (Oikos)
- athenische Demokratie: politische Rechte nur für männliche Bürger
- mindere Rechte für Frauen und Sklaven
- Handel und Handwerk
- Import- und Exporthandel
- große Bedeutung des Seeverkehrs
- Lebens- und Weltdeutung: Götter und Philosophen
- Kunst und Architektur: Tempel, Statuen, bemalte Schalen und Vasen

Weltstadt Rom

- Gründung Roms: Mythos und Wissen
- etruskische Königsherrschaft
- Republik: Patrizier und Plebejer als Machtfaktoren (Stände)
- militärische und politische Überlegenheit Roms in Italien und im Mittelmeerraum
- Krise, Reformen und Untergang in der Republik (Caesar, Octavian/Augustus)
- Leben in Rom: Theater, Bäder, Forum; Leben zwischen Reichtum und Armut
- Kaiserzeit: Ausdehnung des Reiches, Spannung zwischen Friedenssicherung und Weltherrschaft (Pax Romana)

Leben in der Provinz

- Roms Legionen: Basis der Weltherrschaft
- vielfache Aufgaben der römischen Legionäre (Zivilberufe)
- Städtebau in den Provinzen – nach dem Muster Roms
- Vorrang der Landwirtschaft (römischer Gutshof); Fernhandel und Handwerk
- Romanisierung: Übernahme von Sprache, Schrift, Lebensart, Bauweise der Städte, Straßenbau, römisches Recht, römische Götter

4. Was die Menschen im Altertum voneinander wussten

Die Weltkarte, die hier abgebildet ist, erscheint uns merkwürdig. Vor fast 1900 Jahren, in der Zeit der Antike, war sie der „letzte Schrei", denn sie zeigte die ganze damals bekannte Erde. Der griechische Astronom, Mathematiker und Naturforscher Claudius Ptolemäus (griechisch: Ptolemaios) fasste darin das Wissen zusammen, das man um 150 n. Chr. von der Erde hatte. Zwar war das „Ptolemäische Weltsystem", nach dem sich die Sonne um die Erde drehte, umstritten, aber die Karte zeigte vieles richtig. Da seine Erkenntnisse nur als Text überliefert sind, diente dieser seit dem 15. Jahrhundert n. Chr. immer wieder als Grundlage für Zeichnungen, wie ihr sie in der großen Abbildung seht. Die meisten Menschen in der Antike erfuhren von den Erkenntnissen der griechischen Geographen, Mathematiker und Philosophen aus mündlichen Berichten. Diejenigen, die lesen konnten, studierten ihre Schriften. Verbreitet wurde die griechische Kultur vor allem in der Zeit Alexanders des Großen. Von Spanien bis nach Asien sind Überreste davon vorhanden, wie Menschen verschiedener Kulturen sich begegneten und etwas voneinander erfuhren.

Folgende Fragen leiten dich durch das Kapitel:

- ***Welche Bilder von der Welt hatten die Menschen in der Antike?***
- ***In welcher Weise hatten die verschiedenen Völker und Kulturen Kontakt untereinander?***

1 Beschreibt die Karte des Ptolemäus und vergleicht mit euren Kenntnissen von der Erde.

Weltkarte des Claudius Ptolemäus (etwa 100 bis um 178 n. Chr.), Kopie aus dem 15. Jahrhundert

SEPTENTRIO·VEL·APARCTIAS
AQUILO·VEL·BOREAS
CECIAS·APELIOTES
SUBSOLANUS
ASIA
ARIA
MARE·INDICUM
MARE·INDICUM
PRASODUM
MARE
AUSTER·VEL·NOTUS
EURNOTUS
WLTURNUS·EURUS

Weltvorstellungen und kulturelle Kontakte

Wissen • Urteilen • Handeln • Methoden anwenden

Am Ende dieses Unterkapitels kannst du

- Merkmale der Weltbilder in Europa, Asien und Afrika aus der Zeit der Antike benennen
- die Entwicklung von der mündlichen zur schriftlichen Kultur beschreiben
- die Bedeutung des Reisens für kulturelle Kontakte erklären
- den Begriff „Hellenismus“ erläutern
- **Methode** Einen historischen Spielfilm untersuchen

Das Weltreich Alexanders des Großen 323 v. Chr.

Antike
1000 v. Chr. bis 500 n. Chr.

Hellenismus
3. bis 1. Jahrhundert v. Chr.

Weltbilder und Kulturkontakte – Lernen an Stationen

Die „Welt" der Antike

Wie Menschen die Welt in der Antike sahen, können wir heute aus verschiedenen Quellen erfahren: aus Beschreibungen und Zeichnungen, aus Reiseberichten, Nachrichten und Funden. Wie die Menschen begannen, ihre Welt zu erkunden und welche Weltbilder sie entwickelten, kannst du auf den folgenden Seiten an fünf Stationen erarbeiten.

Lernen an Stationen

1. Schritt: Vorbereitung und Planung

Überblick über das Thema, Problemstellung
- Entscheidung über die Arbeitsform (z. B. Einzel-, Partner-, Gruppenarbeit)
- Aufbau der Stationen, evtl. von Zusatzstationen
- Vorbereiten der „Laufzettel"

2. Schritt: Durchführung

- selbstständige Arbeit an den Stationen
- eventuell Zwischenberichte oder -auswertungen
- Festhalten der Arbeitsergebnisse und Erfahrungen mit eigenen Worten

3. Schritt: Auswertung

- Ergebnisse zusammentragen, vergleichen, bewerten
- Erfahrungen vortragen, Probleme klären
- Erkenntnisse für die Weiterarbeit austauschen

Methodentipp

Der Umgang mit historischen Karten

Anders als Geschichtskarten sind historische Karten (siehe S. 148, M1) in der Vergangenheit entstanden. Einige Fragen helfen dir beim „Lesen" der Karte:
- Was ist Thema der Karte?
- Welcher Raum wird dargestellt?
- Welche Zeichen und Symbole werden verwendet?
- Welche Aussage hat die Karte?
- Welche Rückschlüsse auf das Weltbild lassen sich ziehen?

„Laufzettel" mit Arbeitsaufträgen

Station 1: Weltbilder in Europa
- Beschreibe M1. Welche damaligen Erkenntnisse entsprechen unserem Wissen, welche nicht?
- Stelle fest, welches Weltbild in M2 dargestellt ist.
- Nenne Merkmale der Weltbilder im antiken Europa.

Station 2: Weltbilder in Asien – das Beispiel Indien
- Zeige anhand von M1, welche Bedeutung die Sonne für das Weltbild in Indien hatte.
- Beschreibe das Weltbild der Induskultur mit eigenen Worten (Darstellungstext, M1).

Station 3: Weltbilder in Afrika – das Beispiel der Nubier
- Prüfe, ob die Meinung vom „rückständigen" Afrika berechtigt ist (Darstellungstext links).
- Fasse zusammen, wie die Nubier die Welt sahen (Darstellungstext rechts, M1).

Station 4: Kommunikation in der Antike
- Erarbeite, wie die Schriften entstanden. Kläre dazu den Begriff „Kommunikation" (Darstellungstext).
- Bewerte die Bedeutung der Schrift für die antiken Staaten bzw. Gesellschaften (Darstellungstext).
- Vergleiche die Schriften in M1.

Station 5: Kulturkontakte durch Reisen
- „Alle Wege führen nach Rom." Erkläre und bewerte diese Aussage anhand von M2.
- Untersuche, welche Bedeutung das römische Straßennetz für die Kulturkontakte im Römischen Reich hatte. Nenne Beispiele (Darstellungstext, M1, M2).

Station 1: Weltbilder in Europa

Kugel oder Scheibe?

Lange Zeit haben die Menschen nach ihrem Augenschein die Welt als eine kreisförmige Scheibe gesehen. Der Himmel wölbte sich als Halbkugel mit angehefteten Sternen über ihr. Griechische Astronomen behaupteten, dass die Erde frei im Raum schwebe und kugelförmig sei. Später kam der Gedanke auf, dass nicht die Erde, sondern die Sonne im Zentrum der Welt ruhe. Da die Beobachter noch keine optischen Hilfsmittel besaßen, waren sie auf die Bewegungen der mit bloßem Auge sichtbaren Himmelskörper angewiesen. Auch die Idee vieler Welten und einer unendlichen Zeit gab es bereits in der griechischen Philosophie. Die Vorstellung von den starren Fixsternen, die wie angenagelt an der Himmelsschale kleben, wurde etwa im 1. Jahrhundert v. Chr. abgelöst durch die Ansicht, dass die Fixsterne nicht alle in demselben Abstand von der Erde liegen, sondern sich in unterschiedlichen Entfernungen von ihr befinden.

M2

Fragen eines Geographen an die Erde

Der antike Geograph Strabon (um 63 v. Chr. bis 20 n. Chr.) schrieb in seinem Werk Geographika:

Alle, die es unternehmen, Länder in ihren Eigentümlichkeiten zu beschreiben, haben es notwendig immer auch mit den Himmelserscheinungen und mit der Geometrie zu tun, insoweit als sie ständig Gestalten und Größen, Entfernungen und Breitengrade, Hitze und Kälte und überhaupt die Natur des Lufthimmels erklären müssen ... Was aber den ganzen Umkreis der bewohnten Welt betrifft, so reicht deren Norden bis zur äußersten Skythia oder Keltike und ihr Süden bis zu dem weitest entfernten Äthiopen. Das ist aber schon eine sehr große Distanz ... [Unmöglich ist es dann, davon abzusehen], wie groß die Erde ist und wie gestaltet, wo sie im Weltenraum liegt, ob sie nur auf einer Seite – nämlich unserer – bewohnt ist oder auf mehreren, wo sie unbewohnt ist und warum.

Strabon, Geographika, 1, 1, 12–22. Stark gekürzt. Übers. Christian Gizewski, zit. nach: http://www2.tu-berlin.de/fb1/AGiW/Auditorium/LaVoSprA/SO5/Strabo.htm#Anchor-Zu-49575.

Die Weltkarte des Eratosthenes von Kyrene,
3. Jh. v. Chr. Eratosthenes (280–200 v. Chr.) fand heraus, dass die Erde eine Kugelgestalt haben müsse. Er berechnete den Erdumfang auf 40 000 km. Seine Weltkarte enthielt als Erste ein Gradnetz, um Entfernungen bestimmen zu können.

M1

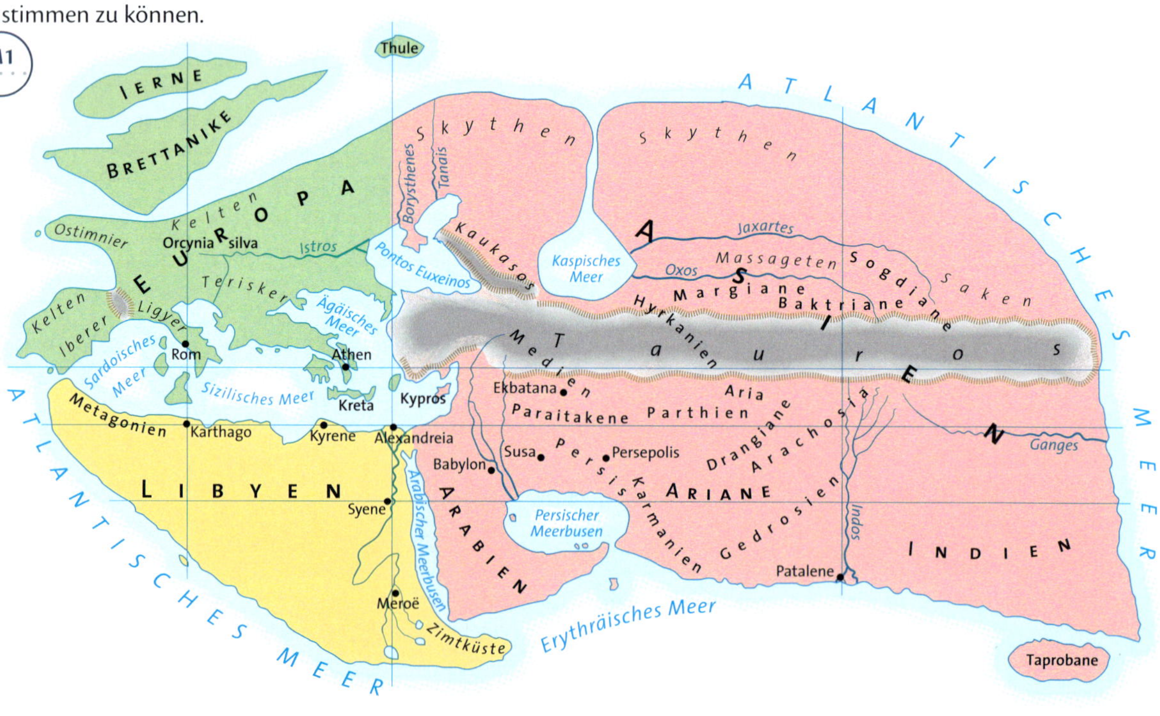

Station 2: Weltbilder in Asien – das Beispiel Indien

Die Sonne als Mittelpunkt

Während die frühen Hochkulturen Ägyptens und Mesopotamiens der Nachwelt immer bekannt geblieben sind, wurde die Harappakultur am Indus (Induskultur) erst im 19./20. Jahrhundert wiederentdeckt.
Die Blütezeit dieser Kultur mit ihren großen Städten wird zwischen 2500 und 2000 v. Chr. angenommen. Neben den älteren archäologischen Funden (Keramik- und Waffenfunde sowie Gebäudereste und andere Monumente) gibt es die so genannten Veden (= das heilige, offenbarte Wissen). Die Veden stammen aus der Zeit zwischen 1500 und 1000 v. Chr. und sind in Versform verfasst. Sie enthalten vor allem Gesänge und Sprüche für den priesterlichen Vorsänger bei den Opferfesten für die Götter. Dazugehörige Erläuterungstexte aus der Zeit 1000 bis 600 v. Chr. behandeln den Ursprung der Welt, die Vorstellung von der Wiedergeburt (Geburtenkreislauf) und die Erlösung (Nirwana). In der alten vedischen Religion regelte eine unpersönliche höchste Macht den Lauf der Welt: Varuna, der oberste Herr der Götter. Die Götter sind nach dieser Vorstellung verkörperte Naturerscheinungen, wie der Sonnengott (Surya), der Feuergott (Agni) und die Morgenröte (Ushas).
Nachweise über Weltbilder in Indien gibt es seit etwa 600 v. Chr. Die Sonne dreht – so war die Vorstellung – die Erde, die Planeten und die Atmosphäre auf einem Gewinde. Die Länge eines Jahres war daher sehr genau bekannt. Erkannt wurde auch, dass die Sonne viel größer ist als die Erde und dass sie weder untergeht, noch aufgeht, sondern feststeht und sich die Erde folglich um sie dreht. Auch die damals angenommenen Abstände der Sonne und des Mondes von der Erde liegen nah an den tatsächlichen Maßen.

M1

Rad am Sonnentempel von Konarak, Foto. Das Rad ist eines von 24 großen, in Stein gemeißelten Wagenrädern, die Teil der Tempelanlage aus der Mitte des 13. Jh. n. Chr. sind. Das Rad erscheint erstmals auf Siegeln der Induskultur. In der vedischen Literatur gilt es als Zeichen der Sonne und als Sinnbild der Weltordnung, die sich im täglichen Sonnenlauf zeigt.

Station 3: Weltbilder in Afrika – das Beispiel der Nubier

Afrika – ein Kontinent ohne Geschichte?

Für die Griechen und Römer der Antike besaß Afrika geheimnisvolle, beachtenswerte Reiche mit mächtigen Kriegern und entwickeltem Handel und Handwerk. Doch seit dem 18. Jahrhundert – dem Beginn der Industrialisierung in England – wurde die objektive Betrachtung der Geschichte Afrikas verdrängt durch ein Gefühl technischer Überlegenheit in Europa. Noch im 19. Jahrhundert hielten europäische Philosophen und andere Gelehrte Afrika für einen „Weltteil ohne Geschichte". Das geringe Wissen über den afrikanischen Kontinent und seine Geschichte führte zu der Annahme, Afrika besäße keine Künste, keine Wissenschaften und keine hochentwickelten Fertigkeiten. Erst die Funde der Archäologen im 20. Jahrhundert korrigierten diese Vorurteile. Sie fanden heraus, dass Afrika – abgesehen davon, dass es mittlerweile als „Wiege der Menschheit" betrachtet wird – faszinierende, eigenständige Kulturen hervorgebracht hat.

„Schwarze" Hochkultur am Nil

Ein Beispiel eigenständiger, wenngleich auch ägyptisch beeinflusster kultureller Entwicklung ist das Königreich Kusch mit der Hauptstadt Meroe, das um 850 v. Chr. im Raum des heutigen Sudan entstand. Dessen Herrscher aus der Bevölkerungsgruppe der Nubier eroberten um 725 v. Chr. Ägypten und regierten es sechzig Jahre lang. Als Hauptgott wurde der ägyptische Gott Amun verehrt, allerdings in seiner nubischen, widderköpfigen Erscheinungsform. Da die mündliche Überlieferung für sie Vorrang vor der schriftlichen hatte, entwickelten sie keine Schrift, sondern verwendeten die Hieroglyphen der Ägypter. Erst Mitte des 2. Jahrhunderts v. Chr. schufen sie eine eigene Schrift: Sie ersetzten die 800 ägyptischen Hieroglyphen durch 23 Kursivbuchstaben, die bis heute nicht entschlüsselt werden konnten.

Die Hochkultur der Nubier kann als Beispiel dafür gesehen werden, wie unser Urteil über andere Kulturen von unserem Kenntnisstand abhängig ist.

Begriffe und Daten

Weltbilder in der Antike

Weltbilder in der Antike umfassten vor allem das geographische Wissen über die Erde, von dem wir aus den Quellen etwas erfahren. In Europa stammen die Weltbilder meist von den Griechen und Römern. Aber auch in anderen Kulturen, wie in Asien und Afrika, erklärten die Menschen die Welt. Reisen und Eroberungen erweiterten das Wissen über die Erde.

M1

Granitstele des Tanyidamani, König von Kusch, um 100 v. Chr., Ausschnitt. Dargestellt ist neben einer längeren Inschrift in meroitischer Sprache der König vor dem widderköpfigen Amun und dessen Gemahlin Mut. In einer Szene reicht er dem Götterpaar Schmuck, in der anderen erschlägt er einen Feind. Darunter: Bogen und gefesselte Kriegsgefangene.

Station 4: Kommunikation in der Antike

Was heißt „Kommunikation“?

Wer in einem Lexikon die Bedeutung des Begriffs nachschlägt, findet dort u. a., dass der Begriff lateinischen Ursprungs ist (= „Unterredung“, „Mitteilung“). Er bezeichnet den Vorgang eines Zeichenaustauschs zwischen Menschen, Tieren, lebenden Organismen oder technischen Systemen. Bei der menschlichen Kommunikation geht es um die Vermittlung von Informationen und Bedeutungen mithilfe bestimmter Zeichen, wie sie die modernen Sprachen darstellen.

Von der „mündlichen“ zur „schriftlichen“ Kultur

Anfänge oder Vorformen der Schrift in so genannten mündlichen Kulturen waren Zeichen, Kerben, Linien, Pfeile und Tiere (Bisons, Pferde), die nicht als Text einzuordnen sind. In der Zeit zwischen 10 000 und 3000 v. Chr., dem Übergang zur sesshaften bäuerlichen bzw. städtischen Lebensweise, nimmt die Forschung die Entstehung von Schriftsystemen an. Die Schrift ist demnach keine Erfindung eines Einzelnen, sondern eine schrittweise Entwicklung in Gesellschaften der frühantiken Hochkulturen. Ursprungsländer sind vermutlich Mesopotamien (Keilschrift der Sumerer), Ägypten, das Industal und China.

Schriftkultur in der griechisch-römischen Antike

Für den Raum der europäischen Antike sind die griechische und die römische Schriftkultur von Bedeutung. Schriftträger (Medien) waren Wände und Grabmäler (für Inschriften), aber auch Vasen und Tongefäße. Gesetze und Verträge wurden auf Metallplatten und Holztafeln geschrieben, die roh oder mit Wachs beschichtet waren. Die mit einem Holz- oder Metallstift geritzte Schrift konnte bei Wachstafeln jederzeit wieder entfernt werden. Papyrus als Medium ist erst ab dem 4. Jahrhundert v. Chr. belegt, später das Pergament. Anders als in den vorantiken Hochkulturen wurde die griechische Schrift auch in der Alltagskommunikation, der Philosophie, der Wissenschaft und der Dichtung verwendet.

Die römisch-lateinische Schriftkultur folgte dem griechischen Vorbild. Anders als die Griechen nutzten die Römer die Schrift vor allem für die umfangreiche Staats- und Militärverwaltung in ihrem Imperium. Angenommen wird, dass die Mehrheit der Bevölkerung im Römischen Reich nicht lesen und schreiben konnte. Im italienischen Kernland konnte nach Schätzungen etwa jeder dritte der frei geborenen Männer und bei den Frauen jede zehnte lesen und schreiben.

A

B
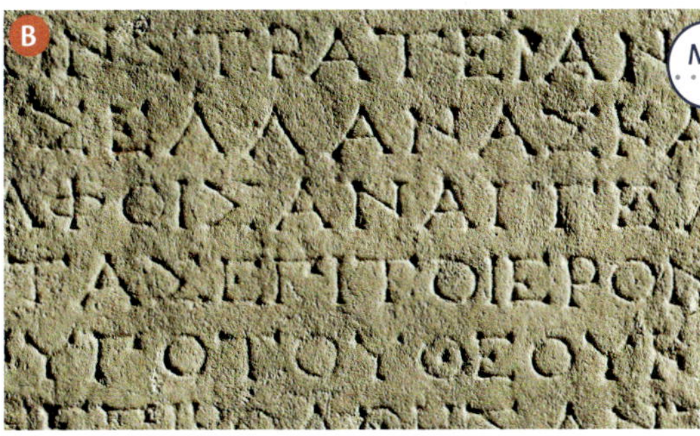

M1 **Antike Schriften:**
A Indische Silbenschrift (Brahmi)
B Griechische Schrift
C Chinesische Zeichenschrift
D Keilschrift (Vorderasien)
E Lateinschrift

C
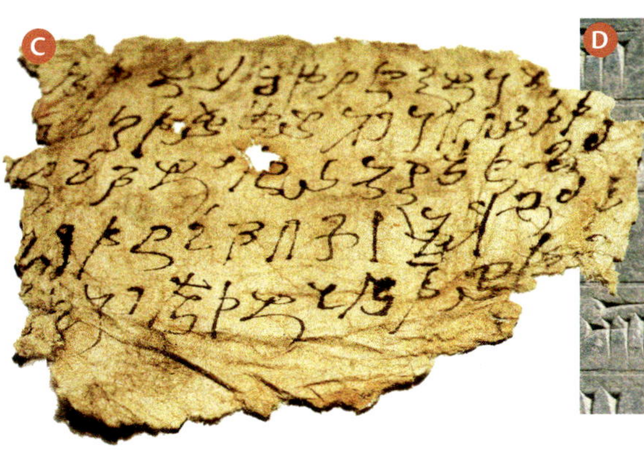

D

E
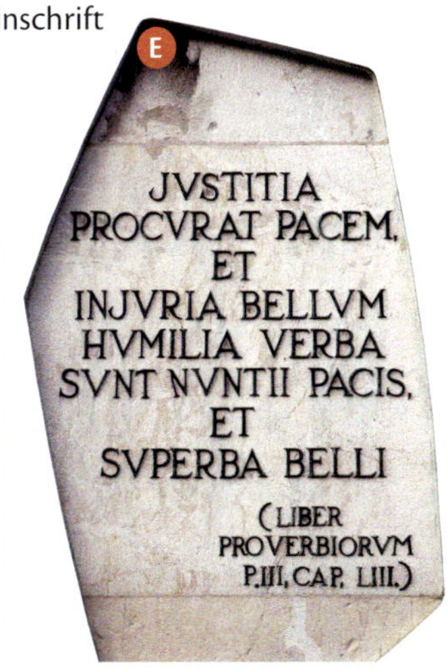

Station 5: Kulturkontakte durch Reisen

Warum reiste man im Römischen Reich?
Meistens aus Notwendigkeit: Es waren berufliche oder militärische Gründe. Allerdings gab es auch Menschen, die aus Wissensdurst reisten. In den oberen Schichten gab es in der Kaiserzeit durchaus eine Art „Bildungstourismus“, z. B. nach Ägypten zu berühmten Bauwerken. Das Reisen war schon wegen der großen Ausdehnung des Landes ein aufwändiges Unternehmen. Die römischen Straßen waren die wichtigsten Verkehrsverbindungen. Sie wurden nicht für die Eroberungen angelegt, sondern erst danach, um die politische und wirtschaftliche Bindung der Provinzen an Rom, römische Lebensgewohnheiten und Kultur zu festigen. An den Straßen befanden sich Post- und Raststationen, Meilensteine informierten über die Entfernung bis zur nächsten Stadt, den Namen der Straße und den Erbauer. Es gab auch Straßen- und Routenbeschreibungen. Die Reisegeschwindigkeit eines Wagens betrug etwa 20 Meilen pro Tag (1 Meile = ca. 1,5 km). Die Gesamtlänge des Straßennetzes im Römischen Reich wird auf 160 000 km geschätzt. Die berühmteste Straße ist die Via Appia von Rom nach Brundisium. Sie ist 8 m breit und vollständig gepflastert.

M1

Via Appia, Foto 2004

M2 **Fernstraßen im Römischen Reich seit 117 n. Chr.**

Einen historischen Spielfilm untersuchen

Nachgespielte Vergangenheit

Während der Dokumentarfilm ausgewählte Dokumente (historische Quellen) präsentiert und in einen bestimmten geschichtlichen Zusammenhang stellt, wird in historischen Spielfilmen die Vergangenheit nachgespielt. Beliebt sind Ritterfilme, Western und Kriegsfilme, aber auch Filmbiographien, in denen das Leben einer bekannten Person aus der Geschichte dargestellt wird. Selbst wenn die Tatsachen gut recherchiert (ermittelt) sind und die optische Ausstattung (Bauten, Kostüme usw.) die geschichtliche Situation angemessen darstellt, bleiben historische Spielfilme Produkte des Produzenten, Drehbuchautors und Regisseurs. Die Arbeitsschritte 1 bis 3 geben Anregungen für eure Untersuchung eines historischen Spielfilms.

1 Schaut euch den historischen Spielfilm „Alexander" an. Untersucht in Gruppen mithilfe der Arbeitsschritte 1 und 2 einige Szenen aus dem Film. Legt dazu eine Tabelle an und stellt eure Ergebnisse vor.

2 Vergleicht die Aussagen in M1 mit euren Eindrücken aus dem Film.

3 Beschafft euch weitere Informationen zum Film (siehe 3. Schritt) und tauscht in einer Gesprächsrunde eure Meinung über den Film aus.

M1

Ein Urteil über Alexander

Im 1. Jahrhundert n. Chr. schrieb der römische Philosoph Seneca an seinen Freund Lucilius über Alexander:

Den unglückseligen Alexander trieb seine Wut, Fremdes zu zerstören, in unbekannte Gegenden. Oder hältst du jemanden für geistig gesund, der von der Unterwerfung Griechenlands ausging, wo er erzogen worden war? … Nicht zufrieden mit dem Zusammenbruch so vieler Städte, die Philipp besiegt oder gekauft hatte, vernichtete er diese, dort jene, und er trägt seine Waffen in der ganzen Welt herum. Nirgends macht seine Grausamkeit erschöpft Halt wie bei wilden Tieren, die mehr zerfleischen, als ihr Hunger verlangt. Schon hat er viele Reiche in einem vereinigt, schon fürchten ihn zugleich Griechen und Perser, schon empfangen selbst von Dareios unabhängige Völker sein Joch. Dennoch dringt er über den Ozean und den Sonnenaufgang hinaus, ist entrüstet, dass er mit seinem Sieg hinter Herakles[1] und Dionysos[2] zurückbleibt, und nimmt es selbst mit der Natur auf.

Seneca, Briefe 94, 62 f. Übers. d. Verf.

[1] für seine Stärke bekannter griechischer Gott und Nationalheros

[2] griechischer Gott der Freude

Arbeitsschritte

1. Schritt: Beobachtungshinweise klären

- Was wird in der Szene dargestellt?
- Welche Personen treten auf?
- In welcher Beziehung stehen sie zueinander?
- Wie lässt sich die Umgebung beschreiben?
- Welche Handlung wird in der Abfolge der Bilder erkennbar?
- Welche Musik wird verwendet?

2. Schritt: Beobachtungen zusammenfassen

Bildebene
- Handlungsort
- Personen
- Ereignisse
- Farben
- Licht

Sprache
- Sprechweise (z. B. aggressiv, eingeschüchtert, sachlich, erzählend)

Ton
- Wirkung der Musik? (z. B. untermalend, dramatisierend)
- Besondere Geräusche?

3. Schritt: Zusätzliche Informationen über den Film heranziehen

- Wenn möglich, den Film mit den historischen Quellen bzw. den Aussagen von Historikern vergleichen: Ergebnisse aus dem Unterricht, Informationen aus Sachbüchern, im Filmlexikon, Filmkritik
- Im gemeinsamen Gespräch über den Film sprechen und Meinungen formulieren

Das Reich Alexanders

Alexander – Heerführer und Eroberer

Im Jahre 336 v. Chr. bestieg Alexander, Sohn des makedonischen Königs Philipp II., der die griechischen Stadtstaaten unterworfen hatte, den Königsthron. Zwei Jahre später begann Alexander einen Feldzug gegen das Perserreich. Mit 32 000 Fußsoldaten und 15 500 Reitern setzte er nach Asien über. In zwei großen Schlachten am Fluss Granikos und bei Issos (333 v. Chr.) siegte Alexander über das zahlenmäßig überlegene Heer der Perser. Er sah sich als Nachfolger des persischen Königshauses und kleidete sich häufig wie ein persischer Großkönig.

Danach besetzte Alexander Ägypten. Die Ägypter begrüßten ihn als Befreier von der persischen Herrschaft und krönten ihn zum Pharao. Sein Versuch, auch noch das Reich des indischen Königs Poros zu erobern, scheiterte am Widerstand seiner Soldaten. Sie verweigerten ihm den Gehorsam, weil sie die jahrelangen Strapazen und grausamen Kämpfe nicht länger auf sich nehmen wollten. Beim Rückzug verdurstete ein großer Teil seiner Armee in der Gedrosischen Wüste. Von seinen 60 000 Soldaten kehrten nur 15 000 nach Hause zurück. Die Regierungszeit des makedonischen Königs endete unerwartet: Alexander erkrankte an einem schweren Fieber und starb 323 v. Chr. in Babylon.

Kontakte zwischen Okzident und Orient

Den europäischen Eroberern unter Alexanders Führung fiel bei ihren Feldzügen durch das persische Reich zum ersten Mal auf, dass sie es nicht mit unbedeutenden Völkern zu tun hatten, sondern auf große und alte Kulturen trafen. Dazu kam die unendliche räumliche Ausdehnung des Reiches. Inzwischen war ihnen auch klar geworden, dass der Indus nicht der Oberlauf des Nils war. Weiter östlich befand sich sogar ein weiterer unbekannter Strom, der Ganges. Alexander musste also seine Weltvorstellung immer wieder erweitern.

Wie konnte es ihm gelingen, ein so großes Reich zu beherrschen? Alexander nahm persische Statthalter, Offiziere und Soldaten in seine Dienste und nutzte die Verkehrswege und die Verwaltung. Die Verbindung zwischen Makedoniern und Persern sollte durch eine erzwungene Massenhochzeit in Susa gefestigt werden. 10 000 makedonische und griechische Soldaten vermählten sich mit Perserinnen. Alexander selbst nahm eine Tochter des Perserkönigs Dareios zu seiner zweiten Frau. Am königlichen Hof führte Alexander die persische Art der Verbeugung („Proskynese") ein.

1 Kläre die Bedeutung Alexanders als Heerführer und Eroberer (Darstellungstext links, M1).

2 Stelle fest, welche Erkenntnisse Alexander und seine Gefährten bei ihren Eroberungen gewannen (Darstellungstext rechts).

Der Zug Alexanders des Großen und die Ausdehnung seines Reiches

M1

Hellenismus – die Welt wird griechisch

Griechisch wird Weltsprache

Nach Alexanders Tod entbrannte unter den hohen Offizieren aus den Familien des makedonischen Adels der Kampf um die Nachfolge. Am Ende langer Diadochenkämpfe (Nachfolger = griech. Diadoche) wurde das Reich zwischen drei Herrscherfamilien aufgeteilt: Die Seleukiden erhielten Kleinasien, Syrien, Mesopotamien und Persien. Die Ptolemäer beherrschten Nordafrika und Palästina, die Antigoniden Makedonien und Teile von Griechenland, darunter Attika.

Das Großreich wurde zwar aufgeteilt, im Ganzen aber blieben die Eroberungen erhalten. Und etwas Überraschendes geschah im Laufe der Zeit: Die griechische Kultur dehnte sich immer weiter aus: Von Gibraltar bis zum Indus, vom Don bis zum Nil setzten sich griechische Lebensweise und Kultur immer mehr durch, wie sie sich in den Stadtstaaten entwickelt hatten. Vor allem erwies sich – nach dem Vorbild der Polis – die Entfaltung der einzelnen Persönlichkeit, ihre politische, künstlerische und wissenschaftliche Aktivität, als den anderen Lebensformen überlegen. Zwischen dem Mittelmeer und Indien war Griechisch „Weltsprache“. Diese Entwicklung hatte mit der griechischen Philosophie und Literatur schon vor Alexander begonnen. Diese Zeit wird die Epoche des Hellenismus genannt.

Griechen in Ägypten und Asien

Viele Griechen hatten sich auf Dauer in den eroberten Gebieten niedergelassen. Die griechischen Bewohner brachten ihre Lebensweise mit, aber sie übernahmen auch viele Dinge von der einheimischen Bevölkerung. Besonders die reicheren Schichten in den Städten bewahrten ihre griechischen Sitten. Sie bauten Häuser und Tempel, wie man sie zum Beispiel in Athen fand, und förderten die Wissenschaften und die Kunst. Manche Städte, von denen Alexander bereits viele gründen ließ, entwickelten sich zu bedeutenden Zentren für den Handel und die Wissenschaft.

Obwohl die Monarchie die Herrschaftsform war, blieb den Städten doch eine gewisse Freiheit für ihre Selbstverwaltung. Das Zentrum des Hellenismus lag im Raum des östlichen Mittelmeeres.

Die einheimische Bevölkerung hatte die griechische Lebensweise – vor allem die Sprache – zum Teil übernommen. Eine wirkliche Mischbevölkerung ist trotz ehelicher Verbindungen zwischen Griechen-Makedoniern und Einheimischen aber nicht entstanden.

Insgesamt blieb es häufig beim Nebeneinander. So lebten neben der „offiziellen“ Sprache des Griechischen auch die alten Sprachen weiter, wie zum Beispiel das Ägyptische und das Aramäische.

M1

Alexandermünze, 3. Jh. v. Chr.
Abgebildet ist das Gesicht Alexanders. Die Widderhörner sind das Zeichen des ägyptischen Gottes Amun. Alexander ließ Münzen mit seinem Porträt in großer Zahl prägen.

Begriffe und Daten

Hellenismus

Der Begriff Hellenismus (griech. Hellas = Griechenland) bezeichnet eine Epoche der griechischen Geschichte. Sie begann mit der Regierung Alexanders des Großen und dauerte bis zur Eroberung der Diadochenreiche durch die Römer (1. Jh. v. Chr.). In einigen Bereichen beeinflusste die griechische Kultur das Leben in den Städten von Ägypten bis zur Grenze Indiens und vermischte sich mit der Lebensweise der einheimischen Bevölkerung. Diese Mischkultur wird als hellenistische Kultur bezeichnet.

1 „Hellenismus – die Welt wird griechisch." Erkläre diese Aussage (Darstellungstexte, Kasten).

2 Prüfe, worin sich an M1 eine Verbindung verschiedener Kulturen zeigt.

Das hellenistische Alexandria

Eine Stadt für die Wissenschaft

Die ägyptische Hauptstadt Alexandria wurde zum Anziehungspunkt für viele griechische Forscher. Die ptolemäischen Könige hatten hier ein Gebäude errichten lassen, das Museion genannt wurde. Hier trafen sich Wissenschaftler aus der ganzen Welt. Sie beschäftigten sich mit philosophischen Fragen, übersetzten Bücher aus vielen Sprachen und befassten sich mit technischen Experimenten. Das neue Wissen breitete sich in der ganzen griechischen Welt aus, denn viele Herrscher wollten es den Ptolemäern gleichtun und errichteten Bildungsstätten („Gymnasien") und Bibliotheken. Doch zwei Erdbeben (365 und 1303 n. Chr.) sowie Erdsenkungen zerstörten das antike Alexandria. Stadtteile und Hafenanlagen verschwanden unter Wasser, in Schlick und Sand. Bis in unsere Zeit hinein versuchen Meeresarchäologen das alte Alexandria zu rekonstruieren.

M2

Plan der ägyptischen Stadt Alexandria im 3. Jahrhundert v. Chr.

1 Stelle aus M1 und M2 zusammen, was Griechen in Alexandria fremd und was ihnen vertraut war. Ziehe den Darstellungstext heran.

M1

Ein Brief von Nikephóros

Im 3. Jahrhundert v. Chr. schickten viele Athener ihre Kinder zur Ausbildung in die ägyptische Hauptstadt Alexandria. Stellen wir uns vor, einer dieser jungen Griechen hätte nach Hause geschrieben:

Liebe Eltern,

Poseidon sei Dank, ich bin heil in Alexandria angekommen! Diese Stadt ist voller Wunder. Schon bei der Einfahrt in den Hafen bin ich aus dem Staunen nicht herausgekommen. Auf der Insel Pharos steht ein gigantischer Leuchtturm: Er ist unglaubliche 120 Meter hoch und seine Feuer sind 50 Kilometer weit zu sehen! Ein künstlicher Damm, der 1500 Meter lang ist, verbindet die Insel mit der Stadt. Stellt euch vor: Täglich legen in den beiden Häfen 400 Schiffe an!

Ich glaube, in Alexandria kommen alle Völker der Welt zusammen: Griechen, Ägypter und Juden machen den größten Anteil der über 500 000 Bewohner der Stadt aus. Man sagt, Alexandria sei die größte Stadt der Welt. Und stellt euch vor: Alle sprechen griechisch!

Vieles in Alexandria erinnert mich an Athen: Es gibt hier ein Theater, ein Stadion und ein Gymnasion wie das, das ich in Athen besucht habe. Alexandria ist nach einem Plan erbaut. Zwei große Prachtstraßen führen durch die Stadt. Sie sind 30 Meter breit! Was hier alles auf sechs Kilometern Länge zwischen dem Mond- und dem Sonnentor an buntem Leben geboten wird, ist fantastisch. Dagegen ist die Agora in Athen langweilig! Allein die Königsstadt nimmt schon ein Drittel des gesamten Stadtgebietes ein. Da ihr mich so großzügig mit Geld ausgestattet habt, werde ich bestimmt Gelehrte finden, die mich unterrichten. Am hiesigen Museion sind die gelehrtesten Wissenschaftler der ganzen Welt versammelt. Ich kann mich in Anatomie, Medizin, Physiologie, Astronomie, Zoologie, Botanik, Philologie, Mathematik, Technik und Mechanik unterrichten lassen. Zum Museion gehören auch ein Tiergarten und die größte Bibliothek der Welt. Die große Alexander-Bibliothek umfasst über 700 000, die kleine über 40 000 Buchrollen! Könnt ihr euch das vorstellen? Hier ist alles Wissen der Welt versammelt! Liebe Eltern, ich bin ganz erschlagen von den Eindrücken. Beim nächsten Mal kann ich euch vielleicht schon berichten, dass ich einen Lehrer gefunden habe.

Athene beschütze euch! Euer Nikephóros.

Verfassertext

Weltvorstellungen und kulturelle Kontakte

Überprüfe, was du kannst

Sachkompetenz

1 Beschreibe M1. Ziehe die Methodentipps auf S. 147 heran.

2 Vergleiche M1 mit M1 S. 148. Welche Veränderungen des geographischen Weltbildes erkennst du?

3 Nenne Unterschiede zwischen den antiken Weltbildern in Europa und in Indien bzw. dem der Nubier in Afrika (S. 148–150).

4 Prüfe, in welcher Weise die Stadt Alexandria als Beispiel für den Hellenismus stehen könnte (S. 156).

Urteilskompetenz

5 Nimm zu folgender Aussage begründet Stellung: Die Schriften sind Zufallserfindungen einzelner Menschen und hatten keinen besonderen Zweck.

6 Beurteile die Aussage: Die römischen Straßen wurden für die militärischen Feldzüge gebaut. Begründe.

Handlungskompetenz

7 Stellt in Partnerarbeit verschiedene Berechnungen zur Dauer von Reisen in der Antike und heute an:
a) mit dem Reisewagen von Rom nach Brundisium (Via Appia) und von Rom nach Köln (CCAA). Zieht die Seite 152 heran.
b) mit dem Pkw bzw. mit der Bahn von Rom nach Brindisi (Brundisium) und von Köln nach Rom. Nehmt das Internet zu Hilfe (z. B. www.bahn.de, www.abfragen.de). Vergleicht eure Ergebnisse in der Klasse.

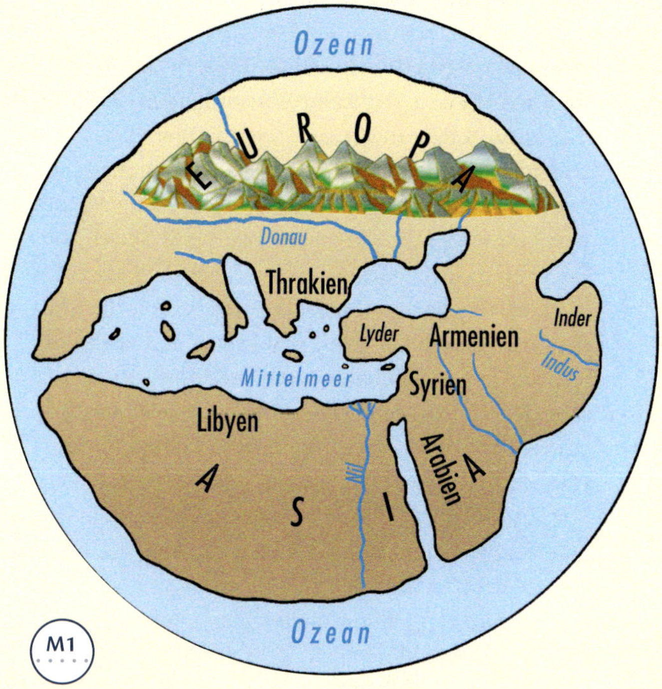

M1

Weltkarte des griechischen Geographen und Geschichtsschreibers Hekataios, um 500 v. Chr. Im Mittelpunkt steht seine Heimatstadt Milet (Kleinasien).

1000 v. Chr. bis 500 n. Chr.
Antike

336 bis 323 v. Chr.
Alexander der Große

3. bis 1. Jahrhundert v. Chr.
Hellenismus

0 v. Chr. | 800 v. Chr. | 600 v. Chr. | 400 v. Chr. | 200 v. Chr.

Was die Menschen im Altertum voneinander wussten

Weltbilder in der Antike

In der Antike begannen die Menschen, ihre Welt immer genauer zu erkunden. Ihre „Bilder" von der Erde sind uns durch schriftliche Abhandlungen, Reiseberichte und Zeichnungen (z. B. Karten) überliefert.

Im antiken Europa waren es vor allem griechische Geographen und Philosophen, die Vorstellungen von der Welt entwarfen. Ihre Beobachtungen und Überlegungen führten sie zu der Erkenntnis, dass die Erde nicht – wie bisher angenommen – eine flache Scheibe, sondern eine Kugel sei. Auch wurde bald erkannt, dass nicht die Erde, sondern die Sonne im Zentrum der Welt ruhe. Die Grenzen der Erde wurden durch Kenntnisse aus Reisen und Eroberungen immer weiter hinausgeschoben. Die Weltkarte des Eratosthenes aus dem 3. Jahrhundert v. Chr. stellt – nach damaliger Kenntnis – drei Erdteile dar: Europa, Asien und Afrika (Libyen) – umgeben vom (Atlantischen) Meer.

Das Beispiel der Harappakultur am Indus zeigt nach den überlieferten Veden ein Weltbild mit der Vorstellung von der Wiedergeburt und der Erlösung der Menschen. In den Naturerscheinungen wurden die Götter gesehen. Die Vorstellung von der Erde ähnelt dem „Modell" der Griechen: Die Sonne ist Mittelpunkt des Weltsystems, die Erde dreht sich um sie. Auch wurde angenommen, dass die Sonne größer sei als die Erde und nicht untergehe. Der tägliche Sonnenlauf wurde symbolisch in der Form des Rades als Sinnbild der Weltordnung dargestellt.

Afrika, die „Wiege" der Menschen, wurde in Europa lange Zeit als „Kontinent ohne Geschichte" gesehen. Erst mit den Ausgrabungen im 20. Jahrhundert änderte sich dieses Bild. Gefunden wurden z. B. viele Überreste der Kultur der Nubier. Da die von den Nubiern entwickelte Schrift bis heute nicht entziffert ist und die Ausgrabungen erst in den Anfängen stehen, können vielleicht noch weitere Erkenntnisse gewonnen werden.

Kulturelle Kontakte

Kommunikation fand in den frühen Epochen der Menschheit vor allem auf mündliche Weise statt. Wir wissen nicht, wann genau Schriften erfunden wurden. Als Vorformen gab es Zeichnungen und Zeichen (Kerben, Linien, Pfeile u. Ä.), mit denen etwas mitgeteilt wurde, was uns heute zum Teil verschlossen bleibt. Die Entstehung der Schriften wird für die Zeit des Sesshaftwerdens der Menschen (Neolithische Revolution) zwischen 9000 und 3000 v. Chr. angenommen.

Das Reisen diente – wie die Verbreitung der Schrift – auch den Kontakten zwischen den Kulturen. Das Beispiel des Römischen Reiches zeigt, welche Bedeutung das Reisen für viele Lebensbereiche hatte und wie Lebensgewohnheiten sich verbreiteten.

Die Epoche des Hellenismus

Das Zeitalter des Hellenismus begann mit der Herrschaft Alexanders des Großen. 334 v. Chr. führte er einen Feldzug gegen die Perser, der ihn innerhalb von zehn Jahren zum Herrscher über ein großes Weltreich machte. Als Gebieter über viele Völker wurde Alexander wie ein Gott verehrt. Nach seinem frühen Tod zerfiel sein Reich. In zahlreichen Kämpfen zwischen seinen Nachfolgern bildeten sich schließlich drei große Diadochenreiche heraus. Die Städte wurden zu bedeutenden Handels-, Wirtschafts- und Wissenschaftszentren. Dort breitete sich die griechische Lebensweise aus und beeinflusste andere Kulturen. Auf dem Lande blieben Lebensweise und Sprache der einheimischen Kulturen jedoch weitgehend bestehen.

Den Eroberern um Alexander fiel bei ihren Feldzügen auf, dass sie nicht auf rückständige Völker trafen, sondern es mit hochentwickelten Kulturen zu tun hatten. Auch ihre geographischen Vorstellungen über den Lauf großer Flüsse mussten sie korrigieren.

Die hellenistischen Reiche wurden im 1. Jh. v. Chr. von den Römern erobert. Dennoch sind die Ideen der Griechen durch viele Jahrhunderte überliefert worden und beeinflussen unser Leben bis heute.

Antike Weltbilder und Kulturkontakte

Weltbilder

- **Quellen:** Reiseberichte, schriftliche Abhandlungen, Zeichnungen, Überreste (Funde durch Ausgrabungen)
- **Europa (Griechen):** Erdteile (Europa, Asien, Afrika), Kugelgestalt der Erde, Sonne im Zentrum des Weltalls
- **Asien (Induskultur):** Bedeutung der Sonne (Rad als Symbol), Kenntnis über Entfernungen und Größenverhältnisse, Verbindung zu religiösen Vorstellungen: Wiedergeburt, Erlösung
- **Afrika (Nubier):** Verbindung zur ägyptischen Kultur, unentzifferte Schrift, Kenntnis durch Ausgrabungen

Kommunikation

- Entwicklung der Schriftsysteme mit dem Übergang von der nomadisierenden zur sesshaften Lebensweise: Notwendigkeit der Schrift zur Verwaltung und Kommunikation
- Urspünge in Mesopotamien, Ägypten, Industal
- in Europa bedeutend: griechisch-römische (lateinische) Schriftkultur, Verwendung in allen Lebensbereichen

Reisen

- berufliche (wirtschaftliche), militärische, private Gründe des Reisens
- Römisches Reich: Straßen als wichtigstes Verkehrssystem
- Fernstraßensystem im Römischen Reich: Verbindung zu den Provinzen, auf Rom als Zentrum ausgerichtet

Kulturelle Kontakte durch Eroberung

- Eroberungen Alexanders: Beispiel für kulturelle Kontakte
- Erweiterung der geographischen und kulturellen Kenntnisse durch die Eroberungen
- Übernahme von Teilen des eroberten Herrschafts- und Gesellschaftssystems zur Machtsicherung
- Ausbreitung der griechischen Lebensweise in den Städten, weniger auf dem Lande

Vorherrschaft einer Kultur: Hellenismus

- Hellenismus: Durchsetzung der griechischen (hellenistischen) Lebensweise, Kultur und Wissenschaft seit Alexander bis zum 1. Jahrhundert v. Chr.
- gegenseitige Beeinflussung zwischen den Kulturen
- teilweise Entstehung einer „Mischkultur"
- Alexandria: bedeutende Stadt der Bildung und Wissenschaft

5. Europa im Mittelalter

Etwa neun von zehn Menschen im Mittelalter waren Bäuerinnen und Bauern. Sie bildeten mit ihrer Arbeit die Grundlage der mittelalterlichen Gesellschaft, indem sie den Grund und Boden, der meist Adligen gehörte, bewirtschafteten. Dabei mussten sie Überschüsse erzielen, um sowohl sich selbst als auch ihre Herren ernähren zu können.

Die Abbildungen auf dieser Doppelseite zeigen einen kleinen Ausschnitt aus der Welt des Mittelalters: Die große Abbildung gibt einen Einblick in das Leben der Landbevölkerung im späten Mittelalter. Die kleine Abbildung unten zeigt das Leben in Städten. Geldwirtschaft, Handel und Handwerk entwickelten sich dort im Laufe des Mittelalters zu „Zukunftsbranchen". Das kleine Bild oben zeigt am Beispiel von Karl dem Großen, König der Franken und römischer Kaiser, das Porträt eines mittelalterlichen Herrschers.

Folgende Fragen leiten dich durch das Kapitel:

- ***Wie lebten die Menschen in der mittelalterlichen Gesellschaft?***
- ***Wie und in welchen Formen wurde im Mittelalter Herrschaft ausgeübt?***

1 Beschreibe mithilfe der Abbildungen, was du über das Leben von Bauern, Adligen und Stadtbewohnern erfährst.

Feldarbeit im April, Wandgemälde, 15. Jh.

Reiterstatuette Karls des Großen, Bronze, Frankreich, um 870

Ein Steuereinnehmer mit seiner Frau, Ölgemälde von Marinus van Reymerswaele, 1538

Von der Antike zum Mittelalter

Wissen • Urteilen • Handeln • Methoden anwenden

Am Ende dieses Unterkapitels kannst du

- die Dreiteilung der Mittelmeerwelt im Übergang von der Antike zum Mittelalter beschreiben
- die Entstehung des Frankenreichs darstellen
- die Bedeutung des Frankenreichs und der Christianisierung in Mitteleuropa erklären
- **Methode** Einen historischen Sachverhalt klären

Europa um 500

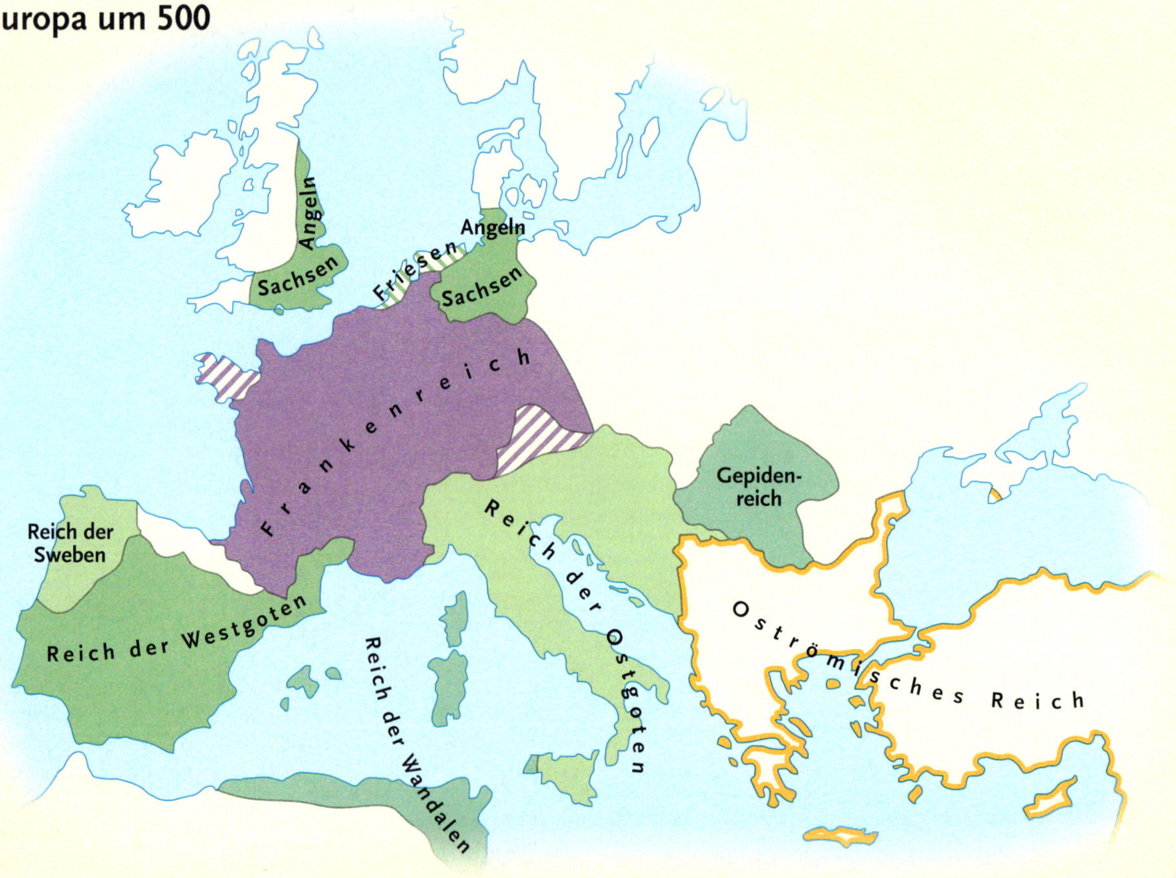

Frankenreich	Byzantinisches Reich	Mittelalter	Islamisches Reich
482 bis 911	seit um 500	500 bis 1500	um 630 bis 9. Jahrhundert

Die Dreiteilung der Mittelmeerwelt

Neue Reiche entstehen

Nach dem Ende des Römischen Reiches um 500 n. Chr. kam die „Mittelmeerwelt“ in Bewegung. In den Wirren der Völkerwanderung bildeten sich drei neue Machtzentren heraus:

1. In Arabien entstand mit dem durch den Propheten Mohammed begründeten Islam nicht nur eine neue Religion, sondern auch ein mächtiger Staat, der von den Kalifen, den Stellvertretern des Propheten Mohammed, in vielen Kämpfen gefestigt und erweitert wurde.
2. Das Oströmische Reich mit der Hauptstadt Konstantinopel (früher Byzantion genannt) entwickelte sich nach 500 zu einem eigenständigen Reich, in dem die Tradition der griechischen und römischen Antike weiterlebte. Griechisch wurde zur Amtssprache des Reiches, das auch Byzantinisches Reich genannt wird. Konstantinopel wurde mit gewaltigen Verteidigungsmauern, riesigen Palästen und Kirchen prachtvoll ausgebaut. Der Kaiser war Gesetzgeber, oberster Richter, Befehlshaber des Heeres und sah sich als Auserwählter Gottes. Als Schutzherr des Christentums beanspruchte er auch in kirchlichen Fragen die höchste Entscheidungsgewalt.
3. Im Westen schufen die Franken eine neue dauerhafte Ordnung. Nach der Ausschaltung verschiedener fränkischer „Kleinkönige“ und der Einigung der fränkischen Stämme legte Chlodwig (482–511) mit seinem „Großkönigtum“ die Grundlage für das Frankenreich. Dieses wurde der Vorläufer der heutigen Staaten Frankreich und Deutschland. Eng verbunden mit der Entstehung des Frankenreiches ist die Verbreitung des christlichen Glaubens und die Gründung von Klöstern, die für die kulturelle und wirtschaftliche Entwicklung des fränkischen Reiches bedeutsam werden sollten.

1 Beschreibe die Abbildungen M1 bis M3. Beachte die Datierungen der Kunstwerke.

2 Stelle Gemeinsamkeiten und Unterschiede in den Darstellungen der drei Herrscher fest. Ziehe den Darstellungstext heran.

M1

Der Kalif von Bagdad Harun ar-Raschid (763 oder 766–809), Ölgemälde, 1864

M2

Oströmischer Kaiser, vermutlich Anastasius, Herrscher in Konstantinopel (491–518), Elfenbeinrelief, um 500

M3

Die Taufe des fränkischen Königs Chlodwig I., französische Buchmalerei 1375/1379

Der Islam – eine neue Religion, eine neue Macht

Der Prophet Mohammed

Als Mohammed, der spätere Prophet des Islams, um 570 n. Chr. in der arabischen Handelsstadt Mekka geboren wurde, verehrten die Gläubigen dieser Stadt 300 Götter. Das allen Arabern gemeinsame Heiligtum war die Kaaba, zu der alljährlich viele Beduinen pilgerten. Die Besucher brachten Mekka und seinen Bewohnern Wohlstand.

Mohammed wuchs bei seinem Großvater und nach dessen Tod bei seinem Onkel Abu Talib auf. Der war ein angesehener Geschäftsmann und Mohammed folgte seinem Beispiel: Er wurde Fernhändler. Auf seinen Reisen durch den Orient begegnete Mohammed Juden und Christen. An deren Religion beeindruckte ihn besonders der Glaube an nur einen einzigen Gott (Monotheismus). Im Jahr 610 wurde Mohammed nach seinen Berichten von dem Erzengel Gabriel zum Propheten einer neuen Religion berufen. Als er mit seiner Glaubenslehre an die Öffentlichkeit trat, fand er zunächst nur wenige Anhänger. Er zog sich vielmehr die Feindschaft einflussreicher Kaufmannsfamilien zu, denn er kritisierte, dass die meisten Menschen nur auf ihren eigenen Vorteil bedacht seien. 622 n. Chr. musste er schließlich nach Medina flüchten. Diese Auswanderung (arab. hidschra) wurde später das Anfangsdatum der islamischen Zeitrechnung. In Medina sammelte Mohammed Anhänger und zog als religiöser, politischer und militärischer Führer 630 n. Chr. in Mekka ein. Bis zu seinem Tod 632 n. Chr. hatte Mohammed ganz Arabien für den Islam gewonnen.

Das islamische Reich

Die schnelle Ausbreitung des Islams setzte sich nach dem Tod Mohammeds fort. Sie beruhte vor allem auf Kriegen. Die Kalifen, wie sich die Nachfolger des Propheten nannten, führten die Kämpfer an. Viele Muslime sahen in der Ausdehnung der islamischen Herrschaft den Beweis dafür, dass der Islam den älteren Religionen Judentum und Christentum überlegen sei. Erst 100 Jahre nach Mohammeds Tod kam die arabisch-islamische Eroberung im Westen durch den Widerstand des Frankenreichs und im Osten an den Grenzen Chinas zum Stehen.

In den neuen Herrschaftsgebieten verlangten die Araber von Nicht-Muslimen eine besondere Steuer, stellten sie dafür unter ihren Schutz und erlaubten ihnen die Ausübung ihrer eigenen Religion.

Seit dem 9. Jahrhundert zerfiel das Reich der Kalifen in viele Teilreiche. Spaltungen innerhalb der muslimischen Religionsgemeinschaft und neue Reiche nichtarabischer Völker, wie Berber, Türken und Iraner, führten schließlich zum Ende der politischen Einheit.

Religion und Politik

Der Islam war von Anfang an nicht nur eine Glaubensrichtung, ihn prägten auch politische Ideen. Mohammed vertrat die Auffassung, dass Religion und Staat, also geistliche und weltliche Macht, nicht getrennt sein sollten. So wurden die militärischen Erfolge beim Aufbau des islamischen Reichs im 8. Jahrhundert als Siege des so genannten „Dschihad“ gefeiert. „Dschihad“ bedeutet allgemein „Anstrengung für den Glauben“, wird aber auch als „heiliger Krieg“ gegen Andersgläubige verstanden.

Anders als das Christentum, das die Einheit von Religion und Staat nicht fordert, akzeptieren strenggläubige Vertreter des Islams bis heute keine Trennung der Macht zwischen Religion und Staat. Dagegen ist die Trennung von Staat und Kirche in westlichen Demokratien in der Verfassung festgelegt.

M1

Innenhof der Großen Moschee mit der Kaaba in Mekka, das bedeutendste Heiligtum des Islams, Foto, 1995

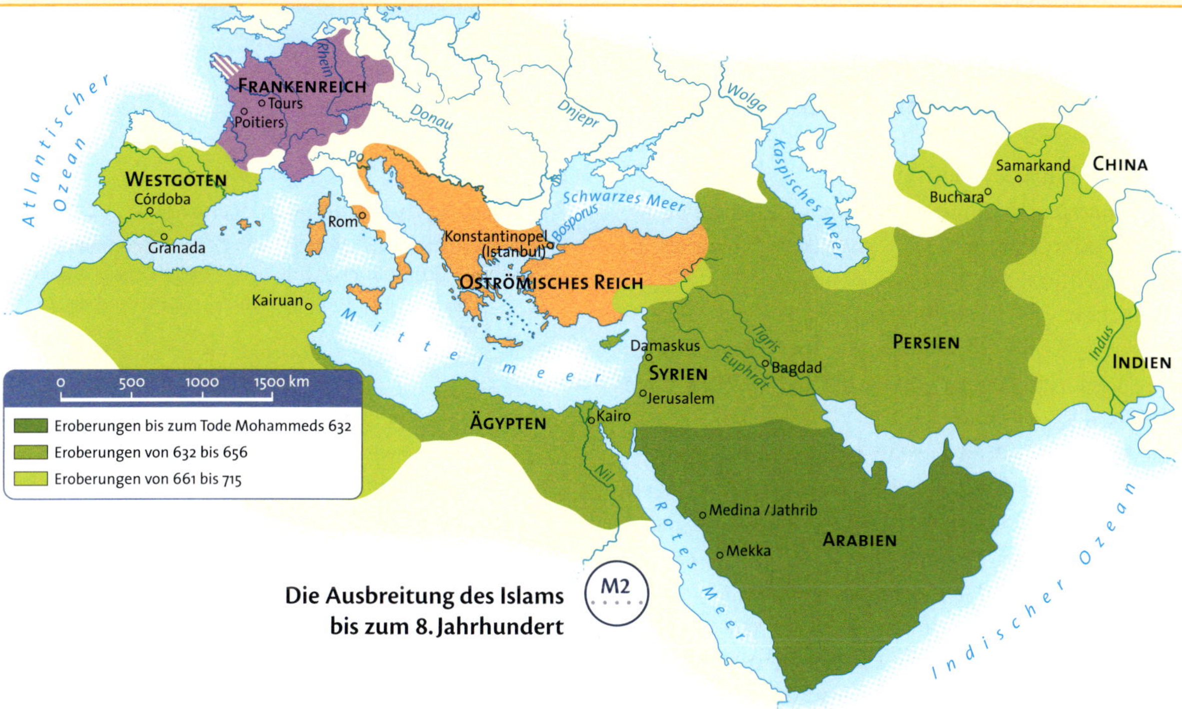

Die Ausbreitung des Islams bis zum 8. Jahrhundert M2

M3

Über den heiligen Krieg

Koran, aus den Suren 2,4,47:

Diejenigen, die glauben, und diejenigen, die um Gottes willen Krieg geführt haben, dürfen auf die Barmherzigkeit Gottes hoffen ... Wenn einer um Gottes willen kämpft und er wird getötet, werden wir ihm im Jenseits gewaltigen Lohn geben ... Kämpft gegen diejenigen, die gegen euch kämpfen! Aber führt den Kampf nicht auf unrechtmäßige Weise! ... Wenn ihr mit den Ungläubigen zusammentrefft, dann haut ihnen mit dem Schwert auf den Nacken! Wenn ihr sie niedergekämpft habt, dann legt sie in Fesseln, um sie später aus Gnade oder gegen Lösegeld freizugeben!

Zit. nach Geschichte in Quellen, Bd. 2, hg. und bearb. von Wolfgang Lautemann, München (bsv) 1970, S. 39f., bearb. d. Verf.

1 Beschreibe die Entstehung und Ausbreitung des Islams.

2 Kläre den Bezug zum jüdischen und christlichen Glauben (Darstellungstext, Kasten).

3 Erläutere die fünf Grundpflichten des Islams (Kasten). Haben Christen ähnlichen Grundsätze?

4 Erarbeite, welche Bedeutung für die Muslime der Kampf für den Glauben hat. Welche Grenzen setzt der Koran den Kämpfenden (M3, Darstellungstext rechte Spalte)?

5 Bewerte, welche Bedeutung eine Pilgerfahrt nach Mekka für das Zusammengehörigkeitsgefühl der Muslime haben könnte (M1).

Begriffe und Daten

Islam

(arab. islam = Hingabe an Gott, Ergebung in Gottes Willen). Ein Gläubiger wird Muslim genannt, das heißt übersetzt „Der sich Gott unterwirft". Der Islam bekennt sich wie Judentum und Christentum zu einem Gott. Grundlage des Islams ist der Koran („Verkündigung"), der in 114 Suren (= Abschnitte) geteilt ist und Erzählungen, Lobpreisungen und Gleichnisse enthält. Wer fromm leben will, hat die fünf Grundpflichten des Islams zu erfüllen:

1. das Glaubensbekenntnis: „Es ist kein Gott außer Allah, und Mohammed ist sein Prophet!",
2. die täglichen Pflichtgebete: am Morgen, Mittag, Nachmittag, bei Sonnenuntergang und in der Nacht mit Blick gen Mekka,
3. das gesetzliche Almosengeben für die Armen,
4. das Fasten im Monat Ramadan – von Sonnenaufgang bis Sonnenuntergang,
5. die Pilgerfahrt nach Mekka, die jeder Muslim einmal im Leben zur Kaaba unternehmen soll, sofern er sie sich finanziell leisten kann.

Die Franken – vom Stamm zum Großreich

Straßennamen können erzählen

Anna und Carlo erkunden Straßennamen ihres Ortes.
Anna: „Merowinger" – das hört sich sehr fremd an. Lass uns im Lexikon nachschlagen.
Carlo: Und was bedeutet „Franken"? Hat das vielleicht etwas mit Frankreich zu tun? Ich weiß, dass Franken eine Region in Bayern ist – in der Gegend von Nürnberg und Würzburg.
Die Suche der beiden ist rasch erfolgreich.
Anna: Also, die Merowinger: Das war eine fränkische Königsfamilie im 5. bis 8. Jahrhundert n. Chr. Durch Eroberungen vergrößerten die Merowinger ihr Reich. Und was hast du zu den Franken gefunden?
Carlo: Die waren ein germanisches Volk, das aus vielen Kleinstämmen, wie z. B. den Salfranken, zusammengesetzt war. Der Name bedeutet eigentlich „die Freien" oder „kühne Krieger". Das Reich der Franken war das bedeutendste im Europa des frühen Mittelalters. Aber wie ist dieses Reich eigentlich entstanden?

M1 **Straßenschild,** Foto, 2003

M3 Rettung durch den Christengott?

Gregor von Tours (um 540–594) war Bischof und schrieb „Zehn Bücher fränkische Geschichte". Über die Bekehrung Chlodwigs zum Christentum berichtete er:

Die Königin aber ließ nicht ab, in ihn zu dringen, dass er den wahren Gott erkenne und ablasse von den Götzen. Aber auf keine Weise konnte er zum Glauben bekehrt werden, bis er endlich einst mit den Alamannen in einen Krieg geriet: Da zwang ihn die Not, zu bekennen, was sein Herz vordem verleugnet hatte. Als die beiden Heere zusammenstießen, kam es zu einem gewaltigen Blutbad und Chlodwigs Heer war nahe daran, völlig vernichtet zu werden. Als er das sah, erhob er seine Augen zum Himmel, sein Herz wurde gerührt, seine Augen füllten sich mit Tränen und er sprach: „Jesus Christ, Chrodechild verkündet, du seiest der Sohn des lebendigen Gottes; Hilfe, sagt man, gebest du den Bedrängten, Sieg denen, die auf dich hoffen – ich flehe dich demütig an um deinen Beistand: Gewährst du mir jetzt den Sieg … , so will ich an dich glauben und mich taufen lassen auf deinen Namen …" Und da er solches ausgesprochen hatte, wandten die Alamannen sich und fingen an zu fliehen. Als sie aber ihren König getötet sahen, unterwarfen sie sich Chlodwig und sprachen: „Lass … nicht noch mehr des Volkes umkommen; wir sind ja dein." Da tat er dem Kampfe Einhalt, ermahnte das Volk und kehrte in Frieden heim.

Zit. nach Gottfried Mayr/Wilhelm Störmer, Königsherrschaft im Mittelalter, München (Oldenbourg) 1984, S. 25.

M2 **Germanische Reichsgründungen nach dem Untergang des Weströmischen Reiches um 500 n. Chr.**

M4

Karriere bei den Merowingern

Der Historiker Josef Fleckenstein schrieb 1974 über die Entstehung des fränkischen Großkönigtums:

Unter den frühen fränkischen Kleinkönigen … hebt die Überlieferung die salfränkischen Könige hervor. Sie waren nach ihr älter und mächtiger als die anderen und gehörten einem einzigen Geschlecht an mit dem halb geschichtlichen, halb sagenhaften Stammvater Merowech: Der Sage nach geht die Verbindung des Geschlechts zu den Göttern zurück. Das merowingische Königtum ist also seiner Herkunft nach ein Sakral-[1] und Kleinkönigtum. Mit der Eroberung beginnt es sich dann in ein Heerkönigtum zu verwandeln … Dabei gelang es einem dieser Könige, Chlodwig I., seine Mitkönige zu überflügeln … Er verdankte seine Machtstellung der Heerführerschaft und dem Erfolg. Sein Königtum erscheint als ein Heerkönigtum, war dies aber nicht allein; denn Chlodwig war schon als Sohn und Erbe eines Königs König geworden, das heißt: als Erbe königlichen Geblüts. So fließen bei ihm Heer- und Sakralkönigtum zusammen.

Josef Fleckenstein, Grundlagen und Beginn der deutschen Geschichte, Göttingen (Vandenhoeck & Ruprecht) 1974, S. 35 f. Vereinf. d. Verf.

[1] heiliges Königtum

M5

Ansehen und Rechte fränkischer Frauen

Die Historikerin Suzanne Wemple schrieb 1997 über Frauen im Merowingerreich:

Sie bekehrten ihre Männer zum Christentum … Königinnen gründeten oft Klöster und Kirchen auf ihren eigenen Ländereien. Sie ernannten auch Günstlinge zu Bischöfen und erweiterten auf diese Weise ihren Einflussbereich. Archäologische Funde zeigen, dass Frauen mit ihrem Schmuck als Statussymbol begraben wurden … Germanische Frauen waren ursprünglich nicht erbberechtigt und durften kein Eigentum besitzen. Aber zum Ende des 5. Jahrhunderts … glichen die gesetzlichen Regelungen die Stellung der germanischen Braut dem günstigeren Los der römischen Frau an … Frauen aus den unteren Schichten hatten wahrscheinlich größere Freiheit, Männer ihrer Wahl zu heiraten.

Suzanne Fonay Wemple, Frauen im frühen Mittelalter. In: Georges Duby/Michelle Perrot, Geschichte der Frauen, Bd. 2, hg. v. Christiane Klapisch-Zuber, Frankfurt/M. (Campus) 1997, S. 189 ff.

Begriffe und Daten

Reichsbildung der Franken

Als das Weströmische Reich in der Völkerwanderung zerfiel, entstanden auf seinem Gebiet mehrere Germanenreiche. Aber nur das Reich der Franken, die seit dem 3. Jahrhundert n. Chr. in Gallien eingedrungen waren, konnte sich dauerhaft behaupten. Zunächst waren die Franken Verbündete der Römer, doch König Chlodwig I. (482–511) aus der Familie der Merowinger gelang es, den letzten römischen Herrscher Galliens sowie die übrigen Frankenkönige auszuschalten und andere germanische Reiche zu besiegen. Durch den Übertritt zum Christentum gewann Chlodwig in der Kirche eine wichtige Herrschaftsstütze. Er schuf so die Grundlage für die Verschmelzung der germanischen und der christlich-römischen Kultur. Das fränkische Großreich wurde zur Keimzelle der heutigen Staaten Frankreich und Deutschland.

Mittelalter

Bezeichnung für den Zeitraum zwischen Antike und Neuzeit. Das Ende des Weströmischen Reichs 476 n. Chr. und die Gründung des Frankenreichs um 500 bedeutet für viele Historiker den Beginn des Mittelalters. Es endet um 1500 in einer Zeit religiöser Umwälzungen (1517 Reformation), wichtiger Erfindungen und der Entdeckung Amerikas (1492).

1. Erarbeite aus M4 den Ursprung der Merowingerfamilie. Kläre „Heerkönigtum" und „Sakralkönigtum".
2. Erläutere mithilfe der Karte M2 und des Kastens Stationen der fränkischen Reichsbildung.
3. Beschreibe, wie Gregor in M3 die Bekehrung Chlodwigs darstellt. Welche Absicht verfolgte Gregor mit seiner Erzählung?
4. Bischof Remigius soll bei Chlodwigs Taufe gesagt haben: „Beuge still deinen Nacken, verehre, was du verfolgtest, verfolge, was du verehrtest!" Ziehe daraus Schlüsse auf das Verhältnis von König und Kirche. Beachte auch M3 (S. 163).
5. Stelle anhand von M5 fest, wie die Stellung der fränkischen Frauen beschrieben wird.

Christianisierung im Frankenreich

Missionare verbreiten den christlichen Glauben

Zwar breitete sich das Christentum seit der Taufe König Chlodwigs im Frankenreich aus, aber viele Menschen waren nur dem Namen nach Christen und verehrten weiterhin die alten Götter. Geistliche waren oft verheiratet, Luxus und weltliche Macht waren ihnen wichtiger als die christlichen Gebote. In irischen und englischen Klöstern dagegen lebten die Mönche in echter Frömmigkeit. Deshalb zogen viele von ihnen als Wanderprediger durch das fränkische Reich, um dort die Kirche zu erneuern und Nichtchristen zu bekehren.

Der erfolgreichste Missionar (Glaubensbote, von lat. mission = Entsendung) war wohl der Angelsachse Bonifatius. Mehr als 30 Jahre lang verbreitete er den christlichen Glauben – u. a. bei den Hessen und den Thüringern –, wobei er nicht selten heidnische Bräuche in seine Lehre übernahm. Durch die Missionierung entstand im Raum des heutigen Deutschlands ein dichtes Netz von Pfarreien, Klöstern und Bistümern, das den fränkischen Herrschern bei der Durchsetzung ihrer Macht half und die Entstehung einer christlich-europäischen Kultur förderte.

M2

Missionsauftrag für Bonifatius

Am 15. Mai 719 schrieb Papst Gregor an Bonifatius:

Gregor ... an den frommen Priester Bonifatius. Es erfordert dein uns kundgetaner und fromm im Eifer für Christus entbrannter Vorsatz und die uns vorliegende, aufrichtige und erprobte Kenntnis deines Glaubens, dass wir dich zum Mitdiener an der Verbreitung des Wortes Gottes, dessen Pflege uns durch die Gnade Gottes aufgetragen ist, erheben ... Deshalb ... weisen wir ... an und befehlen, dass du in der Gnade Gottes ... zu allen Völkern, die in dem Irrtum des Unglaubens befangen sind, schleunigst dich aufmachest und den Dienst des Reiches Gottes durch die Verbreitung des Namens Christi, des Herrn und Gottes der Wahrheit, überzeugend ausdehnst und durch den Geist der Tugend und der Sorgfalt und der Nüchternheit die Predigt beider Testamente in die ungelehrten Gemüter zugleich mit der Vernunft hineingießest ... Was dir aber zu dem Unternehmen, das du nun beginnst, noch fehlt, das sollst du uns, wenn du dazu imstande bist, melden. Lebe wohl.

Zit. nach Geschichte in Quellen, Bd. 2, hg. und bearb. v. Wolfgang Lautemann, München (bsv) 1970, S. 42 f.

Die Missionierung zur Zeit des Bonifatius

M1

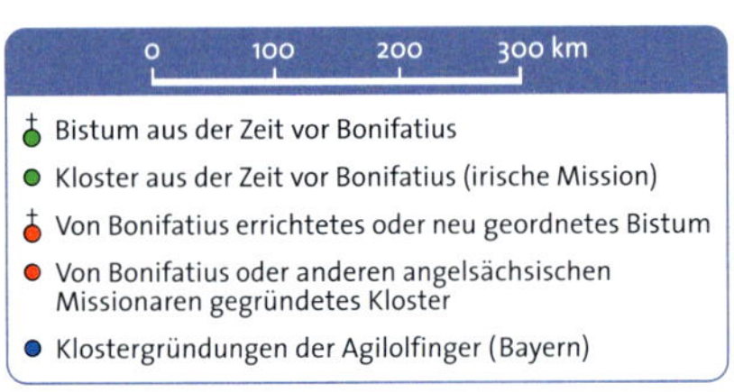

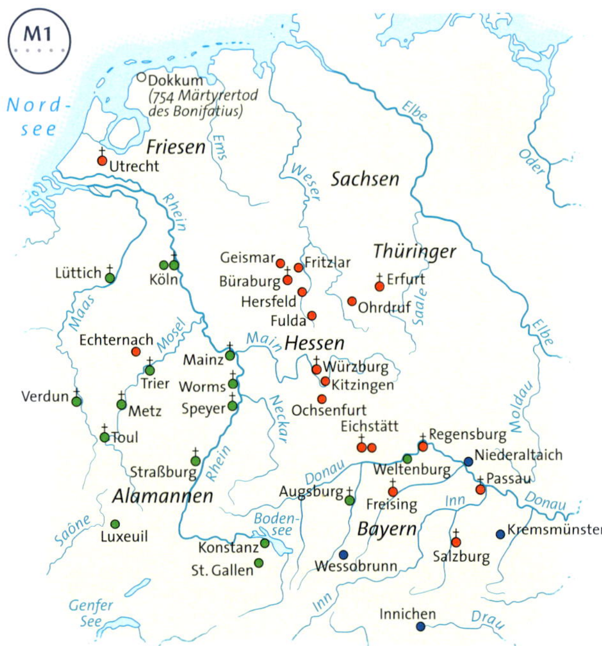

1 Beschreibe anhand von M1 die regionalen Schwerpunkte der Bistums- und Klostergründungen und stelle fest, in welchen heutigen Bundesländern eine Häufung der Missionsorte festzustellen ist.

2 Erarbeite mithilfe des Darstellungstextes und M2 Gründe für die Missionierung.

3 Bewerte anhand der Informationen auf dieser Seite die Behauptung, dass die christliche Missionierung die Macht der fränkischen Herrscher unterstützte.

Einen historischen Sachverhalt klären

Wie ist es gewesen?
Die beiden Szenen in der Abbildung M1 zeigen Bonifatius. Was hat der Künstler dargestellt? Worum geht es? Wer mehr über eine bestimmte Person, ein bestimmtes Ereignis oder einen Sachverhalt erfahren möchte, muss zunächst Informationen beschaffen. Meist ist es sinnvoll, verschiedene Informationsquellen zu Rate zu ziehen. Die Informationen sind nützlich für ein Referat oder eine Präsentation.

1 Finde mithilfe der Arbeitsschritte und verschiedener Informationsquellen Einzelheiten über Bonifatius heraus.

2 a) Kläre die in M2 (S. 168) dargestellten Vorgänge und ordne sie in den Lebenslauf des Bonifatius ein.
b) Vergleicht eure Ergebnisse in der Klasse.

M1

Bonifatius, Buchmalerei aus dem Kloster Fulda, um 975

Arbeitsschritte

1. Schritt: Fragestellung festlegen und Material suchen

- Lege fest, worüber du Informationen finden willst: z. B. Wer war Bonifatius? Wie verlief sein Leben? Ist er in der Gegenwart noch bedeutend?
- Erste Informationen über solche und andere Fragen findest du in der Schul- und Stadtbibliothek. Lexika, Geschichts- und Sachbücher geben Hinweise. Auch im Internet kannst du fündig werden. Nutze für deine Suche die Methoden auf den Seiten 35 und 68.

2. Schritt: Material sichern

- Sichere die gefundenen Materialien, indem du Texte kopierst oder wichtige Aspekte stichpunktartig notierst, Internet-Dateien herunterlädst und auf dem PC speicherst oder sofort ausdruckst.
- Wenn du viele Informationen gesammelt hast, empfiehlt es sich, die Materialien in einem Schnellhefter oder Ordner aufzuheben.

3. Schritt: Materialien auswählen

- Überprüfe, welche Informationen doppelt, unwichtig, veraltet oder vermutlich fehlerhaft sind. Sortiere diesen „Infomüll“ aus.
- Überlege, welche Informationen sich für dein Vorhaben (Referat o. Ä.) eignen.

4. Schritt: Ergebnisse vergleichen und bewerten

- Bewerte nach der Recherche die verschiedenen Informationsquellen: Wie lange hat die Suche jeweils gedauert? Hast du die Antworten auf die Fragen bekommen, die du gestellt hast? Wo siehst du Vorteile, wo Nachteile der jeweiligen Informationsquelle?

Herrschaft im Frankenreich

Karl der Große

Im 7. Jahrhundert war die Herrschaft der Merowinger durch mehrere Reichsteilungen und Kriege der Familienmitglieder untereinander geschwächt. Die eigentliche Macht lag bei den Verwaltern der Königsgüter, den so genannten Hausmeiern, die aus der Adelsfamilie der Karolinger stammten. Um aber selbst König zu werden, fehlte den Hausmeiern das königliche Blut. Erst der Hausmeier Pippin fand einen Weg: Er ließ sich 751 mit Zustimmung des Papstes von den Fürsten zum König erheben. Nach seinem Tod wurde das Reich zunächst unter den Söhnen Karl und Karlmann aufgeteilt. Als Karlmann 771 starb, stellte Karl (Regierungszeit: 768–814) die Einheit des Fränkischen Reiches wieder her.

Wie sicherte Karl seine Herrschaft in einem so großräumigen Reich? Heute gibt es in fast jedem Staat der Welt eine Hauptstadt mit einem Regierungssitz und Behörden, die die Regierung „vor Ort" vertreten. Wie aber regierte Kaiser Karl ein Reich, das keine Hauptstadt hatte? Wie erfuhren die Adligen und Bauern im Reich überhaupt von seiner Erhebung zum König? Wie setzte Karl Gesetze durch? Zu den ersten Aufgaben eines gewählten fränkischen Königs gehörte eine Reise durch das Reich*, um seinen Herrschaftsanspruch deutlich zu machen. Aber auch während seiner gesamten Regierungszeit waren der König und sein Gefolge auf Reisen. Im Jahre 775 legte der Königshof etwa 900 km zurück. Obwohl der König überall Anspruch darauf hatte, kostenlos verpflegt zu werden, plante er seine Reisewege nach der Lage der königlichen Güter. Karl der Große wählte z. B. die Pfalz in Aachen zu seinem bevorzugten Regierungssitz. Dieses Reisekönigtum bestand in Deutschland im ganzen Mittelalter fort.

Aus der Sicht des fränkischen Königshauses war Karl oberster Schützer der römischen Kirche und Herr über das christliche Europa. 799 war König Karl auf dem Höhepunkt seiner Macht. Geschichtsforscher vermuten, dass er sich zu diesem Zeitpunkt bemühte, seine Machtstellung mit dem Titel des römischen Kaisers* („Imperator") bestätigen zu lassen. Am Weihnachtstag 800 erreichte er sein Ziel: In Rom krönte ihn Papst Leo III. zum Kaiser.

Von der Hofverwaltung zur Reichsverwaltung

Das Machtzentrum der fränkischen Könige lag seit dem frühen Mittelalter im Königshof. Zum Hof* gehörten neben der königlichen Familie die weltlichen und geistlichen Berater des Königs und eine große Zahl weiterer Gefolgsleute, bisweilen über 1000 Personen. Nach dem Vorbild der Hausämter an germanischen Königshöfen gab es wichtige Amtsträger:

- Der Kämmerer sorgte für Unterhalt und Unterbringung von Hof und Gefolge.
- Der Truchsess organisierte die Verpflegung.
- Der Mundschenk war für die Getränke zuständig.
- Der Marschall leitete den Stallbereich.
- Der Kanzler war der Vorsteher der Schreibstube.

Die Hofämter wurden unter den Karolingern zunehmend auf die Verwaltung des Reichs ausgedehnt. So übernahm der Kämmerer die Vermögensverwaltung des Königs, der Marschall konnte die Funktion des Heerführers ausüben. Um seine Herrschaft auch bei seiner Abwesenheit durchzusetzen, richtete Karl der Große Verwaltungsbezirke ein, die von einem Grafen* geleitet wurden, der meist aus einer örtlichen Adelsfamilie stammte. Der Graf übte die hohe Gerichtsbarkeit* aus und rief im Kriegsfall zur Heeresfolge auf.

Begriffe und Daten

König

Adliger, der gegenüber den Herzögen (urspr. Heerführer, dann Anführer eines Stammes als dauerhaftes Amt, z. B. Stammesherzog) über die höheren Herrschaftsrechte verfügte. Die Ursprünge des Königtums liegen im „Heerkönigtum" (Heerführer).

Kaiser

Der höchste weltliche Herrschertitel in Europa entstand aus dem Namen Caesars. Mit der Kaiserkrönung Karls des Großen lebte die römische Kaiseridee wieder auf. Das Krönungsrecht lag beim Papst, der damit auf den weltlichen Bereich Einfluss nahm. Die mittelalterlichen deutschen Kaiser verbanden mit der Kaiserkrone den Herrschaftsanspruch über Italien und die Einflussnahme auf die Kirche.

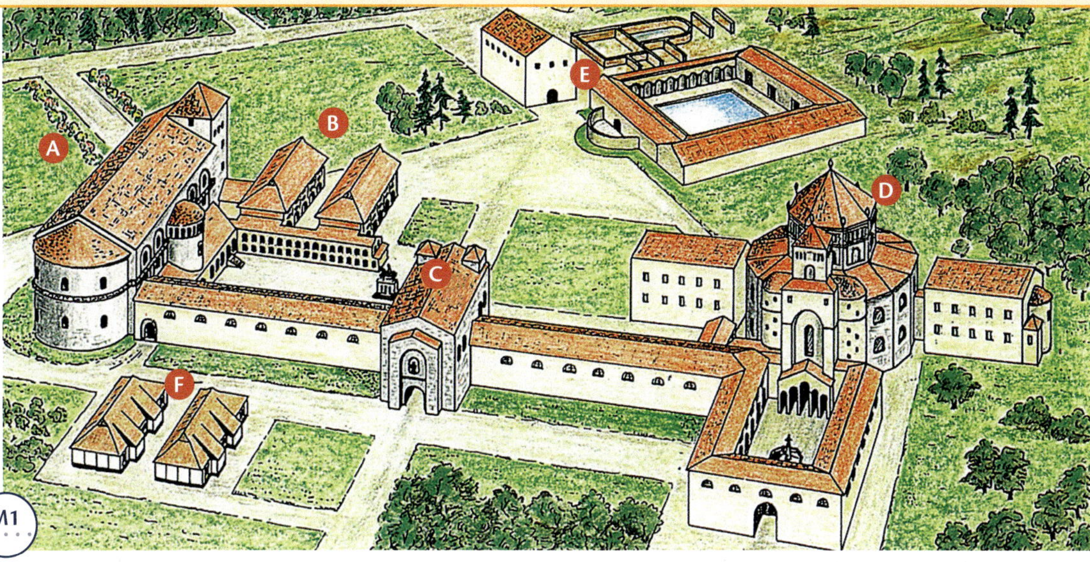

M1

Die Pfalz zu Aachen, Rekonstruktionszeichnung.
A Königshalle (47 x 20 m); **B** Wohngebäude des Königs; **C** Torhalle mit Gerichtssaal; **D** achteckige Pfalzkapelle nach dem Vorbild der Kirche San Vitale in Ravenna; **E** Badehäuser und Schwimmbecken mit heißen Quellen; **F** Wohnhäuser für das Gesinde. Die Pfalzkapelle mit dem Thron Karls des Großen direkt gegenüber dem Hochaltar hat sich bis heute als Kern des Aachener Doms erhalten. In Aachen gab es bereits in der Antike eine Badeanlage für römische Legionäre.

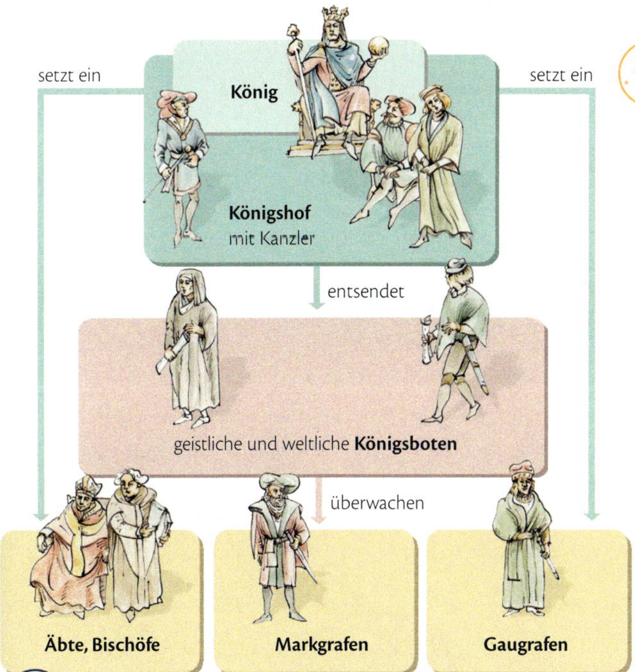

M2 **Die Verwaltung des fränkischen Großreichs**

M3

Kontrolle ist besser: die Königsboten

Über die Einrichtung der Königsboten (lat. missi dominici) hieß es in einer königlichen Rechtsverordnung von 802:

Kaiser Karl hat aus der Reihe seiner klügsten Großen die weisesten Männer ausgewählt, und zwar Erzbischöfe und andere Bischöfe und auch ehrwürdige Äbte sowie fromme Laien, und hat sie in sein gesamtes Reich abgeordnet, um allen Untertanen … die Möglichkeit zu geben, nach Recht und Gesetz zu leben. Er befiehlt, dass sie sorgfältige Untersuchungen anstellen, falls irgendwo etwas anders als recht und gerecht verordnet sein sollte, und verlangt darüber Meldung: Denn er will dann mit Gottes Gnade für Verbesserung sorgen.

Cap. reg. Franc. I. Nr. 33, zit. nach Geschichte in Quellen, Bd. 2, hg. und übers. von Wolfgang Lautemann, 3. Aufl., München (bsv) 1978, S. 73.

1 Beschreibe anhand des Darstellungstextes das „Reisekönigtum". Notiere Vor- und Nachteile für den König.

2 Erarbeite aus M1 und dem Darstellungstext, welchen Zwecken die Pfalz von Aachen diente.

3 Erläutere mithilfe des Darstellungstextes, M2 und M3, wie das Karolingerreich verwaltet wurde.

4 Karl der Große gilt als Förderer von Kunst und Kultur. Führt dazu in Partnerarbeit eine Recherche durch (Lexika, Geschichtsbücher, Internet). Berichtet in der Klasse.

Die Auflösung des fränkischen Großreiches

Reichsteilung im unruhigen Europa

Europa war um 1000 n. Chr. keine politische, kulturelle oder wirtschaftliche Einheit. Im Osten und Süden des Kontinents gehörten wichtige Teile zu anderen Kulturkreisen wie dem Islam und dem Byzantinischen Reich. Außerhalb Europas befanden sich hoch entwickelte Kulturen: im Vorderen Orient und in Nordafrika, in China, Indien, Japan und in Mittelamerika.

In Europa stellte sich nach dem Tod Karls des Großen 814 die Frage, ob die Einheit des fränkischen Großreiches künftig erhalten werden kann. Seinem Sohn, Ludwig dem Frommen (813/814–840), gelang es nur unter großen Mühen, die Reichseinheit zu erhalten. Zudem war er im Streit mit seinen Söhnen nicht stark genug, um eine von allen akzeptierte Nachfolgeregelung durchzusetzen. Als Ludwig I. 840 starb, kam es im folgenden Jahr zum kriegerischen Konflikt zwischen seinen drei Söhnen. Die Auseinandersetzung endete 843 mit der Teilung des Reiches im Vertrag von Verdun: Karl der Kahle erhielt das West-, Ludwig der Deutsche das Ost- und der älteste Sohn Lothar das Mittelreich sowie die Kaiserwürde. Nach Lothars Tod 855 teilten seine Brüder es unter sich auf. Die fränkischen Teilreiche wurden auch von außen durch häufige Überfälle der Wikinger, Beutezüge der Madjaren (Ungarn) und Sarazenen (Araber) im Mittelmeerraum geschwächt.

M1

Aufgliederung oder Staatswerdung?

In einer Darstellung über die Auflösung des fränkischen Großreiches hieß es 2004:

„Nationale" Momente spielten bei dieser Aufteilung überhaupt keine Rolle, und auch Deutschland oder Frankreich sind keinesfalls durch den Verduner Vertrag geschaffen worden. Wenn sich Karl der Kahle und Ludwig der Deutsche 842 in Straßburg gegenseitig Eide[1] in der Volkssprache leisteten – Ludwig in romanischer, Karl in germanischer, um jeweils von der Gegenseite verstanden zu werden –, dann zeigt sich darin zwar die sprachliche Vielfalt im Karolingerreich und die Mehrsprachigkeit der karolingischen Brüder, nicht jedoch das Werden der Nationen.
Der Vertrag von Verdun [843] bedeutete lediglich eine Aufgliederung des Großreiches in Zuständigkeitsbereiche ... Andererseits setzte mit Verdun eine Entwicklung ein, an deren Ende es ein französisches und ein deutsches Staatswesen gab.

Arnold Bühler, Harald Erhardt u. a., Das Mittelalter, Stuttgart (Theiss) 2004, S. 105.

[1] hier: Bündnisschwur Karls und Ludwigs gegen ihren Bruder Lothar

1 Beschreibe die Teilung des fränkischen Großreiches (Darstellungstext, M2). Lege eine Zeittabelle an.

2 Prüfe anhand von M1 die Aussage: Die Aufteilung des fränkischen Großreiches führte unmittelbar zur Entstehung eines deutschen und eines französischen Staates.

M2 **Das Frankenreich 843 bis 887**

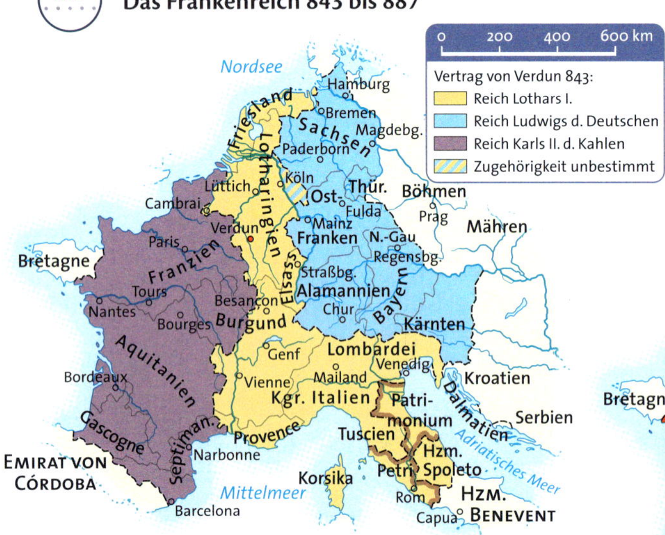

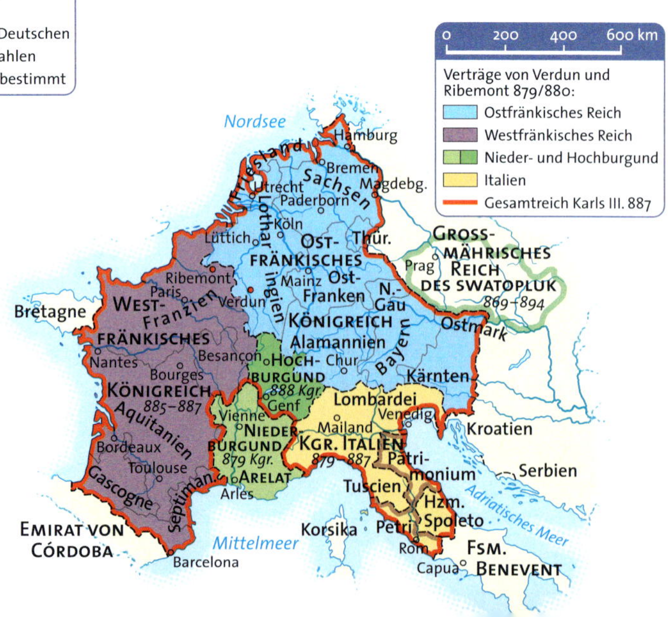

Von der Antike zum Mittelalter

Überprüfe, was du kannst

Sachkompetenz

1 Kläre die folgenden Begriffe: Dreiteilung der Mittelmeerwelt (S. 163), Islam (S. 165), Mittelalter (S. 167), Missionierung (S. 168), König (S. 170), Kaiser (S. 170).

2 Stelle dar, wie Karl der Große seine Herrschaft im Frankenreich sicherte und ausübte (S. 170 f.).

Methodenkompetenz

3 Analysiere M1 mithilfe der Methode „Ein Bild als Quelle“ (S. 62 f.).

Urteilskompetenz

4 Beurteile die Überschrift zu M3, S. 171.

M1

Karl der Große und Papst Leo III. empfangen von Petrus ihr Amt, Mosaik aus dem päpstlichen Regierungssitz in Rom (Lateranpalast), 799/800. Der Text unter der Szene lautet: Heiliger Petrus, spende dem Papst Leben und dem König Karl Sieg.

482 bis 751
Herrschaft der Merowinger im Frankenreich

482 bis 911
Frankenreich

seit um 500
Byzantinisches Reich

500 bis 1500
Mittelalter

seit um 630 bis 9. Jahrhundert
Islamisches Reich

8. Jahrhundert
Christianisierung im Frankenreich

751 bis 911
Herrschaft der Karolinger im Frankenreich

768 bis 814
Karl der Große

400 500 600 700 800

Mittelalterliche Lebenswelten

Wissen • Urteilen • Handeln • Methoden anwenden

Am Ende dieses Unterkapitels kannst du

- die mittelalterlichen Lebenswelten (Dorf, Burg, Stadt und Kloster) beschreiben
- Merkmale der mittelalterlichen Grundherrschaft nennen
- die Bedeutung des Lehnswesens für die Herrschaft im Mittelalter bewerten
- die mittelalterliche Gesellschaft als „Ständegesellschaft" darstellen
- **Methode** Eine Sachquelle untersuchen
- **Methode** Symbole und Gesten deuten

Die Gesellschaft im Mittelalter in Europa

- Mittelalter: 500 bis 1500
- Entstehung des Lehnswesens: seit dem 8. Jahrhundert bis um 1000
- Beginn der Städtegründungen: um 1000

Alltagsleben im Frankenreich

Spuren aus Siedlungen und Gräbern

Wie lebten die Menschen im Frankenreich? Wie sah ihr Alltag aus? Es ist nicht einfach, Informationen über das alltägliche Leben der Menschen zu erhalten, da aus dem bäuerlichen Leben kaum Spuren erhalten sind. Abbildungen zeigen oft nur die weltlichen und geistlichen Fürsten. Die Ergebnisse der archäologischen Siedlungs- und Gräberfelderforschung geben jedoch einen Einblick in den Alltag der großen Mehrheit. Neun von zehn Menschen lebten als Bauern in kleinen Siedlungen auf dem Land. Manche übten auch ein Handwerk neben der Landwirtschaft aus. Vereinzelt gab es reine Spezialisten wie z. B. Glasmacher, Steinmetze oder Waffenschmiede.

Seit dem 9. Jahrhundert wurden zwar die Anbauflächen durch Rodungen vergrößert und die landwirtschaftlichen Techniken verbessert, doch die Bauern erwirtschafteten kaum mehr als das Existenzminimum. Missernten lösten meistens furchtbare Hungersnöte aus. Die große Mehrheit der Bevölkerung ernährte sich vorwiegend von Getreidebrei und Brot. Gewürze, Südfrüchte oder Braten galten dagegen als „Herrenspeise", die der Oberschicht, also den hohen Geistlichen und den Adligen, vorbehalten blieb.

M2

Funde aus einem Frauengrab (mit Urne), Friedhof von Lembeck/Kreis Recklinghausen, um 700. Die runde Pressblechfibel (Bildmitte) zeigt eine christliche Darstellung.

M1

Zimmermannshammer, Kesselhaken, Angelhaken, zweiteiliger Wirbel mit Schlaufe und Öse (Teil einer Hundeleine?), gefunden in Ostwestfalen/Kreis Warendorf, 9./10. Jh.

M3

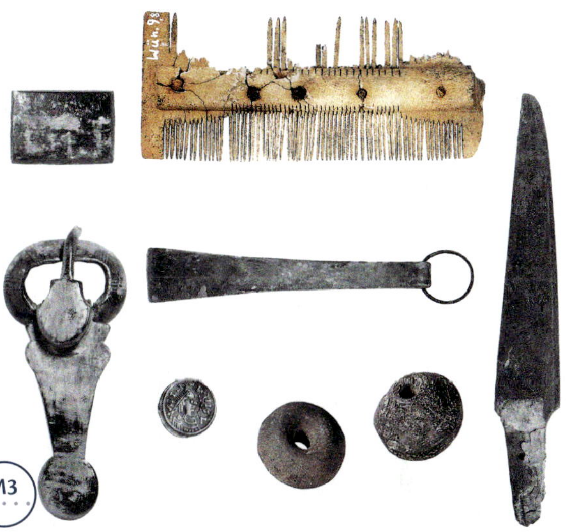

Funde aus einem Männergrab, Wünnenberg-Fürstenberg/Kreis Paderborn, um 600. Messer (Eisen und Holz), Münze (Goldlegierung), Schilddornschnalle, Rechteckbeschlag (zum Teil verzinnt), Kamm (Knochen, Eisennieten), Spinnwirtel (roter Ton; „magischer" Schwertanhänger?), Pinzette (Buntmetall).

1 Beschreibe die dargestellten Funde von M1 bis M3. Lege eine Tabelle mit drei Spalten an: Gegenstand / Verwendung / Schlüsse auf das Alltagsleben. Stelle deine Ergebnisse in der Klasse vor.

2 Erörtert gemeinsam, was archäologische Funde nicht über das Leben der Menschen im Frankenreich aussagen können. Zieht den Darstellungstext heran.

Bäuerliches Leben

In Dörfern und auf Höfen

Während heute in unserem Land nur noch wenige Menschen einen Bauernhof bewirtschaften, lebten im Mittelalter fast alle auf dem Lande und von der Landwirtschaft. Auch die Adligen, die selbst nicht auf den Feldern oder Bauernhöfen arbeiteten, waren von der Landwirtschaft abhängig. „Viele Könige werden gekrönt durch Abgaben aus dem Ackerbau", schrieb ein Dichter des Mittelalters.

Bis zum frühen Mittelalter war Mitteleuropa von einer nahezu geschlossenen Waldlandschaft bedeckt. Riesige Urwälder und weite Sumpfgebiete wurden nur von Lichtungen und kleinen Siedlungen, die von Feldern mit geringem Ertrag umgeben waren, unterbrochen. Städtische Siedlungen gingen häufig auf Reste von Römersiedlungen zurück. Mit zunehmender Bevölkerung reichte das bewirtschaftete Land nicht mehr aus. In mehreren Phasen zwischen 1000 und 1250 wurden Wälder gerodet und urbar gemacht. Dörfer entstanden, die aber selten mehr als zehn bis zwölf Höfe umfassten. Noch heute deuten die Endungen der Ortsnamen „-rode" oder „-hagen" auf den Ausbau des Siedlungslandes im Mittelalter hin.

Im Dorf verbreiteten sich Neuigkeiten, Ereignisse und Nachrichten schnell. Was außerhalb der Siedlung geschah, erfuhren die Dorfbewohner häufig nur, wenn Menschen, die durch das Dorf kamen, davon erzählten. Lesen und schreiben konnte die bäuerliche Bevölkerung nicht. Deshalb hat sie auch keine Texte hinterlassen, aus denen wir erfahren, wie die Menschen in den Dörfern lebten und arbeiteten, welche Werkzeuge sie benutzten, was ihnen wichtig und unwichtig war. Wir gewinnen allenfalls einen Eindruck, indem wir Bilder, Urkunden, Chroniken oder Sachüberreste aus dieser Zeit befragen.

M1

Arbeiten auf einem Bauernhof,
Buchmalerei, um 1515

M2

Bäuerin und Magd

In einem Lied Oswalds von Wolkenstein (um 1377–1445) ruft die Bäuerin ihrer Magd zu:

Steh auf, Margretlein, liebe Gretel!
Zieh die Rüben heraus!
Mach Feuer, setz Fleisch und Kraut zu!
Schnell, sei gescheit!
Nur zu, du faule Tasche, spül die Schüssel! ...
Gret, lauf zum Schuppen, such die Nadel,
nimm den Rechen mit!
Gabel, Dreschflegel, Kornsieb und Sichel findest
du dort.

Zit. nach Otto Borst, Alltagsleben im Mittelalter, Frankfurt/M. (Insel) 1983, S. 123.

1 Stellt in Partnerarbeit mithilfe von M1 und M3 zusammen, was ihr über die Arbeit und die Aufgabenverteilung in Bauernfamilien erfahrt.

2 Untersuche, welche Art von Quellen dir in M1 bis M4 begegnen und welche Erkenntnisse sie bieten.

3 Vergleiche M4 mit deinem Leben.

4 Informiere dich über die Arbeit heutiger Bauern. Welche Gemeinsamkeiten und Unterschiede zum Mittelalter gibt es?

M3

Arbeit auf dem Land, Darstellungen aus einer Handschrift, um 1480

M4

Alltag einer Bauernfamilie – eine Erzählung

Der Schriftsteller und Historiker Rolf Schneider hat 1999 auf der Grundlage historischer Quellen folgende Erzählung verfasst:

Wir stellen uns vor, es ist ein Wochentag Mitte März, um das Jahr 1100. Es ist kurz vor Sonnenaufgang. Wigbert, unser Bauer, gähnt, reibt sich die Augen und erhebt sich von seiner Pritsche, einem flachen Gestell aus Fichtenbrettern mit einem Strohsack als Unterlage und einem Schaffell als Decke. Seine Frau Hiltrud neben ihm schläft noch. Seine drei Kinder schlafen in aufgeschüttetem Stroh gleich neben der Feuerstelle, einem aus Lehm gefügten Kochofen, der nach oben hin offen ist, damit der Rauch aufsteigen kann bis unter das Dach, wo er durch eine Luke entweicht. Wigbert trägt ein leinenes Hemd. Er bückt sich nach seinen übrigen Kleidern, die auf dem Boden liegen: einer wollenen Hose und einem Rock, den er über den Kopf zieht und der ihm bis über die Hüften reicht. Wigbert schlüpft in seine Schuhe, die geschnitzt sind aus Lindenholz. Er hat noch ein anderes Paar Schuhe, aus Leder gefertigt.

Wigbert ist nicht sehr groß. Sein Rücken ist gekrümmt von der Arbeit. Viele Katastrophen hat er erlebt: schwere Unwetter, die das Getreide auf den Feldern vernichtet haben, Überfälle von bewaffneten Haufen, die das Vieh rauben und die Häuser anzünden, Seuchen, die Menschen und Tiere vernichten.

Wigbert schlurft durch den Raum, dessen Fußboden gestampfter Lehm ist. Seine Notdurft verrichtet er auf dem Misthaufen. Dann holt Wigbert den Ochsen aus dem Stall und greift sich den Pflug, ein einfaches Ding aus Eichenholz. Während er mit dem Pflug am nahegelegenen Acker die trockene Erde aufbricht, tritt Hiltrud aus dem Haus. Sie ist hochschwanger. In ein paar Wochen wird sie ihr siebentes Kind gebären; wenn alles gutgeht, wird es am Leben bleiben und nicht tot zur Welt kommen oder bereits in den ersten Wochen sterben wie drei ihrer Kinder zuvor. Hiltrud macht sich im Garten zu schaffen. Sie lockert die Erde mit einer Hacke. Sie steckt Samen für Kohl und Rüben und tritt sie anschließend fest. Wigbert hat seine Furchen gezogen, er hat Steine aufgelesen und an den Feldrand geworfen. Bald wird er mit der Aussaat beginnen.

Daheim hat Hiltrud die erste Mahlzeit bereitet. Die Familie setzt sich um den Tisch, eine große Platte aus rohem Holz. Jeder hat vor sich einen Holznapf, in den Hiltrud aus dem Kochkessel Brot füllt. Das Brot ist Brei. Er besteht aus Mehl, mit Milch aufgekocht und mit Honig gesüßt, die übliche Mahlzeit. Sie trinken aus hölzernen Bechern Molke, das ist jene Flüssigkeit, die verbleibt, wenn von gesäuerter Milch der Quark abgeschöpft wurde. Während er kaut, sieht er, wie Hiltrud sich krümmt. Er hofft, dass sie jetzt keine Fehlgeburt hat, es wäre eine Katastrophe, es wäre ein böser Ausfall an Arbeitskraft, gerade jetzt, da auf dem Hof jede Hand gebraucht wird. Wigberts Dorf hier besteht aus fünf Gehöften. Sie wurden alle vor etwa vier mal fünf Sommern errichtet, nach einer Rodung, bei der die Bäume umgelegt und zu Balken behauen wurden, während man das Gezweig und Unterholz verbrannte, um Platz zu schaffen für den Häuserbau und die Felder.

Rolf Schneider, Vor 1000 Jahren, Augsburg (Weltbild) 1999, S. 19–23, bearb. d. Verf.

Arbeitsteilung und Familie

Was war eine „bäuerliche Familie"?

Die Formen der Familie haben sich im Laufe der Geschichte immer wieder verändert. Je nachdem, ob eine oder mehrere Generationen zusammenlebten, wird häufig von einer „Kleinfamilie" oder einer „Großfamilie" gesprochen. Für die bäuerliche Familie des Mittelalters lässt sich der Begriff der „Haushaltsfamilie" oder „Hausgemeinschaft" recht treffend verwenden, denn sie war vor allem eine Produktions- und Konsumgemeinschaft, zu der neben den Blutsverwandten (Großeltern, Eltern, Kinder) auch das Gesinde (Knechte, Mägde) gehörte. Kinder mussten mitarbeiten, sobald ihre körperliche Kraft das zuließ. Mit etwa sieben Jahren endete die eigentliche Kindheit, denn dann wurden sie bedingt strafmündig. Bauer und Bäuerin standen der Hausgemeinschaft vor und organisierten die Haus- und Landwirtschaft. Als Hausherr verfügte der Bauer über die höchsten Rechte in der Familie und im Dorf.

M1

Arbeitsteilung zwischen Mann und Frau.
Arbeit mit Spinnrocken und Karst (Hacke mit zwei Zinken). Darstellung aus einem Buch mit Abbildungen über die Lebensverhältnisse der Bauern, 15. Jh.

M2

Bäuerliche Arbeitsteilung

Der Historiker Otto Borst schrieb 1983:

Bauernarbeit ist also immer auch Gemeinschaftsarbeit. Der Stand der Agrartechnik, aber auch das Aufeinander-Angewiesensein haben zu regelmäßigen Versammlungen geführt, auf denen das Notwendige untereinander abgesprochen wurde, wann gepflügt und wann gesät werden soll, ... Haus und Hof verlangen tägliche Hilfe und Vorsorge, das Holzsammeln ist nur eine von diesen Tätigkeiten ... Spinnen, Weben, Schneidern war bei der Notwendigkeit zur Selbstversorgung in den bäuerlichen Haushalten vor allem als typische Frauenarbeit überall anzutreffen ... Zu einem Bauernhaus gehörte alles, Putzen, Kochen, Schöpfen von Wasser, Schüren des Feuers, Käsen, Viehversorgen, Gemüsegarten, Getreideeinbringen ... Zahllose ... Abbildungen zeigen die Frau im Dorfe worfeln [Getreide reinigen], Mähen, Getränke bringen, beim Schweineschlachten zupacken oder spinnen. Nur die Schäferei ist ihr versagt. Da man mit den Herden oft große Strecken zurücklegen musste, blieb das Männersache. Dafür fällt ihre zahlreiche Mitarbeit im Brauereigewerbe auf, und die Weiterverarbeitung der vom Fronhof gestellten pflanzlichen und tierischen Fasern ist ... ausschließlich Frauensache: Die Frauen müssen Leintücher, Hemden und Hosen herstellen ... Dass die Bauersfrau nur in der Binnenwirtschaft [Hauswirtschaft] zu finden war, ist eine ... Vorstellung, die wir verabschieden müssen.

Otto Borst, Alltagsleben im Mittelalter, Frankfurt/M. (Insel) 1983, S. 118 ff.

1 Beschreibe anhand von M1 die Arbeits- bzw. Rollenteilung zwischen Mann und Frau.

2 Erkläre anhand des Darstellungstextes, warum die Begriffe „Kleinfamilie" und „Großfamilie" nur unzureichend auf die bäuerliche Familie des Mittelalters passen.

3 Beschreibe mithilfe des Darstellungstextes die Rolle der Kinder und vergleiche mit heute.

4 Erörtere – ausgehend von M1 und M2 –, ob von einer typischen Frauen- bzw. Männerarbeit in der mittelalterlichen Bauernwirtschaft gesprochen werden kann.

5 Entwerft in Partnerarbeit als Bauernpaar ein Rollengespräch über die Aufgabenverteilung auf dem bäuerlichen Hof.

Bäuerliche Ernährung

M1

Brei oder Brot?

Der Historiker Horst Fuhrmann schrieb 1989 über die Ernährung:

In der Anfangsepoche des Mittelalters, wo bei dünner Bevölkerung noch weite Flächen für die Viehwirtschaft zur Verfügung stehen, nimmt das Fleisch einen wichtigen Platz in der bäuerlichen Alltags- und Festtagskost ein. Mit der wachsenden Bevölkerung musste dann aber die Weidewirtschaft dem flächenintensiven Getreidebau immer mehr weichen, sodass eine neue Stufe der Ernährung begann, bei der die Nahrungsmittel aus der Getreidewirtschaft vorherrschten.

Jahrhundertelang bildete der Brei, der vor allem aus Hirse und Hafer zubereitet wurde, das Hauptnahrungsmittel der Landbevölkerung ... Im Unterschied zum später aufgekommenen Brot, das im Mittelalter noch lange Zeit vorwiegend von der geistlichen und adligen Oberschicht gegessen wurde, war der Getreidebrei eine Volksnahrung, die aus zerriebenen Getreidekörnern hergestellt, mit Wasser oder Milch unter Beigabe von Salz zubereitet und in einem Topf gekocht wurde. Wenn man einen Fladen solchen Getreidebreis außerhalb des Topfes noch zusätzlich röstete, entstand das Fladenbrot. Brot im eigentlichen Sinne wurde aber erst dann gewonnen, wenn man dem angerührten Teig ein Triebmittel in Form von Hefe oder Sauerteig zuführte ...

Berichte von großartigen bäuerlichen Festgelagen beziehen sich im Allgemeinen auf eine bäuerliche Oberschicht ... Die Mehrzahl der Bauernfamilien verfügte aber über so geringe Einkünfte, dass ihnen nur wenig zur Vorratsbildung für schlechtere Jahre zur Verfügung stand. Gab es Missernten oder traten Viehseuchen auf, waren verheerende Hungersnöte ... die Folge.

Zit. nach Werner Rösener, Bauern im Mittelalter, München (C. H. Beck) 1985, S. 107 ff.

M2

Bauernhochzeit, Holzschnitt von Erhard Schoen, 1527

Ein mittelalterliches Rezept

M3

Steinbrot (Fladenbrot)

Zutaten:

330 g Weizenmehl Type 550
660 g dunkles Roggenmehl
250 g Sauerteig (fertig gekauft, vom Bäcker oder selbst gemacht)
1 Päckchen Trockenhefe
1 1/2 EL Salz
ca. 1/2 l lauwarmes Wasser (30 °C)
10 g gemahlener Fenchel
10 g gemahlener Koriander
Fett für das Backblech
Mehl zum Bestäuben

Zubereitung:

Das gemischte Mehl sieben, in eine Rührschüssel geben, eine Vertiefung eindrücken, dahinein den Sauerteig und die in Wasser aufgelöste Hefe geben. Alles mit etwas Mehl verrühren. Den Teig zugedeckt an einem warmen Ort ruhen lassen. Den Teig salzen, mit dem restlichen Mehl zu einem Teig kneten; dabei nach und nach Wasser zugeben und kneten, bis der Teig geschmeidig ist. Gewürze untermischen und bei ca. 30 °C 2 Stunden zugedeckt an einem warmen Ort gehen lassen. Den Teig nochmals durchkneten, 10–12 Fladen formen (je ca. 20 cm Durchmesser), auf ein gefettetes Backblech legen, fein bemehlen und mit einer Gabel mehrmals einstechen. Im vorgeheizten Backofen (E: 225 °C; Stufe 4) ca. 30 Minuten ausbacken. Herausnehmen und abkühlen lassen.

In: Geschichte lernen, H. 11, 1989, S. 51.

1 Analysiere M2. Achte auf die Personen, das Essen und die Atmosphäre. Fasse die Bildaussage zusammen.

2 Beantworte die Überschrift in M1.

3 Sucht im Internet nach mittelalterlichen Rezepten und probiert einige davon.

Leben im mittelalterlichen Dorf

Funde und Rekonstruktionen

Auf Luftbildaufnahmen kann man bei vielen Dörfern erkennen, dass sie über die Jahrhunderte hinweg gewachsen sind. Oft haben sich einige Spuren noch erhalten, z. B. der Verlauf früherer Hauptstraßen, oder sogar Überreste, z. B. die mittelalterliche Kirche oder der Dorfbrunnen. Die Größe, Anlage und Ausstattung heutiger Dörfer sind mit denen mittelalterlicher Siedlungen allerdings nicht zu vergleichen. Deshalb ist es schwierig, diese zu rekonstruieren. Die meisten Gebäude waren aus Holz und Lehm gebaut und sind verfallen oder verbrannt, andere wurden abgetragen oder zerstört, weil das Grundstück für andere Zwecke genutzt werden sollte.

Wissenschaftler versuchen heute auch zu rekonstruieren, wie die Dorfbewohner des Mittelalters zusammenlebten. Dies ist nicht einfach, da sie im Wesentlichen auf archäologische Grabungsfunde angewiesen sind. Schriftliche und bildliche Quellen sind meistens nicht vorhanden. Bekannt ist allerdings, dass sich im Laufe des Mittelalters bestimmte Dorfformen herausgebildet haben, durch die die Lage der Höfe wie auch der gemeinschaftlich genutzten Gebäude und Plätze weitgehend vorgegeben war.

Die Angelegenheiten, die z. B. die Nutzung und Pflege der Allmende (das gemeinsame Eigentum der Dorfbewohner wie Weide und Wald) betrafen, regelte die Dorfgemeinschaft selbst. Rechte und Pflichten wurden untereinander vereinbart und waren dann rechtsverbindlich. Diese Rechtsvereinbarungen wurden als so genanntes Weistum* aufgezeichnet.

Das Dorf Heudorf bei Konstanz am Bodensee,
Gemälde, 1576

M1

M2

Über die Ordnung im Dorf

Folgende Vereinbarungen sind aus verschiedenen Weistümern* des hohen Mittelalters zusammengestellt:

(1) Wenn einer sein Vieh über das Saatfeld eines anderen treiben muss, so soll er das Vieh an Stricken führen. Er darf der Saat nicht schaden.

(2) Will einer Frucht und Heu heimfahren und muss dabei über das Gebiet eines anderen innerhalb der Grenzzäune, so darf er nur mit Erlaubnis des Besitzers über das Gebiet fahren. Will der Besitzer die Erlaubnis nicht geben, so mag er zum Bürgermeister gehen und sich von diesem die Erlaubnis holen.

(3) Schaden verursachende Gänse soll man in den Feldgatter oder Zaun flechten; kommt der, dem die Gänse gehören, und macht sie bald frei, so ist es gut; kommt er nicht und die Gänse ersticken, so ist der, dem sie schadeten, niemandem etwas schuldig.

(4) Der Zaun soll so stark sein, dass ein gewappneter Mann dreimal mit dem Fuß dagegen laufen kann. Wenn er das aussteht, ist er stark genug.

(5) Wenn jemand bei Tag oder Nacht ruft: Es brennt, so soll jedermann zulaufen, Weib und Mann, alle, die retten können. Sie sollen alles mitbringen, was man zum Feuerlöschen braucht. Wer die Glocken oder das Geschrei des Volkes hört, aber trotzdem nicht mithilft, wird bestraft.

(6) Wer zuerst in die Mühle kommt, mahlt zuerst.

Zit. nach: Dieter Starke, Herrschaft und Genossenschaft im Mittelalter, Stuttgart (Klett) o. J., S. 75 f., bearb. d. Verf.

M3

Dorfgericht unter der Linde,
Luzerner Bilderchronik des Diepold Schilling, 1513

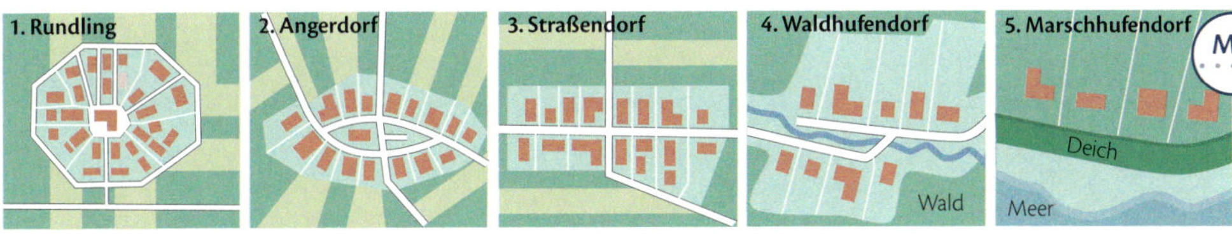

M4

Planmäßig angelegte ländliche Siedlungsformen

1 Beschreibe M1. Notiere deine Beobachtungen zu Anlage und Größe der Einzelhöfe/-häuser, Wege, des Dorfzentrums, der gemeinsam genutzten Einrichtungen/Flächen. Lies im Darstellungstext nach.

2 Stelle stichwortartig zusammen, was in den Weistümern (M2) geregelt wurde. Nimm zu den Vorschriften begründet Stellung.

3 Schildere deinen Eindruck von dem Vorgang in M3. Welche Details oder Handlungen entsprechen deinen Kenntnissen heutiger Gerichtsverhandlungen?

4 Zeichne die Grundriss-Skizze eines Dorfes in deiner Umgebung und stelle sie der Klasse vor. Ergänze deinen Vortrag mit weiteren Informationen (z. B. Einwohner, Berufe, gemeinsame Einrichtungen). Ziehe M4 heran.

5 Suche in M2 und M3 nach Hinweisen, ob Frauen in die Dorfgemeinschaft einbezogen waren.

Die Grundherrschaft

Von der Grundherrschaft

Im Laufe des Mittelalters wurden immer mehr Bauern von einem Grundherrn abhängig. Grundherr konnte ein Adliger sein, z. B. ein Graf* oder ein Geistlicher, etwa ein Bischof oder der Abt eines Klosters. In der Grundherrschaft bestanden unterschiedliche Formen der Abhängigkeit: Es gab Knechte und Mägde, die auf dem Hof des Grundherrn, dem Herrenhof, lebten und arbeiteten. Diese Leibeigenen* gehörten zum persönlichen Besitz des Grundherrn. Andere Bauern, die Grundholden, lebten und wirtschafteten auf Hufen. Das waren kleine Hofstellen, die dem Grundherrn gehörten und abseits von Herrenhof und Herrenland zu Dörfern gehörten. Diese Bauern mussten dem Grundherrn Abgaben und Dienste leisten. Die Abgaben wurden auf Fronhöfen (mittelhochdeutsch fro = Herr) abgeliefert. Hier wohnte auch der Meier (= Verwalter), dem mehrere Hufen und die darauf lebenden Bauern unterstellt waren. Wenn der Grundherr sein Land verkaufte, gehörten die Grundholden dem neuen Eigentümer. Man nannte sie deshalb auch Hörige, da sie das Land ohne Zustimmung des Grundherrn nicht verlassen durften. Dafür standen sie unter seinem Schutz und mussten nicht in den Krieg ziehen. Für seine Leibeigenen und Hörigen war der Grundherr meist auch Richter. Allerdings überließ er kleinere Streitigkeiten zwischen den Dorfbewohnern dem Dorfgericht, das an Sonntagen unter der Leitung des Dorfvorstehers tagte.

Von Abgaben, Diensten und der Unfreiheit

Von den Erträgen der Landwirtschaft mussten die hörigen Bauern jährlich einen festgelegten Anteil, den so genannten Zehnt, abliefern. Oft genug betrug der Zehnt mehr als den zehnten Teil, weil z. B. nicht jedes zehnte Huhn, sondern immer das erste von zehn Hühnern abzugeben war – Pech für den Bauern, der nur acht Hühner hatte! Die Grundholden waren zu Arbeiten für den Herrn, den Frondiensten, verpflichtet. Dazu gehörten vor allem landwirtschaftliche Arbeiten. Die Frondienste der Frauen waren z. B. Schafe scheren, Wäsche waschen oder Stoffe weben. Im Laufe des Mittelalters wurden die Frondienste zunehmend durch Geldzahlungen der Grundholden ersetzt.
Historiker können nicht genau sagen, wie viele Bauern tatsächlich unfrei und wie viele frei waren. Fest steht nur, dass zwischen Früh- und Hochmittelalter die Zahl der freien Bauern immer mehr zurückging. Man vermutet vielfältige Gründe für diese Entwicklung: Neben gewaltsamer Unterdrückung durch einen mächtigen Grundherrn, gegen den sich die Bauern nicht wehren konnten, sind auch Fälle bezeugt, dass sich Bauern freiwillig in die Grundherrschaft begaben: z. B. nach Missernten oder um dem Heeresdienst und den Kosten für die militärische Ausrüstung zu entgehen. Mit der Entwicklung der Städte im 12. und 13. Jahrhundert lockerten die Grundherren die Belastungen, denn sie mussten fürchten, dass sich die Bauern durch Flucht in die Städte der Grundherrschaft entziehen würden. In dieser Zeit entstand der Spruch: „Stadtluft macht frei".

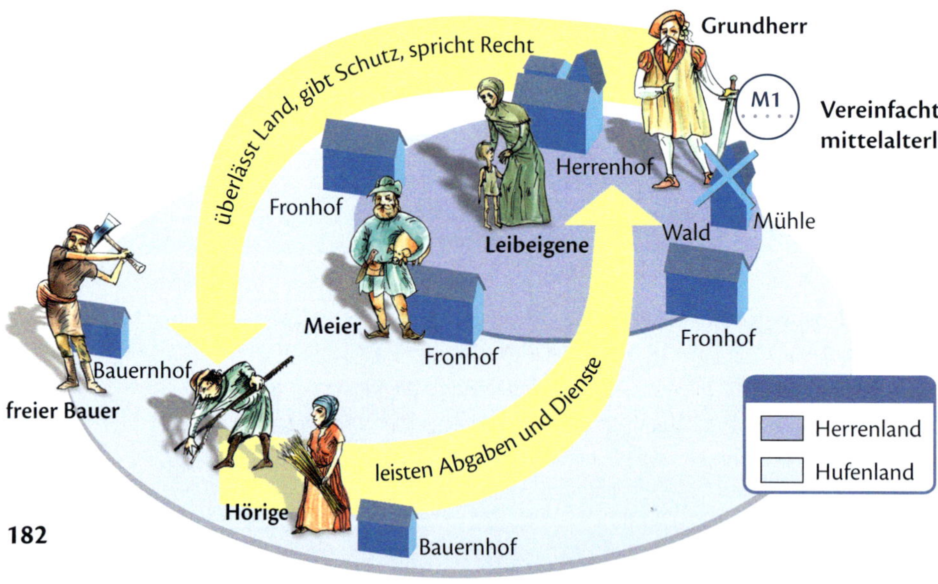

M1 Vereinfachtes Schaubild der mittelalterlichen Grundherrschaft

M2

Die Geschichte von Bauer Jonas, Meier Sigibert und Graf Bodo – eine Erzählung

Die Namen der Personen sind frei erfunden. Aber alles, was sie taten und erlebten, könnte sich so abgespielt haben:

Meier Sigibert war wieder einmal im Auftrag des Grundherrn Graf Bodo unterwegs, um die Bauern des Grafen zu überwachen. Nachdem er eine Stunde des Wegs geritten war, bog er plötzlich ab und galoppierte mit seinen Knechten über das Weizenfeld, das Bauer Jonas auf seiner Hufe bestellte. Als Jonas das sah, stürzte er aus seiner Hütte. Zornig griff er seine Mistgabel und ging auf das Pferd des Meiers los. Das Pferd bäumte sich auf und Meier Sigibert wurde am Oberschenkel verletzt. Sofort fielen die Knechte über Jonas her und entrissen ihm die Mistgabel. Mit gefesselten Händen wurde Bauer Jonas vor den Grundherrn geführt. Der Meier berichtete, was vorgefallen war. Die Knechte bezeugten es. Mit kaum unterdrückter Wut, aber voller Ehrfurcht sagte Jonas: „Der Meier mag mich nicht. Immer wenn eine schwere Arbeit ansteht, holt er mich. Und als meine Frau letzte Woche am Zinstag dem Meier einen Korb Eier brachte – sie waren ganz frisch –, da hat er die Hälfte auf den Boden geworfen und gesagt: ‚Die sind ja gar nicht frisch.'" – „Waren sie auch nicht", rief Sigibert.

Der Grundherr befahl dem Meier, ruhig zu sein. Dann wandte er sich mit ernster Miene an Jonas: „Ich bin dein Herr und daher auch dein Richter. Du hast meinen Meier tätlich angegriffen. Darauf steht der Galgen. Weil ich dich aber als ordentlichen Mann kenne und weil der Meier durch dein Getreidefeld geritten ist, bist du vom Galgen frei." Den Knechten befahl er, Jonas bei Brot und Wasser in den Turm zu werfen. Dann sagte er zu Sigibert: „Du hast dein Amt missbraucht und dem Bauern Unrecht getan. Du bist von jetzt an kein Meier mehr. Geh als Bauer zurück in dein Dorf!"

In veränderter Form übernommen aus: Hans Heumann (Hg.), Problemorientierter Geschichtsunterricht, Bd. 1, Frankfurt/M. (Hirschgraben/Cornelsen) 1989, S. 263 f.

M3

Bäuerlicher Abgabenkalender, Buchmalerei, 14. Jh. Dargestellt sind Fleischzehnt (Johannistag, 24. Juni), Gänsezehnt (Mariä Himmelfahrt, 15. August), Geldzins für Eier/Getreide (Bartholomäustag – der heilige Bartholomäus wurde am 24. August gehäutet), Getreidezehnt (Margaretentag, 13. Juli), Obst- und Weinzehnt (Urbanstag, 25. Mai) und die Abgabe des Lämmerzehnten (Walpurgistag, 1. Mai).

Begriffe und Daten

Grundherrschaft

Der Grundherr, z. B. ein Adliger, ein Kloster oder ein Bischof, verfügte über das Obereigentum an Grund und Boden. Er überließ abhängigen Bauern, den Grundholden (= Hörigen), Land zur Bewirtschaftung. Für den Schutz, den der Grundherr gewährte, waren die Hörigen zu Abgaben und Frondiensten verpflichtet. Gänzlich unfreie Bauern, die Leibeigenen, arbeiteten auf dem Herrenland bzw. auf Fronhöfen, die den Mittelpunkt einer Grundherrschaft bildeten.

1 Lies die Erzählung M2. Was empfindest du als gerecht und was als ungerecht?

2 Ordne in M3 die Abgabentermine den Abbildungen zu. Kläre: Bartholomäus.

3 Beschreibt mithilfe des Darstellungstextes und M1 in Partnerarbeit die mittelalterliche Grundherrschaft. Zieht die Methoden „Einen Lehrbuchtext erschließen" (S. 23) und „Schaubilder verstehen" (S. 93) heran.

4 Erörtere, warum ein Meier für den Grundherrn wichtig war.

Eine Sachquelle untersuchen

Zum Beispiel im Freilichtmuseum

Sachquellen, auch gegenständliche Quellen genannt, sind neben Text- und Bildquellen die wichtigste und größte Gruppe historischer Überreste. Zu unterscheiden sind bewegliche Objekte, wie Werkzeuge, Einrichtungsgegenstände, Geld und Abzeichen, und ortsfeste Objekte, wie Gebäude.

In Freilichtmuseen, wie dem Museumsdorf Detmold, findet ihr beides, denn hier soll gezeigt werden, wie Menschen in den vergangenen Jahrhunderten auf dem Land gelebt, gearbeitet und gewohnt haben. Das Freilichtmuseum Detmold hat die Aufgabe, alte Bauernhäuser, wie das niederdeutsche Hallenhaus, originalgetreu wieder aufzubauen und zu erforschen. Viele typische Bauernhäuser, z. B. das mitteldeutsche Gehöft, aber auch Windmühlen, Speicher und Handwerkerhäuser aus dem 16. bis 19. Jahrhundert, konnten wieder erstellt werden.

Auch wenn wir nicht sehen können, wie die Menschen damals gelebt haben, so erfahren wir doch vieles, was über Jahrhunderte erhalten geblieben ist. So ist Interessantes zu entdecken über die Wohnkultur und über handwerkliche Techniken. Genaueres könnt ihr auch von den Museumsangestellten und von Handwerkern erfahren. Ihr könnt auch selbst gegenständlliche Quellen untersuchen. Die Arbeitsschritte helfen euch dabei.

Das niederdeutsche Hallenhaus

Von der niederländischen Nordseeküste bis zur Danziger Bucht und vom südlichen Westfalen bis nach Schleswig-Holstein erstreckt sich das Verbreitungsgebiet des niederdeutschen Hallenhauses. Seit der vormittelalterlichen Zeit gab es verschiedene, vor allem bauliche Veränderungen und Verbesserungen; gleich geblieben ist aber seine Funktion, bäuerliches Leben, Arbeiten und Wohnen unter einem Dach zu vereinen. Die Hallenhäuser sind seit etwa 400 Jahren in ihrer Gestalt und Raumgliederung im Wesentlichen gleich geblieben: Wohnbereich (Kammern, manchmal eine heizbare Stube, Flett, Nischen (Wasch- und Essecke), Viehställe und der Dachboden für die Ernte sind typische Elemente.

Mittelpunkt des Lebens im Hallenhaus war die Feuerstelle als Kochstelle, Licht- und Wärmespender. Untersuchungen über Wärmeprobleme im Hallenhaus brachten 1974 das Ergebnis, dass im Winter die Temperatur im Hallenhaus nur 4 bis 6 Grad über der Außentemparatur lag.

1 Untersucht anhand von M1 bis M4 und des Darstellungstextes die Sachquelle „Westmünsterländer Hof". Nutzt dazu die Arbeitsschritte 1 bis 3.

Arbeitsschritte

1. Schritt: Die Sachquelle beschreiben

- Aus welchen Teilen (Elementen) besteht das Objekt?
- Wie sind sie miteinander verbunden?
- Aus welchen Materialien ist es hergestellt?
- Welchen Gesamteindruck macht das Objekt auf dich?

2. Schritt: Die Funktion der Sachquelle erkunden

- Wozu wurde das Objekt genutzt?
- Welche Hinweise ergeben sich aus ihm selbst?
- Welche liefert die Bildlegende (bzw. die Beschriftung im Museum)?
- Welche weiteren Informationen erhältst du (z. B. im Museum, aus Sachbüchern, Internet)?

3. Schritt: Die geschichtliche Bedeutung der Sachquelle erschließen

- Welche Rückschlüsse lässt die Sachquelle, z. B. auf seine Verbreitung und das Leben, Arbeiten, Wohnen der Menschen in jener Zeit, zu?
- Wie ist sie zeitlich einzuordnen?
- Welche Bedeutung hat sie für die weitere Entwicklung, z. B. der Technik, Wirtschaft, Kunst?

M1

Grundriss Haupthaus Westmünsterländer Hof, Zustand um 1800

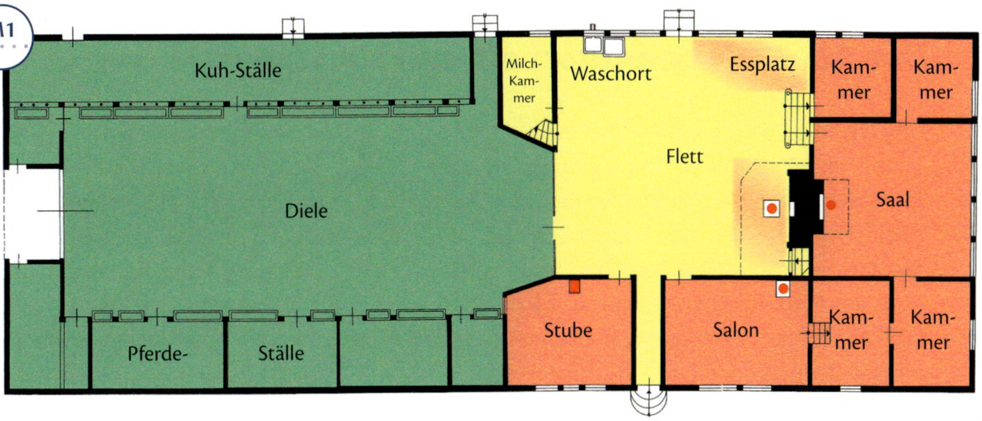

M2

Westmünsterländer Hof im Freilichtmuseum Detmold, Foto, 2001

Sandsteinkamin mit offenem Herdfeuer, um 1800, Foto, 2001

M3

M4

Flettküche, um 1800, Foto, 2001

Der Adel – Verwandtschaft und Herrschaft

Leben ohne den Schutz des Staates?

In unserer heutigen Gesellschaft sind die Rechte jedes Einzelnen durch die Verfassung und die Gesetze des Staates* geschützt. Das bedeutet z. B., dass jeder Mensch, wenn er Opfer eines Diebstahls wird, auf die Hilfe der Polizei vertrauen und sein Recht vor einem Gericht einklagen kann. Viele Staaten unterstützen auch die Menschen, die nicht für ihren eigenen Unterhalt aufkommen können. Was aber taten die Menschen im Mittelalter, als es einen Staat im heutigen Sinne noch nicht gab? Um die Rechte und Bedürfnisse der eigenen Person geltend zu machen, zählten sie auf die Unterstützung der Gruppen, in denen sie lebten: ihre Verwandtschaft, aber auch die Angehörigen einer Pfarrei, einer Handwerker- oder Kaufmannsvereinigung. Die Verwandtschaft war eine Hilfsgemeinschaft, die aus mehreren Familien* bestand. Wenn einem Familienmitglied Unrecht zugefügt wurde, traten die Verwandten auf und übten Rache. Oft beschworen sie auch die Unschuld einer beklagten Person aus ihrer Gruppe. Die Mehrheit der Verwandtengruppen bildete die bäuerliche Bevölkerung, der eine kleinere Anzahl adliger Familien gegenüberstand. Trotz ihrer geringen Zahl verfügten die adligen Familien über große Macht, denn sie waren die Grundherren. Sie besaßen den Boden, forderten Abgaben von den Bauern und sprachen Recht.

Adel und Herrschaft

Adlig zu sein bedeutete im Mittelalter, einer gegenüber den Bauern und später den Stadtbürgern hervorgehobenen Gruppe anzugehören. Ursprünglich hatte der König diese Gruppe aufgrund ihrer Verdienste im Krieg herausgehoben. Ihre Vormachtstellung untermauerte sie mit der Behauptung, göttlicher Abstammung (Geblütsadel) zu sein. In der fränkischen Zeit entstand aus der Königsgefolgschaft ein Dienstadel. Adlige und ihre Familien wurden mit Vorrechten ausgestattet: die Grundherrschaft, die Gerichtsbarkeit und die Vogteirechte (z. B. als königliche Verwalter über Grundherrschaften und königliche Bischofs- und Klosterkirchen). Die Herrschaft über „Land und Leute“ bildete die Basis ihrer Macht.

Adelsfamilien waren im frühen Mittelalter noch sehr mobil, weil sie in allen Teilen des Reiches Verwaltungsaufgaben übernahmen. Etwa im 11. Jahrhundert gelang es einigen Adelsfamilien, eigene Herrschaftsgebiete wie z. B. Grafschaften und Herzogtümer* aufzubauen. Damit wurden aus adligen Verwandtengruppen Herrschaftsgruppen, die ihre Macht nun von einem festen Wohnsitz ausübten und meist eine Stammburg erbauten. Zu dieser Zeit wurde es üblich, einen Familiennamen und ein Wappen zu führen und den Herrschaftssitz nach dem Ort ihrer Stammburg oder einem adligen Vorfahren zu benennen.

M1

Neujahrsempfang beim Herzog von Berry,
Kalenderminiatur, Anfang des 15. Jh.
Der Gastgeber trägt eine blaue Robe und Pelzmütze. Der Bildteppich an den Wänden des Saales stellt Szenen aus dem Trojanischen Krieg (siehe S. 80) dar.

Vorschlag für eine Gruppenarbeit

- Erarbeitet in fünf Gruppen die Seiten 186 bis 190. Jede Gruppe übernimmt eine Seite und fertigt mithilfe der Arbeitsaufträge einen Bericht für die Klasse an.
- Mittelalterliche Herrschaft beruhte zu einem großen Teil auf personalen Bindungen (Lehnswesen, Personenverbandsstaat). Diskutiert gemeinsam Vor- und Nachteile dieser Herrschaftsform und vergleicht mit der modernen Demokratie.

M2

Der Niedergang der Klöster

Markward von Fulda berichtet über seine Zeit als Abt eines Klosters (1150–1165):

Seit der Zeit, als ich durch die Gnade Gottes und auf das eifrige Betreiben des Königs Konrad und nach der Wahl der Brüder und des ganzen Volkes mein Amt übernommen hatte, begann ich darüber nachzudenken, wie ich mit Gottes Beistand dies schon verwüstete und fast gänzlich zerstörte Kloster vor den Überfällen und den Plünderungen gewisser Menschen retten könnte. Es war nämlich wirklich ein Jammer, zu sehen, wie eine so berühmte Stätte ... derart in Vernachlässigung geraten war ... Kein Wunder, denn die Laien besaßen alle Meierhöfe des Klosters und gaben und behielten für sich, was sie wollten. Das ist, sage ich, die Hauptursache für den Niedergang des Klosters gewesen. Denn wenn ein Laie einige Zeit einen Meierhof des Klosters in der Hand gehabt hatte, dann behielt er die besten Hufen für sich und vererbte sie seinen Söhnen ... Die Großen der einzelnen Landschaften nahmen sich von den in ihrem Bereich liegenden Klostergütern, soviel ihnen gut schien.

Zit. nach Dieter Starke, Herrschaft und Genossenschaft im Mittelalter, Stuttgart (Klett) o. J., S. 45 f.

M3

Adlige Gesellschaft auf Falkenjagd, Kalenderminiatur, Anfang des 15. Jh.

Begriffe und Daten

Adel

(von althochdeutsch edili = die Edelsten). Bezeichnung für die Schicht mächtiger Familien, die im Mittelalter durch ihre Abstammung und durch Grundbesitz besondere Rechte gegenüber der übrigen Bevölkerung beanspruchten. Die Adligen genossen ein hohes Ansehen in der Gesellschaft und übernahmen oft militärische Dienste und Verwaltungsaufgaben für den König. Sie zahlten keine Steuern. Zum Adel zählten z. B. die Grafen, die Herzöge und später die Ritter. Die Vorrechte des Adels wurden in Europa schrittweise mit der Entwicklung der Demokratie in England und mit der Französischen Revolution (1789) eingeschränkt bzw. abgeschafft.

1 Erläutere anhand des Darstellungstextes (linke Spalte) die Stellung des Einzelnen in der mittelalterlichen Gesellschaft.

2 Erarbeite mithilfe des Darstellungstextes (rechte Spalte) den Zusammenhang von Verwandtschaft und Herrschaft bei den Adligen.

3 Beschreibe die Stellung des Adels in der mittelalterlichen Gesellschaft (M1, M3, Kasten).

4 Zeige anhand von M2, wie sich die Herrschaft des Adels auf die Klöster auswirkte.

5 Entwirf ein Interview mit einem Adligen mit der Ausgangsfrage: „Warum ist Ihnen Ihre Verwandtschaft wichtig? ..."

6 Erörtere, welche Rolle Verwandtschaftsbeziehungen heute spielen. Denke an die Schule, die Wohnungs- und Arbeitsplatzsuche, die Besetzung politischer Ämter usw.

Was war das Lehnswesen?

Bilder als Spuren mittelalterlicher Geschichte

Haben wir es auf der rechten Seite mit mittelalterlichen „Comic-Bildern“ zu tun? Dieser Eindruck könnte beim Betrachten der Abbildungen entstehen. Tatsächlich aber handelt es sich um Illustrationen aus dem so genannten Sachsenspiegel, einer Rechtssammlung, die im 13. Jahrhundert von dem Sachsen Eike von Repgow niedergeschrieben wurde. Der Sachsenspiegel ist eine wichtige Quelle für unser Verständnis der mittelalterlichen Königsherrschaft. Anschaulich zeigen die Bilder, an welche Regeln sich die Zeitgenossen zu halten hatten und wie sie sich die Beziehungen zwischen König und Adel, auch das Verhältnis zwischen Bauern und Grundherrn, vorstellten. Der Zeichner verwendete bestimmte Gegenstände immer wieder: Handelte es sich dabei um Symbole?

Herrschaft unter Adligen

Im Mittelalter rechtfertigte der Herrscher seine Macht mit der Wahl und Erhebung zum König durch die adlige Führungsschicht. Wie aber konnten die Könige sicherstellen, dass ihre Macht im ganzen Reich anerkannt wurde? Diese Frage war für die Gesellschaft im Mittelalter entscheidend, denn der König konnte seine Herrschaft eigentlich nur dort durchsetzen, wo er anwesend war, Entscheidungen traf und Recht sprach. Anders als in heutigen demokratischen Staaten gab es damals keine schriftliche Verfassung, die festlegte, wie die politische Macht verteilt war und wie Amtsträger ausgewählt wurden. Die karolingischen Königsboten übten zwar eine gewisse Kontrolle aus, aber sie konnten das Land nicht verwalten und die Anweisungen des Königs, z. B. gegenüber den Grafen, nicht dauerhaft durchsetzen. Denn meistens ließen sich die reichen Grundbesitzer nicht in ihre Grundherrschaft hineinreden. Eine Gruppenbindung, wie sie unter adligen Verwandten bestand, gab es unter fremden Herren nicht. Der König band die Adligen jeweils mittels eines Eides an seine Person und begründete so ein System „personaler Herrschaft“. Seit dem 8. Jahrhundert entstand daraus das so genannte Lehnswesen. Für dieses Herrschaftsverhältnis unter Adligen verwenden Historiker auch den Begriff Feudalismus (lat. feudum = Lehen).

M1 Lehnsherr und Vasall – Szenen aus dem Sachsenspiegel

Mit folgenden Schilderungen erklärt der Schulbuchverfasser die Abbildungen in M2:

A Die Abbildung zeigt die Wegnahme des Grundstücks. Der Herr zündet das Haus des Vasallen mit einer Fackel an. Er zieht die Hand zurück und nimmt die Einkünfte an sich. Der Vasall bietet Ähren an. Rechts: die grüne Gabel am Hals des Vasallen; der Herr übergibt einen Handschuh.

B Ein Lehnsmann bittet um Lehenserneuerung. Für die Mannschaft benötigt er beide Hände. Mit der vom Zeichner gemalten dritten Hand verweist er auf die hinter ihm stehenden Zeugen.

C Innerhalb von Jahr und Tag muss der König das Fahnenlehen weitergeben. Die Frist ist bereits abgelaufen: ein Jahr = LII (52) + (IIIIII) 6 Wochen + 3 Tage (die Sonnenscheibe steht unter dem 3. Strich). Die beiden Fürsten versuchen, dem König die Lehnsfahne abzunehmen.

D Der sitzende König verleiht das Fahnenlehen und das Zepterlehen.

E Ein Geistlicher und eine Frau erhalten ein Reichsgut als Zepterlehen. Sie werden damit heerschildfähig*. Links nehmen beide eine weitere Belehnung (Unterbelehnung) vor.

F Links und rechts sitzen zwei Fürsten, neben ihnen das Wappenschild. Der Vasall lehnt das Lehnsangebot des Fürsten links ab und nimmt rechts das Fahnenlehen entgegen.

Verfassertext

1 Ordne die Erläuterungen A bis F aus M1 den Abbildungen in M2 zu.

2 Beschreibe die Vorgänge in M2 genau. Kläre dabei die folgenden Begriffe: Lehnsherr, Lehnsmann, Vasall, Fahnenlehen, Zepterlehen, Mannschaft, Treueid, Unterbelehnung. Nimm den Begriffskasten und das „Zeichensprache-Lexikon“ (S. 191) zu Hilfe.

3 Erkläre mithilfe des Darstellungstextes und des Kastens, wie das Lehnswesen entstand.

M2

Szenen aus dem Lehnsrecht, Illustrationen aus dem Sachsenspiegel, 13. Jh.

Begriffe und Daten

Lehnswesen

Das Lehen war ein vom Herrn an den Lehnsmann (Vasall) lebenslang geliehenes Gut (lat. beneficium), für das der Vasall dem Herrn Dienste zu leisten hatte. Lehnsherr und Vasall begaben sich in ein gegenseitiges Pflicht- und Treueverhältnis: Der Herr nahm den Vasallen unter seinen Schutz, verlangte dafür aber im Frieden Rat (lat. consilium) und im Kriegsfall militärische Hilfe (lat. auxilium). Als Gegenleistung belohnte der Herr den Vasallen mit seinem Schutz und einem Lehen. Das Lehen konnte Land sein, aber auch ein Amt oder ein bestimmtes Recht. Grafen, Markgrafen, Herzöge, Bischöfe und Äbte waren Vasallen des Königs (Kronvasallen), die Ämter in der Reichsverwaltung ausübten.

Die Übergabe des Lehens bestand aus zwei Teilen:

1. Mannschaft: Der Vasall gab seine zusammengelegten Hände in die Hände des Herrn; der umschloss sie.
2. Lehnseid des Vasallen: Der Vasall verpflichtete sich zu Treue und Hilfe.

Danach wurde das eigentliche Lehen übergeben.

Die Kronvasallen konnten Königsgüter, Ämter und Eigenbesitz an kleinere Vasallen weitergeben, die dann ihrem unmittelbaren Lehnsherrn, aber nicht mehr dem König zu Treue verpflichtet waren.

Der Wandel des Lehnswesens

Wie veränderte sich das Lehnswesen?

Das Lehen wurde dem Lehnsmann ursprünglich auf Lebenszeit verliehen. Nach seinem Tod fiel es an den Lehnsherrn zurück. Doch die Interessen waren oft entgegengesetzt: Während der Lehnsmann das Lehen auf Dauer für die eigene Familie gewinnen wollte, versuchte der Lehnsherr, die Verfügungsgewalt über das Lehen zu behalten, um es immer wieder vergeben zu können. Seit dem 9. Jahrhundert setzten die Kronvasallen und später auch die übrigen Adligen in Deutschland die Erblichkeit ihrer Lehen durch. So wurde aus geliehenem Landbesitz Eigentum. Adlige Frauen konnten kein Lehnsverhältnis eingehen, weil sie als nicht waffenfähig galten und unter der Vormundschaft ihres Vaters oder Mannes standen. Sie durften auch keinen Eid leisten. Seit dem 12. Jahrhundert sind aber immer häufiger Lehnsverhältnisse von Frauen, z. B. von Reichsäbtissinnen, bezeugt. Frauen, die Lehnsgüter erhielten, mussten einen männlichen „Vertreter“ einsetzen, der ihre Lehnspflichten erfüllte. Kinder durften selbst keine Lehen annehmen – ein Vormund übernahm bis zu ihrer Volljährigkeit das Amt des Lehnsmannes. Im Gegensatz zum späteren Deutschen Reich, wo sich ein abgestuftes System von Lehnsbeziehungen entwickelte, blieben in Frankreich alle Vasallen durch Eid direkt an den König gebunden („Treuevorbehalt“).

Vereinfachtes Modell des mittelalterlichen Lehnswesens M1

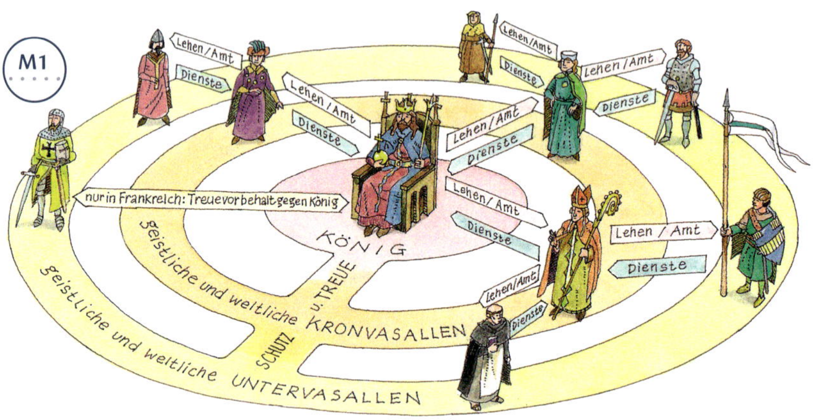

Begriffe und Daten

Personenverbandsstaat

Mittelalterliche Herrschaft beruhte auf Rechtsbeziehungen zwischen Personen, z. B. zwischen Herren und Vasallen oder auch zwischen Grundherren und Bauern. Der König beteiligte Fürsten, Grafen und Bischöfe durch persönliche (Lehns-)Beziehungen an der Ausübung seiner Macht. Seit dem 13. Jahrhundert versuchte vor allem der hohe Adel, die auf persönlichen Bindungen beruhenden Herrschaftsrechte in seiner Hand zu vereinigen und mithilfe einer schriftlichen Verwaltung planmäßig zu erfassen. Das Lehen wurde „verdinglicht“: Herzogtum, Grafschaft und Bistum entwickelten sich zu eigenständigen Territorien. In ihnen übten die Fürsten als „Territorialherren“ weitgehend unabhängig vom König politische Macht aus.

1 Beschreibe mithilfe des Darstellungstextes, wer lehnsfähig bzw. nicht lehnsfähig war.
2 Wende deine Kenntnisse über die Herrschaftsstruktur im Mittelalter auf M1 an: Erläutere die Begriffe und beschreibe die Beziehungen zwischen den Personen.
3 Erläutere mithilfe des Kastens den Begriff „Verdinglichung“ der Lehen. Welche Folgen hatte dieser Vorgang für Lehnsherr und Vasallen?
4 Gestaltet anhand der Informationen auf den Seiten 188 bis 191 in Gruppen die Übergabe eines Lehens. Wechselt die Rollen. Formuliert einen kurzen Dialog.

Symbole und Gesten deuten

Ohne Worte

Auf mittelalterlichen Bildern sind oft Wappen, Fahnen oder auch Schwerter zu sehen, die wir einfach als Gegenstände wahrnehmen; Menschen werden mit Gebärden und Gesten gezeigt, die uns heute nichts, zumindest nichts „Besonderes", sagen. Den mittelalterlichen Betrachtern vermittelten sie allerdings ganz bestimmte Bedeutungen und Botschaften. So steht die Fahne des Lehnsherrn hier für das Stück Land, das übergeben wird. Sie wird damit zum Symbol. Auch die Gesten sind Teil dieser Zeichensprache. Sie zu kennen hilft dir, die Aussagen mittelalterlicher Bilder zu erschließen. Viele haben sich bis in die Gegenwart hinein erhalten, z. B. der erhobene Zeigefinger.

M1

Die Belehnung geistlicher und weltlicher Fürsten, Abbildung aus dem Sachsenspiegel, 13. Jh.

1 Deute M1 mithilfe der Arbeitsschritte und M2.

2 Übe die Methode an M2 (S. 189).

Arbeitsschritte

1. Schritt: Einzelne Elemente beschreiben
- Was ist dargestellt (Personen, Gegenstände)? In welchen Positionen (Haltungen), in welchen Bewegungen sind sie zu sehen?
- Wie lässt sich die Situation beschreiben?
- Was erscheint merkwürdig?

2. Schritt: Zusätzliche Informationen heranziehen
- Welche Hinweise gibt die Bildunterschrift?
- Welche Abbildungen gibt es, die Vergleichbares, Ähnliches zeigen? Welche Aussagen werden ihnen zugeschrieben?
- Welche Bedeutung würdest du der entsprechenden Geste, Gebärde, Handlung oder auch dem Gegenstand heute zuordnen?

3. Schritt: Bedeutung der Bildelemente entschlüsseln
- Welche Gegenstände oder Handlungen „sprechen für sich selbst", kannst du also ohne Probleme erschließen? Was „sagen" sie aus?
- Welche scheinen wichtig zu sein für die Aussage des Bildes? Woran erkennst du es?
- Inwiefern passen sie zu der Gesamtsituation oder wirken sie eher künstlich, aufgesetzt?

4. Schritt: Eine Gesamtdeutung formulieren
- Welche Einzelaussagen ergeben sich aus den Symbolen und Gesten?
- Welche Gesamtaussage lässt sich formulieren? Gibt es mehrere Deutungen?

M2

Kleines „Zeichensprache-Lexikon" des Mittelalters

Ähren anbieten: Bereitschaft, das Lehnsverhältnis fortzusetzen
Mit dem Zeigefinger auf jemanden zeigen: Geste der Ermahnung, des Benennens
Fahne (halten, übergeben): Herrschafts- und Lehnssymbol; Fahnenlehen: Lehen an einen Fürsten
Gabel am Hals: Drohung, das Lehen wegzunehmen
Hand schräg nach unten geführt: Geste der Erklärung
Handschuh: Eigentumsübertragung
Kniefall: Geste der Huldigung und Unterwerfung
Kreuz: Hauptsymbol des Christentums; als Zeichen der Weltherrschaft des Christentums gedeutet
Krone: Zeichen königlicher Macht
Kugel, Reichsapfel: Zeichen monarchischer Herrschaft, Kugel = Erde
Schwert: Zeichen der Macht und der strafenden Gerechtigkeit
Wappen: schildförmiges, grafisch festgelegtes Symbol, zuerst während der Kreuzzüge verwendet; Zeichen für Erblichkeit der Lehen
Zeigefinger nach unten: Geste des Zeigens
Zepter: Herrschaftssymbol; Zepterlehen: Lehen an Geistliche

Die Burg – mehr als ein festes Haus

Ein Wohnsitz für Adlige

Während die Bauern in hölzernen Häusern wohnten, lebten die Adligen meistens in einem festen Haus aus Stein, einem „Sitz", der im Mittelalter die Lebensform des Adels kennzeichnete.

Nach innen bot das Haus mit Mauern und Türmen dem Hausherrn, seiner Familie und seinen Bediensteten Schutz. Nach außen bildete es das Zentrum der Grundherrschaft, also der Herrschaft über Land und Leute. Kirchen im Innern der Burg zeugen davon, dass der Adel seine Stellung als von Gott gegeben betrachtete. Im Mittelalter gab es in Deutschland schätzungsweise 15 000 bis 20 000, in Frankreich sogar 40 000 Burgen.

Lesetipp

Die Ritter.
Erzählt von Georges Duby, München (dtv) 2001.
Spannendes Sachbuch; Erzählung aus der Sicht des Ritters Arnould.

„Die" Burg gab es nicht

Der Höhepunkt der Burgbauwelle war im 12. Jahrhundert. Aber die Anfänge liegen weiter zurück. Im frühen Mittelalter hatten die Adligen nur auf befestigten Herrenhöfen gelebt. Als dann im 9. und 10. Jahrhundert Normannen und Ungarn in Mitteleuropa einfielen, ließen die Adligen zum Schutz auf Anhöhen und in der Umgebung von Wasser so genannte Fluchtburgen errichten. Ein Holzzaun (Palisade), ein paar Holzhäuser – mehr war es anfangs nicht. Erst seit dem 11. Jahrhundert wurden aus Fluchtburgen steinerne Wohnburgen für die Adelsfamilien. Die Erbauer der Burgen nutzten die natürlichen Voraussetzungen. Wo es Berge gab, z. B. im Thüringer Wald oder am Rhein, finden wir Höhen- oder Felsenburgen. Eine Gipfelburg befindet sich auf dem höchsten Punkt eines Berges. Eine Spornburg liegt an einem Bergvorsprung, der von einer Seite aus gut zu erreichen ist. Wasserburgen stehen an Seen oder Flüssen, wie z. B. in der Rheinischen Bucht zwischen Köln, Aachen und Bonn.

Der Bergfried, Hauptturm der Burg, galt lange Zeit als letzter Zufluchtsort. Neueste Erkenntnisse aus der Forschung zeigen, dass Bergfriede zwar bewohnbar, aber kaum wehrhaft waren. Nur wenige verfügten über Schießscharten, Gusserker oder Kampfplattformen.

M1

Die Wartburg, Foto, 1991.
Die Wartburg im thüringischen Eisenach wurde 1999 zum Weltkulturerbe der Menschheit erklärt. Sie entstand im 11. Jahrhundert als hölzernes Befestigungswerk und wurde im 12. Jahrhundert als steinerne Anlage ausgebaut. Die Wartburg diente den Thüringer Landgrafen als Herrschaftssitz. Wolfram von Eschenbach und Walther von der Vogelweide hielten sich hier auf. Martin Luther übersetzte hier die Bibel ins Deutsche.

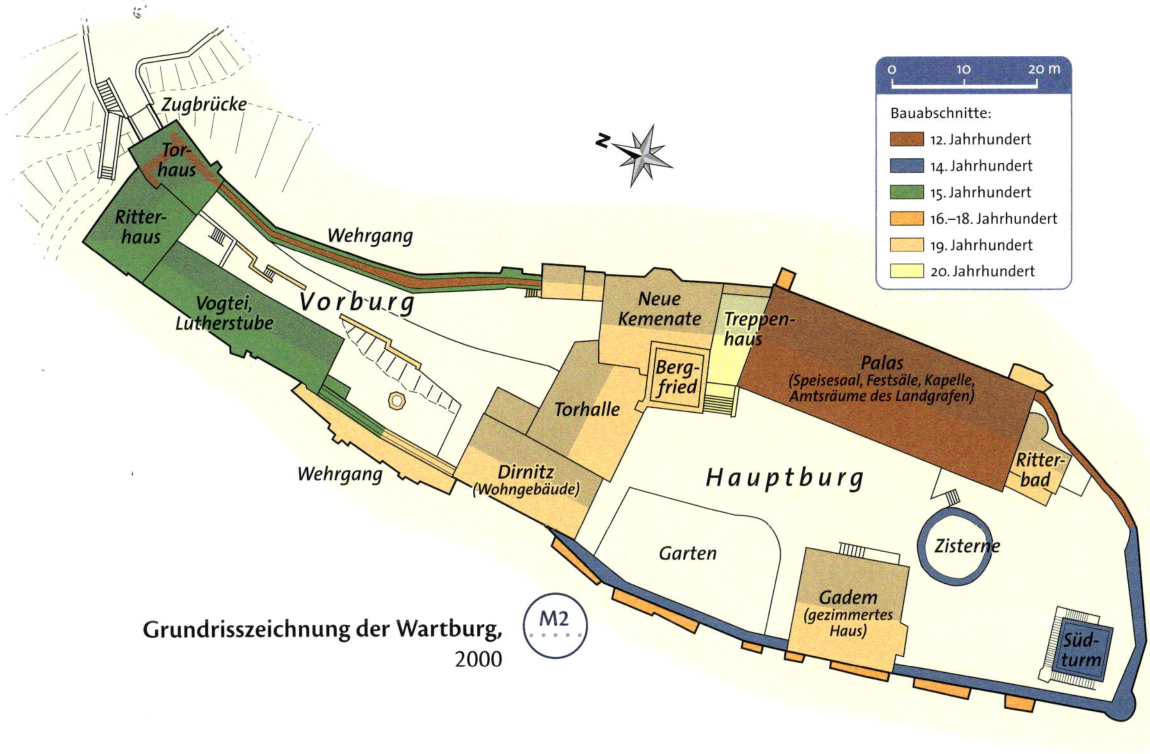

Grundrisszeichnung der Wartburg, 2000

M2

M3

Sehen und gesehen werden

Der Burgenforscher Joachim Zeune schrieb 1997:

Mittlerweile begreifen wir die mittelalterliche Burg als einen Mehrzweckbau, dessen militärische Bedeutung wir spürbar reduzieren müssen. Für den mittelalterlichen Menschen war die Burg das sichtbare Zentrum einer Herrschaft: Wer die Burg besaß, hatte auch die Herrschaft inne. Von einer Burg aus wurde das zugehörige Land verwaltet, regiert und befriedet. Zur Burg gehörte auch ein Rechtsbezirk ... Die Burgendichte veranschaulichte, wie intensiv eine Herrschaft die Gegend durchdrungen und befriedet hatte ... Die herausragende gesellschaftliche Stellung eines Landbesitzers und Landherrn ließ sich in der Tat nicht besser demonstrieren als durch eine Burg, die sich weithin sichtbar über das Tal und das Umland erhob. Sehen und vor allem Gesehenwerden spielten bei der Wahl des Burgstandorts eine ganz wesentliche Rolle.

Joachim Zeune, Steinerne Symbole der Macht. In: Damals, 8. Jg., 1997, S. 13 f.

Begriffe und Daten

Burg

Die mittelalterliche Burg war Wohnsitz, Schutzbau und Herrschaftsort der Adligen. Seit dem 12. Jahrhundert wurden die Holzbauten von Steinhäusern abgelöst. Die Versorgung der Burgbewohner erfolgte vorwiegend durch Leistungen aus der Grundherrschaft und durch Eigenwirtschaft.

1 Stell dir vor, du planst einen Burgenbesuch mit der Klasse. Schreibe deine Erwartungen auf.

2 Betrachte M1. Identifiziere mithilfe des Grundrisses in M2 möglichst viele Teile der Burg.

3 Stelle begründet Vermutungen an, wer sich zu welchem Zweck in den einzelnen Teilen der Wartburg aufgehalten hat.

4 Ordne die Wartburg einem Burgtyp (siehe Darstellungstext links) zu. Begründe deine Antwort.

5 Sammle Informationen zur Entstehung und Geschichte der Wartburg. Suche im Internet z. B. unter den Suchbegriffen „Wartburg Eisenach".

6 „Die Burg ist ein Zeichen für Frieden!" Nenne Gründe, die für bzw. gegen diese Behauptung sprechen (Darstellungstexte und M3).

Rollenverteilung auf der Burg

Ehe und Familie

In Adelskreisen war die Ehe keine Angelegenheit der Brautleute, sondern eine des Familienverbandes. Rein rechtlich konnte der angehende Ritter im Alter von etwa 14 Jahren, wenn er als heiratsfähig galt, auch ohne die Zustimmung des Vaters eine Ehe eingehen. Er musste allerdings mit seiner Enterbung rechnen.

Die Partnerwahl hatte wenig mit Glück und Liebe zu tun, sondern mehr mit Standesgleichheit, Heiratspolitik und Mitgift. Eheschließungen mit Bauern oder Bürgern werteten den sozialen Stand des gesamten Familienverbandes ab. Umgekehrt konnte eine Verbindung des angehenden Ritters mit einem Grafengeschlecht zu einer Standeserhebung führen. In der Praxis ist vorstellbar, dass bei der Partnerwahl immer Rat und Zustimmung der Eltern, des Familienverbandes oder auch des Lehnsherrn eingeholt wurde. Das musste jedoch nicht bedeuten, dass gegenseitige Zuneigung der Brautleute keine Rolle spielte. Auch konnte sie im Laufe der Ehe entstehen. Über diesen persönlichen Bereich ist in den Quellen nur wenig zu finden.

Die Frau war zum Zeitpunkt der Eheschließung im Allgemeinen zwischen 14 und 16 Jahren, der Mann nicht selten doppelt so alt. Rechtlich unterstand die Frau dem Ehemann. Quellen aus dem 14. und 15. Jahrhundert berichten jedoch auch von eigenständigen Ehefrauen.

Liebe und Minnedienst

Unter den Bedingungen adliger Ehen blieb für die Liebe zwischen den Partnern oft wenig Raum. So wird in zeitgenössischen Quellen zwischen einer „weltlichen Liebe“ – der des Herzens – und einer „Liebe der Pflicht“, – zu den Eltern, den Geschwistern und der Ehefrau – unterschieden.

Die Ehe war aus christlicher Sicht göttlichen Ursprungs und vor allem durch die Treue der Partner begründet. Um das Verhältnis zwischen Mann und Frau geht es auch in der Liebesdichtung des Mittelalters, dem Minnesang: Ein Ritter verehrt eine adlige Herrin, kämpft auf Turnieren für sie und bemüht sich – letztlich erfolglos – um ihre Gunst. Der realen Welt der Kriege, der Gewalt und der Zerstörung wurde hier eine idealistische Welt der Höflichkeit, der Zurückhaltung und der reinen, unerfüllten Liebe entgegengesetzt. Vor allem der heranwachsende Ritter versuchte, die Gunst der Herrin zu erringen, indem er sich besonders „ritterlich“ benahm und ihr „diente“. So sind die Lieder der Minnesänger voll von Sehnsucht und Klagen über unerfüllte Liebe. Und doch galten – wie auch in der Ehe – für Männer und Frauen unterschiedliche Maßstäbe: Während der Ritter mit seinen Erfolgen prahlen konnte, setzte die Frau mit einem Liebesverhältnis ihre Ehre und ihr Erbrecht aufs Spiel.

M1

Elfenbeinkästchen, um 1470. Das Kästchen zeigt ein Ritterturnier. Es gab mehrere Turnierformen: Die „Buhurt“ war ein Kampf zweier Rittergruppen mit Lanzen. Der „Tjost“ war ein Zweikampf Ritter gegen Ritter.

M2

Wie wurden die Kinder adliger Familien erzogen?

Im 13. Jahrhundert dichtete Gottfried von Straßburg das Versepos „Tristan und Isolde". Am Beispiel des vorbildhaften Ritters Tristan schilderte er die Erziehung zum Ritter:

2A Nachdem das Kind getauft, nach christlicher Sitte des Heils teilhaftig, nahm die tüchtige Marschallin ihren lieben Sohn wieder in liebevolle Pflege ... So hielt sie es mit ihm, bis er sein siebentes Jahr erreichte, wo er in Rede und Umgangsformen genügend verständig war. Da führte ihn sein Vater, der Marschall, zu einem gebildeten Mann. Mit diesem sandte er ihn der Sprachen wegen in fremde Länder ... Neben seinem Studium der Bücher und Sprachen beschäftigte er sich viel mit allen Arten des Saitenspiels ... Daneben lernte er auch nach ritterlicher Sitte mit Schild und Speer recht reiten ... Fechten, schweren Ringkampf, Weitsprung, Um-die-Wette-Laufen, Speerwerfen, all das konnte er mit seiner Kraft vorzüglich. Auch sagt uns die Geschichte, dass niemand so meisterlich wie er pirschen und jagen konnte. Die höfischen Gesellschaftsspiele kannte er gut und beherrschte sie ... Er kam in sein 14. Jahr, da ließ ihn der Marschall wieder heimkehren und ständig fahren und reiten, damit er Land und Leute und dessen Sitten kennen lernte.

Am Beispiel der Königstochter Isolde, die von Tristan geliebt und verehrt wurde, erfahren wir im selben Epos etwas über die Erziehung adliger Mädchen:

2B Das schöne Mädchen beherrschte ... Französisch und Latein und konnte auf welsche[1] Art ganz vorzüglich Fiedel spielen ..., auch sang das begabte Mädchen mit einer süßen Stimme. In allem, was sie sonst noch konnte, half ihr der Lehrer und förderte sie nach Kräften.
Daneben unterwies er sie in einem Gegenstand, den wir die Sittenlehre nennen, die Kunst, die feinen Anstand lehrt. Damit sollten sich alle Frauen in ihrer Jugend befassen ... Diese Lehre umfasst die Welt und Gott zugleich. Sie lehrt in ihren Geboten, Gott und der Welt zu gefallen; sie ist die Nährmutter aller edlen Herzen, damit sie Kraft und Leben in dieser Lehre finden. Denn weder Gut noch Ehre können sie besitzen, wenn es die Ethik sie nicht lehrt. Damit beschäftigte sich die junge Königin am meisten ... Sie wurde dadurch wohl gebildet, schönen und reinen Sinnes und ihr Benehmen war lieblich.

M2A und M2B: Gottfried von Straßburg, Tristan und Isolde, hg. von Gideon Kramer, Berlin (Reclam) 1974, S. 94 ff.

[1] französische

M3

Die Dame gibt einen Korb, Buchmalerei aus einer Liedersammlung, 14. Jh. Kristian von Hamle besingt die Situation, wie er mit einer Korbwinde zu seiner Geliebten wollte. Die adlige Dame ließ ihn bis zum Morgen hängen, damit der ganze Hof ihn sehen konnte.

1 Erarbeite anhand des Darstellungstextes, in welchem Verhältnis Liebe, Ehe und Familie in der mittelalterlichen Adelsgesellschaft zueinander standen.

2 Erkläre: Minnedienst als ritterliche Pflicht.

3 Beschreibe die Frauenrolle in der Adelsgesellschaft. Kläre die heutige und die mittelalterliche Bedeutung folgender Redewendungen: „sich ritterlich benehmen", „jemanden ausstechen", „sich einen Korb holen" (Darstellungstext, M1 und M3).

4 Vergleiche mithilfe von M2A und M2B die Erziehung der beiden Kinder. Lege eine Tabelle an.

5 Erörtert in der Klasse: Leben auf der Burg – Ideal und Wirklichkeit.

Das Ritterleben – Lebensform ohne Zukunft?

Warum ein Stand Ansehen und Macht verlor

Von Kopf bis Fuß gerüstete Ritter gehören fest zu unserer Vorstellung vom Mittelalter. Doch die Ritterschaft entstand erst allmählich aus Grund besitzenden Adligen und Dienstmannen, die für ihren Herrn kämpften (Reiterkrieger). Im Hochmittelalter wurde aus den spezialisierten Reiterkriegern ein neuer Berufsstand: der Ritterstand. Tüchtigkeit im Kriegshandwerk, Treue gegenüber dem Herrn und „höfisches" Benehmen werteten die Ritter gegenüber den Bauern auf.

Seit dem 14. Jahrhundert jedoch begann sich dies zu wandeln: Die Burg als Lebensort verlor ihre Bedeutung. Der Adel zog talwärts in helle, bequeme Schlösser und die neu entstehenden Städte wurden zum begehrten Lebensraum. Für die Ritter schien es in der Gesellschaft keine Aufgabe mehr zu geben. Neue Waffen, durch die ihre Dienste überflüssig wurden, und der wirtschaftliche Abstieg machten ihnen zu schaffen. Um ihren Lebensunterhalt zu verdienen, zogen nun viele plündernd durch das Land, zwangen Bauern und Handwerkern Schutzdienste auf oder erpressten Zölle von durchreisenden Kaufleuten. An die Stelle der Bewunderung des Ritterstandes traten Verachtung und Schrecken für das „Raubrittertum".

Eppelein auf der Flucht, Buchmalerei, 14. Jh.
Eppelein von Gailingen machte als Raubritter die Umgebung von Nürnberg unsicher. Er konnte mehrfach dem Kerker entkommen, wurde aber 1381 erneut gefangen genommen und hingerichtet.

M1

M2

Leben auf der Burg

Der Ritter Ulrich von Hutten schrieb 1518 in einem Brief an einen reichen Nürnberger Kaufmann über das Leben auf Burg Steckelberg, wo er geboren war und lebte:

Die uns ernähren, sind bettelarme Bauern, denen wir unsere Äcker, Weinberge, Wiesen und Wälder verpachten. Der einkommende Ertrag ist, gemessen an der aufgewandten Mühe, geringfügig … Sodann müssen wir uns in den Dienst eines Fürsten stellen, von dem wir Schutz erhoffen. Wenn ich das nicht tue, glaubt jeder, er könne sich alles gegen mich erlauben …
Die Burg selbst … ist nicht als angenehmer Aufenthalt, sondern als Festung gebaut. Sie ist von Mauer und Gräben umgeben, innen ist sie eng und durch Stallungen für Vieh und Pferde zusammengedrängt. Daneben liegen dunkle Kammern, vollgestopft mit Geschützen, Pech, Schwefel … Überall stinkt es nach Schießpulver; und dann die Hunde und ihr Dreck … Reiter kommen und gehen, darunter Räuber, Diebe und Wegelagerer. Denn fast für alle stehen unsere Häuser offen, weil wir nicht wissen, was das für Leute sind, oder uns nicht groß danach erkundigen. Man hört das Blöken der Schafe, das Brüllen der Rinder …
Der ganze Tag bringt vom Morgen an Sorge und Plage … Äcker müssen bestellt, gepflügt und umgegraben werden …, man muss eggen, säen, düngen, mähen … Wenn aber einmal ein schlechtes Ertragsjahr kommt, wie in dieser mageren Gegend meistens, dann haben wir fürchterliche Not und Armut.

Zit. nach Arno Borst, Lebensformen im Mittelalter, Frankfurt/M. u. a. (Ullstein) 1979, S. 173 ff.

Begriffe und Daten

Ritter

Ritter waren adlige Reiterkrieger. Als Gruppe entstanden sie in den Kriegen des 9./10. Jahrhunderts. Seit dem 12. Jahrhundert bildeten sie einen Stand mit eigenen Idealen: Treue und Gefolgschaft (Kriegsdienst) gegenüber dem Herrn; Schutz der Kirche und der Armen; Minnedienst, der eine kultivierte Lebensart verlangte.

M4

Ritter rauben und plündern in einem Dorf,
Ausschnitt aus einer Zeichnung aus dem Hausbuch des Fürsten Waldburg-Wolfegg, um 1470

M3

Neue Waffen gegen ritterlichen Kampf

Der Militärhistoriker John Keegan schrieb 1995 über die Folgen, die aus der Einführung der Armbrust resultierten:

Mit einer Armbrust ausgerüstet, konnte ein Soldat ohne das lang währende Erlernen des Waffenhandwerks ... töten, ohne sich selbst in Gefahr zu begeben. Was für den Armbrustschützen galt, galt für den Gewehrschützen in noch höherem Grade. Seine Kampfesweise schien ebenso feige und darüber hinaus laut und schmutzig zu sein, ohne dass Muskelkräfte erforderlich waren. So konnte der Biograf von Louis de la Tremouille, einem Krieger des 16. Jahrhunderts, die Frage stellen: „Welchen Nutzen haben noch die Waffenkünste der Ritter, ihre Kraft, ihre Ausdauer, ihre Disziplin und ihr Streben nach Ehre, wenn derartige (Pulver-)Waffen im Krieg zum Einsatz kommen?"

John Keegan, Die Kultur des Krieges, übers. v. Karl A. Klewer, Berlin (Rowohlt) 1995, S. 472.

Vorschlag für eine Gruppenarbeit

1 a) Führt in Kleingruppen eine Internetrecherche zum Thema „Ritter im Mittelalter – Aufstieg und Niedergang" durch. Teilt euch das Thema auf, zum Beispiel in folgende Bereiche:
- Wie entstand das Rittertum?
- Wie wurde man Ritter?
- Wo und wie lebten die Ritter?
- Welche Rolle spielten die Frauen der Ritter?
- Wie und warum führten Ritter Kriege?
- Was waren Ritterorden?
- Warum ging der Ritterstand unter?
- Gibt es heute noch Ritter?

Internettipp: www.dhm.de/ausstellungen/eisenkleider/start.htm; www.wikipedia.org/wiki/Ritter.de

b) Präsentiert eure Ergebnisse (z. B. Referat, Broschüre, Wandzeitung).

2 Beurteilt gemeinsam die Ergebnisse eurer Recherche und überlegt Verbesserungen und Alternativen.

1 Ordne mithilfe des Darstellungstextes den Brief M2 historisch ein: Finde heraus, ob er in die Blüte- oder in die Verfallszeit des Ritter- und Burgenlebens gehört. Belege deine Aussagen mit Zitaten.

2 Beschreibe M4 und vergleiche mit dem Ideal des Ritterbildes (siehe S. 194).

3 Erläutere mithilfe von M3, welche Auswirkungen die Entwicklung der Waffentechnik auf die Lage der Ritter hatte.

4 Die Ritter sind als „Dinosaurier des Mittelalters" bezeichnet worden. Erläutert diese Bezeichnung und diskutiert, ob sie zutreffend ist.

5 Ein Ritter als Grundherr und Lehnsmann: Welche Aufgaben, Schwierigkeiten, Erfolge und Gedanken könnte er aufschreiben? Vergleicht eure Ergebnisse in der Klasse. Nutzt die Informationen auf den Seiten 188 bis 197.

Stadtgründung

Annäherung an die mittelalterliche Stadt

Wer sich am Ende des Mittelalters nach langer Reise einer Stadt näherte, konnte schon aus der Entfernung an einigen Merkmalen erkennen, dass es sich nicht um eine dörfliche Siedlung handelte: Mehrere Kirchtürme überragten alle anderen Gebäude. Eine Mauer mit Befestigungstürmen und einem Wassergraben umgab die Stadt. Bis zu den Stadttoren führten nur unbefestigte Wege, im Inneren der Stadt dagegen gab es schon einige gepflasterte Straßen, zumindest am Marktplatz und um die Kirchen herum. Steinhäuser waren um 1400 selten zu finden. Die meisten Stadtbewohner lebten in Holzbauten, die manchmal nicht mehr als windschiefe Katen waren.

In der Geschichtswissenschaft wird die mittelalterliche Stadt auch „Großburg“ genannt, deren Bewohner „burgari“ (althochdt. = Burgverteidiger) hießen.

Von der Marktgründung zur Stadtentstehung

Ein wichtiger Grund für die Entstehung von Städten war der Markt. Jahrmärkte, wie sie bereits aus der Antike bekannt waren, zogen Händler, Handwerker und Käufer aus größeren Entfernungen an. Häufiger verbreitet und für die Stadtentstehung bedeutender waren aber die Wochenmärkte. Sie fanden bereits im frühen Mittelalter in größeren Siedlungen statt, wo sich immer mehr Handwerker und Kaufleute niederließen. Einen Markt abhalten durften jedoch nur die Orte, denen der Stadtherr ein besonderes Recht („Privileg“) verliehen hatte: das Marktrecht.

Wo entstanden Städte?

Städte als Siedlungsform gab es bereits einige tausend Jahre vor den Stadtgründungen in Europa, z. B. im Vorderen Orient, in Indien und in China. In Mittel- und Westeuropa entwickelten sich im frühen Mittelalter die Reste römischer Städte zu Siedlungsplätzen. Seit dem 11. Jahrhundert kam es zu zahlreichen Stadtgründungen. Die Stadtgründer waren Könige, Herzöge und Bischöfe, die Wirtschaftszentren schaffen wollten. Ihre Städte gründeten sie deshalb an Orten, an denen bereits Warenaustausch und Handel stattfanden: an Flüssen, Kreuzungen von Handelswegen, in der Nähe von Pfalzen, Burgen und Klöstern.

Die Städte belebten Handwerk und Handel in der Region und brachten ihren Gründern finanzielle Vorteile aus Abgaben und Steuern. Aber auch für die Handwerker und Kaufleute selbst hatte die Stadt Vorteile: Sie fanden für ihre Waren in der Stadt bessere Absatzmöglichkeiten und wurden durch den Stadtherrn geschützt.

Soest im 16. Jahrhundert, Radierung aus dem Städtebuch von Braun und Hogenberg, 1588

M1

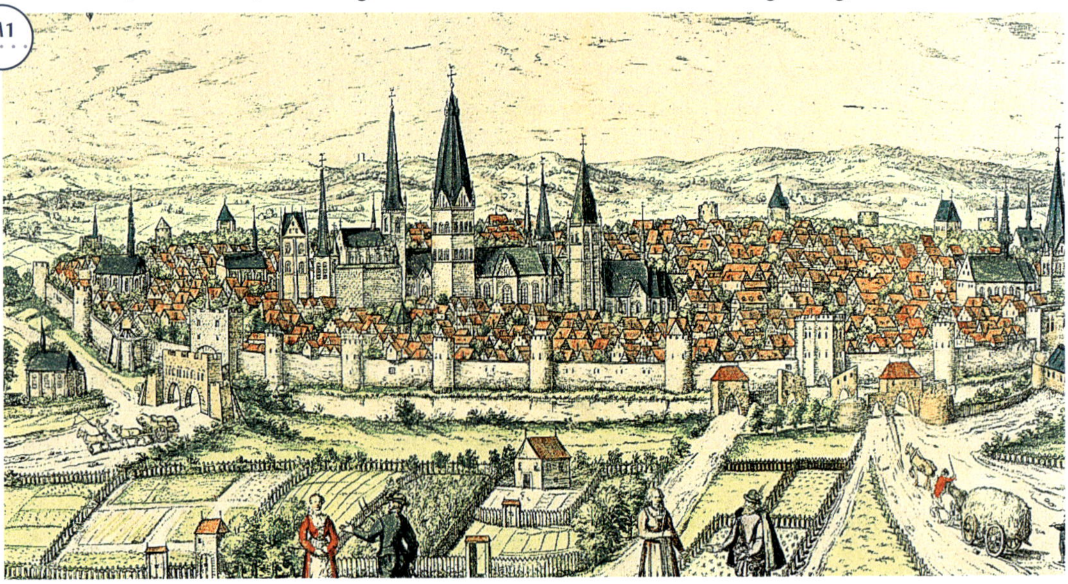

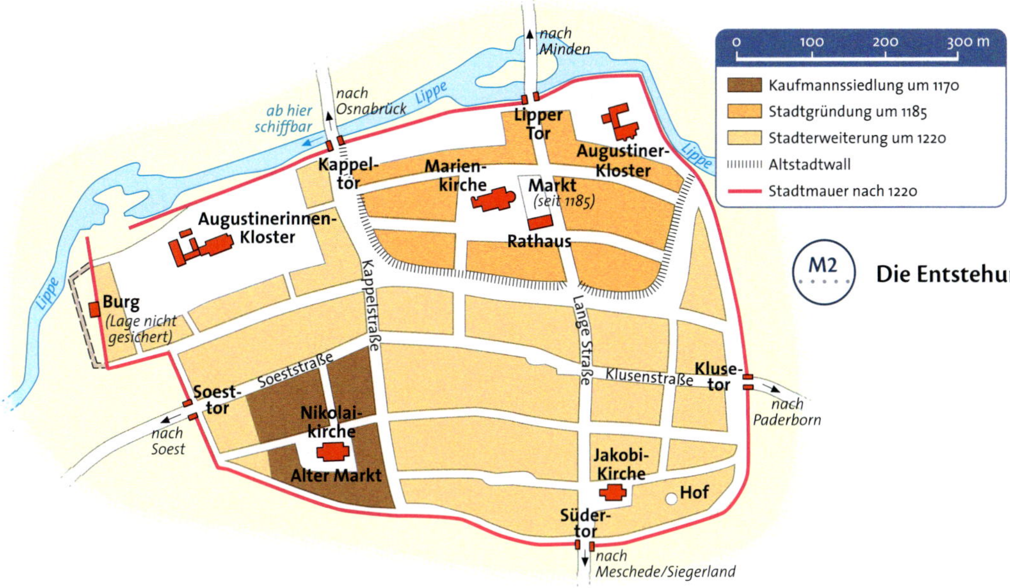

M2 **Die Entstehung von Lippstadt**

M3

Die Gründung des Marktortes Freiburg

Der Herzog von Zähringen verlieh den Bürgern von Freiburg in einer Urkunde von 1120 folgende Rechte:

Kundgetan sei allen, den zukünftig und den gegenwärtig Lebenden, dass ich, Konrad, an dem Ort, der mein Eigengut ist, nämlich Freiburg, einen Markt gegründet habe im Jahre des Herrn 1120. Nachdem also von überallher angesehene Kaufleute zusammengerufen worden sind, habe ich auf der Grundlage einer Schwurvereinigung verfügt, diesen Markt einzurichten und auszubauen.

Darauf habe ich einem jeden Kaufmann ... ein Grundstück zugeteilt, damit Häuser errichtet werden; und ich habe festgesetzt, dass von jedem Grundstück ein Schilling mir und meinen Nachkommen jährlich als Zins gezahlt werden soll, am Fest des heiligen Martin. Nun also sei allen kundgetan, dass ich auf Bitten jener die nun folgenden Privilegien eingeräumt habe ...

1. Allen, die meinen Markt besuchen, verspreche ich Frieden und sicheres Geleit innerhalb meines Besitzes und Herrschaftsbereichs.
2. Wenn einer von ihnen in diesem Gebiet beraubt werden sollte, so will ich die Rückerstattung des geraubten Gutes veranlassen oder selbst dafür zahlen.
3. Wenn einer meiner Bürger stirbt, so soll seine Frau mit ihren Kindern alles behalten, was auch immer ihr Mann hinterlassen hat.
4. Allen Kaufleuten erlasse ich den Zoll.
5. Meinen Bürgern will ich keinen anderen Vogt[1] oder Priester geben außer dem, welchen sie selbst gewählt haben.
6. Wenn sich unter meinen Bürgern eine Streitfrage erheben soll, so ist nicht nach meinem Ermessen oder dem ihres Vorstandes zu entscheiden, sondern ... nach dem gebräuchlichen ... Recht aller Kaufleute, insbesondere dem der Kölner ...
7. Jeder, der in diese Stadt kommt, darf sich hier frei niederlassen, wenn er nicht der Leibeigene irgendeines Herrn ist ... und diesen auch anerkennt als seinen Herrn ... Wer aber über Jahr und Tag in der Stadt gewohnt hat ..., der genießt von da an sicher die Freiheit.

Zit. nach Friedrich Keutgen, Urkunden zur städtischen Verfassungsgeschichte, Berlin (Felber) 1901, Nr. 133, S. 117.

[1] Der Vogt leitete die Verwaltung des Ortes und sprach Recht.

1 Erarbeitet in Partnerarbeit anhand des Darstellungstextes a) Merkmale der mittelalterlichen Stadt, b) die Bedeutung des Marktes für die Stadtentstehung und c) Orte der Stadtentstehung. Zieht M1 und M2 heran.

2 Benenne in Stichworten die Privilegien, die Herzog Konrad der Stadt Freiburg zugestand. Schreibe dazu, welchen Gruppen der Bewohner sie zugute kamen (M3).

3 Vergleiche die Rechte der Stadtbürger mit der Lage der Bevölkerung auf dem Lande. Lies auf S. 182 f. nach.

Stadtgesellschaft

Wer wohnte in der Stadt?

Wer vom Stadttor aus die engen Gassen der Stadt betrat, sah sofort, dass es ganz verschiedene Gruppen von Bewohnern gab. In der Nähe der Stadtmauer lagen viele Handwerksbetriebe, die – wie die Schmiede – mit offenem Feuer arbeiteten. Auch Bauernfamilien, Gärtner und Tagelöhner hatten sich hier niedergelassen. Die anderen Handwerker lebten oft dicht beieinander und häufig siedelte jedes Handwerk in einem bestimmten Viertel. Daran erinnern uns heute noch Straßennamen wie Schustergasse oder Glockengießergasse. Die Handwerker mit ihren Familien, Gesellen und Lehrlingen stellten über die Hälfte der Stadtbevölkerung.

Je näher man dem Zentrum kam, desto ansehnlicher wurden Straßen und Häuser. Direkt am Marktplatz standen die prachtvollsten Häuser. Hier lebten die Grund besitzenden Adligen und reichen Kaufmannsfamilien, die so genannten Patrizier. Sie fühlten sich den Adelsfamilien auf dem Land ebenbürtig. Der Anteil der Patrizier betrug weniger als ein Zehntel der Gesamtbevölkerung.

Die Geistlichen, Nonnen oder Mönche lebten in der Nähe der Kirchen oder in städtischen Klöstern. Sie waren der Anlaufpunkt für die Armen und Kranken, die oft keinen festen Wohnsitz hatten. Der Beruf der Gaukler und Spielleute, die an Markttagen auftraten, aber auch der Abortreiniger oder Henkersknechte wurde von den anderen Stadtbewohnern nicht anerkannt. Deshalb hießen sie „Unehrliche".

Frauen in der Stadtgesellschaft

Die Frauen waren die „andere Hälfte" der Stadtgesellschaft. Ihnen boten sich viele Möglichkeiten beruflicher Tätigkeit: als Kauffrauen, Webermeisterinnen, Seidenspinnerinnen, Weinhändlerinnen, Wäscherinnen oder Mägde. Die Rollenverteilung im privaten Bereich wurde mit Aussagen der Bibel begründet. Danach sollte der Ehemann „regieren" und die Ehefrau gehorchen. Wie im Adel blieb auch in der Stadtgesellschaft eine Liebesheirat meist ein Wunschtraum. Wie sollte sich auch ein Mädchen, das mit sieben Jahren verlobt und mit zwölf verheiratet wurde, gegen die Wahl der Familie durchsetzen? Manche Mädchen flohen aus dem elterlichen Zuhause und suchten anderswo Unterschlupf, oft in einem Kloster.

Ein „Einwohner" – ein „Bürger"?

In unserer Gesellschaft werden alle Menschen als „Bürgerinnen" und „Bürger" bezeichnet. Das war in der mittelalterlichen Stadt anders. Ihre Bewohner waren zwar von keinem Grundherrn abhängig und für alle galt der Ausspruch „Stadtluft macht frei", aber sie verfügten nicht über die gleichen Rechte. Wer als „Bürger" in die Stadtgemeinde aufgenommen werden wollte, musste über Grundbesitz verfügen und ein Handwerk oder Handelsgeschäft ausüben. In einem Eid schwor er, regelmäßig Steuern zu zahlen, auf der Stadtmauer Wachdienste zu leisten und die Stadt notfalls gegen Angreifer zu verteidigen.

Neben den Bürgern mit den vollen Bürgerrechten gab es die so genannten Einwohner. Sie hatten weder Grundbesitz noch waren sie selbstständig. Zu ihnen gehörten Teile der Handwerker, Gesellen, Mägde, Knechte, Dienstboten und Tagelöhner. Sie durften sich meist nur auf Widerruf in der Stadt aufhalten. Bei Gefahren von außen konnten sie jedoch als zusätzliche Verteidiger sehr wichtig werden, um die Sicherheit der Stadt zu gewährleisten. Dann ließ der Rat der Stadt sie Treue und Gehorsam schwören. Auch jüdische Stadtbewohner waren vom Bürgerrecht ausgeschlossen.

Ein Patrizier mit seiner Familie,
Gemälde von Jean Bourdichon (um 1457–1521)

M1

M2

Eine Fleischerfamilie,
französische Buchmalerei, 14. Jh.

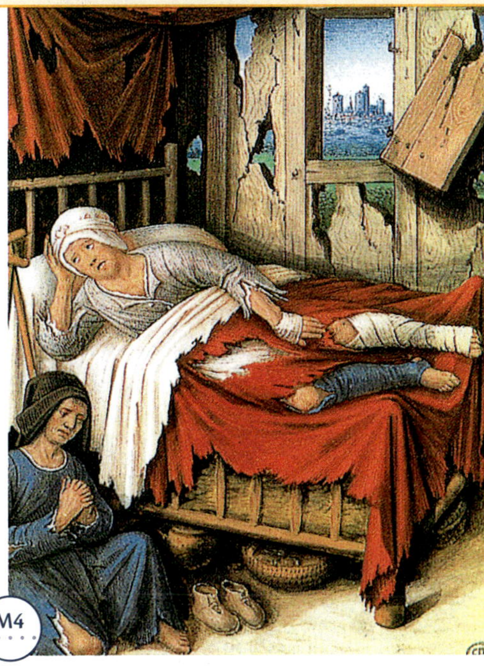

M4

Tagelöhner mit seiner Frau,
Gemälde von Jean Bourdichon (um 1457–1521)

M3

Bildung für alle?

Die Historikerin Edith Ennen schrieb 1994 über Mädchenbildung in den mittelalterlichen Städten:

In den … betrachteten Städten war in den bürgerlichen Kreisen kein großer Unterschied der Knaben- und Mädchenbildung festzustellen. Viele Frauen, vor allem Kauffrauen, konnten lesen, schreiben, rechnen und ihre eigenen oder des Ehegatten Geschäftsbücher führen. Aber seit etwa 1350 bahnte sich in den Städten eine Entwicklung an, von der die Mädchen ausgeschlossen blieben. Die Bürgersöhne besuchten in zunehmendem Ausmaß Universitäten in der weiten Fremde, in Italien und Frankreich, aber auch die Neugründungen … in Prag, Heidelberg, Köln, Erfurt, Wien, Leipzig usw. Die Universitäten überrundeten die klösterliche Gelehrsamkeit und Bildung. Sie durchbrachen die überlieferte ständische Ordnung, an ihnen konnten Bürger- und sogar Bauernsöhne studieren … Knaben- und Mädchenbildung gingen jetzt getrennte Wege … Die Frau verfügte hinfort nicht nur über keine politischen Rechte, sie besaß vielfach auch gar nicht mehr die Voraussetzung für eine politische Laufbahn (weil ihr die Voraussetzung eines Studiums fehlte). In der Geschichtsforschung wurde festgestellt, dass Ärztinnen nach 1500 weitgehend aus den Urkunden verschwinden.

Edith Ennen, Frauen im Mittelalter, 5. Aufl., München (C. H. Beck) 1994, S. 194 f.

Begriffe und Daten

Bürgerrecht

Bürger der Stadt hatten das Recht, Grundbesitz zu verkaufen und zu vererben sowie ihren Wohnsitz frei zu wählen. Alle Bürger wurden in Rechtsstreitigkeiten nach dem Stadtrecht behandelt. Dies galt sowohl für Männer als auch für Frauen. Aber nur die männlichen Vollbürger waren berechtigt, den Rat der Stadt zu wählen und Ämter zu besetzen. Juden waren meist wie Gesellen, Mägde und Tagelöhner vom Bürgerrecht ausgeschlossen. Heute umfasst das Bürgerrecht die Rechte als Staatsbürger, zum Beispiel das Wahlrecht und den Schutz im Ausland durch den eigenen Staat.

1 Beschreibe M1, M2 und M4 und vergleiche. Beachte die Personen und die Einrichtung der Räume.

2 Untersuche anhand von M3 die Bildungschancen der Frauen im Mittelalter.

3 Kläre die Begriffe „Bürger“, „Einwohner“ und „Bürgerrecht“ (Darstellungstext, Kasten).

4 Beurteile die folgende Behauptung: Bürgerrechte im Mittelalter und heute gleichen sich.

Die jüdische Gemeinde

Eine Stadt in der Stadt

Die Juden lebten – wie andere Fremde oder viele Handwerkergruppen – innerhalb der Stadt in einer Straße oder einem Viertel zusammen. Sie bildeten eine eigene Gemeinde mit einem Bürgermeister und einer eigenen Rechtsprechung. Im Laufe des Mittelalters entstanden vielerorts um jüdische Viertel Mauern und Tore, aber erst seit dem 16. Jahrhundert bezeichnete man sie als „Gettos“. Die Juden waren weitgehend in die Gemeinde integriert, benutzten die Sprache ihrer Umgebung und beteiligten sich an gemeinschaftlichen Aufgaben wie der Stadtverteidigung. Eheschließungen zwischen Juden und Christen waren allerdings verboten.
Weil den Juden viele Tätigkeiten aufgrund ihrer geringeren rechtlichen Stellung verwehrt wurden, arbeiteten die meisten als Kleinhändler, Lumpensammler und Geldverleiher gegen Zins (was wiederum Christen untersagt war). Innerhalb der jüdischen Gemeinde übten sie dagegen verschiedene, auch handwerkliche Berufe aus: z. B. Lehrer, Rabbiner oder Krankenpfleger. In großen jüdischen Gemeinden gab es Bäcker, Schneider und Metzger, die aufgrund des großen Bedarfs unter den jüdischen Stadtbewohnern vom Verkauf ihrer Produkte leben konnten. Zu den Einrichtungen höherer Bildung hatten Juden keinen Zutritt. Einzig als Ärzte durften sie praktizieren, weil dieser Beruf zunächst keine Ausbildung an einer Universität erforderte.

Südliche Hälfte des jüdischen Viertels in Köln um 1349

M1

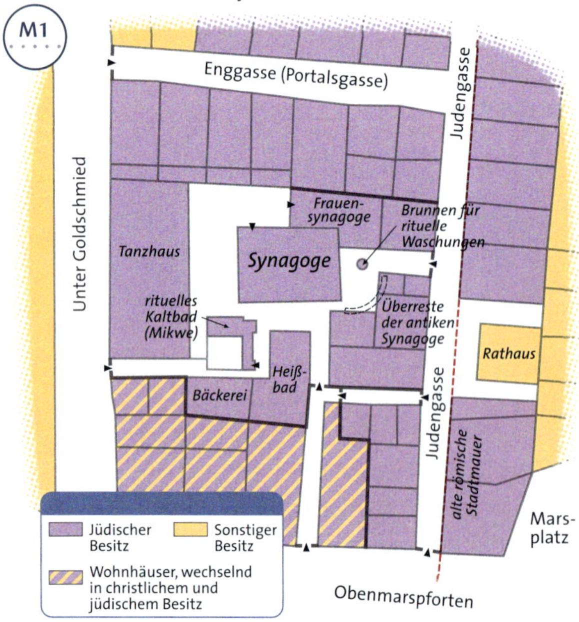

Die Vertreibung der Juden

Seit dem 11. Jahrhundert verschlechterte sich die Beziehung zwischen jüdischen und christlichen Stadtbewohnern. Die Motive für die Spannungen waren vielschichtig. Im Rahmen des ersten Kreuzzugs* wurden vonseiten des Papstes und der Kreuzfahrer die Juden als Feinde des Heiligen Landes gebrandmarkt. Theologen warfen ihnen vor, Jesus nicht als Erlöser anzuerkennen, und bezeichneten Menschen jüdischen Glaubens als „Christusmörder“. Hohe Vertreter der Kirche versuchten 1215 erstmals, die Trennung von Christen und Juden durchzusetzen (durch Kleider- und Wohnvorschriften). Mitte des 12. Jahrhunderts kamen – von England aus – Mordbeschuldigungen auf: Juden wurde vorgeworfen, Kinder für rituelle Zwecke getötet zu haben. Als 1348 die Pest von Südfrankreich aus durch ganz Europa wütete, wurde den Juden fälschlicherweise nachgesagt, sie hätten Brunnen und Quellen vergiftet und dadurch die verheerende Seuche ausgelöst. In der Folge kam es in vielen Städten Europas zu gewaltsamen Angriffen gegen Juden, zu Vertreibungen und zur Vernichtung jüdischer Gemeinden. Viele von ihnen fanden in Osteuropa eine neue Heimat.

Begriffe und Daten

Grundlagen der jüdischen Religion

Das Judentum ist die älteste monotheistische Religion. Nach jüdischem Glauben hat sich Gott, der Schöpfer der Welt, dem jüdischen Volk in besonderer Weise zugewandt. Mit den Stammvätern der Juden Abraham, Isaak, Jakob und mit Moses als Stellvertreter für das Volk der Juden hat Gott einen Bund geschlossen. Die Heilige Schrift der Juden ist die Thora (hebr. = Lehre). Das sind die fünf Bücher Mose, die dem Volk der Juden von Gott übergeben wurden. Abschnittweise wird im Laufe eines Jahres der gesamte Text der Thora im Gottesdienst gelesen. Neben der Thora ist der Talmud das wichtigste Buch der jüdischen Religion. Er ist eine Sammlung von Bräuchen, Lebensregeln, Gleichnissen und verbindlichen Religionsgesetzen der Juden. Der Ort des jüdischen Gottesdienstes und des Gebets ist die Synagoge.

M2

Sie sprechen viele Sprachen

Aus einem Bericht des islamisch-persischen Postmeisters und Geographen Ibn Chordadbeh über jüdische Kaufleute (um 850 n. Chr.):

Diese Kaufleute sprechen persisch, romanisch, arabisch, fränkisch, spanisch und slawisch. Sie reisen vom Abendland nach dem Morgenland und vom Morgenland nach dem Abendland, bald zu Wasser, bald zu Land. Sie bringen aus dem Abendland Eunuchen, Sklavinnen, Knaben, Seide, Pelzwerk und Schwerter. Sie begeben sich im Lande der Franken aufs Meer und fahren nach Farama [bei Port Said], dann zu Lande nach Kolzum [Sues] und Dschedda [Hafen von Mekka]; von da gehen sie nach Sind [Provinz in Pakistan], Indien und China. Bei der Rückreise nehmen sie Moschus, Aloe, Kampfer, Zimt und andere Erzeugnisse des Ostens mit und kommen wieder [zum Mittelmeer]. Einige begeben sich nach Konstantinopel, um dort Ware zu verkaufen, andere segeln nach dem Lande der Franken.

Zit. nach Regesten zur Geschichte der Juden im fränkischen und deutschen Reiche bis 1273, hg. von Julius Aronius, Berlin (Simion) 1902, Nr. 113, 50.

M3

Thorarolle aus dem Besitz der Stadt Magdeburg, vermutlich Ende des 14. Jh.

M4

Kaiserliches Privileg für Juden

Kaiser Friedrich I. (1152–1190) stellte 1157 die Juden in Worms und anderen Städten unter seinen Schutz:

Allen Bischöfen, Äbten, Herzögen, Grafen ... möge bekannt sein, dass wir den Juden von Worms ... die Erlasse unseres Urgroßvaters, des Kaisers Heinrich ..., bestätigen durch ein Gesetz, das immer gelten soll:

1. Wir wollen, dass sie wegen aller Rechtssachen nur uns berücksichtigen müssen, und bestimmen, dass weder Bischof, ... Graf, Schultheiß[1] noch überhaupt sonst jemand ... wegen irgendeiner Streitsache ... infolge eines Rechtsfalles mit ihnen oder gegen sie verhandelt ...

2. Von den Sachen, die sie nach Erbrecht besitzen in Form von Grundstücken, Gärten, Weinbergen, Äckern, Knechten ..., soll sich keiner vermessen, irgendetwas wegzunehmen ...

3. Sie sollen die freie Befugnis haben, in der ganzen Stadt mit jedermann Silber zu wechseln ... Innerhalb des Gebietes unseres Reiches dürfen sie frei und friedlich umherziehen, um ihre Geschäfte und ihren Handel auszuüben ...

4. Wenn jemand gegen einen von ihnen einen Plan ausheckt oder ihn tötet, so sollen beide, Ratgeber und Mörder, zwölf Pfund Gold an das Schatzamt des Königs zahlen.

Quellen zur deutschen Verfassungs-, Wirtschafts- und Sozialgeschichte bis 1250, ausgew. und übers. von Lorenz Weinrich, Darmstadt (Wissenschaftliche Buchgesellschaft) 1977, S. 241 ff.

[1] Der Gerichtsherr, den der Bischof von Worms eingesetzt hat.

1 Beschreibe mithilfe des Darstellungstextes (linke Spalte) die Rolle der Juden in der Stadt. Unterscheide nach ihrer gesellschaftlichen und wirtschaftlichen Stellung. Ziehe M1 heran.

2 Untersuche, wie der Autor von M2 die Rolle der jüdischen Kaufleute beschreibt und bewertet.

3 Liste anhand von M4 stichwortartig die Rechte auf, die den Juden zugesichert wurden.

4 Nenne anhand des Kastens die wichtigsten Merkmale der jüdischen Religion.

5 Begründe, warum die Thora für die Juden eine große Bedeutung hat (M3, Kasten).

6 Suche im Darstellungstext (rechte Spalte) nach Gründen für die Vertreibung der Juden im Mittelalter und nimm dazu Stellung.

Stadtwirtschaft

Der Markt – zentraler Ort der Stadt

An Markttagen herrschte in der Stadt ein buntes Treiben. Und doch hatte alles seine Ordnung: Vielerorts wurde ein eigener Marktfriede ausgerufen, um einen ruhigen Handel zu gewährleisten. So war es z. B. verboten, Waffen zu tragen. Marktordnungen regelten den Geschäftsbetrieb, etwa durch Preisfestsetzungen und Vorschriften zur Qualität der angebotenen Produkte. Auf diese Weise sollten die mittelalterlichen Käufer vor Übervorteilung und Betrug geschützt werden. Für die Menschen des Mittelalters waren die städtischen Märkte etwas Neues, denn mit der Entstehung und Ausbreitung der Städte war die Anzahl der Menschen so stark angestiegen, dass ihr Bedarf zunehmend mit Produkten der Bauern aus der Umgebung gedeckt werden musste. Die Handwerker der Stadt waren damit beschäftigt, Geräte für den Haushaltsbedarf herzustellen. Andere Waren, z. B. Seidenstoffe oder Gewürze aus China, bezogen die Großkaufleute aus dem Fernhandel und verkauften sie über Händler auf den Märkten weiter. So bildete sich unter Bauern, Handwerkern und Kaufleuten eine „Arbeitsteilung" heraus.

Handwerk und Zünfte

Seit Beginn des 12. Jahrhunderts schlossen sich in den Städten Europas viele Handwerker und einige Handwerkerinnen zu Zünften zusammen. Die Zunftmitgliedschaft wurde bald darauf für alle Angehörigen eines Handwerks zur Pflicht. Es herrschte Zunftzwang.
Die Zunft regelte alle Fragen, die die Arbeit betrafen: z. B. welche Qualität ein bestimmter Stoff haben musste, wie teuer ein Brot sein durfte oder wie viele Meter Leinen ein Weber weben durfte. Auch erließ sie Vorschriften für die Lehrlingsausbildung. Vor allem waren die Zünfte bestrebt, Konkurrenz auszuschalten. Die Aufnahme neuer Mitglieder wurde streng überwacht und eng begrenzt. So hatten viele Gesellen kaum eine Chance, sich als Meister selbstständig zu machen. Nichtbürger, z. B. Juden, waren generell ausgeschlossen. In vielen Zünften waren zwar nur Männer zugelassen, aber Witwen durften in der Regel die Tätigkeit ihres Mannes weiterführen.
Eine Zunft war mehr als nur ein Berufsverband. In Zunfthäusern traf man sich zu Festen. Geriet ein Mitglied durch Krankheit oder Tod eines Angehörigen in Not, half die Zunft. Gemeinsam sah man die „Zünftler" bei kirchlichen Prozessionen durch die Stadt marschieren. Wurde die Stadt angegriffen, übernahm jede Zunft bestimmte militärische Aufgaben.

Markttreiben in einer flämischen Stadt,
Ölgemälde von Pieter Aertsen (um 1509–1575), Mitte 16. Jh.

M1

M2

Aufgaben und Interessen der Zünfte

Auszug aus dem Amtsbrief der Kölner Garnmacherinnen vom 14. April 1397:

1. Zum Ersten, welche Person oder Magd das Garnamt [genehmigtes Handwerk] in Köln lernen will, die soll vier Jahre dienen und nicht weniger, damit sie lerne, Kaufmannsgut zu machen und zu bereiten … Und sie soll sogleich dem Amt sechs Schilling für ihren Eintritt geben …

3. Weiterhin, wenn eine Person ihre vier Jahre gedient hat und sich … niederlassen will, um selbstständig zu arbeiten, so sollen die Frauen, die darauf vereidigt worden sind, ihre Arbeit prüfen …

5. Und welchem Mann seine Frau stirbt, der Mann darf das Amt mit seinem Gesinde weiter ausüben.

6. Weiterhin soll keine Frau mehr als eine Tochter mit ihrem Geld selbstständig machen …

8. Weiterhin soll keine Frau mehr Gesinde halten als drei Mädchen oder Lohnarbeiterinnen, die für sie arbeiten. Oder aber eine Tochter und zwei Mägde.

Zit. nach Peter Ketsch, Frauen im Mittelalter, Bd. 1, Düsseldorf (Schwann-Bagel) 1983, S. 173 f., sprachliche Vereinf. d. Verf.

M3

Mit zwölf Jahren in die Lehre

Ein Lehrvertrag aus dem Jahre 1404 lautete:

Ich, Johann Toynburch, Bürger zu Köln, tue allen Leuten kund, dass ich vermietet habe dem kunstfertigen Manne Adolf Bruwer, dem Goldschmied, meinen ehrlichen Sohn Tönis, der aus eigenem Willen das Handwerk der Goldschmiede acht Jahre lang in Köln erlernen und ihm treulich dienen will. Auch soll Meister Adolf meinem Sohn Kost geben, und ich, Johann, soll den Tönis die ganzen acht Jahre lang anständig kleiden. Und geschehe es, dass Tönis im ersten Jahr stürbe, so soll mir Meister Adolf acht Gulden von den sechzehn wiedergeben, die ich ihm zuvor gegeben habe. Weiter: Geschehe es, dass Tönis meinem Meister in diesen Jahren entliefe und auf eigene Rechnung das Handwerk zu treiben begänne, muss ich Meister Adolf eine Strafe von 42 Gulden zahlen.

Die Kölner Zunfturkunden bis zum Jahre 1500, Bd. 2, hg. v. Heinrich v. Loesch, Bonn (P. Hanstein) 1907, S. 221 f., bearb. d. Verf.

M4

Ein Zunftmeister kontrolliert zwei Handwerksgesellen bei der Anfertigung ihrer Meisterstücke,
Buchmalerei, 1482

Begriffe und Daten

Zunft

Im Mittelalter schlossen sich Menschen oft zu Hilfsgemeinschaften, so genannten Gilden, zusammen. Ein Beispiel ist die Zunft, der die Handwerksmeister eines Berufs beitreten mussten (= Zunftzwang). Die Zunft regelte die Arbeitsverhältnisse, sicherte die wirtschaftliche Existenz der einzelnen Handwerker durch die Verhinderung von Konkurrenz und prägte auch die alltägliche Lebensführung.

1 Beschreibt in Partnerarbeit anhand von M1 das Marktgeschehen. Beachtet: Personen, Tätigkeiten, Produkte, Transportmittel und Atmosphäre.

2 Erkläre mithilfe des Darstellungstextes, warum der Markt das Zentrum der Stadt war.

3 Fasse Aufgaben und Interessen der Zunft zusammen (Darstellungstext, M2, M4).

4 Formuliere den Lehrvertrag (M3) mit deinen eigenen Worten.

5 Ein Bauer, ein Handwerker und ein Händler sprechen über Vor- und Nachteile des Marktes. Skizziert ein Gespräch und spielt es nach.

Stadtherrschaft

War die Macht des Stadtherrn unbegrenzt?

Die frühen mittelalterlichen Städte wurden von ihrem weltlichen oder geistlichen Stadtherrn regiert. Der Bischof* oder der Herzog* legte die Regierung der Stadt in die Hände eines Vogts oder Burggrafen, der meist in der Stadt wohnte. Als die Patrizier und viele Handwerker im Laufe des 11. und 12. Jahrhunderts zu großem Reichtum gelangten, stellten sie die Alleinherrschaft des Stadtherrn immer häufiger infrage. Nach zahlreichen Auseinandersetzungen gelang es in fast allen Städten des Reiches, einen Rat als Stadtregierung einzusetzen. Ratsmitglieder waren Patrizier, die auch den Bürgermeister wählten.

Begriffe und Daten

Städtische Selbstverwaltung

Die städtische Selbstverwaltung beinhaltet heute das Recht, über Angelegenheiten, die die Stadt betreffen, selbst zu entscheiden, z. B. über Finanzen, Verkehrsmittel oder Schul- und Krankenhausbau. Die Bürgerinnen und Bürger wählen das Stadtparlament (Stadtrat) und entscheiden über das Amt des Bürgermeisters. Der Ursprung der städtischen Selbstverwaltung liegt 1. in den Befreiungskämpfen der Patrizier gegen die Stadtherren und 2. in den Kämpfen der Zünfte gegen die Patrizier um die Beteiligung an der „Stadtregierung".

Die Zünfte fordern Teilhabe an der Macht

Solange die Auseinandersetzungen in der Stadt gemeinsam gegen den Stadtherrn geführt wurden, brachen Interessenunterschiede zwischen Patriziern und Handwerkern nicht offen aus. Im Laufe des 14. Jahrhunderts jedoch forderten die Zünfte in vielen Städten, die Vorherrschaft der Patrizier zu beenden. Denn die Zünfte hatten sich zu einem wichtigen Bestandteil städtischen Lebens entwickelt. Die Handwerker zahlten Steuern, beteiligten sich bei Bränden an den Löscharbeiten und trugen die Hauptlast bei der Verteidigung der Stadt. Viele Zunftmeister waren reich geworden und wollten mehr Einfluss in der Politik. Selten jedoch waren sie im städtischen Rat vertreten.

In vielen Städten setzen die Zünfte schließlich ihre Beteiligung an der Stadtregierung durch, z. B. 1330 in Magdeburg oder 1396 in Köln.

Rollenspiel

Kampf um die Stadtherrschaft

In einer Reichsstadt, die keinen Stadtherrn hat und nur dem Kaiser untersteht, ist ein Machtkampf zwischen den regierenden Patriziern und der größten Zunft, den Webern, entbrannt. Schließlich wollen Vertreter beider Parteien und des Kaisers einen Kompromiss suchen. Gestaltet ein Rollenspiel. Nehmt die Methode S. 42 f. zu Hilfe.

M1 Die Entstehung der städtischen Selbstverwaltung

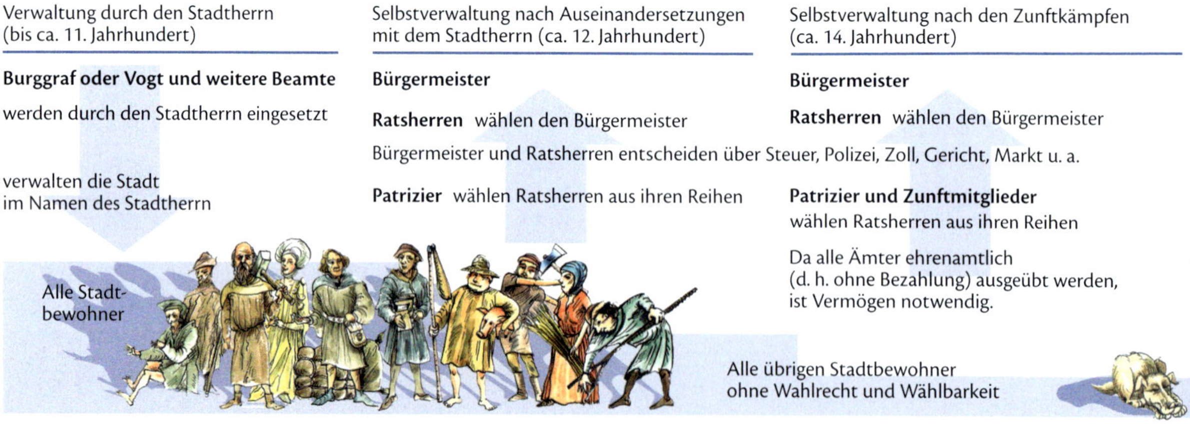

M2

Ein Konflikt in Köln

Der Abt Lampert von Hersfeld (vor 1028–nach 1081) schilderte den Aufstand der Kölner Bürger gegen den Stadtherrn, Erzbischof Anno 1074:

Der Erzbischof feierte das Osterfest in Köln und bei ihm war der Bischof von Münster ... Als nun die Osterfeiertage beinahe vorüber waren und dieser sich anschickte abzureisen, erhielten die Hausbediensteten des Erzbischofs den Befehl, ein geeignetes Schiff für seine Reise zu besorgen. Nach Besichtigung aller Schiffe beschlagnahmten sie eines, das einem sehr reichen Kaufmann gehörte ... Darauf rannten die Knechte schleunigst zu dem Schiffseigner, meldeten den Vorfall und fragten, was sie tun sollten. Dieser hatte einen erwachsenen Sohn ... Der lief mit seinen Knechten und jungen Leuten ... in fliegender Eile zu dem Schiff und verjagte die Diener des Erzbischofs ... mit Gewalt. Als darauf der Stadtvogt zum Eingreifen heranrückte ..., wehrte er auch diesen mit der gleichen Unerschrockenheit ab ... Schon entsteht Einverständnis, den Erzbischof nicht nur aus der Stadt zu jagen, sondern ihn, wenn möglich, unter allen Martern abzuschlachten ... Der Erzbischof entschließt sich zur Flucht, kehrt aber nach vier Tagen mit einem Heer zurück. Als die Kölner das sahen ..., schickten sie ihm Boten entgegen und baten um Frieden ... In dieser Nacht flohen mehr als sechshundert der wohlhabenden Handelsherren aus der Stadt und begaben sich zum König, um ihn um sein Einschreiten gegen das Wüten des Erzbischofs zu bitten.

Lampert von Hersfeld, Annalen, neu übers. von Adolf Schmidt, Darmstadt (Wiss. Buchges.) 2000, S. 237 ff.

M3

Städte und König – Verbündete?

Der Historiker Fritz Rörig schrieb 1955 über das Verhältnis zwischen König und Städten im 11. Jahrhundert:

Für den König boten die Städte die Möglichkeit, den unmittelbaren Reichsuntertanenverband[1] ... zu zuverlässigen Stützen der königlichen Gewalt zu gewinnen. Für die Städte wiederum war ein starkes Königtum der sicherste Schutz gegen Überspannung der städteherr(schaft)lichen Ansprüche, gegen fürstliche Versuche, das Reich und damit das Wirtschaftsgebiet des städtischen Fernhandels durch Zollschranken willkürlich zu zerreißen.

Fritz Rörig, Die europäische Stadt und die Kultur des Bürgertums im Mittelalter, 2. Aufl., Göttingen (Vandenhoeck & Ruprecht) 1955, S. 29.

[1] Zum Beispiel Reichsritter, Reichsstädte, die dem König unmittelbar unterstanden und nur ihm Steuern zahlten

M4

Beim Stadtherrn, einem Bischof: ein Patrizier, ein Bürger und ein Bauer,
Ausschnitt aus einer Buchmalerei, 1500

1. Erarbeite anhand von M2 Ursachen, Verlauf und Ergebnis des Kölner Konflikts. Welche Position nimmt der Autor ein?
2. Beschreibe mithilfe von M3 die Beziehungen zwischen Stadtherrn, Patriziern und Reichsgewalt (König). Ziehe M2 mit heran.
3. Erläutere anhand von M1 die Entstehung der städtischen Selbstverwaltung.
4. Beschreibe M4 und stelle fest, wie der Künstler die Machtverhältnisse in der Stadt dargestellt hat.

Lebenswelt Kloster

Auf dem Weg zu Gott

Erstmals im 3. Jahrhundert suchten Christen in der Einsamkeit einer kargen Landschaft den Weg zu Gott: In der ägyptischen Wüste wollten sie sich allein ihrem Glauben hingeben. Später schlossen sich manche dieser Einsiedler zusammen, um sich gegenseitig zu helfen und als Lebensgemeinschaft von Mönchen bzw. Nonnen in einem Kloster (von lat. claustrum = Verschluss) zu leben. Dort dienten sie Gott unter der Leitung eines Abtes oder einer Äbtissin nach festen Regeln. Beim Eintritt in das Kloster mussten sie ein Gelübde ablegen, ihr Leben lang einer überlieferten Ordensregel zu folgen. Im Laufe der Geschichte entwickelten sich verschiedene Mönchsgruppen, z. B. Benediktiner, Zisterzienser oder Franziskaner. Die so genannten Orden unterschieden sich äußerlich in ihrer Ordenstracht voneinander. In Europa entstanden die ersten Klöster, als sich mit der Völkerwanderung das Christentum ausbreitete. Im 6. Jahrhundert entwickelte der italienische Abt Benedikt von Nursia (gest. um 547) eine Ordensregel*, die für Mönche wie Nonnen gleichermaßen galt. Die Benediktusregel wurde zur Grundlage fast aller klösterlichen Gemeinschaften im Mittelalter.

Bete und arbeite

„Ora et labora" – entsprechend diesem Leitsatz war der Tag in den Männer- und Frauenklöstern nach einem strengen Zeitplan in Gebets- und Arbeitszeiten eingeteilt. Dabei sollten die Mönche und Nonnen oft schweigend ihre Pflichten erfüllen. Der Speisezettel der Klöster unterschied sich je nach Region und Jahreszeit: Bevorzugt wurden Suppen und Eintöpfe mit Brot. Fisch war eine beliebte Fastenspeise. Nur an Sonn- und Feiertagen aß man Fleisch. Getrunken wurde Wasser, Milch, Bier und Wein. Abends gab es meist eine kalte Mahlzeit aus Brot mit Speck, Käse oder Eiern. Die Bewohner des Klosters schliefen in Gemeinschaftssälen. Erst im späten Mittelalter setzten sich Einzelschlafzellen durch. Weil die Klosterregel jeden Luxus verbot, wurden die Zellen nicht beheizt. Die Mönche und Nonnen lagen in ihren wollenen Kleidern auf hölzernen Pritschen. Nur bei strengem Frost war eine Bettdecke erlaubt. Die Fasten- und Schweigevorschriften waren und sind heute noch in den einzelnen Klöstern sehr unterschiedlich.

M1

Aus der Benediktusregel

Die Regel des Benedikt von Nursia (gest. um 547) galt für Mönche und Nonnen. In ihr finden sich folgende Kapitel:

33. Vom Eigentum: Keiner wage es, ohne Erlaubnis des Abtes … etwas zu eigen zu besitzen, durchaus nichts, weder Buch noch Tafel, nein, überhaupt nichts. Alles sei allen gemeinsam …

48. Von der täglichen Handarbeit: Müßiggang ist ein Feind der Seele. Deshalb sollen sich die Brüder beschäftigen: zu bestimmten Zeiten mit Handarbeit, zu bestimmten anderen Stunden mit heiliger Lesung. Wenn die Ortsverhältnisse oder die Armut fordern, dass sie das Einbringen der Ernte selbst besorgen, sollen sie deswegen nicht missmutig werden. Sie sind nämlich erst wahre Mönche, wenn sie von der Arbeit ihrer Hände leben …

66. Von der Anlage des Klosters: Wenn möglich, ist das Kloster so anzulegen, dass alles Notwendige, nämlich Wasser, Mühle, Garten und die verschiedenen Werkstätten, sich innerhalb der Klostermauern befinden. So brauchen die Mönche nicht draußen herumzulaufen, was für ihre Seelen durchaus nicht zuträglich ist.

Zit. nach James Hogg, Die geheimnisvolle Welt der Klöster, Augsburg (Weltbild) 1998, S. 45.

M2

Kloster Maria Laach in der Eifel, Foto, 1995

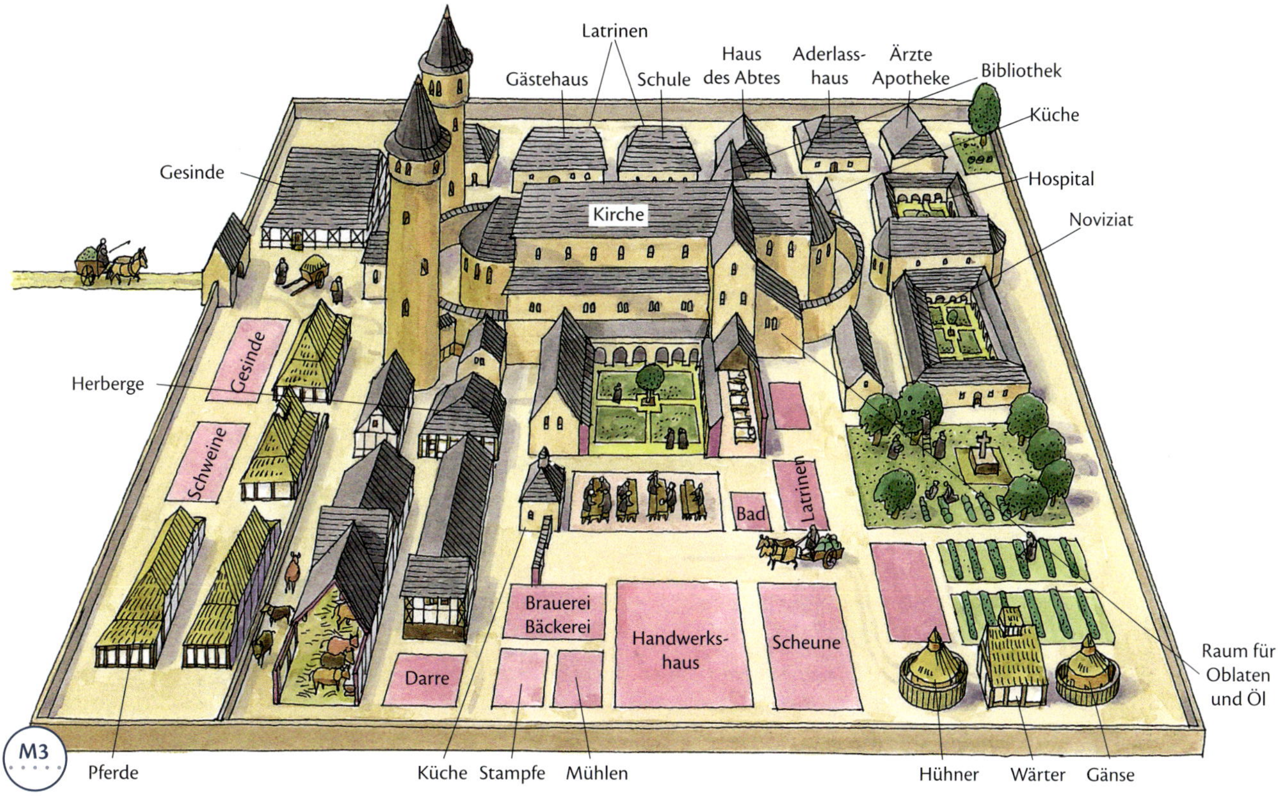

M3

Klosterplan von St. Gallen, Rekonstruktionszeichnung nach einem Plan von 820 n. Chr., 2000.
Das Kloster entwickelte sich in der Mitte des 8. Jh. aus einer Einsiedlerzelle des hl. Gallus zu einer der bedeutendsten Stätten mittelalterlicher Kultur.

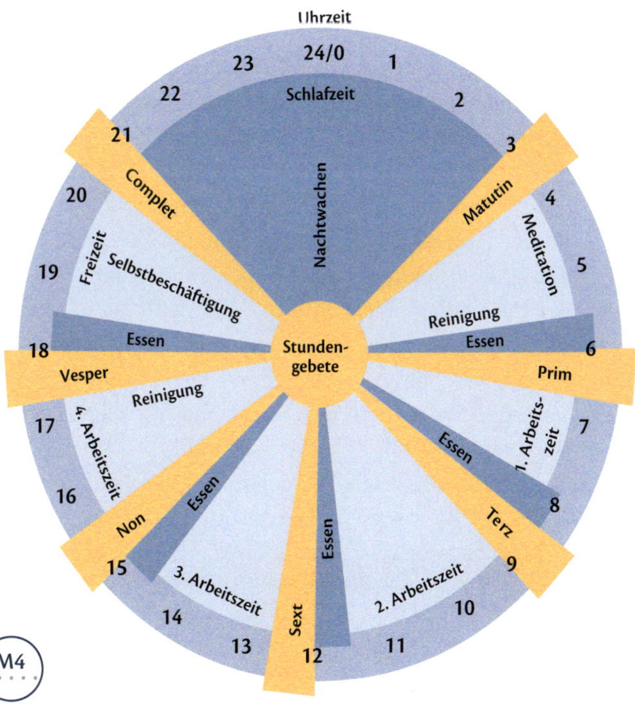

M4

Klösterlicher Tagesablauf

1 Berichtet ausgehend von M2 von euren Kenntnissen über Klöster und das Klosterleben.

2 Erarbeite mithilfe des Darstellungstextes, warum Klöster entstanden und wie sie sich in Europa verbreiteten.

3 „Ora et labora" (Bete und arbeite): Erkläre, wie diese Forderungen in einer Klosteranlage und im Klosterplan sichtbar werden (M2, M3).

4 a) Notiere, welche Ziele Benedikt von Nursia mit den Regeln in M1 erreichen wollte.
b) Nimm dazu begründet Stellung.

5 a) Schreibe anhand des Darstellungstextes und M4 den Tagesablauf eines Mönches auf. Beginne um 3 Uhr in der Nacht.
b) Vergleiche mit deinem Tagesablauf.

6 Immer mehr Menschen verbringen heute ihre Ferien im Kloster und nehmen am Leben der Mönche bzw. Nonnen teil. Wie erklärst du dir das?

Das Kloster – mehr als ein religiöser Ort

Mönche als Unternehmer

Die Frauen- und Männerklöster des Ordens der Zisterzienser (gegründet 1098 n. Chr. von dem Abt Bernhard von Clairvaux) gehörten zu den erfolgreichsten Wirtschaftsbetrieben in Europa. Sie erbrachten große Leistungen auf dem Gebiet der Waldrodung sowie der Ent- und Bewässerung. Auch verbreiteten sie neue Methoden der Landwirtschaft (Dreifelderwirtschaft) und des Handwerks in Europa. „Gebt diesen Mönchen ein ödes Moor oder einen wilden Wald, lasst dann einige Jahre vergehen, und ihr werdet nicht nur schöne Kirchen, sondern auch menschliche Siedlungen dort errichtet sehen", musste ein scharfer Gegner der Zisterzienser im Jahre 1188 bewundernd zugestehen.
Der Hof des Klosters war ein Wirtschaftshof voller Leben – und das hieß auch: Lärm, Schmutz und Gestank. Je größer die Grundherrschaft des Klosters, desto wahrscheinlicher war es, dass auch Laien, d.h. Frauen und Männer, die kein Gelübde abgelegt hatten, im Klosterbetrieb beschäftigt wurden. Über das Leben dieser Menschen wissen wir nur wenig. Manche banden sich aus religiösen Gründen an das Kloster, andere sahen in ihm einen Arbeitgeber, der sich kaum von einem adligen Grundherrn unterschied.

Der französische Mönch Jean de Vignay übersetzt ein Buch, französische Buchmalerei, 15. Jh.

M1

Bildungschancen für Männer und Frauen

Im Mittelalter gab es kein vergleichbares Informationsangebot, wie wir es heute kennen. Die Menschen waren, da nur wenige von ihnen lesen und schreiben konnten, auf mündlich vermittelte Informationen angewiesen oder wandten sich an Nonnen und Mönche. Die Klöster hatten sich nämlich im Laufe des 9. und 10. Jahrhunderts zu „Bildungszentren" entwickelt.
Für Mädchen und Frauen war das Kloster die einzige Möglichkeit, sich wissenschaftlich oder künstlerisch zu betätigen. Viele traten auch ins Kloster ein, um einer Zwangsheirat zu entgehen oder, wenn sie unverheiratet blieben, um versorgt zu sein. Predigt und Oberaufsicht in den Frauenklöstern behielten sich jedoch die männlichen Ordensmitglieder vor, sodass die Eigenständigkeit der Nonnen begrenzt war.
Die Klöster gründeten eigene Schulen, in denen Kinder für die Aufgaben im Orden ausgebildet wurden. Über Jahrhunderte hinweg waren Klosterschulen die einzigen Bildungseinrichtungen. Deshalb brachten viele Adlige ihre Kinder dort unter, auch wenn diese später gar nicht ins Kloster eintreten sollten.

Forschungszentrum Kloster

Mönche und Nonnen zählten – neben heilkundigen Frauen (z. B. Hebammen), Badern, Barbieren, Chirurgen und herumziehenden Gauklern – zu den Fachleuten, die im Mittelalter um medizinische Hilfe und Rat gefragt wurden. Denn in den Klosterbibliotheken wurden nicht nur Schriften mit antiken Heilverfahren aufbewahrt, sondern Mönche und Nonnen konnten auch den großen medizinischen Erfahrungsschatz nutzen, der über Jahrhunderte hinweg innerhalb der Klostermauern entstanden war. Die Nonne Hildegard von Bingen beschäftigte sich z. B. mit der aus der Antike stammenden „Säftelehre". Danach bewirkte die ausgewogene Mischung der vier Säfte (Blut, Schleim, rote Galle, schwarze Galle), dass ein Mensch gesund war. Aus einer Störung dieser Mischung entstand die Krankheit. Hildegard, die ihr Wissen in zahlreichen Büchern festhielt, beschrieb den Heilungsprozess als einen Vorgang, der Körper und Seele, Verstand und Gefühl erfasste. Erst mit einer „Umkehr", d. h. der Änderung seiner Lebensweise, könne der Patient seine Krankheit bekämpfen.

M2

Hildegard von Bingen mit ihrem Sekretär, dem Mönch Volmar, bei der Niederschrift ihrer Visionen, Buchmalerei, um 1220

Zeitplanung und Klosterleben

M3

Der Historiker Klaus Schreiner urteilte 1982 über die wirtschaftlichen Erfolge der Zisterzienser:

Zur Weltentsagung der Zisterzienser gehörten auch der gewissenhafte Umgang mit der Zeit, strenge Arbeitsdisziplin sowie das Bemühen, mit haushälterischer Vernunft Wirtschaftsabläufe zu planen und zu kontrollieren. Ökonomischer Umgang mit der Zeit unterschied die Zisterzienser vom Adel, dem Termindruck und Zeitplanung fremd waren, weswegen denn auch seine Tanz- und Turnierspiele als „tumpheit" und „velorn zit" kritisiert wurden. Sprechen war während der Arbeit nur dann erlaubt, wenn es um die Arbeit selbst ging … Waren Prior oder Subprior[1] gehalten, während der Arbeit die Beichte abzunehmen, sollte der Zuspruch nicht viel Zeit in Anspruch nehmen und deshalb auch im Stehen erfolgen. Die Arbeit durch Ruhepausen zu unterbrechen war untersagt. Nur aus einem dringenden Bedürfnis durften sich Mönche und Laienbrüder von der Arbeit entfernen.

Zusammengestellt nach Klaus Schreiner, Zisterziensisches Mönchtum und soziale Umwelt. In: Die Zisterzienser. Ordensleben zwischen Ideal und Wirklichkeit, Ergänzungsband, Köln (Rheinland Verlag) 1982, S. 79 ff.

[1] Klostervorsteher und sein Stellvertreter

Biographie

Hildegard von Bingen

Hildegard wurde 1098 als zehntes Kind adliger Eltern geboren. Mit acht Jahren wurde sie der Benediktineräbtissin Jutta von Spanheim zur Erziehung anvertraut. 1113/14 trat sie dem Benediktinerorden bei und wurde nach Juttas Tod Äbtissin. 1141 begann sie damit, ihre 26 Visionen („Göttliche Offenbarungen") aufzuschreiben. 1142/52 organisierte sie den Bau des Klosters Rupertsberg bei Bingen und siedelte dorthin um. Sie unternahm vier große Predigtreisen. Ihre Schriften sind geprägt von der Tradition der Klostermedizin, von Volkswissen und von antiken Überlieferungen. Bis heute finden ihre Erkenntnisse über natürliche Heilmethoden und ihre Ernährungslehre Anerkennung. Dagegen ist der Sinn ihrer Visionen nur zum Teil erforscht und bekannt.

Die Bedeutung des mittelalterlichen Klosters

M4

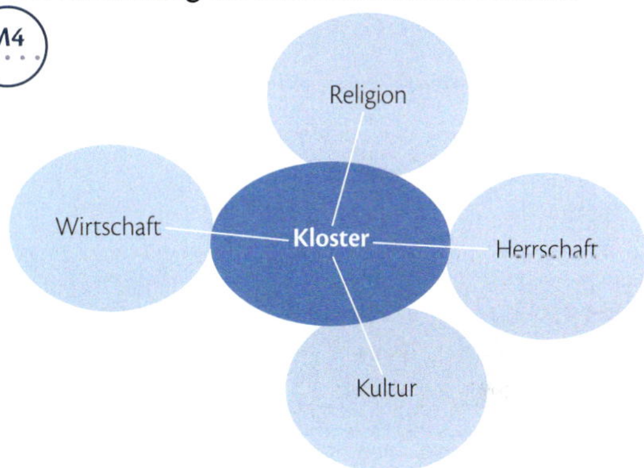

1. „Mönche als Unternehmer": Prüfe diese Aussage am Beispiel der Zisterzienser (Darstellungstext linke Spalte, M3).
2. Klöster waren Bildungs- und Forschungszentren des Mittelalters. Erläutere und begründe diese These (Darstellungstext rechte Spalte, M1).
3. Ordne die Leistung der Hildegard von Bingen in den Rahmen des Klosters als Bildungs- und Forschungszentrum ein.
4. Schreibe deine Kenntnisse zu den in M4 aufgeführten Begriffen auf (siehe S. 208–211).
5. Nehmt Kontakt zu einer Klosterschule auf und stellt Fragen, die euch interessieren. Kontakt: Landesarbeitsgemeinschaft Katholischer Schulen im Lande Nordrhein-Westfalen, Düsseldorf.

Die mittelalterliche Gesellschaft

Was ist eine „Ständegesellschaft"?

Bis heute finden Wissenschaftler immer neue Begriffe, um die Unterschiede und Gemeinsamkeiten zwischen einzelnen Gruppen unserer Gesellschaft zu beschreiben. Schon im frühen Mittelalter, als die meisten Menschen entweder Bauern oder Adlige waren, versuchte man, den Aufbau der Gesellschaft zu erklären. Dabei herrschte zunächst die aus der Antike überlieferte Auffassung vor, dass die Gesellschaft in zwei Gruppen, die „Herren" und die „Knechte", geteilt sei. Aus dieser Vorstellung entwickelten die Gelehrten – meist Geistliche – seit dem 11. Jahrhundert ein neues Bild der Gesellschaft. Darin gab es drei so genannte Stände: den Klerus* (= Geistliche), den Adel und die Bauern. Diese Dreiteilung der Gesellschaft in Stände blieb bis zum Ende des Mittelalters bestimmend. Was genau bedeutet das Wort „Ständegesellschaft"? Welche Gruppen der Gesellschaft gehörten dazu und welche nicht? Wie wurde die Lehre von den drei Ständen begründet?

M1

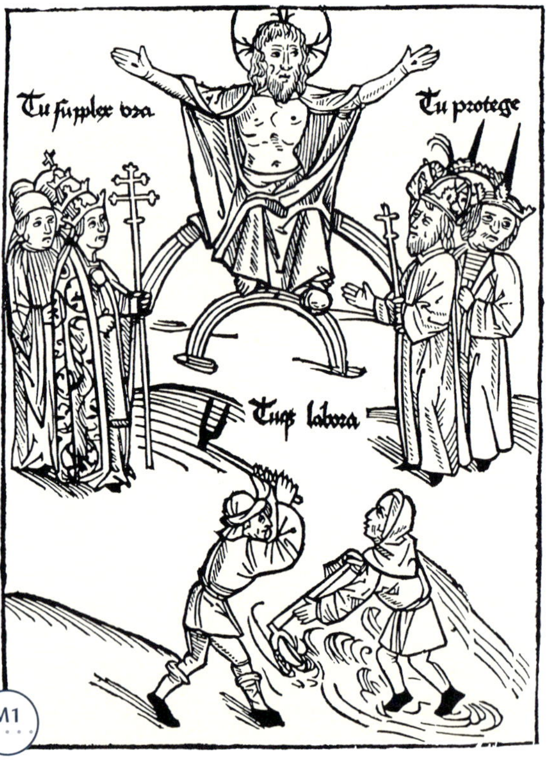

Dreiständebild, Holzschnitt, 1488. Die Kommentare lauten: Tu supplex ora (Du bete demütig!), Tu protege (Du schütze!) und Tuque labora (Und du arbeite!).

M2

Stände von Natur aus?

In einer französischen Chronik zum Jahr 1381 fand sich folgender Aufruf eines Priesters an die Bauern:

Ihr braven Leute, die Dinge können nicht gutgehen in England und werden nicht gutgehen, bis es so weit ist, dass aller Besitz gemeinsam wird und es weder Bauern noch Edelleute gibt und wir alle eins sind. Aus welchem Grund sind die, die wir Herren nennen, größere Meister als wir? ... Warum halten sie uns in Knechtschaft? Und wenn wir alle von einem Vater und einer Mutter, Adam und Eva, abstammen, inwiefern können sie behaupten und beweisen, dass sie mit besserem Grund als wir Herren sind? Höchstens damit, dass sie uns erbringen und erpflügen lassen, was sie ausgeben.

Jean Froissart, Chroniques II, 212, hg. v. Gaston Raynaud, Paris 1897, S. 94 ff., übers. v. W. Schwartzkopff.

M3

Die ideale Ehefrau

Ein bei Adligen beliebtes Lehrstück für standesgemäßes Verhalten, das in Rom spielt:

Während der Belagerung der Stadt Viterbo durch die Römer unterhielten sich ... die römischen Anführer ... Die einen waren froh, von ihren Ehefrauen getrennt zu sein; die anderen priesen die Tugendhaftigkeit ihrer Frauen, am lautesten Conlatius, der mit der Römerin Lucretia verheiratet war ... König Tarquinius verwettete seine Seligkeit darauf, dass seine Frau noch tugendhafter sei, und sie ritten sofort nach Rom zurück ... Als Conlatius mitten in der Nacht ankam, ... lief [Lucretia] ihrem Mann entgegen, um ihn freundlichst zu begrüßen. Seinem barschen Verlangen, sie sollte ihnen Essen machen, kam sie mit Eifer nach und bediente selber die beiden Männer bei Tisch. Als die edle Frau ein Getränk auftrug, erhob der Wirt den Becher und schüttete ihr den Wein ins Gesicht ... Klaglos zog sie sich um und nahm den Tischdienst wieder auf ... Ganz anders war der Empfang in der nächsten Nacht am Königshof. Die Königin wollte nicht aufstehen, und als der König sie bat, ihm eine Mahlzeit anzurichten, antwortete sie: „... Es kümmert mich nicht, ob du noch etwas zu essen bekommst." Daraufhin musste der König Lucretia den Preis zuerkennen.

Zit. nach Joachim Bumke, Höfische Kultur, Bd. 2, 3. Aufl., München (dtv) 1986, S. 548.

Begriffe und Daten

Ständegesellschaft

Im Mittelalter und in der Frühen Neuzeit bestimmte die Geburt, zu welchem gesellschaftlichen Stand ein Mensch gehörte. Während sich im frühen Mittelalter die Gesellschaft in Adlige sowie Freie und Unfreie teilte, setzte sich die Kirche seit dem 11. Jahrhundert mit ihrer „Dreiständelehre" (Klerus, Adel und Bauern) durch. Im Laufe des Mittelalters kamen die Bürger in den entstehenden Städten zum Dritten Stand hinzu. Zu keinem Stand gehörten z. B. Arme, Tagelöhner und die Minderheit der Juden. Die Zugehörigkeit zu einem Stand galt als gottgewollt. Sie bestimmte den Zugang zu Berufen, Rechten und Bildungsmöglichkeiten, aber auch die Möglichkeiten politischer Macht. Nur in seltenen Ausnahmefällen konnte man in einen anderen Stand wechseln. Ein wichtiges Merkmal einer ständischen Gesellschaft ist die große politische und soziale Ungleichheit zwischen den einzelnen Ständen.

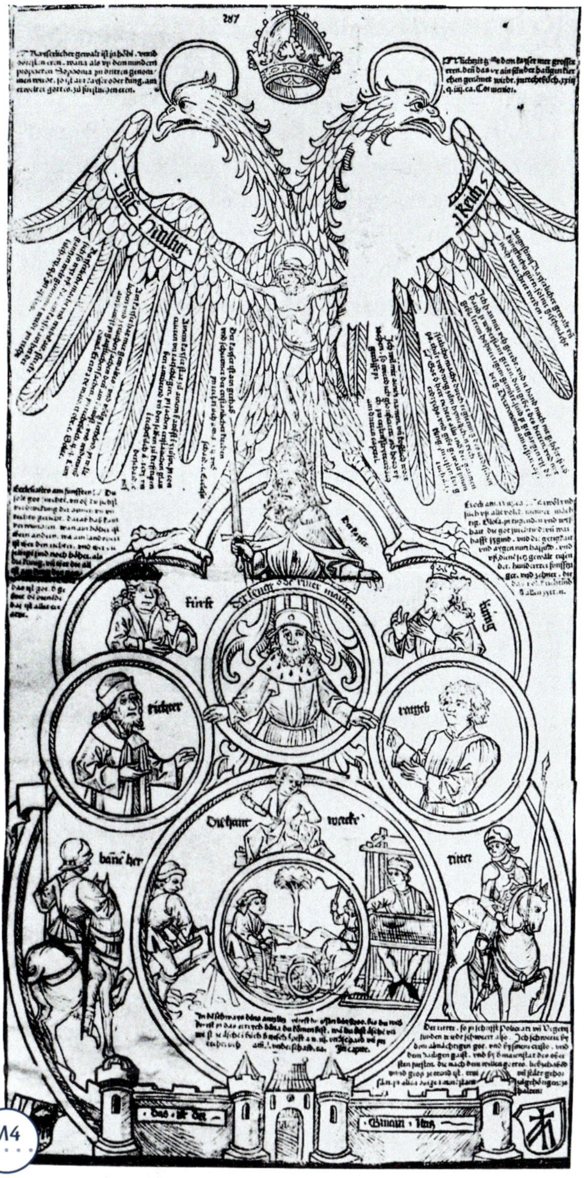

M4

Das ist der Gmain Nutz (Titel auch: Der Gekreuzigte auf dem Reichsadler und die Stände),
Holzschnitt, 1487. Dargestellt werden Kaiser, Fürst, König, Richter, Ratgeber, Bannerherr und Ritter. Im Zentrum stehen die Bauern, ihnen am nächsten die Handwerker.

1 a) Beschreibe M1. Achte auf die Bildelemente, ihr Größenverhältnis, ihre Bedeutung und auf Inschriften.
b) Fasse die Bildaussage zusammen.

2 Erläutere mithilfe des Darstellungstextes den Wandel in der Betrachtung der mittelalterlichen Gesellschaft.

3 Ordne den Ständen in M1 folgende Begriffe zu: Schutz, Arbeit, Wirtschaft, Gebet, Politik, Religion.

4 a) Untersuche, wie in M3 das Verhalten der beiden Römerinnen gewertet wird.
b) Formuliere anschließend die „Lehre", die eine mittelalterliche Adlige aus der Geschichte ziehen konnte.

5 Beschreibe M4 und notiere Unterschiede zu M1.

6 Prüfe anhand von M1 und M4, welche Stellung der Frau in der Gesellschaft zugewiesen wurde.

7 a) Arbeite die Kritikpunkte an der Ständegesellschaft in M2 heraus.
b) Benenne die Forderungen, die der Priester erhebt.

Kriminalität und Strafe

Eine mittelalterliche Rechtssammlung

Im so genannten Sachsenspiegel von Eike von Repgow, einer Rechtssammlung, die um 1225 entstanden ist, finden sich Antworten auf Fragen wie z. B.: Konnte ein unmündiges Kind wegen einer Straftat sein Leben verlieren? Welche Strafe konnte eine schwangere Frau höchstens bekommen? Wie konnte ein Dieb die drohende Strafe des Handverlustes abwenden? Im Vorwort schreibt Eike, dass er sich das Recht nicht ausgedacht habe, sondern dass es von den Vorfahren überliefert worden sei. Die Strafen, die er aufzählt, erscheinen uns heute als grausam: Aufhängen bei Raub und Betrügereien, Rädern bei Mord und bei Diebstahl eines Pfluges, Ungläubige und Giftmischer endeten auf dem Scheiterhaufen.

Rechtsprechung in der Ständegesellschaft

Kriminalität wurde gesehen als Verstoß gegen die Normen und Wertvorstellungen der Gesellschafts- und Herrschaftsordnung. Eher geschützt vor drakonischen Strafen war, wer zu einer Gemeinschaft gehörte, z. B. des Dorfes, der Stadtgemeinde, eines Adelshauses. Schlimmer erging es denen, die zu den Randgruppen der Gesellschaft zählten, wie Landstreicher und Bettler. Je nach sozialem Stand in der Gesellschaft wurden Straftäter unterschiedlich behandelt: Adlige wurden mit dem Verlust von Ohren oder Nase bestraft, Angehörige der unteren Schichten dagegen verloren die Hand oder den Fuß. Todes- oder Leibesstrafen trafen oft die Unfreien, während die Freien lediglich eine Geldbuße zu zahlen hatten. Erst allgemeine Friedensschlüsse und Gerichtsordnungen über schwere Verbrechen brachten mehr Gleichbehandlung in der Bestrafung. In der Praxis mussten jedoch die Armen sterben oder die Leibesstrafe über sich ergehen lassen, weil sie die Strafe nicht durch Geldleistungen ablösen konnten.

M1

Szenen zum Strafrecht im Mittelalter,
Illustrationen aus dem Sachsenspiegel, 13. Jh.
Erläuterungen zu **A:** Ein unmündiges Kind kann wegen einer Straftat nicht mit dem Tode bestraft werden. Sein Vormund muss dem Verletzten aus dem Vermögen des Kindes Wergeld (Sühnegeld) zahlen. **B:** Eine schwangere Frau darf nicht höher als zu „Haupt und Haar" gestraft werden. **C:** Die drohende Strafe des Handverlustes bei Diebstahl kann durch Geldzahlung an den Richter verhindert werden.

1 Beantworte mithilfe von M1 die Fragen im ersten Darstellungstext.

2 Stelle anhand des Darstellungstextes fest, wie sich in der mittelalterlichen Rechtsprechung Elemente der Ständegesellschaft widerspiegeln. Belege dein Ergebnis mit Beispielen aus dem Text.

3 Im Mittelalter fanden Prozesse und Bestrafungen öffentlich statt. Nimm dazu Stellung.

4 Informiere dich darüber, welche Grundsätze der Rechtsprechung heute in Deutschland gelten, und berichte (Lexika, Internet).

Mittelalterliche Lebenswelten

Überprüfe, was du kannst

Sachkompetenz

1 Kläre die folgenden Begriffe: Adel (S. 187), Grundherrschaft (S. 183), Lehnswesen (S. 189), Ritter (S. 196), Zunft (S. 205), Bürgerrecht (S. 201), Kloster (S. 208), Ständegesellschaft (S. 212).

2 Beschreibe M1 und notiere die Veränderungen in den einzelnen Phasen der Stadtentstehung Kölns. Vergleiche mit Lippstadt (S. 199).

3 Lege eine Tabelle mit den Spalten Dorf, Burg, Stadt, Kloster an. Trage in Stichworten die wesentlichen Merkmale zu den vier Lebenswelten ein und vergleicht eure Ergebnisse in der Klasse.

Urteilskompetenz

4 Prüfe, in welcher Beziehung die Begriffe „personale Herrschaft“ und „Lehnswesen“ zueinander stehen.

5 Beurteile die folgende Aussage: Das Lehnswesen war ein Verhältnis zwischen Lehnsherrn und Vasall, bei dem nur der Vasall Leistungen erbrachte.

Handlungskompetenz

6 Kennst du deine Stadt? Weißt du, wann und von wem deine Heimatstadt gegründet wurde? In der Stadtbücherei, dem Stadtmuseum oder dem Internet kannst du Einzelheiten herausfinden:
– Wie hieß der erste Stadtherr?
– Wann wurden die Stadtrechte verliehen?
– Wo wohnte der Stadtherr?
– Woher kommt der Name der Stadt?
– Wie sieht das Stadtwappen aus?
a) Sammelt Informationen zu diesen und weiteren Fragen.
b) Entwerft ein Stadtquiz und beantwortet die Fragen gegenseitig.

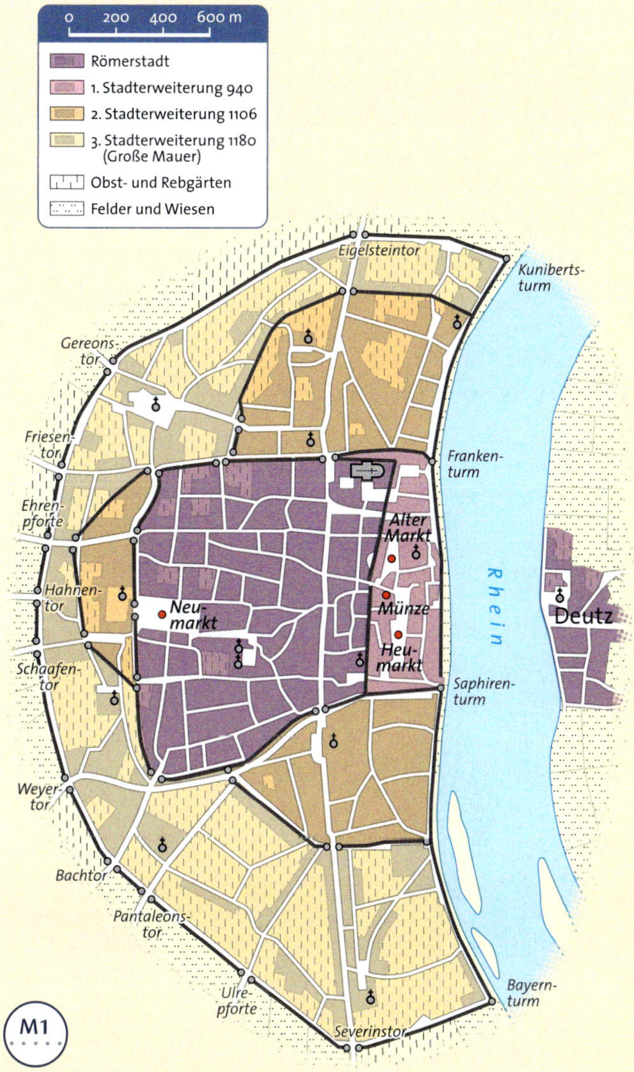

M1 Grundriss der mittelalterlichen Stadt Köln

500 bis 1500 Mittelalter

seit 6. Jahrhundert Gründung von Orden und Klöstern in Europa

seit 8. Jahrhundert bis um 1000 Enstehung des Lehnswesens

um 1000 Beginn der Städtegründungen

seit 11. Jahrhundert Aufbau von Grafschaften und Herzogtümern, „Ständegesellschaft“

seit 12. Jahrhundert Entstehung des Ritterstandes

12. Jahrhundert Höhepunkt der Burgenbauwelle; Handwerker schließen sich zu Zünften zusammen

um 1200 Höhepunkt der höfischen Kultur

13. und 14. Jahrhundert Seuchen (Pest und Lepra) in Europa; Vertreibung jüdischer Gemeinden aus den Städten

500 700 900 1100 1300

Herrschaft im mittelalterlichen Europa

Wissen • Urteilen • Handeln • Methoden anwenden

Am Ende dieses Unterkapitels kannst du

- den Übergang vom Ostfränkischen Reich zum Deutschen Reich beschreiben
- Wahl und Krönung des Königs darstellen und seine Regierungsweise erläutern
- die Stellung des Kaisers im Reich und in der römischen Kirche darlegen
- die Machtverhältnisse zwischen Papst, König und Fürsten bewerten
- die Herrschaftsbildung in Europa an einem ausgewählten Beispiel darstellen
- den Aufstieg der Fürsten im Deutschen Reich beschreiben und die Folgen beurteilen
- **Methode** Schriftliche Quellen vergleichen

Europa um 1000 mit dem Reich unter Otto dem Großen

Mittelalter

Die Entstehung des Deutschen Reiches

Herrschergeschichte in Schlagzeilen

So könnten im 10. Jahrhundert – wenn es schon Zeitungen gegeben hätte – Presseschlagzeilen gelautet haben (nach Ergebnissen der Geschichtsforschung):

M1

911: Der letzte Karolinger im Ostreich stirbt ohne Erben – Frankenherzog Konrad kann sich nicht als König durchsetzen! – Die Sachsen sind im Kommen!

919: Sachsenherzog Heinrich I., der mächtigste Stammesherzog, zum König der Franken und Sachsen erhoben! Heinrich sucht besseres Verhältnis zu den Stammesherzögen – für mehr Spielraum des „Reiches" nach außen gegen Ungarn und Slawen! Begriff des „Reiches der Deutschen" kommt in Mode – statt der Bezeichung „Fränkisches Reich".

7. August 936: Heinrichs Sohn Otto I. zum König gekrönt! Wie will der neue Herrscher die Reichsmacht auch gegenüber den Herzogtümern sichern?

965: Otto I. würdigt Leistungen seines Bruders Bruno, Erzbischof und Herzog! Die „Reichskirche" als wichtige Stütze der königlichen Macht – gegen die Stämme!

Die Insignien* seit dem 12. Jahrhundert: Reichskrone, Reichsapfel und Reichsschwert.

Der lateinische Spruch auf der Bildplatte der Krone lautet übersetzt: Durch mich regieren die Könige.

M2

M3

Wahl und Krönung Ottos I. zum König

Das Königtum war nicht erblich, sondern ein Wahlamt. Das so genannte Geblütsrecht verschaffte Otto I. allerdings einen entscheidenden Vorteil: Er war bereits von seinem Vater, König Heinrich I. (919–936), zum Nachfolger bestimmt worden. Obwohl Heinrich weitere Söhne besaß, wurde, abweichend vom fränkischen Brauch, nur ein Königssohn zum Nachfolger bestimmt. Der Ort der Krönung (Aachen) und die fränkische Tracht Ottos knüpften an die Tradition Karls des Großen an. Über das Zeremoniell am 7. August 936 berichtete der Mönch und Geschichtsschreiber Widukind von Corvey (um 925–nach 973):

1. Herzöge und Erste der Grafen setzen den neuen Herrscher auf einen im Säulenvorhof errichteten Thron, reichen ihm die Hände und geloben Treue gegen alle Feinde. So machen sie ihn zum König.
2. Otto betritt die Kirche in fränkischer Kleidung und wird vom Erzbischof von Mainz bis zur Mitte der Kirche geleitet. Dort stellt der Erzbischof „den von Gott erwählten, vom Herrn Heinrich einst designierten [vorbestimmten] und nun von allen Fürsten zum König gemachten Otto" dem wartenden Volk vor mit der Aufforderung, der Wahl, wenn sie ihm gefalle, zuzustimmen. Das Volk antwortet mit erhobener Hand und lauten Heilrufen.
3. Vor dem Altar, auf dem die koniglichen Insignien bereitliegen, werden die Salbung und die Krönung gemeinsam von den Erzbischöfen von Mainz und Köln ausgeführt.
4. An die Weihe schließt sich die zweite Thronsetzung an, jetzt auf den Marmorthron Karls des Großen.
5. Beim abschließenden Krönungsmahl leisten die Herzöge symbolisch die Hofdienste (als Kämmerer, Truchsess, Mundschenk und Marschall).

Zusammengefasst nach Widukind von Korvei, Sachsengeschichte, II, 1–2, 7. August 936.

1 Erläutere anhand von M1 den Übergang vom Ostfränkischen Reich zum Deutschen Reich. Achte auf die Bedeutung der Reichskirche.

2 Kläre die Bedeutung der Insignien (M2).

3 Liste anhand von M3 die einzelnen Schritte der Erhebung zum König auf und notiere deren Bedeutung. Lies auf S. 170 nach.

Wie die Könige regierten

Die Aufgaben des Königs

Wie Karl der Große mussten auch die späteren Könige ihre Regierungsgeschäfte möglichst „vor Ort“ ausüben, um ihre Herrschaft zu sichern. Das Leben dieser reisenden Könige, ihrer Frauen, Kinder und Bediensteten, oft mehrere hundert Personen, kann man sich als eine endlose Kette körperlicher Strapazen vorstellen.

Eine der wichtigsten Aufgaben des Königs war es, den Frieden zu bewahren. Er musste gegen äußere Feinde des Reiches das Heer anführen und den Schutz des Reiches sichern. Nur er durfte im Namen des Reiches Verträge schließen. Auch im Innern hatte er dafür zu sorgen, dass der Friede gewahrt wurde. Die ständigen Fehden erschwerten diese Aufgabe ungemein. Mit einem verkündeten Landfrieden* und Fehdeverboten* allein war es jedoch nicht getan. Erst der Aufbau einer Rechtsordnung mit funktionsfähigen Gerichten sorgte im Laufe der Jahrhunderte dafür, dass Geschädigte auf private Rache verzichteten, wenn sie auf Recht, Gesetz und Richterspruch vertrauen konnten.

In den von Geistlichen geschriebenen „Königsspiegeln“ werden die folgenden Eigenschaften hervorgehoben: Der König sollte fromm, gerecht, mildtätig und gnädig sein. Als „Gesalbter des Herrn“ hatte er die Aufgabe, die Kirche und das „Christenvolk“ zu schützen. Die Regierungsarbeit wurde von schriftkundigen Geistlichen und der königlichen Kanzlei unterstützt. Seit dem 11. Jahrhundert bildete sich eine neue Gruppe von Dienstleuten des Königs heraus: die Ministerialen*.

M2

Otto I. und seine Gemahlin Editha, Sandsteingruppe aus dem Magdeburger Dom, um 1250. Die runde Scheibe in der Hand Ottos zeigt den Erdkreis.

Biographie

Otto I. (912–973)

Amtsantritt: König 936, Kaiser 962

Vater: Heinrich I. (ca. 876–936), König: 919

Mutter: Mathilde (Ende des 9. Jh.–968), Tochter eines westfälischen Grafen

1. Heirat: 929 Editha (?–946), Tochter des angelsächsischen Königs. 946 Tod Edithas. 2 Kinder aus dieser Ehe.

2. Heirat: 951 Adelheid (931?–999), Tochter des Königs von Hochburgund, Witwe König Lothars von Italien. 4 Kinder aus dieser Ehe.

Familienpolitik: Durch Heiraten bzw. Einsetzung von Verwandten sind seit 949 alle deutschen Stammesherzogtümer fest mit der königlichen Familie verbunden.

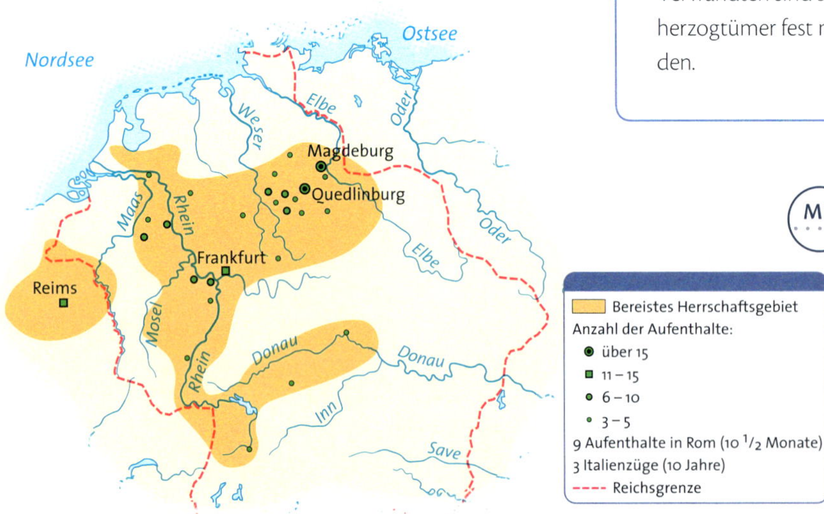

M1

Bereiste Herrschaftsgebiete und Aufenthalte Ottos I. Rekonstruierte Wegbeschreibungen der ohne festen Sitz regierenden Herrscher werden Itinerare (lat. Itinerarien: Wegebücher) genannt.

M3

König und Reich – wie Steuermann und Schiff?

Der Hofkaplan und Verfasser von Fürstenbiografien, Wipo (gestorben nach 1046), schrieb über den deutschen König Konrad II. (1024–1039), den Gesandte aus Pavia wegen einer Untat besänftigen wollten (6. Juni 1025):

Es war in der Stadt Pavia eine Pfalz … Auf die Nachricht aber vom Tode Kaiser Heinrichs, des Vorgängers König Konrads, stürzten die Pavesen … sofort unbedacht zu dem friedlichen Hof, brachen, weit bekannt durch Frechheit, die Mauern des Königs und zerstörten die ganze Pfalz bis auf den letzten Grundstein, damit ferner kein König innerhalb dieser Stadt eine Pfalz zu bauen befehle. Wegen dieser Dreistigkeit gab es lange eine große Auseinandersetzung zwischen dem König und den Pavesen. Die Pavesen sagten: „Wen haben wir denn beleidigt? Unserem Kaiser haben wir Treue und Ehre bis an sein Lebensende bewahrt; da wir nach seinem Tode keinen König hatten, werden wir nicht mit Recht angeklagt werden können, das Haus unseres Königs zerstört zu haben." Dagegen sagte der König: „Ich weiß, dass ihr das Haus eures Königs nicht zerstört habt, weil ihr zu der Zeit keinen hattet. Aber ihr seid nicht imstande zu leugnen, das königliche Haus zerbrochen zu haben. Wenn der König stirbt, bleibt das Reich, so wie das Schiff bleibt, dessen Steuermann fällt. Es waren öffentliche Gebäude, keine privaten …" Solchermaßen wurden mehrfach Worte heftig gewechselt. Dann gaben die Gesandten den vergeblich gesuchten Frieden auf und gingen.

Zit. nach Joachim Leuschner, Das Reich des Mittelalters, Stuttgart (Klett) o. J., S. 12.

M5

Lebensmittel für die Kaiserpfalz

Nahrungsbedarf Karls des Großen und seines Gefolges (etwa 1000 Mann) am Beispiel der Kaiserpfalz Ingelheim (geschätzte Werte nach Ergebnissen der Geschichtsforschung):

Zu den benötigten Nahrungsmitteln gehören vor allem Fleisch, Getreide, Wein und Bier:

	Fleisch	Getreide	Wein
je Mann und Tag	2 kg	2 kg	3 l
1000 Mann in 10 Tagen	20 000 kg	20 000 kg	30 000 l

Um 800 wurden aus den Schlachttieren (Schweine und Schafe) nur je 10 kg Fleisch gewonnen. Eine große Pfalz wie Ingelheim hatte wohl nicht mehr als 2000 Schlachttiere. Zur Pfalz gehörten etwa 1000 ha Ackerland. Für 20 000 kg Getreide mussten etwa 400 ha Getreide angebaut werden. Der Ernteertrag an Getreide betrug um 800 etwa das 1,5-fache der Aussaatmenge (heute etwa das 25-fache). Aussaatmenge 1 dz je ha: Erntemenge 1,5 dz je ha; verfügbares Getreide abzüglich der Aussaat fürs nächste Jahr je ha 0,5 dz = 50 kg. Maximal dürften 30 Fässer zu je 1000 l Wein/Bier zur Verfügung gestanden haben.

Nach Gustav A. Süß, Versorgung und Wirtschaften auf der Pfalz. In: Praxis Geschichte, H. 2, 1988, S. 20 f.

Die Kaiserpfalz Ingelheim, Rekonstruktionszeichnung. Die karolingische Pfalz am Rhein, gilt als eine der bedeutendsten fränkischen Königspfalzen, die von Gebäuden, Palatium und Kirche beherrscht wird.

M4

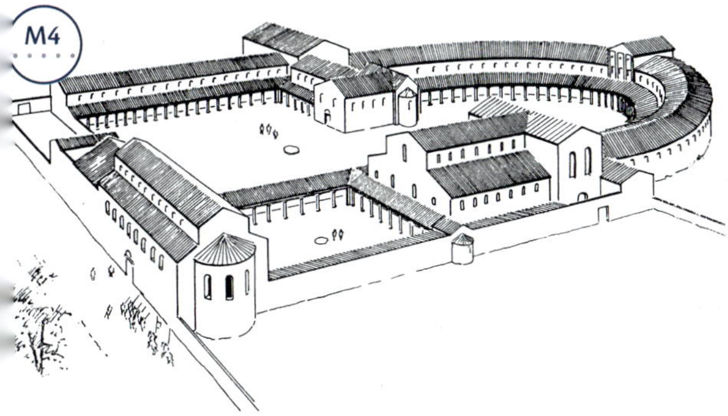

1 Erarbeite anhand des Darstellungstextes Regierungsweise und Aufgaben mittelalterlicher Könige.

2 Ziehe am Beispiel Ottos I. (M1) Schlüsse aus den bereisten Gebieten und Aufenthalten auf die Machtzentren bzw. „Randgebiete" im Reich.

3 Beschreibe M2 und stelle fest, welcher Machtanspruch bei Otto. I. deutlich wird.

4 Prüfe die Lebensdaten unter der Frage nach dem Alter bei Heirat und Regierungsantritt (Kasten).

5 Untersuche M3. Nimm die Methode „Schriftliche Quellen untersuchen" (S. 118) zu Hilfe.

6 Formuliere, ausgehend von M4, Fragen, die durch die Ausgrabungen nicht beantwortet werden.

7 Berechne anhand von M5, wie lange die Vorräte für Karl und sein Gefolge reichten.

Krönung eines Kaisers

Kaiser und Papst – nicht ohne Konflikte

Das Kaisertum Karls des Großen war vor allem eine Vor- bzw. Oberherrschaft über andere Könige und Völker gewesen. Obwohl Karl noch im Jahr 813 ohne Mitwirkung des Papstes seinen Sohn Ludwig zum Mitkaiser erhoben hatte, blieb das Kaisertum dennoch von Rom und dem Papsttum abhängig. Ende des 9. Jahrhunderts beanspruchte der Papst die Kaiserkrönung als kirchliches Vorrecht.

Mit seiner Krönung zum Kaiser im Jahr 962 erneuerte Otto I. das karolingische Kaisertum. Der deutsche König besaß als Rechtsnachfolger des fränkischen Königs und als Herrscher über die drei Königreiche Deutschland, Italien und Burgund die Anwartschaft auf das Kaisertum. Dazu waren jedoch Salbung und Krönung durch den Papst erforderlich. Das erneuerte Kaisertum Ottos I. fand seinen Ausdruck in einem kaiserlichen Schutzprivileg für die römische Kirche und in einem Treueversprechen des Papstes Johannes XII. Als der Papst jedoch sah, dass sich Otto I. in Italien durchsetzte und seinen Einfluss festigen konnte, schloss er sich mit Ottos Gegnern zusammen. Deshalb ließ der Kaiser ihn im November 963 absetzen und setzte einen neuen Papst, Leo VII., ein. Den König von Italien, Berengar II., nahm er gefangen. Als Otto im Sommer 972 Italien verließ, stand er auf dem Höhepunkt seiner Macht. Kurz darauf, am 7. Mai 973, starb er.

Was das Kaisertum tatsächlich beinhaltete, ist nicht leicht zu bestimmen. Es brachte dem König keine unmittelbare Erhöhung der Macht, wohl aber einen Zuwachs an Ansehen und Würde. Die Oberherrschaft über das „Abendland“ hatte er auch nie erreicht, erhob aber den Anspruch darauf. Einerseits war er als „Stellvertreter Christi“ zum Schutz der Christenheit verpflichtet und setzte die Päpste und Bischöfe ein und ab. Andererseits leistete er als „Sohn der römischen Kirche“ bei Zusammentreffen mit dem Papst den symbolischen Zügel- und Bügeldienst. Das heißt, er ordnete sich symbolisch dem Papst unter, indem er ihm den Steigbügel hielt und anschließend dessen Pferd am Zügel führte.

Doch die gegenseitigen Ansprüche, in weltlichen bzw. geistlichen Angelegenheiten mitzubestimmen, sollten im 11. Jahrhundert zu schweren Konflikten zwischen Päpsten und Kaisern führen.

M1

Himmel, Heilige und die Kaiserfamilie Ottos I. mit Christus, Elfenbeinschnitzerei, 10. Jh.
Christus in der Mitte, oben zwei Engel, rechts und links die beiden Heiligenfiguren Maria und Mauritius, Schutzpatron des von Otto I. gegründeten Erzbistums Magdeburg. Unten: der Kaiser, sein Sohn und die Kaiserin.

M2

Eine Kaiserkrönung in Rom

Der so genannte Salische Kaiserordo aus der Mitte oder der zweiten Hälfte des 11. Jahrhunderts wurde in einer Handschrift des 14. Jahrhunderts überliefert. Er vermittelt – trotz mancher Ungenauigkeiten – einen Eindruck vom Zeremoniell der Kaiserkrönung in Rom:

(1) Zu gegebener Zeit der Kaiserkrönung in Rom wird der Kaiser in ein mit Gold und kostbaren Edelsteinen durchwirktes Seidengewand gekleidet und hat an den Händen zwei seidene Handschuhe; (er trägt) das Schwert umgegürtet und die goldenen Sporen. Auf dem Haupt trägt er das Diadem, in der Rechten das Zepter und hat an einem Finger einen Bischofsring; in der Linken hat er den goldenen Reichsapfel.

(2) Dann stützt der Papst den Kaiser zur Rechten und der Erzbischof von Mailand zur Linken; und dann werden dem Kaiser das Kreuz mit dem Holz vom Kreuze Christi im Innern und die Lanze des hl. Mauritius vorangetragen, und so schreitet der Kaiser zur Kirche (St. Peter), wo er gekrönt werden soll. Und es wird die Messe begonnen, und vor dem Evangelium wird der Kaiser gesalbt und geweiht.

(3) Nach der Messe schreitet der Kaiser zu seinem Palast und speist. Nach dem Mahl wird der Kaiser mit einem grünen Gewand bekleidet und ihm die weiße Mitra mit dem Reif des Patrizius darüber aufs Haupt gesetzt, und er schreitet zur Vesperzeit zur Kirche.

(4) Am anderen Tage nimmt der Papst vom Altar des hl. Petrus die römische Krone und setzt sie dem Kaiser aufs Haupt, und dieser schreitet zu den Stufen der Treppe, wo der Senat steht (vor St. Peter).

(5) Danach besteigt er sein Pferd und reitet durch alle Straßen und wird von allen mit lauter Stimme begrüßt, und wenn er vor der Constantinskirche angekommen ist, empfangen den Kaiser dort die 16 Scholen (Bezirke Roms), und er betritt mit wunderbarer Fröhlichkeit die Kirche und hört die Messe.

(6) Am dritten Tage begibt sich der Gekrönte zum hl. Paulus (Kirche S. Paolo fuori le mura).

(7) Am vierten Tage geht der Gekrönte von der Bethlehemkirche zur Jerusalemkirche.

(8) An den anderen drei Tagen feiert er mit dem Papst eine Synode [Zusammenkunft], um die Vernachlässigungen der heiligen Ordnungen zu verbessern; schließlich verhandelt er mit den Kundigen über die Ordnung der Res publica (öffentliche Angelegenheiten).

Zit. nach Joachim Leuschner, Das Reich des Mittelalters, Stuttgart (Klett) o. J., S. 13 f.

M3

Das Zeremoniell der Kaiserkrönung, dargestellt im „Buch zu Ehren des Kaisers" des Petrus von Eboli (1197). Der König reitet in Rom ein. Ohne Herrschaftszeichen wird er vom Papst empfangen. Danach folgen die Rituale der Handwaschung, der Salbung und die Verleihung von Schwert, Mantel, Zepter, Ring und Krone.

1 Beschreibe anhand des Darstellungstextes das Verhältnis zwischen Kaiser und Papst und halte fest, worin die „Interessenverflechtung" bestand.

2 Erarbeite an M1 und M3 die jeweilige Stellung des Kaisers aus der Sicht der Künstler.

3 Vergleiche die einzelnen Phasen des Rituals der Kaiserkrönung in M2 und M3. Lege eine Tabelle an.

Papst, Kaiser und Fürsten streiten um die Macht

Wer sitzt neben wem?

Gipfeltreffen in Mainz 1184: Kaiser Friedrich I. Barbarossa (1152–1190), der Herrscher des Heiligen Römischen Reichs, hat zum Hoffest geladen und alle Fürsten sind gekommen. Doch so feierlich und prächtig alles scheint – das Fest wird zur Bühne eines Machtkonflikts, in dessen Mittelpunkt ein Stuhl steht. Der Abt von Fulda verlangt nämlich, auf dem linken Stuhl neben dem Kaiser zu sitzen – ein altes Recht der Fuldaer Äbte, wenn der Kaiser in Mainz weilte. Doch auf dem umstrittenen Platz sitzt bereits der Kölner Erzbischof. Der steht zwar auf, als Friedrich ihn darum bittet, aber er beklagt sich, dass sein langjähriger Dienst am Reich und sein Alter so gering geachtet werden. Als er schließlich droht, die Versammlung zu verlassen, schließen sich ihm sein Bruder, der Pfalzgraf bei Rhein, und andere mächtige Fürsten an. Sie stehen als Lehnsleute in einem Treue- und Schutzverhältnis zu ihm und wollen die öffentliche Kränkung nicht hinnehmen. Mit Mühe kann Friedrich sie umstimmen und die – sicherlich beabsichtigte – Auseinandersetzung verhindern, indem er dem Fuldaer Abt befiehlt, dem Erzbischof von Köln den „höheren" Stuhl zu überlassen.

M1

Kaiser Otto III. (983–1002),
Illustration aus einem Evangeliar*, um 1000

Spielregeln zeigen Machtverhältnisse

So ein Aufheben wegen eines Sitzplatzes? Vielleicht wundert dich das Verhalten der Staatsmänner, die bei dem Fest versammelt waren. Im Mittelalter gehörte es aber zu den politischen „Spielregeln", die eigene Macht zu demonstrieren und in Szene zu setzen. Zum Beispiel waren das Geben und Annehmen kostbarer Geschenke Gesten, die gute Beziehungen zwischen zwei Personen und die damit verbundenen Pflichten bekräftigten. Das galt auch für die Beendigung eines Konflikts: Der Kniefall, der als freiwillige Handlung vorgespielt wurde, war Ausdruck der Unterwerfung unter den Gegner. Damit solche Auftritte wirkungsvoll waren und zu Gesprächsthemen bei Tafelrunden, Jagdgesellschaften und Burgfesten wurden, fanden sie in der Öffentlichkeit statt. Wer gegen die politischen Spielregeln verstieß, wurde bestraft, oft sogar mit Waffengewalt.
Auf mittelalterlichen Abbildungen sind weltliche und geistliche Herrscher und, manchmal, einflussreiche Frauen in Szene gesetzt worden oder haben sich bewusst in einer bestimmten Weise darstellen lassen.

Die Kirche erinnert an ihre Weltordnung

Bis zur Jahrtausendwende hatten es die Könige für selbstverständlich erachtet, in ihrem Reich über kirchliche Angelegenheiten zu entscheiden und frei gewordene Kirchenämter, z. B. Bischofsstühle, neu zu besetzen. Widerstand gegen dieses Verfahren regte sich nur selten, da die Kirche häufig Vorteile daraus zog. Selbstverständlich war diese Form der Ämtervergabe jedoch nicht und sie war kirchenrechtlich auch nicht zulässig. Seit dem 11. Jahrhundert äußerten einzelne Kleriker* Kritik an dieser Praxis. Sie behaupteten, dass die päpstliche Macht über der weltlichen stehe, und stießen damit eine Reformbewegung an, deren geistiges Zentrum das französische Kloster Cluny war. Sie stellte im Wesentlichen drei Forderungen:

- Nicht nur die Bischöfe, sondern auch alle Priester sollten unverheiratet bleiben.
- Der Kauf und Verkauf von kirchlichen Ämtern sollte verboten werden.
- Geistliche sollten nicht mehr von Laien* in ihre Ämter eingesetzt werden.

M2

Kaiser oder Papst: Wer steht höher?

Aus den „Taten Kaiser Friedrichs I.", aufgeschrieben von Rahewin, einem bischöflichen Kaplan und Notar, im Oktober 1157:

Sie [die Fürsten des Reiches] wussten, dass von einigen Römern verwegenerweise behauptet wurde, dass unsere Könige die kaiserliche Gewalt in Rom und das italienische Königreich bisher durch Schenkung der Päpste besessen hätten, was diese nicht nur in Worten, sondern auch in Schriften und Bildern darstellten und den Nachkommen überlieferten. So steht über Kaiser Lothar im Lateranpalast über einem derartigen Bild geschrieben:

Rex venit ante fores, iurans prius Urbis honores,
Post homo fit papae, sumit quo dante coronam.[1]

Den Fürsten hatte dieses Bild und diese Überschrift, davon ihm, als er in einem früheren Jahr bei Rom war, durch die Getreuen des Reiches berichtet worden war, heftig erregt, und nach einer freundschaftlich verlaufenen Auseinandersetzung mit dem Papst hatte er von Hadrian, wie ich weiß, das Versprechen erhalten, dass Schrift und Bild gleichermaßen entfernt werden sollten, damit nicht eine solche nichtige Sache den obersten Männern der Welt Stoff zu Streit und Zwietracht geben könnte. – Dies alles zusammen wurde jetzt vorgebracht. Als unter den Großen des Reiches Lärm und Aufruhr über eine so ungewöhnliche Botschaft mehr und mehr anwuchs, soll einer der Legaten[2], als ob er gleichsam zum Feuer noch das Schwert fügen wollte, gerufen haben: „Von wem hat er's denn, wenn er das Imperium[3] nicht vom Herrn Papst hat?" Wegen dieses Ausrufs steigerte sich der Zorn so sehr, dass einer von ihnen, nämlich Otto, der Pfalzgraf von Bayern, wie es heißt, mit gezücktem Schwert den Nacken des Kardinals tödlich bedrohte. Aber Friedrich trat mit der Autorität seiner Gegenwart dazwischen und beschwichtigte den Tumult.

Otto von Freising-Rahewin, Gesta Friderici I. imperatoris 3, 10, zit. nach Joachim Leuschner, Das Reich des Mittelalters, Stuttgart (Klett) 1963, S. 21 f.

[1] Übersetzung aus dem Lateinischen: Der König kommt vor die Tore und beschwört zuerst Roms Rechte; dann wird er Vasall des Papstes und empfängt die Krone, die dieser ihm gibt.
[2] hoher Abgesandter des Papstes
[3] Amtsgewalt

M3

Papst und Kaiser, Buchmalerei, 14. Jh.

1 Lies den Darstellungstext.
a) Formuliere die politischen Spielregeln, die beim Hoffest in Mainz praktiziert wurden. Welchen Zweck sollten sie erfüllen?
b) Erläutere, was der Vorfall in Mainz über das Verhältnis zwischen den Fürsten im Reich und dem Kaiser aussagt.
c) Stelle fest, welcher Streit sich zwischen Reich und Kirche anbahnte.

2 Beschreibe M1 und M3 und erläutere, welche Informationen du über die abgebildeten Personen erhältst.

3 Vergleiche in M1 und M3, wie die Machtverhältnisse dargestellt sind.

4 Untersuche M2 mithilfe der Methode „Schriftliche Quellen untersuchen" (S. 118).

5 Vergleicht in Partnerarbeit anhand der Seiten 218 bis 223 Wunsch und Wirklichkeit des päpstlichen Anspruchs auf eine Vorrangstellung gegenüber dem Kaisertum.

Was war der „Investiturstreit"?

König Heinrich IV. unter dem Kirchenbann

Die Könige Heinrich II. (1002–24) und Heinrich III. (1039–56) unterstützten die Kirchenreform. Heinrich IV. (1056–1106) jedoch lehnte sie ab. Er argwöhnte, dass seine Macht eingeschränkt werden sollte. Als er in Mailand, das zum Reich gehörte, gegen den Willen von Bevölkerung und Papst einen Erzbischof einsetzte, drohte Papst Gregor VII. (1073–1085) ihm mit der härtesten Strafe: dem Kirchenbann*. Daraufhin gerieten Heinrich IV. und viele deutsche Bischöfe in Konflikt mit dem Papst. Im Januar 1076 forderten sie ihn auf, von seinem Amt zurückzutreten. Doch Gregor machte seine Drohung wahr: Er bannte Heinrich IV. und erklärte alle ihm geleisteten Treue- und Hilfeversprechen für ungültig.

Eine bislang undenkbare Situation: Die Vertreter Gottes auf Erden erklärten sich gegenseitig für abgesetzt! Da der König unter Bann stand, war er von den Sakramenten, wie z. B. dem Abendmahl, und aus der Gemeinschaft der Christen ausgeschlossen. Das bedeutete, dass es allen Christen strengstens verboten war, mit ihm zu reden oder ihm zu helfen. Fürsten und Bischöfe* schwankten zwischen Gehorsam, Treue gegenüber ihrem König und der Hoffnung, die Lage zu ihrem eigenen Vorteil nutzen zu können. Im Herbst 1076 stellten sie Heinrich IV. ein Ultimatum: Wenn er nicht innerhalb eines Jahres vom Kirchenbann gelöst wäre, würden sie einen neuen König wählen.

M1

Der König schenkt einem Abt ein Kloster, Buchmalerei, Mitte 11. Jh.

Der „Gang nach Canossa" – Ende des Konflikts?

Heinrichs Thron wankte. Er wusste, dass nur eine angemessene Buße ihn von dem Bann befreien konnte. Deshalb entschloss er sich, noch im Winter mit seiner Familie die Alpen zu überqueren, um Gregor VII. aufzusuchen. Dieser war inzwischen auf dem Weg in das Zentrum des Reiches, um eine Lösung des Konflikts herbeizuführen und möglicherweise den Sturz Heinrichs zu besiegeln. Als er von dem Zug Heinrichs hörte, vermutete er eine kriegerische Absicht und verschanzte sich auf der Burg Canossa in Oberitalien. Die Burgherrin, Markgräfin Mathilde von Tuszien, war nicht nur eine treue Anhängerin des Papstes, sondern auch die Tante Heinrichs IV. Deshalb trat sie mehrfach als Vermittlerin zwischen König und Papst auf. Am 25. Januar erschien Heinrich IV. im Büßergewand vor der Burg. Drei Tage lang musste er dort warten, bis Gregor VII. nach Verhandlungen mit Mathilde und dem zufällig anwesenden Abt von Cluny, Heinrichs Taufpaten, den Bann löste.

Die Ereignisse von Canossa beendeten den Konflikt zwischen dem Papst und der weltlichen Macht aber nicht: Einige deutsche Fürsten verbündeten sich erneut mit dem Papst gegen den König und wählten 1077 einen Gegenkönig. Heinrich IV. jedoch konnte seine Gegner schließlich mit Waffengewalt besiegen und ließ einen Gegenpapst wählen, der ihn 1084 zum Kaiser krönte. Gregor VII. floh und starb wenig später.

Erst 1122 wurde ein Kompromiss ausgehandelt: das Wormser Konkordat*. Darin wurde das Verfahren für die Investitur geregelt: Ein Bischof hatte danach sowohl weltliche als auch geistliche Aufgaben, da er Besitz und Sakramente der Kirche verwaltet. Die weltlichen Herrschaftsrechte übertrug ihm der König, die geistlichen Aufgaben wurden ihm von der Kirche durch die Weihe zugeführt.

Begriffe und Daten

Investitur

Als Investitur (von lat. investire = bekleiden) wird die feierliche Einsetzung von hohen Geistlichen in ihr Amt im Mittelalter bezeichnet.

M2

Über die Erneuerung der Kirche

Unter dem Titel „Dictatus papae“ stellte Papst Gregor VII. im Jahr 1075 kirchenrechtliche Grundsätze auf:

1. Einzig und allein von Gott ist die römische Kirche gegründet ...

3. Er [der Papst] ganz allein kann Bischöfe absetzen und auch wieder einsetzen ...

7. Nur er darf, wenn es die zeitliche Notwendigkeit verlangt, neue Gesetze erlassen, neue [Kirchen-] Gemeinden gründen ..., ein reiches Bistum teilen und arme zu einem einzigen zusammenlegen.

8. Nur er verfügt über die kaiserlichen Insignien*.

9. Alle Fürsten haben die Füße einzig und allein des Papstes zu küssen ...

12. Der Papst kann Kaiser absetzen ...

18. Sein Entscheid kann von niemandem aufgehoben werden, er selbst aber kann Urteile aller anderen ... aufheben.

19. Über ihn [den Papst] besitzt niemand richterliche Gewalt ...

26. Wer nicht mit der römischen Kirche übereinstimmt, kann nicht als katholisch[1] gelten.

27. Er kann Untertanen vom Treueid gegen unbillige [Herrscher] entbinden.

Zit. nach Geschichte in Quellen, Bd. 2, hg. und übers. v. Wolfgang Lautemann, 3. Aufl., München (bsv) 1978, S. 291 f.

[1] zur ganzen christlichen Kirche gehörig

M3

Der Investiturstreit aus heutiger Sicht

Der Historiker Gert Althoff urteilte 1998:

Man kann wohl ... sagen, dass im Fall Heinrichs IV. und seiner zahlreichen unterschiedlichen Gegner die mittelalterliche Gewohnheit, auf dem Verhandlungswege Kompromisse zu finden, deutlich an ihre Grenzen gelangt war. Zwei Hauptprobleme lassen sich ... erkennen: Zum einen gelang es nicht, Vermittler zu finden, die über genügend Autorität verfügten, Kompromisse auch durchzusetzen. Zum anderen ... scheint Heinrich IV. häufiger als andere Herrscher die Regeln der Konfliktbeilegung missachtet und gebrochen zu haben. Aus diesem Grund durchsetzte Misstrauen grundsätzlicher Art das gesamte Feld der Beratung und der Kommunikation.

Gert Althoff u. a. (Hg.), Menschen im Schatten der Kathedrale, Darmstadt (Wissenschaftliche Buchgesellschaft) 1998, S. 88.

M4

Heinrich IV. (1056–1106) bei der Markgräfin Mathilde (1052–1115), Buchmalerei, 1114/15. Abgebildet sind die Markgräfin Mathilde von Tuszien, Heinrich IV. und der Abt von Cluny. Die Bildinschrift lautet: Der König fragt den Abt und fleht Mathilde an.

1 Erläutere die in M2 aufgelisteten Grundsätze.

2 Fasse die Informationen im Darstellungstext über den „Investiturstreit“ mt deinen Worten zusammen. Ziehe den Kasten und M4 heran.

3 Stelle fest, was du M4 über die Sicht des Malers entnehmen kannst. Achte auf die einzelnen Personen (z. B. Größe, Haltung, Kleidung) und ihre Zuordnung zueinander.

4 Erarbeite aus M3, wie der Verfasser das Verhalten Heinrichs IV. beurteilt, und nimm Stellung.

5 **Eine Szene gestalten:** Das Bild M1 stammt aus der Evangelienhandschrift von der Reichenau, die König Heinrich IV. (1053–1106) geschenkt werden sollte. Wegen des Investiturstreits wurde sie kurz vor ihrer Vollendung abgebrochen. Der Auftraggeber von M1, ein Kleriker, teilt dem Maler mit, dass er seinen Auftrag zurückzieht. Gestaltet das Gespräch der beiden in Gruppen nach und schreibt es auf. Spielt in der Klasse die Szenen vor und diskutiert sie.

Schriftliche Quellen vergleichen

Fragen stellen – Antworten vergleichen
Oft werden historische Ereignisse von verschiedenen Verfassern überliefert. Hier lernst du, unterschiedliche Sichtweisen zu erarbeiten und die Informationen einzuschätzen.

M1

Papst Gregor VII., Miniatur. Sie zeigt den Papst als Haupt der Mönche und der Kleriker. 11./12. Jh.

Biographie

Lampert von Hersfeld

Lampert (vor 1028– nach 1081) stammte aus einer begüterten Familie und wurde 1058 Mönch im Kloster Hersfeld. Er schrieb mehrere geschichtliche Werke, darunter Jahrbücher, nicht mit wissenschaftlichem Anspruch, sondern als Berichte über seine Zeit. Lampert war ein Gegner König Heinrichs IV. Für die Ziele der Kirchenreformer hatte er kein Verständnis.

Gregor VII.

Gregor (1073 bis 1085) war wahrscheinlich schon fast 60 Jahre alt, als er zum Papst gewählt wurde. Er gilt als einer der bedeutendsten Päpste des Mittelalters. In 27 Leitsätzen hat er seine Weltsicht formuliert, z. B. sagte er: „Gott gehorchen heißt der Kirche gehorchen und das wiederum heißt dem Papst gehorchen."

Arbeitsschritte

1. Schritt: Jede Quelle einzeln erschließen

Nimm dazu die Anleitungen im Anhang zu Hilfe.

2. Schritt: Glaubwürdigkeit der Texte überprüfen

- Wann sind die Texte geschrieben worden? Wie groß ist der zeitliche Abstand zwischen Ereignis und Bericht? Waren die Autoren Augenzeugen? Wenn nicht: Wen geben sie als Informanten an?
- Ist eine Wertung (durch die Autoren oder deren Informanten) zu erkennen?

3. Schritt: Inhalte vergleichen

- Welche Informationen stimmen überein?
- Gibt es Einzelheiten, die nicht in allen Texten erscheinen bzw. unterschiedlich genau oder ausführlich wiedergegeben werden?
- Was wird berichtet, ist es logisch oder enthält es Unstimmigkeiten?

4. Schritt: Weitere Informationen sammeln

Um die Aussagen der Texte zu überprüfen bzw. Fragen zu klären, musst du weitere Quellen und wissenschaftliche Informationen (z. B. Lexika, Sachbücher) heranziehen.

5. Schritt: Ergebnisse formulieren

Vergleiche die Notizen aus den einzelnen Arbeitsschritten miteinander. Ergänze dann die Ergebnisse durch Sachinformationen. Nenne die Widersprüche und Unklarheiten, die du bei der Textarbeit festgestellt hast und nicht beseitigen konntest.

M2

Heinrich IV. in Canossa – ein Ereignis wird aus unterschiedlicher Sicht erzählt

In den Jahrbüchern des Lampert von Hersfeld steht zu den Ereignissen von Canossa (Januar 1077), dass Heinrich IV. seine Verwandten bat, die Lösung des Banns zu erwirken. Der Papst löste den Bann, forderte aber den Rücktritt des Königs:

2A Zu hart schien dieses den Gesandten. Und da sie ihm lebhaft anlagen, er möge das Urteil mildern ..., ließ er sich endlich mit großer Mühe kaum so weit erbitten, dass er ihm gestattete, vor ihn zu kommen und, wenn er aufrichtige Reue über seine Vergehungen hege, die Schuld ... durch Gehorsam gegen die Beschlüsse ... zu sühnen. Jener kam, wie ihm befohlen worden, und da die Burg mit einer dreifachen Mauer umgeben war, wurde er in den Umkreis der zweiten Ringmauer aufgenommen, während sein ganzes Gefolge außerhalb zurückblieb, und hier stand er ... ohne alle Zeichen königlicher Würde, keinerlei Prunk zur Schau tragend, barfuß, fastend vom Morgen bis zum Abend, in Erwartung des Ausspruches des römischen Papstes ... Erst am vierten Tage wurde er ihm vor Augen gelassen und nach vielen Reden und Gegenreden zuletzt unter ... Bedingungen vom Banne losgesprochen.

Die Jahrbücher des Lampert von Hersfeld, übers. v. L. F. Hesse, bearb. v. W. Wattenbach, 4. Aufl., Leipzig (Verlag der Dykischen Buchhandlung) 1912, S. 288 ff.

In einem Brief vom Januar 1077 an die geistlichen und weltlichen Würdenträger des Reichs schilderte Papst Gregor VII. (1073–1085) die Ereignisse von Canossa folgendermaßen:

2B [Der König] bot an, Gott, dem heiligen Petrus und uns in allem Abbitte zu leisten, und versprach, zur Besserung seines Lebens völligen Gehorsam zu wahren, sofern er nur Lossprechung und die Gnade des apostolischen Segens zu erlangen verdiene. Da wir dies unter vielfältigen Überlegungen lange hinausschoben und ihn durch all die Boten, die hin und her wechselten, heftig wegen seiner Ausschreitungen zurückwiesen, gab er schließlich durch sich selbst keinerlei Feindschaft oder Unbesonnenheit zu erkennen und kam in geringer Begleitung nach Canossa, wo wir uns aufhielten. Dort harrte er während dreier Tage vor dem Tor der Burg ohne jedes königliche Gepränge auf Mitleid erregende Weise aus, nämlich unbeschuht und in wollener Kleidung, und ließ nicht eher ab, unter zahlreichen Tränen Hilfe und Trost des apostolischen[1] Erbarmens zu erflehen, als bis er alle ... zu ... solchem barmherzigen Mitleid bewog, dass sich alle unter vielen Bitten und Tränen für ihn verwandten.

Zit. nach Quellen zum Investiturstreit, Teil 1 (Ausgewählte Briefe Papst Gregors VII.), übers. v. Franz-Josef Schmale, Darmstadt (Wissenschaftliche Buchgesellschaft) 1978, S. 241 ff.

Ein anonymer Verfasser veröffentlichte vermutlich 1106/07 eine Lebensbeschreibung über Heinrich IV. („Vita Henrici"). Er ging nur kurz auf die Geschehnisse in Canossa ein:

2C Als Heinrich erkannte, wie sehr er in Bedrängnis geraten war, fasste er in aller Heimlichkeit einen schlauen Plan; plötzlich und unerwartet reiste er dem Papst entgegen und erreichte mit einem Schlag zwei Dinge: Er empfing die Lösung vom Bann und unterband durch sein persönliches Dazwischentreten die für ihn bedenkliche Zusammenkunft des Papstes mit seinen Widersachern. Auf das ihm zur Last gelegte Verbrechen ging er kaum ein, weil er, wie er betonte, auf Anschuldigungen seiner Gegner, selbst wenn sie auf Wahrheit beruhten, nicht antworten müsse.

Vita Henrici IV. Imperatoris, übers. v. Irene Schmale-Ott. In: Quellen zur Geschichte Kaiser Heinrichs IV., hg. v. Franz-Josef Schmale, Berlin (Rütten & Loening) 1963, S. 421.

[1] päpstlichen

1 Bearbeite M2A, M2B und M2C mithilfe des ersten Arbeitsschrittes.
2 Vergleiche die Glaubwürdigkeit der Verfasser (2. Schritt).
3 Vergleiche die drei Quellen mithilfe der Arbeitsschritte 3 bis 5.
4 Der Autor von M2B, Gregor VII., war von den Ereignissen unmittelbar betroffen. Ist dies in seinem Bericht zu erkennen? Suche nach Beweisen für deine Antwort. Ziehe auch M2A und M2C heran. Nimm die Personenkästen zu Hilfe.

Die Wikinger – nur Seeräuber?

Was trieb die Wikinger „in die Welt"?

Angeblich waren sie „Seeräuber", tranken Bier aus Totenschädeln, trugen Helme mit Hörnern, fuhren als Piraten in Drachenschiffen mit rotweiß gestreiften Segeln über die Weltmeere und hatten blonde oder rote Haare. Dieses Bild von den Wikingern hat sich in den vergangenen 200 bis 300 Jahren entwickelt – eine Vorstellung, die mit den historischen Quellen und Befunden in dieser Vereinfachung nicht übereinstimmt.

Wer waren die Wikinger? Der Begriff (altnordisch: vikingr) wird als Seeräuber übersetzt. „Vik" bedeutet auch: Bucht, Leute aus der Bucht, und „vig" steht für: Kampf, kampffreudige Männer. Im Allgemeinen wird die gesamte Bevölkerung Skandinaviens vom 8. bis 11. Jahrhundert als Wikinger bezeichnet, der Zeitraum als „Wikingerzeit".

Was trieb die Wikinger, auch Normannen (Nordmannen), in Osteuropa Waräger oder Rus genannt, von Skandinavien aus zu ihren kriegerischen Eroberungszügen nach Südwesten, Nordwesten und Osten? Die ältere Forschung sah die Ursachen in der Überbevölkerung Skandinaviens, in der Armut der Bevölkerung, in der Flucht freier Bauern vor der zentral gelenkten Monarchie in Norwegen und in Klimaveränderungen. Alle diese Erklärungen werden in der neueren Forschung nicht mehr für überzeugend gehalten. Sie hebt vielmehr allgemeinere Faktoren hervor, die die Wikingerzüge ermöglicht bzw. ausgelöst haben könnten:

- Kenntnisse und Techniken für den Bau seetüchtiger Segelschiffstypen,
- die enorme Praxis der Skandinavier in Seefahrt und Navigation seit der Bronzezeit,
- das Recht des erstgeborenen Sohnes, das gesamte Land zu erben, das zu Spannungen zwischen den Söhnen und zu Auswanderungen geführt haben könnte,
- die Fähigkeit, eine Art Fahrtgemeinschaft zu bilden, die von der Finanzierung bis zur Ausrüstung und Beuteverteilung eine funktionierende gesellschaftliche Ordnung aufweisen musste,
- die Gier nach Land, Reichtum und Ruhm, wie sie in zeitgenössischen Heldenliedern immer wieder geschildert und in Beutezügen gegen Klöster und Kirchen mit ihren wertvollen Kultobjekten sichtbar wird.

Obwohl die Skandinavier vor ihrer Bekehrung den Christen als Heiden gegenüberstanden, werden die kriegerischen Auseinandersetzungen nicht als Glaubenskrieg gesehen.

M1 Die „Welt" der Wikinger 800 bis 1100

M2

Die Zerstörung Hamburgs im Jahre 845

Der Domherr und Chronist Adam von Bremen (verstorben zwischen 1081 und 1085) schrieb in seiner „Geschichte der Hamburgischen Kirche" (1074) über die Normannen:

In diesen Tagen arbeitete unser hl. Vater Ansgar tatkräftig an der ihm anvertrauten Legation[1], mühte sich zu Hamburg um seine junge Pflanzung und förderte die Kirche durch Weisungen seines Mundes und das Werk seiner Hände … Währenddessen schwärmten die Normannen auf ihren Raubzügen überall umher und zwangen die Friesen zu Tributzahlungen. Zur selben Zeit fuhren sie den Rhein aufwärts und lagerten vor Köln, die Elbe aufwärts und zündeten Hamburg an. Die herrliche Stadt ging in Raub und Brand völlig unter. Da wurde die Kirche vernichtet, da das Kloster, da die mit so großem Fleiß zusammengetragene Bibliothek. Der hl. Ansgar konnte, wie es heißt, mit den hl. Märtyrerreliquien kaum das nackte Leben retten … Damals wurde auch Bischof Gauzbert von fanatischen Heiden aus Schweden vertrieben … Sieben Jahre lang war Schweden seitdem ohne Priester. Der aus seinem Reiche vertriebene Anund stellte damals den Christen nach. Hergeir, der Vorsteher von Birka, hielt dort ganz allein das Christentum aufrecht. Er erwarb auch so hohe Gnade für seine Glaubenstreue, dass er durch die Kraft seiner Wundertaten und seine mahnende Unterweisung viele tausend Heiden rettete. Das steht in den „Taten des hl. Ansgar".

Zit. nach Geschichte in Quellen, Bd. 2, hg. v. Wolfgang Lautemann, 3. Aufl., München (bsv) 1978, S. 611 f., übers. v. W. Trillmich.

[1] vom Papst übertragenes Amt zur Verwaltung eines kirchlichen Bezirks

M3

Das Osebergschiff (Ausgrabung im Jahr 1904) nach der Rekonstruktion, Fotos, 1980

M4

Seeräuber gründen Staaten

Aus einer Internetinformation des norwegischen Außenministeriums über die Wikinger (2004):

Im Verlauf der Wikingerzeit veränderte sich die Gesellschaft. Führende Häuptlingsfamilien vermehrten ihren Landbesitz und ihre Macht und schufen damit die Voraussetzung für die Gründung von Staaten. Die ersten Städte entstehen, und von Staraja Ladoga und Kiew in Russland bis York und Dublin auf den britischen Inseln können wir uns eine Vorstellung vom Alltagsleben der Stadtbewohner machen. Marktplätze und Städte beruhen auf Handel und Handwerk.

Zit. nach http://odin.dep.no/odin/tysk/om_odin/stillinger/032005-990157/index-dok000-b-n-a.html (Stand: 15. 2. 2005)

Vorschlag für eine Gruppenarbeit

- Erarbeitet in fünf Gruppen die Seiten 230 bis 234. Jede Gruppe übernimmt eine Seite und fertigt mithilfe der Arbeitsaufträge einen Bericht für die Klasse an.
- Diskutiert in der Klasse, wie Herrschaft im mittelalterlichen Europa ausgeübt wurde. Legt eine Mindmap an.

1 Tragt euer Wissen über die Wikinger zusammen.

2 Beschreibe und bewerte anhand von M1 und des Darstellungstextes Verbreitung und Ursachen der Wikingerzüge. Achte auf den Wandel der Forschungsergebnisse.

3 Analysiere M2. Prüfe, worin sich Wertungen des Autors gegenüber den Wikingern zeigen.

4 Erörtere mithilfe von M1, M3 und M4 die Bedeutung von Schiffstechnik und Schifffahrt für die Wikinger.

5 Beantworte beide Fragen in den Überschriften auf S. 228.

Das Königreich England

Herrschaft durch Lehen

Den englischen Königen gelang es im Laufe des Mittelalters, ihre Macht mithilfe des Lehnssystems auszubauen: Viele Adlige erhielten Grundbesitz, den sie als Lehnsherren an Untervasallen weitergeben konnten. Außerdem wurden alle Lehnsbeziehungen mit dem direkten Treueschwur auf den König verbunden und schriftlich im so genannten Domesday Book festgelegt. Diese nach Grafschaften geordnete Übersicht bildete im 12. Jahrhundert die Grundlage für staatliche Verwaltungsaufgaben wie z. B. das Einsammeln der Steuern*. Die „Sheriffs" der einzelnen Grafschaften rechneten die Steuergelder bei einer zentralen Geldeinnahmebehörde ab. England wurde zum ersten europäischen Staat, der eine eigene Verwaltung besaß.

Beschränkung der Königsmacht

Als König Richard Löwenherz 1199 starb und sein Bruder Johann die Nachfolge antrat, veränderte sich die Situation für das englische Königtum: Johann, genannt „Ohneland", war bei der Aufteilung des väterlichen Erbes leer ausgegangen. Deshalb konnte er sich nur mit Schwierigkeiten als Nachfolger durchsetzen. Zudem empörten seine harten und oft belastenden Maßnahmen Adel und Kirche. Als er sich weigerte, den päpstlichen Kandidaten für das Erzbistum Canterbury ins Land zu lassen, verhängte der Papst über ihn den Kirchenbann. Frankreich nutzte den Augenblick und drohte England zu erobern. Da auch der Papst dieses Vorhaben unterstützte, musste Johann sich schließlich unterwerfen. 1214 eroberte Frankreich die meisten englischen Festlandbesitzungen.

Die weltlichen Fürsten und die Bischöfe des englischen Königreichs zwangen Johann in diesem Moment der Schwäche dazu, ihnen wichtige Rechte zuzugestehen. 1215 wurde die „Magna Charta Libertatum" ausgestellt. Die Bestimmungen der Magna Charta gelten noch heute – aber für alle Bürger.

1 Kläre anhand des Darstellungstextes, M1 und M2:
a) die Bedeutung der Lehen für die Monarchie,
b) die Einschränkung der Macht des Königs.

M1

König Edward I. (1272–1307) im englischen Parlament, englische Buchmalerei, um 1524

M2

Die Bestimmungen der Magna Charta

Die „Große Urkunde der Freiheiten" von 1215, mit der der Konflikt zwischen Johann Ohneland und den englischen Adligen beendet wurde, enthielt 63 Artikel, unter anderem folgende:

Art. 12: Kriegs- und andere Steuern sollen in unserem Königreich nur durch Beschluss des Gemeinen Rates des Königreiches erhoben werden. Zur Tagung dieses Rates werden wir Erzbischöfe, Bischöfe, Äbte, Grafen und größere Barone, Richter, Beamte und alle jene, die vom König Lehen besitzen, rechtzeitig einladen.

Art. 61: Falls wir, unsere Richter und unsere Beamten gegen irgendjemanden einen Rechtsbruch begehen und seine Wiedergutmachung verweigern, so soll ein Ausschuss von 25 Baronen uns dazu zwingen. Sie sollen auf alle ... mögliche Art unsere Burgen, Ländereien und Besitzungen wegnehmen, bis die Sache nach ihrer Meinung gutgemacht ist; nur soll dabei unsere Person unangetastet bleiben. Sobald der Schaden gutgemacht ist, sollen sie uns wieder gehorchen wie bisher.

Zit. nach Kurt Kluxen, Die Entstehung des englischen Parlamentarismus, Stuttgart (Klett) 1972, S. 5.

Frankreich wird ein monarchischer Zentralstaat

Recht und Verwaltung werden zentralisiert

Gegen Ende des 11. Jahrhunderts beherrschte der französische König nur einen kleinen Landesteil, die Ile de France von Paris bis Orléans. Aber er besaß Paris, einen bedeutenden Handelsplatz, der die Staatskasse Philipps und seiner Nachfolger durch Zolleinnahmen füllte. Damit konnten die Straßen von Paris gepflastert, Sicherheit und Ordnung gegen das Räuberunwesen auf dem Lande hergestellt und königliche Beamte für die Gerichte ausgebildet werden. Im Laufe des 13. Jahrhunderts wurde jeder Teil des Landes der zentralen königlichen Verwaltung unterstellt. Die Rechtslehre wurde auf dem Grundsatz aufgebaut, dass der König das absolute Vorrecht zur Gesetzgebung im Reich habe. Auch wurde festgesetzt, dass alles Land bis zum Beweis des Gegenteils als Lehnsland zu betrachten sei. Damit wurde die zentrale königliche Macht und die Herrschaft über den Adel gefestigt.

M1 **England und Frankreich vom 11. bis 13. Jahrhundert**

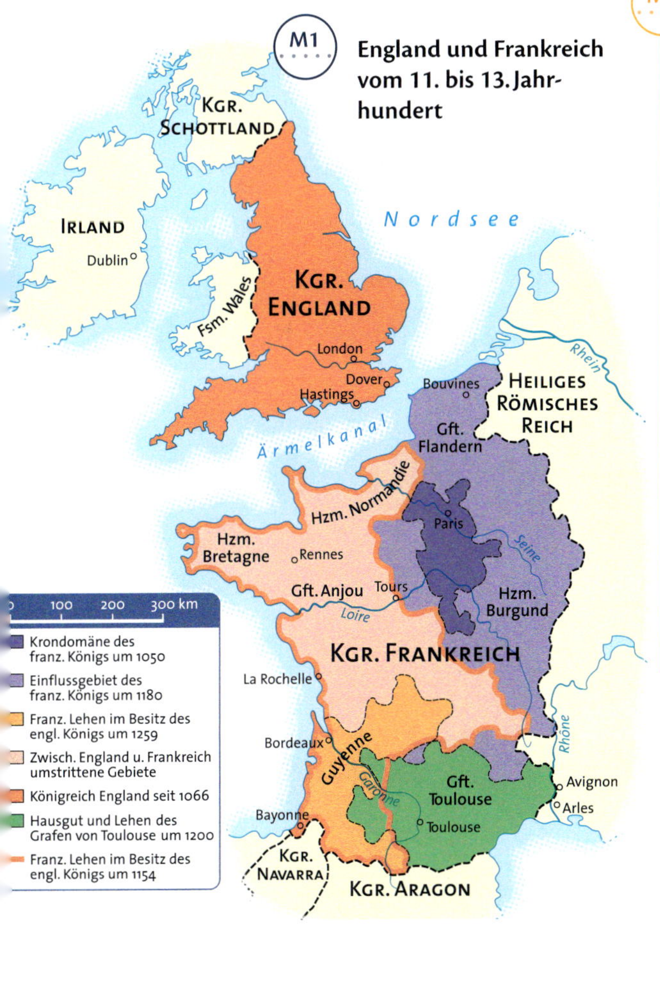

Die Krise des Lehnswesens

Das Wachstum der Städte, die Ausweitung des Handels und die Entwicklung der Geldwirtschaft stellten das Lehnssystem infrage. Die Beziehungen wurden vielfältiger, neue soziale, wirtschaftliche und rechtliche Ordnungen mussten gefunden werden. Das geschriebene Recht, nicht die mündliche Absprache oder der persönliche Eid, wurde immer wichtiger. Aus dem zentralen Königtum und der Einrichtung von Verwaltungs- und Justizbehörden entstanden erste Ansätze eines Staates, wie er in den folgenden Jahrhunderten bis in unsere Gegenwart hinein weiterentwickelt wurde. Frankreich gehörte zu den ersten europäischen Königreichen mit „modernen" Verwaltungsstrukturen und zentralen Behörden in der Hauptstadt Paris.

M2

Der König hat alle Gewalt

Aus einem Rechtsgutachten, veranlasst durch den König von Frankreich (um 1300):

Der König von Frankreich hat alle Gewalt in seinem Königreich, die der Kaiser im Kaiserreich hat, und ihm steht eine ebenso große und größere Menge ausgezeichneter Männer in der Ritterschaft wie in der Geistlichkeit zur Seite, wie jemals irgendein Kaiser hatte ...; und er hat in der Welt keinen Oberen in weltlichen Dingen ... Der König von Frankreich ist in seinem Königreich Kaiser ... so wie der Kaiser Herr der Welt ist im Imperium [Herrschaftsbereich]. Denn das Königreich Frankreich und andere Königreiche der Welt waren früher als das Imperium. Denn vom allerersten Recht, das heißt vom Völkerrecht, „waren die Völker unterschieden und die Königreiche gegründet" ... Und weil der König von Frankreich vor dem Kaiser da war, kann er gewissermaßen umso vornehmer genannt werden.

Zit. nach Geschichte in Quellen, Bd. 2, hg. und bearb. von Wolfgang Lautemann, 2. Aufl., München (bsv) 1978, S. 785, übers. von J. Leuschner.

1 Stelle mithilfe des Darstellungstextes fest, wie die Entwicklung zu einem französischen Staat verlief.

2 Untersuche an M2, wie das Verhältnis zum Kaisertum des Reiches und zum Papsttum gesehen wird.

3 Kläre an M1 die territorialen Verhältnisse zwischen England und Frankreich.

Das Kiewer Rusreich

Normannen als Reichsgründer?

Das Kiewer Reich entstand nach schriftlichen Quellen und archäologischen Untersuchungen zwischen dem späten 8. und dem 10. Jahrhundert als warägische Herrschaftsbildung. Es wird angenommen, dass warägische Kaufleute (Waräger: „Rhos“ oder „Rus“ genannte schwedische Normannen) unter Anführung durch Gefolgsherren („Seekönige“) bereits vorhandene ostslawische Burgherrensitze eroberten. Als Gründer des Rusreiches gelten die Waräger Rjurik aus Nowgorod und dessen Sohn und Nachfolger Oleg, seit 879 Fürst von Nowgorod, der um 880 Kiew eroberte und es zu seiner Residenz machte. Er dehnte die Herrschaft auf die benachbarten ostslawischen Stämme aus und erhob Tribute von unterworfenen Stämmen. Mit dem Byzantinischen Reich schloss er einen Handelsvertrag, der zum wirtschaftliche Aufschwung im Rusreich beigetragen haben soll.

Als politisch und wirtschaftlich bedeutend wird die Regierungszeit der Witwe Igors, des Nachfolgers Olegs, eingeschätzt. Die Fürstin Olga (945–969) übernahm die Regentschaft für ihren noch im Kindesalter stehenden Sohn. Sie richtete Abgabenbezirke und fürstliche Jagd- und Fischereireviere ein. Ihr Ansehen stieg besonders, als sie mit ihrer Taufe durch den Patriarchen von Byzanz zum orthodoxen Christentum übertrat und die Handelsbeziehungen zu Byzanz ausbaute. Der byzantinische Kaiserhof erkannte das Kiewer Fürstentum als wichtige politische Macht an.

Abschluss der Reichsbildung

Die Reichsbildung der Kiewer Rus hatte am Anfang des 11. Jahrhunderts einen Abschluss gefunden. Das Reich glich mehr und mehr einem frühmittelalterlichen Großreich, das in seiner Ausdehnung das Reich der Ottonen übertraf. Mit einem Reichsrat aus den Großen des Landes beriet der Großfürst alle wichtigen Staatsangelegenheiten, z. B. auch die Einführung der orthodoxen christlichen Lehre als Staatsreligion.

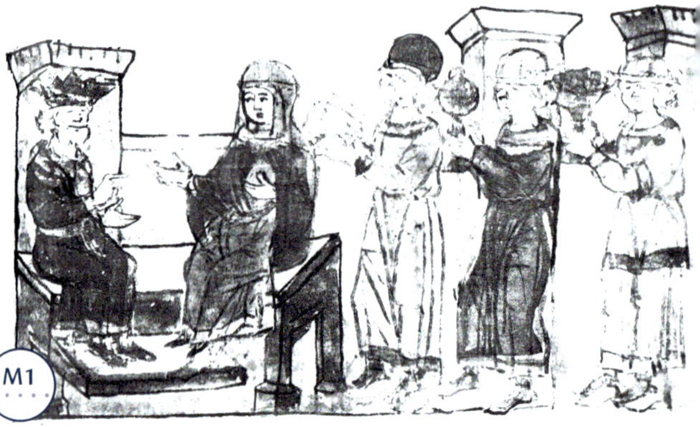

M1

Fürstin Olga bei Kaiser Konstantin VII. in Byzanz,
Miniatur aus der Radziwill-Chronik, 15. Jh.

M2

Tschuden zahlen dem Kiewer Fürsten Tribut,
Miniatur aus der Radziwill-Chronik, 15. Jh.

1. Erarbeite anhand des Darstellungstextes den Vorgang der Reichsbildung der Kiewer Rus.
2. Beschreibe mithilfe der Karte S. 216 Lage und Ausdehnung des Kiewer Reiches und stelle fest, welche heutigen Staaten auf dem damaligen Reichsgebiet liegen.
3. Begründe, warum die Fürstin Olga als politisch bedeutend angesehen wird (Darstellungstext, M1).
4. Untersuche, wie die Herrschaft der Kiewer Fürsten „auf dem Lande“ durchgesetzt wurde (Darstellungstext, M2).

Die Fürsten im Deutschen Reich

Der Ausbau der Landesherrschaft

Im 13. Jahrhundert konnten die Reichsfürsten* ihren politischen Einfluss weiter ausbauen. Die Grundlage ihrer Macht war ihr Land (Territorium). In ihrem Herrschaftsgebiet bauten sie eine vom Lehnsrecht unabhängige Verwaltung auf. Daneben gab es aber auch Gebiete, auf die der Landesherr* keinen direkten Einfluss hatte: Das waren zum Beispiel Klöster und kirchliche Einrichtungen (Stifte), Adelsherrschaften und Landstädte, die selbst nach einer Hoheit über ihr Gebiet strebten. Sie bildeten später die so genannten Landstände. Die Lehnsordnung verlor zunehmend an Bedeutung. Aus den persönlichen wurden mehr und mehr rechtliche Beziehungen.

Der Verlierer dieser Entwicklung war der König, denn er erhielt sein Amt durch die Wahl der Reichsfürsten und blieb auch danach von ihnen abhängig. König Heinrich VI., der Sohn Friedrich Barbarossas, erkannte diese Entwicklung und versuchte, das Reich in ein Erbreich umzugestalten. Da er jedoch früh starb, konnte er seinen Plan nicht verwirklichen. Als im Jahr 1212 sein Sohn Friedrich II. zum König des Deutschen Reiches gekrönt wurde, konnte von königlicher Macht keine Rede mehr sein. Friedrich II. trug dieser Entwicklung Rechnung und erließ das „Gesetz zugunsten der Fürsten“. Damit bauten die Landesherren ihre Macht zum Nachteil des Königtums aus.

1 Erarbeite aus dem Darstellungstext, wie sich das Verhältnis von König und Fürsten im 13. Jahrhundert entwickelte.

2 Zeige an M2, welche Rechte den Fürsten (Landesherren) zugestanden wurden.

3 Beurteile M1 unter der Fragestellung nach dem Verhältnis von Reichsidee und tatsächlicher Macht.

M2

Gesetz zugunsten der Fürsten

Friedrich II. übertrug mit der folgenden Urkunde von 1232 den Fürsten wichtige Reichsrechte. In dem Dokument wurden die Fürsten erstmals als „Landesherren“ bezeichnet:

1. Wie schon unser königlicher Sohn[1], so gestehen auch wir ihnen [den Fürsten] für immer zu, dass keine neue Burg oder Stadt auf geistlichem Gebiet … von uns oder einem anderen [Fürsten] errichtet werden darf …
2. Neue Märkte sollen alte in keiner Weise stören.
6. Ein jeder Fürst habe freien Gebrauch seiner Freiheiten, Gerichtsbefugnisse, Grafschaften und Zehnten, nach den Gewohnheitsrechten seines Landes, sie seien sein Eigentum oder ein Lehen.
8. Ohne Zustimmung des Landesherren darf niemand die Gerichtsstätte verlegen.
13. Eigentum und Lehen der Fürsten, Edlen, des Dienstadels und der Kirchen, das sich in den Händen unserer Städte befindet, soll zurückgegeben werden und darf nicht wieder weggenommen werden.
17. Im Lande eines Fürsten wollen wir keine neue Münze schlagen lassen, durch welche die Münze des Fürsten im Werte gemindert werden könnte.

Zit. nach Geschichte in Quellen, Bd. 2, hg. und übers. v. Wolfgang Lautemann, 3. Aufl., München (bsv) 1978, S. 568 f.

[1] Heinrich VII. (1220–1235)

M1

König Friedrich II. als christlicher Herrscher, Wachssiegel, 1215, Holzstichfaksimile. In der Linken hält er den Reichsapfel als Symbol christlicher Herrschaft über die Welt. In der Rechten hält Friedrich das Reichsszepter, dargestellt als „Lebensbaum“ mit einem Kreuz auf der Spitze – Symbol des Gottesgnadentums. Die Umschrift des Siegels weist ihn als „rex“ und „augustus“ der Römer und des „regnum Italiae“ aus. Auf dem Haupt trägt er die mit Lilienzacken und Kreuz geschmückte Königskrone. Der Königsornat zeigt mehrere eingewebte Reichsadler, Symbol des Reiches.

Der Aufstieg der Kurfürsten

M1

Mitteleuropa beim Tode Karls IV. 1378

Begriffe und Daten

Goldene Bulle

Reichsgesetz zur Königswahl, das 1356 von Kaiser Karl IV. erlassen wurde und bis 1806 gültig war. Das königliche Goldsiegel („Bulle“) gab der Urkunde* ihren Namen. In dem Gesetz wurde u. a. festgelegt:
- die Zusammensetzung des Kurfürstenkollegs (drei geistliche und vier weltliche Fürsten),
- das Wahlverfahren,
- die Rechte der Kurfürsten,
- die Durchführung der Reichstage.

Königswahl und Kurfürstenrechte

Die Machtverschiebung im Reich vom König zu den Landesherren zeigte sich auch in der Regelung der Königswahl: Seit dem 13. Jahrhundert beanspruchte eine kleine Gruppe geistlicher und weltlicher Fürsten das Recht, den König zu wählen: die drei Erzbischöfe* von Mainz, Köln und Trier, der König von Böhmen, der Pfalzgraf bei Rhein, der Herzog von Sachsen und der Markgraf von Brandenburg. Der Ablauf der Königswahl wurde 1356 gesetzlich durch die „Goldene Bulle“ festgeschrieben. Danach wählen die Kurfürsten (Kur = Wahl) den König mit Stimmenmehrheit. Das Kuramt wird an den Erstgeborenen innerhalb der Familie vererbt. Um Zweifel und Streit bei künftigen Königswahlen auszuschließen, legte Kaiser Karl IV. (1347–1378) im Einvernehmen mit den Kurfürsten das Wahlverfahren fest. Indem Karl die Kurfürstenrechte anerkannte, gelang es ihm zugleich, eine dynastische Thronfolge zu ermöglichen. Das Deutsche Reich war damit zwar ein Wahlreich mit freier Königswahl, aber auch – zumindest der Möglichkeit nach – ein Erbreich.
Am Ausgang des 15. Jahrhunderts verschaffte eine weitere Neuerung den Reichsfürsten Mitsprache in den Angelegenheiten des Heiligen Römischen Reiches Deutscher Nation*: die Einrichtung eines regelmäßig stattfindenden Reichstages*. In diesem Gremium saßen die Kurfürsten, die übrigen geistlichen und weltlichen Fürsten und die Vertreter der Freien Reichsstädte. Für ein Reichsgesetz waren übereinstimmende Beschlüsse der getrennt beratenden Kollegien (Kurfürstenrat, Städtekollegium, Reichsfürstenrat) und die Zustimmung des Königs erforderlich. Innerhalb der Kollegien entschied seit 1648 die Stimmenmehrheit.

1 Vergleiche M1 mit der Karte der Königreiche England und Frankreich S. 231. Durch welche Besonderheit zeichnete sich das Reich aus?

2 „Der Aufstieg der Kurfürsten“: Beschreibe die Machtentwicklung im Deutschen Reich und die Rolle der Kurfürsten (Darstellungstext, Kasten).

Herrschaft im mittelalterlichen Europa

M1

Die sieben Kurfürsten, Buchmalerei, 1493. Dargestellt sind auch die höchsten Reichsämter, die mit der Kurfürstenwürde verbunden waren: Erzkanzler (alle geistlichen Kurfürsten), Erzschenk (zuständig für die Getränke), Erztruchsess (Speisen), Erzmarschall (Pferde, Waffen), Erzkämmerer (Kasse). Die Abbildung zeigt die gesetzlich festgelegte Platzordnung.

Überprüfe, was du kannst

Sachkompetenz

1 Kläre die folgenden Begriffe: König (S. 218), Kaiser (S. 220), Investitur (S. 224), Landesherr (S. 233), Kurfürsten (S. 234) und Goldene Bulle (S. 234).

2 Beschreibe in Stichworten die Stellung des Königs, des Kaisers und des Papstes zueinander (S. 220–223).

3 Stelle an einem ausgewählten Beispiel die Reichs- bzw. Herrschaftsbildung in Europa dar (S. 228–233).

Urteilskompetenz

4 Beurteile die folgende Aussage: Der Konflikt zwischen geistlicher und weltlicher Macht war nach dem Investiturstreit gelöst. Begründe deine Antwort.

5 Formuliere eine Antwort auf die Frage, ob das Deutsche Reich ein Wahlreich oder ein Erbreich war.

Handlungskompetenz

6 Schreibt einen Brief des Herzogs von Sachsen an seinen Sohn über die Aufgaben und Pflichten als Kurfürst. Erörtert darin auch, was diese Position für die eigene Macht bedeuten könnte. Zieht M1 heran.

- 500 bis 1500 Mittelalter
- 8. bis 11. Jahrhundert „Wikingerzeit“
- 962 Otto I. Kaiser des Heiligen Römischen Reiches
- 11. Jahrhundert Investiturstreit
- 1077 „Gang nach Canossa“
- 1215 Magna Charta Libertatum
- 1356 Goldene Bulle: Reichsgesetz zur Königswahl

500 600 700 800 900 1000 1100 1200 1300 1400

Europa im Mittelalter

Von der Antike zum Mittelalter

Nach dem Ende des Römischen Reiches um 500 veränderte sich die Mittelmeerwelt grundlegend. Es bildeten sich drei neue Machtzentren heraus:

1. Nach der Teilung des Römischen Reiches in das Weströmische und das Oströmische Reich mit der Hauptstadt Konstantinopel entwickelte sich der Ostteil zu einem eigenständigen Reich, in dem die Tradition der griechischen und römischen Antike weiterlebte.
2. Ausgehend von Arabien, verbreitete sich im 7. Jahrhundert mit dem Islam nicht nur eine neue monotheistische Religion, sondern auch eine neue kulturelle und politische Kraft im Mittelmeerraum. Als Anfangsdatum der islamischen Zeitrechung gilt das Jahr 622, als Mohammed, der Begründer und spätere Prophet des Islams, nach Medina flüchten musste.
3. Dem Frankenkönig Chlodwig I. (482–511) aus der Familie der Merowinger gelang die Gründung eines dauerhaften Reiches. Durch den Übertritt Chlodwigs zum Christentum um 497/498 entwickelte sich zwischen den fränkischen Königen und der Kirche ein enges Verhältnis. Die Päpste förderten die Ausbreitung des Christentums durch Missionare. Einer der bekanntesten unter ihnen ist Bonifatius, der auf dem Gebiet des heutigen Deutschlands wirkte. Als einer der bedeutendsten Herrscher des Mittelalters gilt Karl der Große (768–814). Er erneuerte das römische Kaisertum (Krönung Weihnachten 800) und verstand sich als Schutzherr der Kirche.

Mittelalterliche Lebenswelten

Im Mittelalter lebten fast alle Menschen auf dem Land. Die Landwirtschaft war die bestimmende Wirtschaftsweise. Zwischen 1000 und 1250 wurde die nahezu geschlossene Wald- und Sumpflandschaft Mitteleuropas in mehreren Rodungsphasen zurückgedrängt. Immer stärker bestimmten Dörfer das Siedlungsbild, in denen das Zusammenleben rechtlich geregelt war. Die meisten Bauern lebten als Grundholde bzw. Hörige in der Grundherrschaft. Sie mussten ihrem Grundherrn Abgaben und Dienste leisten.

Gegenüber der bäuerlichen Bevölkerung bildete der Adel eine kleine gesellschaftliche Gruppe. Im Laufe des Mittelalters wurden aus adligen Familien Herrschaftsgruppen, die z. B. als Fürsten Einfluss auf die Reichspolitik nahmen. Der König bzw. Kaiser entstammte dem Adel.

Die mittelalterliche Gesellschaft bestand nach der Auffassung der Kirche aus drei Ständen („Dreiständelehre“): dem Klerus, dem Adel und den Bauern.

In der Welt des Klosters lebten Mönche und Nonnen in christlicher Gemeinschaft nach vorgegebenen Ordensregeln, die erstmals im 6. Jahrhundert von Benedikt von Nursia festgelegt wurden. Klöster hatten verschiedene Funktionen: Sie waren religiöse Zentren, „Kulturinseln“ und Wirtschaftsbetriebe, aber auch – z. B. als Grundherren – Herrschaftseinrichtungen. Um eine gottgefällige Lebensweise zu gewährleisten, gab es immer wieder Reformbewegungen.

Eine neue Lebenswelt im Mittelalter war die Stadt. Könige, Herzöge und Bischöfe gründeten verstärkt seit dem 11. Jahrhundert neue Städte, vor allem aus wirtschaftlichen Gründen. Wenn eine Stadt das Markt-, Münz- und Zollrecht erhielt, wurde sie zu einem Produktions- und Handelszentrum. Das Stadtleben bot meist bessere Erwerbsmöglichkeiten und größere persönliche Freiheiten als das Landleben, unter anderem weil die Stadtbevölkerung nicht an einen Grundherrn gebunden war. Es gab große soziale und wirtschaftliche Ungleichheiten. Handel und Handwerk bestimmten das wirtschaftliche Leben. Die Herrschaft der Patrizier wurde seit dem 14. Jahrhundert durch die so genannten Zunftkämpfe eingeschränkt.

Herrschaft im mittelalterlichen Europa

Grundformen mittelalterlicher Herrschaft sind

- das Lehnswesen als Form personenbezogener Herrschaft (Lehnsherr und Lehnsmann),
- die Reichsgründungen seit dem 8. Jahrhundert, England und Frankreich entwickelten sich zu „Nationalstaaten“ mit zentral gestärkter Monarchie (in England wurde die Macht allerdings bald durch den Adel eingeschränkt),
- die Aufteilung der Macht zwischen König (Kaiser) und Fürsten im Deutschen Reich mit der Tendenz zu Territorialstaaten,
- der Machtkampf zwischen geistlicher (Papst) und weltlicher Macht (König, Kaiser) als Grundzug der Herrschaftsbeziehungen (Dualismus).

Lebenswelten im Mittelalter

Das Dorf
- Dörfer und Höfe als Siedlungsformen
- „Haushaltsfamilie“ (Hausgemeinschaft)
- Bauer als „Hausherr“
- Arbeitsteilung zwischen Männern, Frauen und Kindern
- Weistümer als Rechtsordnung für das Dorfleben

Die Burg
- Burg als Wohnsitz, Schutzbau und Herrschaftssitz des Adels
- Adelsfamilien als herrschende Schicht
- Vorrechte durch Abstammung und Grundbesitz
- Verwaltungs- und Schutzaufgaben für den König

Die Stadt
- Stadtentstehung als Marktgründung
- persönliche Freiheiten
- Unterscheidung zwischen „Bürger“ und Einwohner
- Wirtschaft: Handwerk und Handel
- Herrschaft: Patrizier, später mit Zünften

Das Kloster
- Leben nach christlichen Ordensregeln in Frauen- und Männerklöstern
- „Ora et labora“ – als Grundregel
- Klöster als religiöser, kultureller, wirtschaftlicher Ort
- Klöster als Grundherrschaft

Die mittelalterliche Gesellschaft – eine „Ständegesellschaft“

Herrschaftsformen im Mittelalter

Grundherrschaft
- Rechtsbeziehung zwischen Grundherr (Adliger) und Bauer (Grundhold, Höriger)
- Abgaben und Dienste des Bauern; Schutz als Gegenleistung
- persönliches Abhängigkeitsverhältnis

Lehnswesen
- Rechtsbeziehung unter Adligen zwischen Lehnsherrn und Lehnsmann (Vasall)
- Treue- und Schutzverhältnis
- Lehen: Land, Amt oder Recht
- Übergabe als symbolische Handlung

Königsherrschaft
- Reichsbildung als Königtum aus dem Heerkönigtum (Frankenreich)
- Verschmelzung germanischer und christlicher Ursprünge
- „Reisekönigtum“
- Bindung an den Königshof durch Ämter

Fürstenherrschaft
- Reichsfürsten als Herrscher in ihren Gebieten (Territorien)
- Entstehung von Territorialstaaten innerhalb des Deutschen Reiches
- Landesherrschaft schwächte das König- und Kaisertum

Dualismus zwischen geistlicher und weltlicher Macht

Beschreiben und Berichten eines Vorgangs

- Die Sprache ist knapp und sachlich.
- Es werden nur Tatsachen wiedergegeben.
- Die einzelnen Schritte werden in ihrer Reihenfolge genau wiedergegeben.
- Beim Berichten gibt man Antworten auf die W-Fragen: Wer? Was? Wo? Wann? Wie? Warum? Welche Folgen?
- Es wird meistens in der Vergangenheitsform beschrieben bzw. berichtet.
- Persönliche Berichte können auch Eindrücke und Reaktionen enthalten

Sprachliche Hilfen

Vergangenheitsform (Präteritum):
z. B.
- Er trug ein Gewand aus Samt und saß auf einem Thron.

Bindewörter (Konjunktionen):
Sie leiten einen Nebensatz ein, der
- einen Grund formuliert: weil; da;
- eine Absicht formuliert: damit; auf das
- ine Folge formuliert: sodass; so… dass
- eine Art und Weise formuliert: indem; wie; (anders) als; ohne dass; als ob; je…, desto
- eine zeitliche Abfolge formuliert: als; während; nachdem; bevor; ehe; seitdem; sobald; wenn; bis

Eindrücke und Reaktionen schildern:
- Unser Eindruck war …
- Meiner Ansicht / Meinung nach …
- Es schien, als ob …
- Wir waren überrascht / verwundert / beeindruckt / enttäuscht …

Wiedergeben einer wörtlichen in nichtwörtlicher Rede

- Eine wörtliche (direkte) Rede kann in der nichtwörtlichen (indirekten) Rede wiedergegeben werden als:
- indirekte Rede in der Möglichkeitsform: „Der Kaiser sagte, dass er die Steuern anheben werde, weil die Ausgaben höher seien als geplant."
- geraffte Redewiedergabe (der Inhalt wird in eigenen Worten zusammengefasst): „Der Kaiser wollte die Steuern anheben."
- Umschreibung: „Nach Aussage des Kaisers werden die Steuern angehoben."
- dass-Satz in der Möglichkeits- oder Wirklichkeitsform: „Der Kaiser teilte mit, dass er die Steuern anheben werde/wird."

Sprachliche Hilfen

Wirklichkeitsform (Indikativ):
- Befehlen – Er schrie, dass er den Angriff befehlen werde.
- Raten – Er sagte, dass du ihm dazu rätst.

Möglichkeitsform (Konjunktiv):
- Befehlen – Er schrie, dass er den Angriff befehle
- Raten – Er sagte, dass du ihm dazu rietest.

Stellung nehmen und Erörtern

- Klären, zu welchem Problem Stellung genommen werden soll bzw. was erörtert werden soll.
- Begründungen sammeln, die die Stellungnahme stützen.
- Beim Erörtern Für- und Gegenargumente, evtl. auch Sowohl-als-auch-Argumente sammeln.
- Begründungen so ordnen, dass die stärkste am Ende steht.
- Die eigene Meinung als Behauptung in einem Satz formulieren.
- Eine Erörterung kann aus drei Schritten bestehen: Einleitung (Behauptung/These nennen, die erörtert werden soll), Hauptteil (Begründungen/Argumente anführen und ggf. erläutern), Schlussteil (das Ergebnis formulieren).

Sprachliche Hilfen

Beweisführung (Argumentation):
Sie besteht aus zwei Teilen:
- Behauptung (These): „Das alte Ägypten besaß eine Hochkultur" und
- Begründung (Argument): „…, weil Merkmale wie z. B. Regierung, Religion und Schrift vorhanden waren."

Bindewörter (Konjunktionen):
Sie leiten einen Nebensatz ein, der
- eine Bedingung formuliert: wenn; falls; sofern; unter der Bedingung, dass
- einen Grund formuliert: weil; da
- eine Absicht formuliert: damit; auf dass
- eine Folge formuliert: sodass; so…, dass; als dass
- eine Art und Weise formuliert: indem; wie; (anders) als; ohne dass; als ob
- ein Zugeständnis formuliert: obwohl; obgleich; obschon; wenngleich
- einen Gegensatz formuliert: außer dass; wohingegen; währen
- eine zeitliche Abfolge formuliert: als; während; nachdem; bevor; seitdem

Operatoren	Erläuterungen	Beispiele
– nennen	– bestimmte Informationen zusammentragen, ohne sie zu erläutern	– S. 45, Aufgabe 1a: Kriterien festlegen, z. B. Haltbarkeit, Bearbeitungsmöglichkeit, Beschaffungsmöglichkeit. Beispiel Holz: leicht zu beschaffen, gut zu bearbeiten, geringes Gewicht; aber: nicht so haltbar wie Stein …
– beschreiben, schildern	– geschichtliche Aussagen und Probleme erkennen und zutreffend formulieren	– S. 18, Aufgabe 1: Luftbildarchäologie, Ausgrabungen, Altersbestimmungen: Thermolumineszenz-Methode, 14C-Radiocarbonmethode, Dendrochronologie … S. 57, Aufgabe 2: z. B. Macht, Ausdruck: Herrschaftszeichen …
– zusammenfassen, wiedergeben	– das Erfragte aus geschichtlichen Aussagen in Quellen oder Darstellungen erkennen und nennen bzw. aufschreiben.	– S. 95, Aufgabe 2: unterschiedliche Ausbildung, Söhne lernen Lesen und Schreiben, Mädchen werden auf das Führen des Haushalts vorbereitet … S. 92, Aufgabe 1a: Die Bürger Athens sollten sich nicht nur um das eigene Hauswesen kümmern, sondern auch um das Wohl des Staates.
– untersuchen (analysieren)	– Materialien nach bestimmten Methoden oder Kriterien (Merkmalen) erschließen	– S. 176, Aufgabe 2: M1: Buchmalerei, M2: Lied, M3: Bilder aus einer Handschrift, M4: Erzählung nach historischen Qellen. Aussehen und Kleidung der Menschen, Tiere, Arbeiten, Geräte auf dem Bauernhof; Texte zeigen, wie Menschen gedacht und empfunden haben.
– erklären	– geschichtliche Sachverhalte in einen Zusammenhang einordnen und ggf. begründen	– S. 79, Aufgabe 3: verstreute Lage der Dorfer, gemeinsame Sprache als Verbindungsglied der Menschen; Verständigung in der Politik, bei Handel und Verkehr möglich
– erläutern	– wie erklären, aber durch zusätzliche Informationen und Beispiele verdeutlichen	– S. 139, Aufgabe 4b: z. B.: Teilung des Reiches 395 n. Chr.: Schwächung, Machtverlust; Völkerwanderung: Bedrohung von außen durch andere Völker, …
– vergleichen	– Aussagen, Sachverhalte und Probleme erkennen und im einfachen Vergleich Übereinstimmungen und Unterschiede feststellen	– S. 103, Aufgabe 3: Mythos ist wissenschaftlich nicht nachweisbar; Die Bedeutung des Mythos liegt im späteren Zusammengehörigkeitsgefühl und im höheren Ansehen durch den behaupteten Bezug zu den Göttern.
– beurteilen	– ein Sachurteil zu geschichtlichen Sachverhalten formulieren – ohne persönliches Werturteil	– S. 123, Aufgabe 4: Den Sachverhalt klären: Rückgabe der Vollmacht zurück an Volk und Senat, äußerliche Wiederherstellung der Republik; errichtete aber neue Form der Vorherrschaft: Prinzipat, monarchie-ähnliche Herrschaft; Aussage ist zu widerlegen.
– bewerten, Stellung nehmen	– wie „Beurteilen", zusätzlich wird aber ein persönliches Werturteil formuliert	– S. 131, Aufgabe 2: Nur die Hälfte der Häuser hatte einen Anschluss; Die Genehmigung für einen Anschluss erhielten meist nur Mitglieder der Oberschicht; Es gab vermutlich Viertel in Rom, die sehr schmutzig waren.
– diskutieren	– zu einer These oder einem Problem Argumente entwickeln und zu einer begründeten Bewertung gelangen	– S. 29, Aufgabe 2: Argumente zum Problem formulieren: absichtliches Liegenlassen, vergessen, Ritual: Ehrfurcht vor den getöteten Tieren …; das Ergebnis der Diskussion kann auch offen bleiben …
– prüfen, überprüfen	– Aussagen wie Vermutungen, Behauptungen, Urteile daraufhin überprüfen, ob sie zutreffend oder einsichtig sind	– S. 25, Aufgabe 3: Aufgrund der bisherigen Funde die Behauptung überprüfen: älteste Funde stammen aus Afrika (Out-of-Africa-Hypothese): These von der Auswanderung aus Afrika, Gegenthese: multiregionales Modell; überwiegende Meinung der Forschung: Africa-These …; Behauptung also in dieser Aussage nicht haltbar
– erörtern	– zu einer These oder einem Problem Für- und Gegen- bzw. Sowohl-als-auch-Argumente finden und eine eigene Stellungnahme formulieren	– S. 178, Aufgabe 4: Bereiche der Frauen: Spinnen, Weben, Schneidern, Hausarbeit wie Essen bereiten, Feuer schüren, Garten; außer Schäferei sehr viele Arbeiten außerhalb des Hauses; keine reine Hauswirtschaftstätigkeit der Frauen; „Haushaltsfamilie/Hausgemeinschaft". Mögliche Beurteilung: Es gab eine grobe Arbeitsteilung, aber viele gemeinsame, auch handwerkliche Tätigkeiten außerhalb des Hauses. Frauen waren nicht nur „Hausfrauen".

Im Lexikon werden Fremdwörter, historische Begriffe und Ereignisse erläutert, die in den Darstellungstexten dieses Buches vorkommen und mit einem * versehen sind. Die Begriffe, die auf den Themenseiten in Kästen erklärt sind, haben einen Verweis auf die entsprechende Seite.

A

Adel, eine in der Gesellschaft hervorgehobene Gruppe, die sich durch Reichtum, Bildung und eigenen Lebensstil auszeichnet. Zugehörigkeit zum Adel kann, wie in Griechenland und beim Patriziat in Rom, erblich, d.h. an hohe Geburt geknüpft sein oder, wie bei der römischen Nobilität, durch Bekleidung eines Amtes erlangt werden. Zum Adel im Mittelalter siehe S. 187.
Ädile, hatten in der römischen Republik die Aufsicht über Ordnung und Sauberkeit auf Straßen und Märkten und richteten Spiele wie z. B. Gladiatorenkämpfe und Wagenrennen aus.
Agora, im antiken Griechenland der Versammlungsplatz im Zentrum einer Stadt
Altsteinzeit, siehe S. 27
Annuität, Bezeichnung für feste Traditionen römischer Ämter. Von alters her galt bei den Römern, dass ein Magistrat sein Amt immer nur für ein Jahr ausüben durfte.
Archäologie, siehe S. 16
Areopag (= griech. „der Areshügel"), Bezeichnung für die Versammlung, die in der griechischen Adelszeit alle Staatsgeschäfte leitete und das höchste Gericht war. Seit der Einführung der Demokratie und des → Volksgerichts verlor der Areopag an Einfluss und behielt nur noch die Entscheidung bei Mord. Noch heute heißt der höchste Gerichtshof in Athen so.

B

Berufsheer, ein Heer ist die Streitmacht eines Staates. Die Mitglieder eines Berufsheeres üben ihre Tätigkeit hauptberuflich aus.
Bettelorden, Mönchsorden, die im 12./13. Jh. als Gegenbewegung zu den meist reichen Klöstern entstanden. Mitglieder von Bettelorden gelobten nicht nur die persönliche Armut, sondern auch die Besitzlosigkeit des ganzen Klosters. Zu den bekanntesten Bettelorden gehörten die Franziskaner und die Dominikaner. Sie errichteten einfache Klosterbauten in den Städten. Die Bettelmönche sahen in der Seelsorge ihre Hauptaufgabe. Sie sammelten Almosen für ihren Lebensunterhalt und gaben sie an die Armen der Stadt weiter.
Bischöfe, ursprünglich die Vorsteher der christlichen Gemeinden. Seit dem 4. Jahrhundert verwaltete der Bischof als oberster Priester ein bestimmtes Gebiet (= Diözese). Im frühen Mittelalter wurden die Bischöfe von den Geistlichen gewählt, im Mittelalter ernannte sie der Papst. Mehrere Bischöfe unterstanden einem Erzbischof.
Burg, siehe S. 193
Bürger, waren in der Antike alle Personen, die am politischen Leben aktiv teilnahmen und das → Bürgerrecht besaßen.
Bürgerkrieg, Krieg innerhalb eines Staates zwischen inländischen Gruppen; häufig mit dem Ziel eines Regierungswechsels.
Bürgerrecht, war in Griechenland erblich; es konnte aber auch an auswärtige Personen verliehen werden. Außer diesen Vollbürgern (in Sparta z. B. den → Spartiaten) gab es in den griechischen Staaten minderberechtigte Personen, z. B. Frauen oder Metöken, die keine Ämter bekleiden durften. Pflichten der Bürger waren der Schutz des Staates gegen äußere und innere Feinde und die Teilnahme an Kult und Religion. Römischer Bürger konnte man durch Geburt werden, d. h. wenn beide Eltern römische Bürger waren, durch Verleihung des Bürgerrechts oder Freilassung. Zunächst waren nur die Bewohner Roms römische Bürger, später wurde das Bürgerrecht auch anderen Bewohnern des Reiches verliehen. Römische Bürger trugen die Toga, waren zu Wehrdienst und Steuern verpflichtet, hatten Stimmrecht in der Volksversammlung, konnten gewählt werden und gegen Strafen Berufung einlegen. Nur römische Bürger konnten nach römischem Recht anerkannte Geschäftsverträge und gültige Ehen schließen. Im Mittelalter hatten Bürger der Stadt das Recht, Grundbesitz frei zu verkaufen und zu vererben. Auch konnten sie ihren Wohnsitz frei wechseln. Alle Bürger wurden in Rechtsstreitigkeiten nach dem Stadtrecht behandelt. Dies galt für Männer und Frauen. Nur die männlichen Vollbürger waren berechtigt, den Rat der Stadt zu wählen und Ämter zu besetzen. Juden waren meist vom Bürgerrecht ausgeschlossen, meist auch Gesellen, Mägde und Tagelöhner. Heute umfasst das Bürgerrecht die Rechte als Staatsbürger, zum Beispiel das Wahlrecht und den Schutz im Ausland durch den eigenen Staat.
Bundesgenossen, waren mit Rom durch einen Vertrag (Bündnis) verbunden. Darin versprachen sich die Bündnispartner gegenseitige Waffenhilfe bei Angriffen und Frieden für ewige Zeit. Die Bundesgenossen Roms gaben ihre militärische und außenpolitische Selbstständigkeit auf, waren in der inneren Verwaltung aber selbstständig. Viele Gemeinden schlossen gegen äußere Bedrohung freiwillig mit Rom Bündnisse und erkannten dessen Vormachtstellung an.

C

Censor, in der römischen Republik wurden alle fünf Jahre zwei Censoren mit eineinhalbjähriger Amtszeit gewählt. Sie hatten das Vermögen der Bürger zu schätzen und damit die Höhe ihrer Steuerschuld festzusetzen. Sie mussten auch überwachen, ob die Bürger die geltenden Sitten beachteten.

D

Demagogen, Bezeichnung für die Redner in der Athener Volksversammlung. Bereits in der Antike wurde das Wort Demagoge in der Bedeutung „Volksverführer" benutzt.
Demokratie, siehe S. 92
Diktator, in der römischen Republik konnte für besondere Krisensituationen auf Vorschlag des Senats einer der beiden Konsuln einen Diktator als außerordentlichen Beamten ernennen. Dieser bekam große Vollmachten. Seine Amtszeit (die Diktatur) war auf höchstens sechs Monate beschränkt. Die übrigen Magistrate (Beamten) blieben während dieser Zeit im Amt, waren jedoch dem Diktator untergeordnet. Die Diktatoren der späten Republik, z. B. Sulla und Caesar, haben nichts mehr mit

dem ursprünglichen Amt zu tun; denn Amtsdauer und Machtfülle waren nicht mehr beschränkt, sie waren Alleinherrscher.

E

Epos, in einem Epos werden sagenhafte oder geschichtliche Ereignisse in dichterisch überhöhter Sprache, z. B. in Versen, dargestellt. Ältere Epen schildern häufig das Leben in adligen Gesellschaftsschichten, verbunden mit Götter- und Heldensagen. Die ältesten europäischen Epen sind die „Ilias" und die „Odyssee" (Ende des 8. Jh. v. Chr.), die dem griechischen Dichter Homer zugeschrieben werden.

Erzbischöfe, Bischöfe von Erzbistümern, besonders herausgehobene → Bischöfe.

Evangeliar, ein Buch mit dem vollständigen Text der vier Evangelien der Bibel. Besonders aus dem frühen Mittelalter ist eine Reihe prachtvoll geschmückter Evangeliare erhalten.

Export, die Lieferung von im Inland hergestellten Waren in andere Länder.

F

Familie, im Mittelalter hatte das Wort Familie eine andere Bedeutung als heute: Es bezeichnete die Gemeinschaft aller Menschen eines Fronhofes (vom Grundherrn bis zum unfreien Bauern); eine „familia" konnte also über 100 Menschen umfassen. In der Stadt sprach man vom „ganzen Haus" und meinte damit alle in einem Haushalt zusammenlebenden Menschen, z. B. den Handwerksmeister, seine Frau, seine Kinder, sein Gesinde, seine Gesellen und seine Lehrlinge. Die Familie bezeichnete also eine Gemeinschaft, die durch Leben und Arbeiten entstanden war. Für Familie in unserem heutigen Sinn gab es im Mittelalter keinen Begriff, sondern Umschreibungen (z. B. „Weib und Kind"). Der Adel und die reichen Bürger legten auf die Abstammung von einem bedeutenden Ahnherrn sowie auf die weiteren verwandtschaftlichen Beziehungen Wert, da sie für das Ansehen, die Geschäftsverbindungen und die Wahl des Heiratspartners entscheidend waren.

Fehde, bezeichnete im Mittelalter eine Feindschaft oder einen Privatkrieg zwischen Parteien (z. B. Städte oder Familien) zur Durchsetzung vermeintlichen Rechts, wenn keine Gerichtsbarkeit angerufen werden konnte.

G

Geldwirtschaft, im frühen Mittelalter tauschten Menschen ihre Erzeugnisse gegenseitig aus (= Tausch- oder Naturalwirtschaft), sodass Geld kaum eine Rolle spielte. Seit dem 12. Jh. nahm mit dem Aufschwung der Städte und des Handels die Bezahlung mit Geld immer mehr zu. Am meisten verbreitet war der silberne Pfennig, von dem 12 einen Schilling ergaben: 20 Schillinge waren ein Pfund. Viele Städte und Fürsten besaßen das Recht, eigene Münzen zu prägen (Münzrecht); dadurch entstanden zahlreiche unterschiedliche Währungen, die den Handel erschwerten. Seit dem 13. und 14. Jh. erlangten der silberne Heller und der goldene Gulden allgemeine Gültigkeit im Deutschen Reich. Mit der Einführung des Talers versuchte das Reich im 16. Jh. eine Münzvereinheitlichung. Papiergeld gab es erst vom 18. Jh. an.

Genossenschaft, wenn gleichberechtigte Personen sich freiwillig vereinigt haben, um gemeinsame Angelegenheiten zu regeln, so nennen wir das eine Genossenschaft. Im Mittelalter organisierten z. B. die Bauern eines Dorfes die Nutzung der gemeinsamen Wälder und Weiden.

Gerichtsbarkeit, bedeutete das Recht, Gerichte zu halten. Sie war im Mittelalter häufig auf verschiedene Herren aufgeteilt. Die hohe Gerichtsbarkeit (Blutgerichtsbarkeit), die Totschlag, Brandstiftung, Raub und Notzucht umfasste, wurde vom König, vom Herzog und Grafen ausgeübt. Sie ging im Laufe des Mittelalters an die → Landesherren und Reichsstädte über. Die niedere Gerichtsbarkeit (bei leichteren Vergehen) besaßen auch andere Herren (→ Grundherrschaft). Manche → Genossenschaften und → Stände hatten eine eigenständige Gerichtsbarkeit, so z. B. → Zünfte, Universitäten und der → Klerus. Letzterer unterstand nicht weltlichen, sondern kirchlichen Gerichten, die auch für Laien, z. B. in Ehesachen, wichtig waren.

Germanen, Sammelname für viele einzelne Völker und Stämme in Nord- und Mitteleuropa. Besonders in den letzten beiden Jahrhunderten v. Chr. versuchten germanische Stämme sich nach Westen und Süden auszubreiten. Sie wurden jedoch von den Römern an Rhein und Donau aufgehalten. Von den Römern wurden die Germanen wegen ihres Aussehens bewundert. Im Rom der Kaiserzeit war es sogar Mode, blonde Perücken aus Germanenhaar zu tragen.

Goldene Bulle, siehe S. 234

Graf, hieß im frühen Mittelalter der königliche Amtsträger, der in seinem Bereich (Grafschaft) die hohe → Gerichtsbarkeit ausübte, zur Heeresfolge aufrief und den Frieden im Inneren sicherte. Das Amt wurde im 9. Jh. erblich und vom örtlichen → Adel übernommen, der selbst neue Grafschaften gründete. Einige Grafen bauten ihre Herrschaftsbereiche seit dem 12. Jh. zu eigenständigen Gebieten aus und wurden damit zu → Landesherren. Vom 14. Jh. an wurde die Grafenwürde als bloßer Titel ohne Rechte vom Kaiser verliehen.

Gregor VII., siehe S. 226

Grundherrschaft, siehe S. 183

H

Heerschildfähig, Personen, die in der Lage waren, für ihren Herrn ein Heeresaufgebot zu stellen, waren heerschildfähig und damit in der Lage, ein Lehen zu vergeben (aktive Lehnsfähigkeit) oder zu erhalten (passive Lehnsfähigkeit).

Heiliges Römisches Reich Deutscher Nation → Reich

Hellenismus, siehe S. 155

Heloten, während der Eroberung Lakoniens durch die Dorier wurde die dort lebende Bevölkerung unterworfen und versklavt. Diese Heloten unterschieden sich von Sklaven in anderen antiken Staaten dadurch, dass sie dem spartanischen Staat gehörten, in Familien weiterleben und auch ihren alten Bräuchen und ihrer Religion nachgehen konnten. Sie bearbeiteten das Land für die spartanische Oberschicht, die → Spartiaten.

Herrschaft, Bezeichnung für die Ausübung von Macht über Untergebene und Abhängige. Im ägyptischen Staat bedeutete das zum Beispiel, dass der Pharao die Macht hatte allen Menschen in seinem Reich Befehle zu erteilen. Die Menschen erkannten seine Herrschaft an, weil er eine gottähnliche Stellung hatte.

Herzog(tum), ursprünglich waren Herzöge Anführer ihres Stammes. Als im 9. Jh. die Herrschaft der fränkischen Könige schwächer wurde, entwickelten sich in den Gebieten der einzelnen Stämme (Bayern, Schwaben, Sachsen, Franken, Lothringen) Adelsfamilien zu mächtigen Anführern. Macht und Stellung dieser Stammesherzöge waren der des Königs vergleichbar: Sie waren oberste Richter (→ Gerichtsbarkeit), erließen Gesetze, riefen zur Heeresfolge auf und sicherten den Frieden ihres Stammes. Bis in die Zeit Kaiser Friedrichs I. (1152–1190) bildeten die Stammesherzogtümer eine wichtige Grundlage des Deutschen Reiches, dann wandelten sie sich durch Auflösung und Teilung zu Gebietsherzogtümern, zu denen zahlreiche Neugründungen hinzukamen. Die Herzöge herrschten jetzt über ein bestimmtes Gebiet unabhängig von der Stammeszugehörigkeit der Bewohner; vom 13. Jh. an wurden sie zu → Landesherren.

Hierarchie, griechisch: „heilige Herrschaft". Eine Rangfolge oder in Stufen aufgebaute Ordnung, in der Befehle von oben nach unten gegeben und von der niedrigeren Stufe ausgeführt werden müssen.

Hildegard von Bingen, siehe S. 211

Hochkulturen, siehe S. 71

Hof, ist der Haushalt und Regierungssitz eines Herrschers. Im frühen und hohen Mittelalter bildeten die Adligen, die den König auf seinen Reisen begleiteten, seinen Hof. Es entwickelten sich feste Hofämter (z. B. Mundschenk) heraus; besonders wichtig war der Kanzler, der für das „Büro" des Königs verantwortlich war. Seit dem Spätmittelalter wurde der Hof einerseits immer mehr zum Zentrum einer ausgedehnten, von Beamten getragenen → Verwaltung; andererseits wurde das Hofleben zum gesellschaftlichen Mittelpunkt für die adlige Oberschicht. Feste wurden häufig und prunkvoll gefeiert. Manche Höfe wurden zu Zentren der Kultur, an denen bedeutende Musiker und Dichter wirkten.

Hopliten, Bezeichnung für schwer bewaffnete griechische Soldaten. Ihre Ausrüstung bestand aus einem Messinghelm, einem Panzer aus Leder mit Metallplatten, der bis zur Hüfte reichte, und Beinschienen. Zur Verteidigung trugen sie einen großen runden Schild und als Waffe einen übermannslangen Speer.

I

Import, Einfuhr von im Ausland hergestellten Waren.

Indogermanen (= Indoeuropäer), eine vorgeschichtliche Bevölkerungsgruppe, die in der Jungsteinzeit Ackerbau und Viehzucht betrieb. Sie lebten in Großfamilien, die zu kleinen Dorfgemeinschaften verbunden waren. Wahrscheinlich siedelten sie zuerst im osteuropäischen Raum, wanderten von hier aus mit größeren Teilen nach Westen und verteilten sich dann in verschiedene Richtungen.

Insignien = Herrschaftszeichen (z. B. die Amtskette des Bürgermeisters). Der deutsche König besaß als Insignien die Krone, das Zepter, den Reichsapfel und das Schwert. Der Papst trägt die Tiara (weiße Haube mit drei Kronreifen), der Bischof ist an der Mitra (spitze weiße Haube) und dem Krummstab zu erkennen.

Investitur, siehe S. 224

Islam, siehe S. 165

K

Kaiser, siehe S. 170

Kaufkraft, die Menge an Geld, die eine Person in einer bestimmten Zeit zum Ausgeben zur Verfügung hat. Die Menge an Gütern, die man für dieses Geld kaufen kann, wird als Kaufkraft bezeichnet. Die Kaufkraft ist abhängig von der Höhe der Güterpreise: Werden die Güter teurer, kann man sich für sein Geld weniger leisten, werden sie billiger, reicht das Geld für eine größere Gütermenge aus.

Kirchenbann, begeht ein Mensch ein schweres Verbrechen oder weicht er von der rechten Lehre ab, so kann die Kirche als schärfste Strafe über ihn den Kirchenbann (= Exkommunikation) verhängen, so wie die weltliche Gewalt die → Reichsacht aussprechen kann. Damit wird er von den Sakramenten (z. B. Abendmahl) und aus der christlichen Gemeinschaft ausgeschlossen, d. h., kein Christ darf mit ihm sprechen, Geschäfte betreiben usw. Der Kirchenbann kann nach auferlegter Buße wieder aufgehoben werden. Vom Spätmittelalter an verlor er an Wirkung.

Kirchenzehnt, eine regelmäßige Abgabe an die Kirche, die ursprünglich ein Zehntel des landwirtschaftlichen Ertrages (Getreide, Vieh, Wein, Früchte) betrug. Der Zehnt wurde zwischen dem Bischof, dem Pfarrer und der Armenfürsorge aufgeteilt und außerdem für den Kirchenbau verwendet.

Kleriker, allgemein der Geistliche, in der katholischen Kirche der Amtsträger

Klerus, zum ihm gehören alle Personen, die durch eine kirchliche Weihe in den Dienst der Kirche getreten sind (= Geistliche). Die Geistlichen besaßen als eigener → Stand bis ins 19. Jh. den Nichtklerikern (Laien) gegenüber Vorrechte. Sie unterstanden eigenen Richtern (→ Gerichtsbarkeit), zahlten meist keine Steuern und erhielten den → Kirchenzehnt. An der Spitze des katholischen Klerus stehen der Papst mit weltweiter Amtsgewalt und die Bischöfe als Vorsteher eines begrenzten Amtsbezirks (= Diözese). Die Diözese ist aufgeteilt in einzelne Pfarrbezirke unter je einem Priester. Die hohen wie die niederen Kleriker nennt man Weltgeistliche, weil sie – im Gegensatz zu den zurückgezogen im Kloster lebenden Mönchen und Nonnen – in der Welt der Laien leben.

Klientel, Nicht-adlige Römer und ihre Angehörigen waren häufig Abhängige (= Klienten) eines adligen Patrons. Der Patron half in Notlagen (Überfällen, Feuer). Solche Hilfsleistungen übernimmt bei uns heute der Staat. Die Klienten unterstützten den Patron bei Versammlungen und Wahlen. Sie gehörten zur „familia". Die Beziehungen zwischen Patron und Klient wurden vererbt. Ihre Ursprünge sind unklar: Vielleicht waren es landlose Siedler.

Kollegialität, Jedes Amt musste mit mindestens zwei Personen besetzt und Entscheidungen gemeinsam getroffen werden: Wenn zum Beispiel einer der beiden Zensoren einen neuen

Senator bestellen wollte, konnte er das nicht ohne die Zustimmung des anderen tun.
König, siehe S. 170
Konkordat, Vertrag zwischen der katholischen Kirche und einem Staat
Kooperation bezeichnet die planvolle Zusammenarbeit von Menschen um ein bestimmtes Ziel, zum Beispiel die Versorgung der gesamten Gesellschaft mit Lebensmitteln, zu erreichen.
Kreuzzug, allgemein die im Mittelalter von der Kirche unterstützten Kriege gegen Ungläubige (z. B. Heiden) und Ketzer zur Ausbreitung oder Wiederherstellung des katholischen Glaubens.
Kulturen, menschliche Gruppen (Völker) unterscheiden sich in ihren Lebensformen. Es gibt bei ihnen z. B. ganz unterschiedliche Geräte, Werkzeuge, Waffen, Häuser und Siedlungen, Kleidung, Schmuckstücke, Kunstwerke, Musik **und Tänze,** Ernährungsweisen, Religionen und Ordnungen des Zusammenlebens. Sie haben damit unterschiedliche Kulturen. Bei schriftlosen Kulturen erkennen wir nur die Eigenarten der Lebensbereiche, die Spuren im Boden hinterlassen konnten. Bei schriftlicher Überlieferung wissen wir auch etwas darüber, was die Menschen gedacht und geglaubt haben.

L

Laien, ein Angehöriger der katholischen Kirche, der kein geistlicher Amtsträger (→ Kleriker) ist.
Lampert von Hersfeld, siehe S. 226
Landesherr, ein Herr über ein fest umrissenes Gebiet (= Territorium) des Reiches. Seit dem 11. Jh. entstand im Deutschen Reich durch Zusammenfassung der verschiedenen Herrschaftsrechte die Herrschaft über ein Gebiet. Während sich vor dem Aufkommen der Landesherren Herrschaft in erster Linie auf Personen, unabhängig von deren Wohnsitz, richtete (→ Lehnswesen), sind nun die Bewohner eines Territoriums der Gewalt des Landesherrn unterworfen (→ Gerichtsbarkeit, → Verwaltung). Jeder Landesherr (z. B. ein → Graf oder → Herzog) musste sich beim Ausbau seiner Herrschaft gegen benachbarte Herren durchsetzen, die dasselbe Ziel verfolgten. Vom 13. Jh. an gelang es großen Herren, sich wichtige Befugnisse vom König übertragen zu lassen oder an sich zu reißen.
Landfrieden, im Heiligen Römischen → Reich ein vom Kaiser oder König erlassenes allgemeines Friedensgebot zur Verhinderung der → Fehden, das örtlich begrenzt sein konnte. Die Verletzung des Landfriedens wurde bestraft.
Latinerbund, Latiner waren die Bewohner Latiums, einer Landschaft im westlichen Mittelitalien. Der Städtebund der Latiner wurde 338 v. Chr. von Rom besiegt. Die Bürger dieser Städte hatten in Rom kein Wahlrecht, ansonsten waren sie den römischen Bürgern weitgehend gleichgestellt. Das latinische Bürgerrecht konnten auch andere Reichsbewohner oder ganze Gemeinden erhalten.
Lehnswesen, siehe S. 189
Leibeigene, waren persönlich abhängig von ihrem Herrn (Leibherrn). Die Leibeigenen konnten ohne Zustimmung des Herrn nicht heiraten; sie mussten an ihn eine jährliche Kopfsteuer (vielfach 1 Huhn) entrichten. Nach dem Tod hatten die Erben eine beträchtliche Vermögensabgabe zu leisten: das beste Stück Vieh oder das beste Kleidungsstück oder sogar die Hälfte der beweglichen Habe. In Deutschland begann die Abschaffung der Leibeigenschaft im 18. Jh.

M

Metallzeit, siehe S. 45
Metöken (= griech. „Mitbewohner"), lebten als Freie in Athen, ohne attische Bürger zu sein. Sie durften kein Land in Attika besitzen und waren vor allem in Handwerk und Handel tätig. Ähnliche Gruppen gab es in vielen antiken Städten.
Ministerialen (= Dienstmannen), waren ursprüngl. Unfreie. Seit dem 10. Jh. wurden sie von ihren Herren mit Verwaltungs- und Kriegsdiensten beauftragt. Sie waren für Könige, Fürsten, Bischöfe oder Äbte unentbehrlich. Seit dem 12. Jh. verbanden sie sich mit dem → Adel zum Ritterstand. Im Spätmittelalter verloren sie die Unfreiheit und gehörten zum niederen Adel.
Mittelalter, siehe S. 167
Monarch, ein durch Vorrechte der Geburt wie z. B. Abstammung aus dem Adel ausgezeichnete Person, die an der Spitze eines Staates steht (König, Kaiser).
Monotheismus, siehe S. 67
Mythologie, die Gesamtheit der → Mythen eines Volkes.
Mythos (pl. Mythen), eine Erzählung, in der wahre und erfundene Ereignisse verknüpft sind.

N

Neolithische Revolution, siehe S. 39

O

Oikos (= griech. Haus), umfasste in Griechenland nicht nur das Haus als Gebäude, sondern die ganze Hausgemeinschaft: die Familie, Gäste und Sklaven, das dazugehörige Land und das Vieh. Alles dies stand unter der Gewalt des Herrn des Oikos („Kyrios"). Von dem Wort Oikos ist auch der Begriff Ökonomie = Hauswirtschaft abgeleitet. In Rom entsprach dem Oikos die familia, die ebenfalls alle Personen und Güter umfasste, die unter der Gewalt des pater familias standen.
Opferherr, wachte über die häuslichen Kulte innerhalb der römischen „familia".
Orakel, ein Orakel ist eine göttliche Offenbarung, die auf Fragen zur Zukunft Antworten geben soll.
Orden(sregel), ein Orden ist eine Gemeinschaft von Männern (Mönchen) oder Frauen (Nonnen), die sich in einem Gelübde feierlich verpflichten, ihr Leben in den Dienst Gottes zu stellen. Sie ziehen sich aus der Welt zurück und leben nach festen Regeln in einem → Kloster. Seit der Spätantike entstanden überall in Europa Klöster. Viele übernahmen die von Benedikt v. Nursia im 6. Jh. aufgestellte Ordensregel. Sie verpflichtete zu regelmäßigem Gebet und Gottesdienst und zum Gehorsam gegenüber dem Abt bzw. der Äbtissin. Noch enger war der Zusammenhalt bei den → Bettelorden oder dem Jesuitenorden (16. Jh.). Neben den Mönchsorden gab es Ritterorden. Es gab eine Vielzahl ordensähnlicher Lebensformen, z. B. die Beginen,

Frauengemeinschaften, die ihren Lebensunterhalt durch Krankenpflege und Handarbeit sicherten.
Otto I., siehe S. 218

P

Patrizier, siehe S. 107
Perikles, siehe S. 92
Periöken (= griech. „Umwohnende"), d. h. die Bewohner der Städte, die auf spartanischem Staatsgebiet „um Sparta herum" lagen. Deren Einwohner waren nicht → Sklaven, aber auch nicht spartanische Bürger. Sie waren meist Handwerker und stellten die Dinge her, welche die Spartaner brauchten. Den spartanischen Bürgern war jegliche Arbeit verboten.
Personenverbandsstaat, siehe S. 190
Pharao, siehe S. 57
Plebejer, siehe S. 107
Polis, siehe S. 79
Polis Athen, siehe S. 92
Polytheismus, siehe S. 67
Pyramide, siehe S. 65

Q

Quelle, siehe S. 15

R

Republik, siehe S. 107
Reich, war im Mittelalter das Herrschaftsgebiet eines Königs. Von anderen Reichen unterschied sich das Deutsche Reich dadurch, dass es den Anspruch erhob, als Kaiserreich den europäischen Königreichen übergeordnet zu sein. Die Kaiser, die auch in besonderer Weise zum Schutz der Kirche verpflichtet waren, sahen sich als Nachfolger der römischen Kaiser, weswegen ihr Reich „Heiliges Römisches Reich" genannt wurde. Es ging weit über die heutigen Grenzen Deutschlands hinaus und umfasste z. B. auch Burgund und Oberitalien.
Reichsacht, Bei schweren Verbrechen (z. B. Mord) konnten der König oder ein von ihm beauftragter Richter den Täter ächten. Das bedeutete, dass der Verurteilte aus der Gemeinschaft ausgestoßen wurde und seinen ganzen Besitz verlor. Jeder hatte das Recht, ihn zu töten. Wer den Geächteten aufnahm, musste die gleiche Strafe befürchten. Die Reichsacht konnte nur zurückgenommen werden, wenn der Geächtete sich dem Gericht stellte.
Reichsfürst, hoher Adliger im Mittelalter, der keinen Lehnsherren zwischen sich und dem König hatte.
Reichstag, im Mittelalter rief der deutsche König die Vertreter der Reichsstände (Reichsfürsten, Vertreter der Reichs- und Bischofsstädte) zu Hoftagen zusammen. Diese in unregelmäßigen Abständen vom König einberufene Versammlung wurde seit 1495 Reichstag genannt. Seit 1663 trat der Reichstag als ständiger Kongress, als „Immerwährender Reichstag" zusammen. Seine Kompetenzen waren nicht eindeutig festgelegt, er beschäftigte sich aber mit Reichsgesetzen und -steuern, Entscheidungen über Krieg und Frieden und dem Heereswesen.
Ritter, siehe S. 196

S

Sachtext, siehe S. 15
Spartiaten, Bezeichnung für die wenigen tausend Bürger Spartas, deren Leben nur dem Krieg und dem Staat gewidmet war. Für den Unterhalt der Familien der Spartiaten mussten die → Heloten sorgen.
Staat, ist ein Gebiet mit festgelegter Grenze, in dem die Ausübung von Gewalt ausschließlich der Regierung und Verwaltung übertragen ist und in dem der Träger der Souveränität Recht setzen kann. Im Mittelalter gab es noch keinen Staat in diesem Sinne, da noch keine klaren Grenzlinien vorhanden waren und bestimmte Bevölkerungsgruppen das Recht hatten, Unrecht selbst zu rächen (Fehde). Der moderne Staat entstand in Deutschland am Ende des Mittelalters mit der Stärkung der → Landesherren und mit der Aufhebung des Fehderechts.
Staatsland, war im Besitz des römischen Staates. Zur Zeit der Gracchen hatten sich viele Grundbesitzer Staatsland, das durch die Eroberungen in römischen Besitz gekommen war, privat angeeignet.
Städtische Selbstverwaltung, siehe S. 206
Stände, siehe S. 107
Ständegesellschaft, siehe S. 213
Statthalter, Vertreter eines politisch Höhergestellten, zum Beispiel Vorsteher einer römischen Provinz als Vertreter eines Konsuls, Prätors oder Kaisers.
Steuern, einmalige oder regelmäßige Abgaben an die Obrigkeit. Im Mittelalter musste ein Fürst die Ausgaben aus eigenen Einnahmen (z. B. grundherrliche Abgaben, Zölle, Geldstrafen) bestreiten. Reichten diese nicht aus, z. B. im Kriegsfall, musste der Fürst seine Untertanen oder deren Vertreter (→ Stände) bitten, ihm Gelder zu bewilligen. Eigenmächtig durfte der Fürst nicht in das Vermögen seiner Untertanen eingreifen.

T

Textquelle, siehe S. 15
Theten, bei Homer sind Theten diejenigen, die keinen eigenen → Oikos haben und deshalb um Lohn für andere arbeiten müssen. Seit Solon bilden die Theten in Athen die unterste Vermögensklasse. Sie haben zwar Zugang zur → Volksversammlung und zum Volksgericht, dürfen aber nicht als → Hopliten dienen und können keine höheren Ämter bekleiden. Nach der Gründung des Delisch-Attischen Seebundes (478/77 v. Chr.) gewannen die Theten als Ruderer auf der Flotte politisches Gewicht und waren mitentscheidend für die Entstehung der attischen Demokratie.
Tribute, als „tributum" kann fast jede Abgabe bezeichnet werden, die an den römischen Staat geleistet werden musste. Bis 167 v. Chr. bezahlten römische Bürger Tribute (= Steuern), später nicht mehr. Dafür leisteten dann die Provinzen Tribute, die entweder aus festen Abgaben oder aus einem Anteil am Ernteertrag bestanden.

U

Urkunde, ein Schriftstück, das ein Gesetz, einen Vertrag oder ein → Privileg enthält. Im Mittelalter konnten nur wenige Menschen lesen und schreiben, deshalb wurden viele Vereinbarungen zwischen Menschen mündlich getroffen. Schriftlichkeit war besonders dann notwendig, wenn der Rechtsinhalt viele Menschen betraf oder über mehrere Generationen gültig sein sollte, so z. B. wenn ein König ein Gesetz erließ oder wenn ein Graf einem Kloster Land schenkte. Da im Mittelalter viele Urkunden gefälscht wurden, war der Beweis der Echtheit wichtig: Dazu wurden am Schluss der Urkunde Zeugen aufgeführt, ein Siegel angebracht und (im Spätmittelalter) Unterschriften hinzugefügt. Das Siegel wurde aus Wachs, manchmal aber auch aus Blei oder Gold gefertigt; nach dessen Schutzkapsel (lat. „bulla") wurde auch die ganze Urkunde als Bulle bezeichnet.

V

Verfassung, bestimmt die grundlegende Ordnung eines Staates, die Aufgaben und Rechte seiner Organe sowie die Rechte und Pflichten der Bürger. Seit dem 18. Jh. forderte man, dass die Regeln schriftlich niedergelegt würden. Auch bevor es eine Verfassung in diesem modernen Sinn gab, waren die Rechte und Zuständigkeiten von Herrschern und → Ständen durch Abstammung und Privilegien festgelegt. Die Herrscher konnten durch Erteilung neuer Rechte die Verfassung ändern. Eine Verfassung änderte sich auch durch Verträge zwischen Herrscher und Ständen, zum Beispiel durch die Magna Charta. Eine wichtige Verfassungsurkunde des Deutschen Reiches war die Goldene Bulle, welche die Königswahl regelte.
Verwaltung, so nennt man die Wahrnehmung der Aufgaben des → Staates durch Amtsträger. Im Mittelalter gab es Ansätze einer solchen Verwaltung erstmals im Sizilien der normannischen und staufischen Könige. Sie verließen sich nicht mehr bloß auf ihre Vasallen, sondern bevorzugten Amtsträger, die sie einsetzen, besolden und abberufen konnten. In Deutschland zogen die Kaiser → Ministerialen und Geistliche als Helfer heran. Eine Verwaltung im modernen Sinn entstand jedoch erst in den Fürstentümern des späten Mittelalters; vom → Landesherrn abhängige, juristisch gebildete und oft aus dem Bürgertum stammende Räte verdrängten den Adel als Ratgeber der Fürsten.
Veteranen, alte Soldaten, die ihre Dienstzeit abgeleistet haben.
Volksgericht, in Athen führte der Politiker Solon 594 v. Chr. das Volksgericht ein. Jeder attische Bürger über 30 Jahre konnte Richter werden. In der attischen → Demokratie wurden 6000 Richter ausgelost. Für ihre Tätigkeit bekamen sie Tagegelder („Diäten"). Vor ihrer Richtertätigkeit mussten sie einen Eid leisten, in dem sie sich zur Wahrung der Gesetze verpflichteten.
Volkstribun, seit dem 5. Jahrhundert v. Chr. wählten in der Römischen Republik die Plebejer Volkstribunen. Diese Beamten schützten die plebejischen Bürger vor ungerechtfertigt erscheinenden Maßnahmen der Patrizier. Senatsbeschlüsse, die sie als schädlich ansahen, konnten sie durch ihr Veto aufheben.
Volksversammlung, wenn alle stimmberechtigten → Bürger eines Staatswesens zusammentreten, um ihre politischen Rechte wahrzunehmen, spricht man von einer Volksversammlung. In Griechenland gab es eine solche schon in der archaischen Zeit; sie hatte aber noch keine Mitbestimmungsrechte. Im demokratischen Athen war die Volksversammlung das Zentrum des politischen Lebens: Sie allein entschied in allen wichtigen politischen Fragen. Durch das Scherbengericht konnte sie mit Mehrheitsbeschluss jeden Bürger, in dem sie eine Gefahr für die Demokratie sah, für eine bestimmte Zeit aus der Polis verbannen. Auch in Sparta hatte die Volksversammlung wichtige Rechte. In Rom unterschied man zur Zeit der Republik verschiedene Formen der Volksversammlung. In ihnen wurden die Beamten gewählt, Gesetze beschlossen und über Krieg und Frieden entschieden. In der Kaiserzeit verlor die Volksversammlung ihren politischen Einfluss.

W

Weistum, schriftlich niedergelegte Aussage über das geltende Gewohnheitsrecht im Dorf.

Z

Zoll, eine Steuer, die im Zusammenhang mit einer Ware steht. Sie muss entrichtet werden, wenn bestimmte Waren über eine Zollgrenze – meistens eine Landesgrenze – gebracht werden.
Zunft, siehe S. 205

Die mit einem * versehenen Begriffe werden im Lexikon näher erklärt.

akg-images: 32, 46 1., 66/M1, 77 u. (Hilbich), 89/M4, 117, 145 o., 151/M1 A (Jean-Louis Nou), M1 B (Erich Lessing), M1 C, M1 D, M1 E (Gérard Degeorge), 159 2. (Jean-Louis Nou), 161 u. r., 163/M1, M2, M3, 169, 174 o. l., 183, 189/M2, 195, 198, 214/M1 A, B, 218/M2, 221, 223, 225, 229 (Werner Forman), 237 u. 1., 2.; Alte Pinakothek München, Foto: Artothek: 204, 237 o. 3.; Anthony: 79; Archaeological Receipts Fund, Athen: 99; Archäologische Staatssammlung/Foto: Manfred Eberlein: 121/M2; Archive of Salerno's Cathedral: 226; Ars Wolfegg, Kunst und Kultur Schloss Wolfegg: 197; Artothek: 14; Badisches General-Landesarchiv, Karlsruhe: 180; Bayerische Staatsbibliothek, München: 222, 237 u. 3.; Biblioteca Apostolica Vaticana: 210; Bilderberg, Hamburg: 24/M1 (1–4); Boston Museum of fine Arts, Francis Barthelt Donation (Inv.Nr. 03.802): 94, 150/M1; bpk: 3, 50/51, 55/M2, 58/M1, 61/M4, 63/M1, 73 o. r., 75 2., 87/2A, 2B, 2C, 92, 95, 102, 126, 128, 161 o. r., 179, 220, 235, 237 u. 4.; Bridgeman Giraudon: 174 r., 200, 201/M4, 207; Burda Verlag, Offenburg: 17; Christoph & Friends/Foto: M. Maetzel: 16; CORBIS: Titelbild (© Roger Wood), 34/M1 (© Archivio Iconografico), 112 (© Archivio Iconografico); Corel Library: 24/M1 u.; aus: Das waren Zeiten 1, C. C. Buchner Verlag: 114, 157; Deutsche Bücherei Leipzig: 213; Deutsche Luftbild, Hamburg: 192; Deutsches Archäologisches Institut, Athen: 80; Deutsches Archäologisches Institut, Rom: 129/M3, 133/M1 (Foto: Faraglia); Die Illustratoren corinna heim GmbH/ Zeichnung Tom Ungemach: 29/M3; Donabauer, Möckenlohe: 18; Europa-Farbbildarchiv Waltraud Klammet: 208; © Faksimile Verlag Luzern. Wiedergabe aus der vollständigen und originalgetreuen Faksimile-Edition „LES TRES RICHES DU DUC DE BERRY" mit freundlicher Genehmigung des Faksimile Verlages Luzern: 186; © Nach der Faksimile-Edition des Faksimile Verlags Luzern/www.faksimile.ch: 187; Focus/John Reader/Science Photo Library: 8/9; Herzog August Bibliothek Wolfenbüttel, Cod. Guelf. 148 Noviss. 2°: 203; Hirmer Verlag, München: 89/M2; Institut für Realienkunde, Krems: 160/161; Institut für Ur- und Frühgeschichte, Tübingen: 19/M3; Christine Keitz, Berlin: 12/M1, 130/M1; Kunsthistorisches Museum, Rom: 122; Kunsthistorisches Museum, Wien: 217; Kupferstichkabinett, Staatliche Museen zu Berlin, Preußischer Kulturbesitz, Foto: Jörg P. Anders: 224/M1; Länderpress Düsseldorf: 51 u.; Landesamt für Archäologie Sachsen, Dresden: 34/M2; Landesmuseum für Vorgeschichte, Dresden: 45/M3, 46 4.; Andrew Langley und Philip de Souza, Die Römische Zeitung, Text © 1996 by Andrew Langley, © 1996 by Walker Books, London. © 1998 der deutschsprachigen Ausgabe by Kinderbuchverlag Luzern: 125/M2; Les Editions, Albert René, Paris: 131/M3; Lucca, Biblioteca Statale: 174 M. u., 211/M2, 237 o. 4.; Dietrich Mania, Jena: 31/M4; Mauritius images: 131/M4; Max-Planck-Institut, Göttingen: 13/M5; Metropolitan Museum of Arts, New York: 85, 96/M1; Musei Capitoloni, Rom: 123; Museo Nazionale di Villa Giulia: 103; Niedersächsisches Landesamt für Denkmalpflege, Hannover/Chr. S. Fuchs: 28/M2; Niedersächsisches Landesamt für Denkmalpflege, Archäologisches Archiv-Diathek/Gemarkung. Wildeshausen, Fundstellennummer 602: 41/M2; Niedersächsisches Landesarchiv – Staatsarchiv Wolfenbüttel: 233; Österreichische Nationalbibliothek, Wien: 12/M2, 177, 201/M2; Cornelius Paas/Das Fotoarchiv: 13/M3; Pelizaeus-Museum, Hildesheim: 58/M3; Photo Archive Jürgen Liepe: 56, 60, 61/M2, 73 u. r., 75 1., 4.; Photo RMN – Hervé Lewandowski: 70; Photo Scala, Florenz: 111/M2, 129/M4; Photothèque Hachette, Paris: 173; picture-alliance/akg-images: 20/M1; picture-alliance/© A. & H. F. Michler/OKAPIA: 11/M1; picture-alliance/dpa: 76/77, 144/145, 159 1., 164; picture-alliance/dpa/© dpa-Bildarchiv: 20/M2, 41/M3; picture-alliance/dpa/© ZB-Fotoreport: 40; picture-alliance/dpa/© dpa-Report: 53; picture-alliance/united archives: 149; P.M. Perspektive, Die Welt der Ritter: 196, 237 o. 2.; aus: Praxis Geschichte, Heft 4/1995: 71; Radzivilovskaja ili kenigsbergskaja letopis': foto mechanize St. Petersburg', 1902 (Izdanija obscestva ljubitelej drevnej pismennosti, T.118/Sign. der UB Leipzig: Lit.salv. 1–i:118): 232/M1, M2; Rheinisches Landesmuseum, Bonn (Schafgans): 133/M2; Rheinisches Landesmuseum, Trier: 129/M5 (Foto: H. Thöring), 134, 143 u.; Römisch-Germanisches Museum, Köln: 105; Foto, Seabrook: 22/ M1; Sonia Halliday Photographs, Photo by Jane Taylor: 145 u.; Staatliche Antikensammlungen und Glyptothek München, Aufnahme: Christa Koppermann: 5, 86; Staatliche Münzsammlung München: 116, 143 M., 155, 159 u.; Stadt Schöningen, 2001: 28/M1; Abdel Ghaffar Shedid, München: 58/M2, 63/M3, 64/M2, 66/67, 73 o. l. und M., 75 6.; Alle Rechte bei Severin Stille, Frankfurt am Main: 15; H. Storck, Stuttgart: 55/M4, 65 r.; Friederike Terpitz, Berlin: 166/M1; Michael Tessmer, Hamburg: 36, 135/M3; The Ashmolean Museum, Oxford: 96/M3, 143 o.; The British Library, London: 205; The British Museum, London: 19/M4, 84, 109, 194; The Piermont Morgan Library, N. Y.: 176; Ulmer Museum, Foto: Thomas Stephan: 33/M4; United Colors of Benetton, Foto: Todd Eberle: 25/M1; Universitätsbibliothek Heidelberg: 191, 212; Vatikanisches Museum, Rom: 121/M1; Verlag Larousse-Bordas, Paris: 33/M3; Verlagsarchiv: 68; Westfälisches Freilichtmuseum – Landesmuseum für Volkskunde: 185/M1 (Visuelle Konzepte), M2 (Seiger), M3 und M4 (Becker, Beckum); Westfälisches Museum für Archäologie, Amt für Bodendenkmalpflege, Münster, Fotos: Stefan Brentführer: 175/M1, M2, M3; Württembergisches Landesmuseum Stuttgart: 9, 73 M.; Zeichnung: Norbert Zwölfer, Freiburg-Munzingen: 125/M1

Nicht in allen Fällen war es uns möglich, den Rechteinhaber der Abbildungen ausfindig zu machen. Berechtigte Ansprüche werden selbstverständlich im Rahmen der üblichen Vereinbarungen abgegolten.
Nähere Hinweise zu den Bildern auf dem Umschlag befinden sich in der vorderen Umschlaginnenseite.